# 市立大宮国際中等教育学校

## 〈収録内容〉

※開校前に公開された出題例です。
※集団活動は問題のみ掲載しております。
※解答用紙の収録はありません。

便利なDLコンテンツは右のQRコードから

解答用紙　過去年度　問題は紙面に掲載

⇒

※データのダウンロードは2025年3月末日まで。
※データへのアクセスには、右記のパスワードの入力が必要となります。 ⇒　276886

# 本書の特長

## 実戦力がつく入試過去問題集

▶ 問題 ………… 実際の入試問題を見やすく再編集。

▶ 解答用紙 …… 実戦対応仕様で収録。

▶ 解答解説 …… 解答例は全問掲載。詳しくわかりやすい解説には、難易度の目安がわかる「基本・重要・やや難」の分類マークつき（下記参照）。各科末尾には合格へと導く「ワンポイントアドバイス」を配置。

---

### 入試に役立つ分類マーク ✏

**基本▶** 確実な得点源！
受験生の90％以上が正解できるような基礎的、かつ平易な問題。
何度もくり返して学習し、ケアレスミスも防げるようにしておこう。

**重要▶** 受験生なら何としても正解したい！
入試では典型的な問題で、長年にわたり、多くの学校でよく出題される問題。
各単元の内容理解を深めるのにも役立てよう。

**やや難▶** これが解ければ合格に近づく！
受験生にとっては、かなり手ごたえのある問題。
合格者の正解率が低い場合もあるので、あきらめずにじっくりと取り組んでみよう。

---

## 合格への対策、実力錬成のための内容が充実

▶ 各科目の出題傾向の分析、最新年度の出題状況の確認で、入試対策を強化！

▶ その他、学校紹介、過去問の効果的な使い方など、学習意欲を高める要素が満載！

---

**解答用紙ダウンロード** 解答用紙はプリントアウトしてご利用いただけます。弊社ＨＰの商品詳細ページよりダウンロードしてください。トビラのＱＲコードからアクセス可。

**UD FONT** 見やすく読みまちがえにくいユニバーサルデザインフォントを採用しています。

# ●●● 公立中高一貫校の
## 入学者選抜 ●●●

ここでは，全国の公立中高一貫校で実施されている入学者選抜の内容について，
その概要を紹介いたします。

公立中高一貫校の入学者選抜の試験には，適性検査や作文の問題が出題されます。

多くの学校では，「適性検査Ⅰ」として教科横断型の総合的な問題が，「適性検査Ⅱ」として作文が出題されます。しかし，その他にも「適性検査」と「作文」に分かれている場合など，さまざまな形式が存在します。

出題形式が異なっていても，ほとんどの場合，教科横断的な総合問題（ここでは，これを「適性検査」と呼びます）と，作文の両方が出題されています。

それぞれに45分ほどの時間をかけていますが，そのほかに，適性検査がもう45分ある場合や，リスニング問題やグループ活動などが行われる場合もあります。

例として，東京都立小石川中等教育学校を挙げてみます。

① 文章の内容を的確に読み取ったり，自分の考えを論理的かつ適切に表現したりする力をみる。

② 資料から情報を読み取り，課題に対して思考・判断する力，論理的に考察・処理する力，的確に表現する力などをみる。

③ 身近な事象を通して，分析力や思考力，判断力などを生かして，課題を総合的に解決できる力をみる。

この例からも「国語」や「算数」といった教科ごとの出題ではなく，「適性検査」は，私立中学の入試問題とは大きく異なることがわかります。

東京都立小石川中等教育学校の募集要項には「適性検査により思考力や判断力，表現力等，小学校での教育で身に付けた総合的な力をみる。」と書かれています。

教科知識だけではない総合的な力をはかるための検査をするということです。

実際に行われている検査では，会話文が多く登場します。このことからもわかるように，身近な生活の場面で起こるような設定で問題が出されます。

これらの課題を，これまで学んできたさまざまな教科の力を，知識としてだけではなく活用して，自分で考え，文章で表現することが求められます。

実際の生活で，考えて，問題を解決していくことができるかどうかを学校側は知りたいということです。

問題にはグラフや図，新聞なども多く用いられているので，情報を的確につかむ力も必要となります。

算数や国語・理科・社会の学力を問うことを中心にした問題もありますが，出題の形式が教科のテストとはかなり違っています。一問のなかに社会と算数の問題が混在しているような場合もあります。

少数ではありますが，家庭科や図画工作・音楽の知識が必要な問題も出題されることがあります。

作文は，文章を読んで自分の考えを述べるものが多く出題されています。

　文章の長さや種類もさまざまです。筆者の意見が述べられた意見文がもっとも多く採用されていますが，物語文，詩などもあります。作文を書く力だけでなく，文章の内容を読み取る力も必要です。

　調査結果などの資料から自分の意見をまとめるものもあります。

　問題がいくつかに分かれているものも多く，最終の１問は400字程度，それ以外は短文でまとめるものが主流です。

　ただし，こちらも，さまざまに工夫された出題形式がとられています。


　それぞれの検査の結果は合否にどのように反映するのでしょうか。

　東京都立小石川中等教育学校の場合は，適性検査Ⅰ・Ⅱ・Ⅲと報告書（調査書）で判定されます。

　報告書は，400点満点のものを200点満点に換算します。

　適性検査は，それぞれが100点満点の合計300点満点を，600点満点に換算します。

　それらを合計した800点満点の総合成績を比べます。


　このように，形式がさまざまな公立中高一貫校の試験ですが，文部科学省の方針に基づいて行われるため，方向性として求められている力は共通しています。

　これまでに出題された各学校の問題を解いて傾向をつかみ，自分に足りない力を補う学習を進めるとよいでしょう。

　また，環境問題や国際感覚のような出題されやすい話題も存在するので，多くの過去問を解くことで基礎的な知識を蓄えておくこともできるでしょう。

　適性検査に特有の出題方法や解答方法に慣れておくことも重要です。

　また，各学校間で異なる形式で出題される適性検査ですが，それぞれの学校では，例年，同じような形式がとられることがほとんどです。

　目指す学校の過去問に取り組んで，形式をつかんでおくことも重要です。

　時間をはかって，過去問を解いてみて，それぞれの問題にどのくらいの時間をかけることができるか，シミュレーションをしておきましょう。

　検査項目や時間に大きな変更のある場合は，事前に発表がありますので，各自治体の教育委員会が発表する情報にも注意しましょう。

# さいたま市立 大宮国際 中等教育学校

おおみやこくさい

〒330-0856　埼玉県さいたま市大宮区三橋4-96
☎048-622-8200
交通　JR大宮駅　バス　10〜15分
https://www.city-saitama.ed.jp/ohmiyakokusai-h/

## [カリキュラム]

・1〜4年次に基礎力をじっくりと培った後に、5・6年次には実践・応用力を鍛えるためにグローバル・コース、リベラル・アーツ・コース、STEMコースに分かれて学習する。
・配布された一人一台のPCを利用して、授業での様々な課題や資料、研究発表用プレゼンテーションを作成。また、電子黒板機能付きのプロジェクターが全クラスに設置され、PCに入力した生徒のアイディアを共有、インターネット環境を整え生徒の自学自習をサポートするだけでなく、アクティブラーニングの実践に活用する。
・1つの教科を2時間連続で授業することで、個人やグループでの探究活動や伝え合う活動の時間を十分に確保。
・2クラスを3つに分けて授業を展開することで、生徒の発表する機会を増やし、きめ細やかな授業を行う。
・探究学習の3G Project（Grit・Growth・Global）では、身近な問題から世界的な問題まで、課題の解決に向かって日本語や英語で考えをまとめ、ディスカッションし、協働で最適解を見つける力を養う。隔週土曜のLDT（Learner Directed Time）で大学や研究機関などの外部団体から専門的なアドバイスを受け、3G Projectでの内容をまとめ、発表を行ったりする。必要性に応じて自分で必要な

だけの時間をかけ、自分の知識を豊かにすることができる。
・英語ネイティブ教員が授業を行い、各教科で学習した内容を英語で学ぶことで、内容の理解を一層深める。
・中等5生は海外フィールドワークを行う。さいたま市と姉妹都市にあるピッツバーグ大学を中心として様々な大学でサマープログラムなどを行い、現地の大学生・高校生と活動。

## [部活動]

・「Club Activity」としてシーズン制で1年を3つの期間に分けてそれぞれの期間で希望する活動を行うため、運動系と文化系の両方の活動をすることが可能。

★設置部
軟式野球、バスケットボール、サッカー、硬式テニス、バドミントン、ゆるスポーツ、ダンス、卓球、吹奏楽、美術、パソコン

## [行　事]

・国内異文化体験（1年、ブリティッシュ・ヒルズ）、外国語学研修（3年・ニュージーランド）、国内修学旅行（4年・東北方面）、海外フィールドワーク（5年）などの校外行事を実施し、グローバルな視野を養う。
・この他、探究発表会、表現発表会などを実施。

## [トピックス]

・2019年4月さいたま市立大宮西高等学校の再編により創立。
・2021年からスクールバスを運行している（大宮駅付近から学校まで、登校時3便、下校時3〜5便）。
・さいたま市立浦和中学校にも出願することができる。なお、第2次選抜の適性検査実施日が同日のため、第1次選抜で本校とさいたま市立浦和中学校の2校に合格しても、第2次選抜で2校を受検することはできない。
・令和6年度の入学者選抜では一般選抜と特別選抜（帰国生・外国人）を実施。一般選抜では第1次選抜（適性検査A・適性検査B）の合格者に対して第2次選抜（適性検査C・集団活動）を実施した。なお、集団活動では12名程度の受検生を1グループとして、さいたま市立小学校で実施している「グローバル・スタディ」の授業に則した活動を行なった。

## [学校見学]（令和5年度実施）

★学校説明会　7月4回　8・12月各2回
★学校公開　8月2回（予約制）
★募集要項説明会　10月2回（予約制）

---

## 入試！インフォメーション

※本欄の内容はすべて令和6年度入試のものです。

### 受検状況 （数字は男／女／計。）

| 募集人員 | | | 第1次選抜 | | | | | | 第2次選抜 | | | | | |
| --- | --- | --- | --- | --- | --- | --- | --- | --- | --- | --- | --- | --- | --- | --- |
| | | | 受検者数 | | | 合格者数 | | | 受検者数 | | | 合格者数 | | |
| 80程度 | 80程度 | 160 | 316 | 409 | 725 | 200 | 200 | 400 | 151 | 147 | 298 | 80 | 80 | 160 |

# 出題傾向の分析と 合格への対策

## ●出題傾向と内容

検査は，第1次選抜では適性検査A，適性検査Bが，第2次選抜では適性検査Cが実施された。試験時間，適性検査Aが50分，適性検査Bが40分，適性検査Cが45分である。

適性検査Aは，英語リスニングを含む大問5つからなり，リスニング，算数，理科，社会に加え音楽分野からも出題されることもある。いずれの大問も表やグラフなどの資料が与えられ，記号選択や空欄補充，表内の数値を用いた計算問題が主となっている。リスニングにおいても表の空欄補充問題が出題されることもある。

適性検査Bは，国語，社会，算数，理科分野からの出題である。会話資料文とその他の資料の情報を組み合わせて解答させる形式の問題が多く，確かな読解力が問われる。また文字数指定の無い記述問題も出題され，論理的思考力や解答を筋道立てて説明する力が必要な問題構成となっている。

適性検査Cでは作文問題が3題出題される。いずれもあるテーマについての会話文やグラフが複数与えられ，それを利用しながら学級発表の文章を考える出題である。会話文の中に作文の解答条件が含まれている形となっている。文字数はそれぞれ200～300字程度と多く，限られた時間の中ですばやく文章を構成する力が要求される。

## ● 2025年度の予想と対策

適性検査A，適性検査Bは各分野から総合的に出題され，適性検査Cは作文問題という形式で実施されていくと予想される。

適性検査Aでは英語リスニングや楽譜の問題などを含め非常に幅広い知識が必要とされる構成となることが予想される。基礎を定着させグラフや表などさまざまな資料を含む問題に日頃から触れておくほか，すべての科目の知識を万べんなく学習しておきたい。

適性検査Bでは長い会話文や情報量の多い資料を適切に読み取り解答することが求められ，試験時間に対しての問題数も多いため，問題文を素早く読み理解する能力が必要となってくるだろう。似た形式の文章を含む問題に積極的に触れ慣れておくとよいだろう。

適性検査Cの作文では，素早く主張を文章にまとめる力が非常に重要になる。文字数も多いため，文章を書くということに日頃から慣れておくほか，積極的に発表などをして自分の意見を人にわかりやすく伝える力をつけておきたい。

### ✔ 学習のポイント

全体を通して土台となる基本的な知識に加えて資料を読み取る力を求める出題が多い。時間設定も厳しくなっているので，素早く正確に解答する対応力や，記述問題における確かな表現力を日頃から養っておこう。

# 2024年度
★★★★★★★★★★★★★★★★★★★★★★

# 入 試 問 題

2024年度

入 試 問 題

# 2024年度

# さいたま市立大宮国際中等教育学校入試問題

【適性検査Ａ】（50分）

1　放送による問題

※問題は，問１～問５までの５問あります。

※英語はすべて２回ずつ読まれます。問題用紙にメモを取ってもかまいません。答えはすべて解答用紙に記入しなさい。

問１　Jimmy（ジミー）さんと Yuna（ゆな）さんが話をしています。２人の会話を聞いて，内容に合う絵を次のア～エの中から１つ選び，記号で答えなさい。

問２　Kota（こうた）さんと Emma（エマ）さんが夏の予定について話をしています。２人の会話とア～エの英語を聞いて，２人の会話の最後の質問に対する答えとして正しいものを，話されるア～エの中から１つ選び，記号で答えなさい。

問３　Jake（ジェイク）さんと Saki（さき）さんは，レストランで何を注文するかについて話をしています。２人の会話を聞いて，Jake（ジェイク）さんと Saki（さき）さんが注文したものに合う絵を次のア～エの中からそれぞれ１つずつ選び，記号で答えなさい。

ウ 　　エ

問4　Aya（あや）さんは外国人の男性に道をたずねられました。2人は地図を見ながら話をしています。2人の会話を聞き，男性が行きたい場所を下の地図のア～エの中から1つ選び，記号で答えなさい。Aya（あや）さんと男性は★の位置にいます。

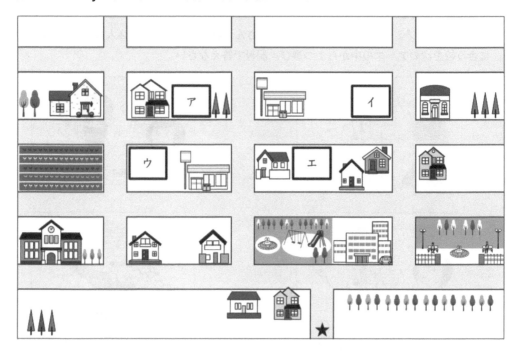

問5　Mary（メアリー）さんが，冬休みの思い出について写真を見せながら発表しています。Mary（メアリー）さんの発表を聞いて，Mary（メアリー）さんがしたことの順番になるように，①～④にあてはまる絵を，次のページのア～エの中からそれぞれ1つずつ選び，記号で答えなさい。

【Mary（メアリー）さんの冬休み】

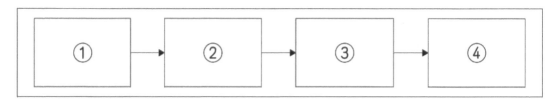

ア
イ
ウ
エ

（放送台本）

●これから，放送による問題を始めます。

　放送による問題は，問題用紙の１ページから２ページまであります。

●問題は，問１から問５までの５問あります。英語はすべて２回ずつ読まれます。問題用紙にメモを取ってもかまいません。答えはすべて解答用紙に記入しなさい。

●はじめに，問１を行います。

　ジミーさんとゆなさんが話をしています。２人の会話を聞いて，内容に合う絵を次のアからエの中から１つ選び，記号で答えなさい。

　それでは始めます。

●問１の１回目の放送します。

　● Jimmy(M)：I want to be a singer because I like music. I can sing well. How about you, Yuna?

　●Yuna(W)：I can't sing well, Jimmy.

　●Jimmy(M)：What do you want to be?

　●Yuna(W)：I want to be a doctor. I want to help people.

●問１の２回目を放送します。

　（繰り返し）

●次に，問２を行います。

　こうたさんとエマさんが夏の予定について話をしています。２人の会話とアからエの英語を聞い

て，2人の会話の最後の質問に対する答えとして正しいものを，話されるアからエの中から1つ選び，記号で答えなさい。

それでは始めます。


●問2の1回目を放送します。

　●Kota(M)：Where do you want to go in the summer, Emma?

　●Emma(W)：I want to go to China, Kota.　I want to see the Great Wall.　It's famous and beautiful.　How about you?

　●Kota(M)：I want to go to Okinawa.

　●Emma(W)：Why?


●ア　●Because China is a big country.　（1秒）

●イ　●Because my grandmother lives there.　（1秒）

●ウ　●Because I don't like *goya*.　（1秒）

●エ　●Oh, I see.　（1秒）


●問2の2回目を放送します。


　（繰り返し）


●次に，問3を行います。

　ジェイクさんとさきさんは，レストランで何を注文するかについて話をしています。2人の会話を聞いて，ジェイクさんとさきさんが注文したものに合う絵を次のアからエの中からそれぞれ1つずつ選び，記号で答えなさい。それでは始めます。


●問3の1回目を放送します。

　●Jake(M)：What would you like, Saki?

　●Saki(W)：I'd like pizza.　How about you, Jake?

　●Jake(M)：I'd like sandwiches and pudding.

　●Saki(W)：I want some tea.　Do you want some tea, too?

　●Jake(M)：No, thank you.　But I want ice cream.　How about you?

　●Saki(W)：No, thank you.


●問3の2回目を放送します。


　（繰り返し）


●次に，問4を行います。

　あやさんは外国人の男性に道をたずねられました。2人は地図を見ながら話をしています。2人

の会話を聞き，男性が行きたい場所を下の地図のアからエの中から１つ選び，記号で答えなさい。
あやさんと男性は黒い星の位置にいます。
それでは始めます。


●問４の１回目を放送します。
　●Man(M)：Excuse me?　I want to buy some flowers.　Where is the flower shop?
　●Aya(W)：The flower shop?　We are here.　Go straight.　Turn left.　Go straight
　　　　　　and turn right at the park.　Go straight for two blocks and turn left.
　　　　　　You can see it on your right.
　●Man(M)：Thank you.


●問４の２回目を放送します。


　（繰り返し）


●最後に，問５を行います。
　メアリーさんが，冬休みの思い出について写真を見せながら発表しています。メアリーさんの
発表を聞いて，メアリーさんがしたことの順番になるように，①から④にあてはまる絵を，下のア
からエの中からそれぞれ１つずつ選び，記号で答えなさい。
それでは始めます。


●問５の１回目を放送します。
　（W）

●I went to Hokkaido with my family.　Look at these pictures.　On this day, we
enjoyed skiing in the morning.　We went shopping after lunch.　I wanted to buy
a cup.　Look at this picture. This is the new cup.　I like it.　We ate delicious
food in Hokkaido.　I ate ramen for lunch and sushi for dinner.


●問５の２回目を放送します。


　（繰り返し）


●これで放送による問題を終わります。

2 　地域のイベントでハロウィンパーティを行うため，太郎さんと花子さんは，パーティの準備を進めています。

次の問1～問5に答えなさい。

**【太郎さんと花子さんの会話①】**

太郎さん：ハロウィンパーティ用のお菓子を買おうと思います。お菓子は，どのお店から買いますか。

花子さん：今回は，インターネットで買うことにしました。調べたところ，お菓子を仕入れるお店の候補はお店Aからお店Dの4店でした。どのお店もお菓子は同じものです。例えば，販売しているチョコレートは同じ商品です。内容と送料を表にまとめてみました。すべて税込の価格になります。また，送料は，どのお店も買った個数にかかわらず表の料金がかかります。

太郎さん：チョコレートを1個だけ買うようなことはできますか。

花子さん：できません。どのお店もどのお菓子も袋単位で買う必要があります。

太郎さん：送料をふくめて1番安いところで買いたいですね。お店を1つだけ選び，お菓子はすべてそのお店で買うことにしましょう。

花子さん：そうしましょう。どのお店で買えば1番安く買えるか。表を見ながら比較して考えましょう。いろいろな種類のお菓子を食べられるようにしたいですね。

**表**

| お店A | チョコレート　1袋100個入り　1500円<br>キャンディ　　1袋250個入り　2000円<br>グミ　　　　　1袋100個入り　1000円<br>マシュマロ　　1袋100個入り　2500円 | 送料800円 |
|---|---|---|
| お店B | チョコレート　1袋100個入り　1700円<br>キャンディ　　1袋100個入り　　900円<br>グミ　　　　　1袋100個入り　1200円<br>マシュマロ　　1袋100個入り　2800円<br>※2種類以上を選ぶと25%値引き（送料はふくめない）。 | 送料800円 |
| お店C | チョコレート　1袋100個入り　1400円<br>キャンディ　　1袋250個入り　1500円<br>グミ　　　　　1袋100個入り　1000円<br>マシュマロ　　1袋100個入り　2500円<br>ガム　　　　　1袋100個入り　　800円<br>ドーナツ　　　1袋12個入り　　1000円 | 送料1000円<br><br>お菓子の代金の合計金額が20000円以上になると送料無料。 |
| お店D | チョコレート　1袋500個入り　5000円<br>キャンディ　　1袋500個入り　5000円<br>グミ　　　　　1袋500個入り　5000円<br>マシュマロ　　1袋500個入り　5000円 | 送料600円 |

問1　グミのみを1500個買うとき，送料をふくめて最も安く買うには，どのお店で買えばよいですか。A～Dの記号で答えなさい。

問2　お店Cの6種類のお菓子の中から，3種類を選んで買います。選び方は何通りあるか答えなさい。ただし，グミとガムを同時には選ばないこととします。

問3　チョコレートと他のお菓子をもう1種類選んで，1000個ずつ買います。送料をふくめて最も安く買うには，どのお店を選び，もう1種類のお菓子は何を選べばよいですか。また，その合計金額を答えなさい。

---

**【太郎さんと花子さんの会話②】**

太郎さん：子ども432人分のお菓子を準備していたのですが，1つ気になることがあります。

花子さん：何かありましたか。

太郎さん：はい。地域の方から話を聞いたのですが，新しいマンションが建設されて，参加人数が増えるそうです。

花子さん：それは驚きですね。新しいマンションにはどれくらいの人が住んでいるのでしょうか。

太郎さん：マンションの管理人に聞いたのですが，60戸あるそうです。ただし，その中の$\frac{1}{5}$はオフィスなので人が住んでいません。また，人が住む戸数のうち$\frac{1}{4}$は，子どものいない人たちが住んでいます。そのため，残りの戸数が子どもがいる家族が住む戸数です。

花子さん：そうなのですね。準備するお菓子をどれだけ増やす必要があるのか，考えてみましょう。

---

問4　花子さんは，新しいマンションの子どもたちが全員参加したときに，パーティに参加する子どもの人数がどれくらい増えるか，次のように考えました。花子さんの考えの　□　にあてはまる数を答えなさい。

**花子さんの考え**

　新しいマンションに住む子どもがいる家族には，1家族あたり多くても3人の子どもがいるとします。このとき，もし，新しいマンションのすべての子どもたちが，パーティに参加した場合，もともと予定していた人数よりも　□　％参加人数が増えると考えられます。

---

**【太郎さんと花子さんの会話③】**

太郎さん：ハロウィンパーティでは，魔法の森のクイズを出して，楽しんでもらおうと思っています。

花子さん：よいと思います。ハロウィンの雰囲気を感じながら，クイズを解くのは楽しいと思います。

太郎さんと花子さんが作ったクイズ

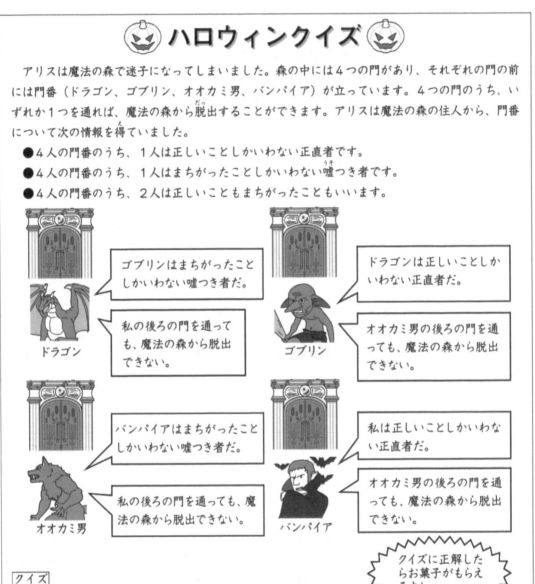

問5 　太郎さんと花子さんが作ったクイズについて，4人の門番のうち，正しいことしかいわない正直者は誰ですか。また，どの門番の後ろの門を通れば，必ず魔法の森を脱出できますか。それぞれドラゴン，ゴブリン，オオカミ男，バンパイアのいずれかで答えなさい。

3 　太郎さんは，科学クラブで水溶液について調べる実験をしました。

次の問1～問3に答えなさい。

**【太郎さんと先生の会話①】**

先　　生：ここに，しょう酸カリウムという白色の粉末状の薬品があります。この薬品が水に
　　　　　とける量について調べてみましょう。前回の授業で考えた実験の計画はできていま
　　　　　すか。

太郎さん：はい。2つの実験を行いたいと考えています。【実験①】では，水の量と，水にと
　　　　　けるしょう酸カリウムの量の関係について調べ，【実験②】では，水の温度と，水
　　　　　にとけるしょう酸カリウムの量の関係について調べます。

先　　生：【実験①】，【実験②】ではどちらもろ過を行うのですね。それでは，ろ過の手順に
　　　　　ついて，**資料1**で確認しておきましょう。

**資料1　ろ過の手順**

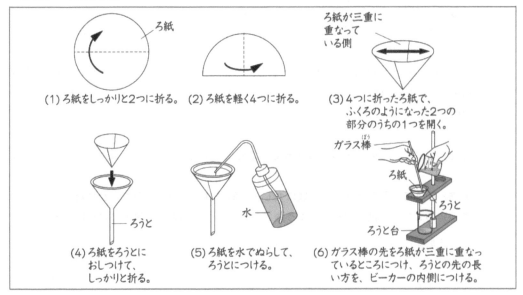

(1) ろ紙をしっかりと2つに折る。　(2) ろ紙を軽く4つに折る。　(3) 4つに折ったろ紙で、ふくろのようになった2つの部分のうちの1つを開く。

(4) ろ紙をろうとにおしつけて、しっかりと折る。　(5) ろ紙を水でぬらして、ろうとにつける。　(6) ガラス棒の先をろ紙が三重に重なっているところにつけ、ろうとの先の長い方を、ビーカーの内側につける。

問1　**資料1**に示された方法で，少量の砂を混ぜた水のろ過を行いました。ろうとから取り出した
　　ろ紙を広げると，ろ紙に残った砂はどの部分に見られると考えられますか。次のア～オから最も
　　適切なものを1つ選び，記号で答えなさい。なお，点線はろ紙の折り目を表し，ア～オのかげを
　　つけた部分は，残った砂が見られる部分を表しています。

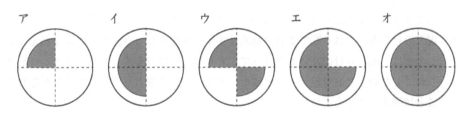

ア　　　　イ　　　　ウ　　　　エ　　　　オ

【実験①】

〈用意したもの〉

☐しょう酸カリウム　　☐水　　　　　　☐温度計　　☐実験用ガスこんろ

☐大きなビーカー　　　☐ガラス棒　　　☐ろうと　　☐ろ紙　　☐ろうと台

☐電子てんびん　　　　☐ビーカーあ～え

〈方法〉

1　大きなビーカーに水を入れ，実験用ガスこんろで水を80℃にあたためる。

2　同じ種類の４つのビーカーあ，い，う，えを用意し，電子てんびんではかったしょう酸カリウムを，ビーカーあ～えにそれぞれ40ｇずつ入れる。

3　80℃の水を，ビーカーあには25mL，ビーカーいには50mL，ビーカーうには75mL，ビーカーえには100mL加え，ガラス棒でよくかき混ぜる。

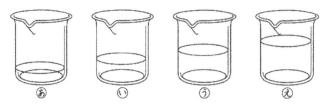

4　ビーカーあ～えを，10℃になるまで冷やす。

5　ビーカーあ～えの水溶液を別々にろ過し，ろ紙に残ったしょう酸カリウムのつぶの重さを電子てんびんではかる。なお，ろ紙に残っていたしょう酸カリウムのつぶは，すべてとり出したものとする。

〈結果〉

・〈方法〉の３で，どのビーカーに入っていたしょう酸カリウムも，80℃の水にすべてとけた。

・〈方法〉の４で，どのビーカーの底にもしょう酸カリウムのつぶがあらわれた。

・〈方法〉の５で，ろ紙に残ったしょう酸カリウムのつぶの重さは表１のようになった。

表１　【実験①】でろ紙に残ったしょう酸カリウムのつぶの重さ

| ビーカー | あ | い | う | え |
|---|---|---|---|---|
| つぶの重さ（ｇ） | ３４．５ | ２９．０ | ２３．５ | １８．０ |

【太郎さんと先生の会話②】

先　　生：【実験①】は，うまくいきましたね。それでは，次に【実験②】を行いましょう。

太郎さん：【実験②】では，しょう酸カリウムをとかした水を０℃まで冷やす計画を立てているのですが，しょう酸カリウムの水溶液がこおることはないでしょうか。

先　　生：混じりけのない水は０℃でこおり始めますが，食塩やしょう酸カリウムなどをとかした水は，混じりけのない水と比べてこおりにくくなります。したがって，０℃より低くしないとこおり始めることはないので，しょう酸カリウムの水溶液がこおることは考えなくてもよいですよ。

【実験②】
〈用意したもの〉
　□しょう酸カリウム　　□水　　　　　□温度計　　□実験用ガスこんろ
　□大きなビーカー　　　□ガラス棒　　□ろうと　　□ろ紙　　□ろうと台
　□電子てんびん　　　　□ビーカーお～け

〈方法〉
　1　大きなビーカーに水を入れ，実験用ガスこんろで水を80℃にあたためる。
　2　同じ種類の5つのビーカーお，か，き，く，けを用意し，電子てんびんではかったしょう酸カリウムを，ビーカーお～けにそれぞれ160ｇずつ入れる。
　3　ビーカーお～けに，80℃の水をそれぞれ100mLずつ加え，ガラス棒でよくかき混ぜる。

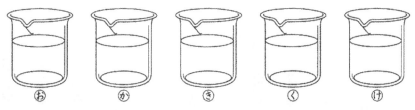

　4　ビーカーおは0℃，ビーカーかは10℃，ビーカーきは20℃，ビーカーくは40℃，ビーカーけは60℃になるまでそれぞれ冷やす。
　5　それぞれのビーカーの水溶液をろ過し，ろ紙に残ったしょう酸カリウムのつぶの重さを電子てんびんではかる。

〈結果〉
　・〈方法〉の3で，どのビーカーに入っていたしょう酸カリウムも，80℃の水にすべてとけた。
　・〈方法〉の4で，どのビーカーの底にもしょう酸カリウムのつぶがあらわれた。
　・〈方法〉の5で，ろ紙に残ったしょう酸カリウムのつぶの重さは表2のようになった。

表2　【実験②】でろ紙に残ったしょう酸カリウムのつぶの重さ

| ビーカー | お | か | き | く | け |
|---|---|---|---|---|---|
| つぶの重さ（ｇ） | 146.7 | X | 128.4 | 96.1 | 50.8 |

問2　次の(1)，(2)の問いに答えなさい。ただし，【実験①】，【実験②】を行っている間の水の蒸発は考えないものとします。また，水1mLの重さは，水の温度にかかわらず1ｇとします。

(1)　【実験①】の結果から，表2の空らん　X　にあてはまる数を答えなさい。なお，求め方を言葉と式で説明しなさい。

(2)　【実験①】，【実験②】の結果から，水の温度と，150mLの水にとけるしょう酸カリウムの限度量の関係について正しく表しているグラフを，次のページのア～エの中から1つ選び，記号で答えなさい。ただし，水の温度が10℃のとき，150mLの水にとけるしょう酸カリウムの重さは省略しています。

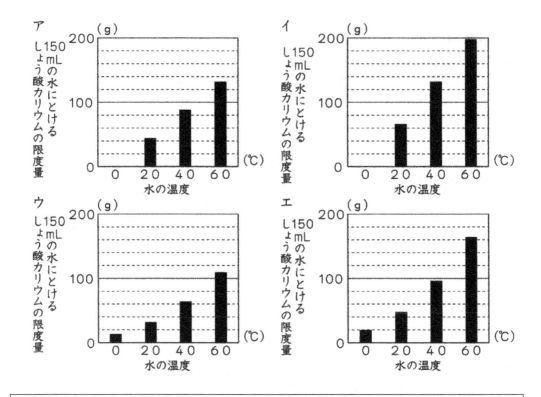

　太郎さんは，水溶液と２種類の金属の組み合わせによって，電池ができることを知り，電子オルゴールを用いて【実験③】を行いました。**資料２**は，太郎さんが電子オルゴールと電池について調べ，ノートにまとめたものです。

**資料２　電子オルゴールと電池について**

・電子オルゴールは，右の図に示したような器具で，＋極側の導線と，－極側の導線がある。

・電子オルゴールは，＋極側の導線を電池の＋極につなぎ，－極側の導線を電池の－極につなぐと音が出る。逆に，電子オルゴールの＋極側の導線を電池の－極につなぎ，－極側の導線を電池の＋極につなぐと音が出ないという特ちょうがある。

・電池は，２種類の金属の組み合わせで，どちらの金属が＋極，－極になるかが決まる。それは，＋極になりやすい金属，－極になりやすい金属の順序が決まっているためで，＋極になりやすい金属の順序と－極になりやすい金属の順序は，たがいに逆の関係になっている。

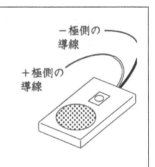

**【実験③】**
〈用意したもの〉
□電子オルゴール　　　□ビーカー　　　□導線

　□うすい塩酸　　　　□エタノール水溶液

　□スチール板（鉄板）　□銅板　　　□アルミニウム板　　　□紙やすり

〈方法〉

1　紙やすりでつやが出るまでみがいた2種類の金属板A，Bを，右の図のように，たがいにふれ合わないようにビーカーに入れた水溶液にひたす。

2　金属板Aを電子オルゴールの＋極側，金属板Bを電子オルゴールの－極側にそれぞれ導線でつなぎ，電子オルゴールから音が出るかどうかを調べる。

3　水溶液と金属板A，金属板Bの種類をいろいろと変え，それぞれの場合について，電子オルゴールから音が出るかどうかを調べる。

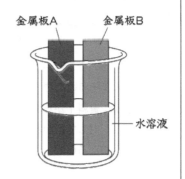

〈結果〉

・表3のようになった。

表3

| 水溶液 | 金属板A | 金属板B | 電子オルゴール |
| --- | --- | --- | --- |
| うすい塩酸 | スチール板 | 銅板 | 音は出なかった |
| うすい塩酸 | 銅板 | スチール板 | 音が出た |
| うすい塩酸 | スチール板 | アルミニウム板 | 音が出た |
| うすい塩酸 | アルミニウム板 | スチール板 | 音は出なかった |
| エタノール水溶液 | スチール板 | 銅板 | 音は出なかった |
| エタノール水溶液 | 銅板 | スチール板 | 音は出なかった |
| エタノール水溶液 | スチール板 | アルミニウム板 | 音は出なかった |
| エタノール水溶液 | アルミニウム板 | スチール板 | 音は出なかった |
| うすい塩酸 | 銅板 | アルミニウム板 | ア |
| うすい塩酸 | アルミニウム板 | 銅板 | イ |
| エタノール水溶液 | 銅板 | アルミニウム板 | ウ |
| エタノール水溶液 | アルミニウム板 | 銅板 | エ |

問3　【実験③】で，「音が出た」という結果があてはまると考えられるものを，表3のア～エの中から1つ選び，記号で答えなさい。

4　　太郎さんと花子さんは，選挙について話をしています。

次の問1〜問4に答えなさい。

---

**【太郎さんと花子さんの会話①】**

太郎さん：先日読んだ新聞記事に，選挙への関心や選挙での投票率が，年代によってちがうと
　　　　　いうことが書いてありました。

花子さん：そうなのですね。どのようにちがうのでしょうか。

太郎さん：**資料1**から**資料3**は，2021年に行われた衆議院議員総選挙後に，選挙権がある人に
　　　　　対して行われた調査の結果です。

花子さん：なるほど。こんなにちがうのですね。

---

**資料1　年代別の選挙関心度**

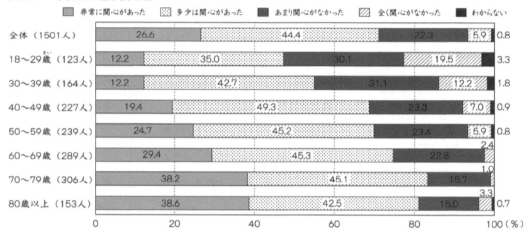

**資料2　年代別投票参加率**

| | 投票参加率（％） |
|---|---|
| 18〜29歳 | 62.8 |
| 30〜39歳 | 66.0 |
| 40〜49歳 | 70.9 |
| 50〜59歳 | 77.3 |
| 60〜69歳 | 83.9 |
| 70〜79歳 | 88.3 |
| 80歳以上 | 81.8 |

**資料3　年代別投票率**

| | 投票率（％） |
|---|---|
| 18〜29歳 | 37.6 |
| 30〜39歳 | 47.1 |
| 40〜49歳 | 55.6 |
| 50〜59歳 | 63.0 |
| 60〜69歳 | 71.4 |
| 70〜79歳 | 72.3 |
| 80歳以上 | 48.6 |

※投票参加率は，「今回（2021年）の衆議院議員総選挙で，投票に行きましたか」という質問に対
して，「投票に行った」と回答した割合で，年代別投票率は，2021年の選挙における投票率を示
している。

　（**資料1**、**資料2**、**資料3**は、公益財団法人明るい選挙推進協会「第49回衆議院議員総選挙全国意
識調査—調査結果の概要—（令和4年3月）」をもとに作成）

問1　**資料1**，**資料2**から読み取れることとして最も適切なものを，次のページのア〜エの中から
　　1つ選び，記号で答えなさい。

ア　選挙に「非常に関心があった」,「多少は関心があった」と答えた人の割合の合計は,20代までが最も低く,30代でもこの年代の50％以下で,その割合の合計の差を20代までと30代で比べると,投票参加率の差と同じくらいである。

イ　選挙に「非常に関心があった」,「多少は関心があった」と答えた人の割合の合計は,40代から60％をこえ,年代が上がるほど高くなっており,80歳以上でいちばん高くなっている。投票参加率も,同じように年代が上がるほど高くなっている。

ウ　年代別の投票参加率は,他の年代と比べて20代までが最も低いが,選挙に「非常に関心があった」,「多少は関心があった」と答えた20代までの人の割合の合計は,投票参加率を上まわっている。

エ　年代別の投票参加率を見ると,70代が最も高く,60代,80歳以上の順になっているが,選挙に「非常に関心があった」,「多少は関心があった」と答えた人の割合の合計は,60代より80歳以上のほうが高くなっている。

---

**【太郎さんと花子さんと先生の会話①】**

太郎さん：**資料3**の投票率は,**資料2**の投票参加率と同じようなことなのだと思いますが,数がちがいますね。グラフにしたときに,形は似ていると思いますが……。

花子さん：**資料1**と**資料2**は,選挙権がある人全員ではなくて,一部にアンケートをして得られた結果のようですね。このことが関係していそうです。

先　　生：そのとおりです。アンケートのように,調査の対象になる一部の人に調査をして全体の状きょうをすい測することを,標本調査といいます。標本というのは,調査対象全体から調査のために取り出した一部分のことです。調査の対象すべてを調べる方法は,全数調査といいます。安全にかかわることは,時間がかかっても全数調査を行う必要があります。しかし,すべてを調査できないものは,標本調査のほうが適しています。

太郎さん：全数調査のほうが正確なので,全て全数調査を行ったほうがよいのではないですか。

先　　生：そうでもないですよ。具体的にどのような調査があるかを見て,考えてみましょう。

---

問2　次の問題に答えなさい。

(1)　全数調査ではなく,標本調査が適しているものを,次のア～エの中から1つ選び,記号で答えなさい。

　　ア　危険物の持ちこみを防ぐために行われている空港での手荷物検査

　　イ　工場で生産したぬいぐるみに針が残っていないかを確かめるための製品検査

　　ウ　身長や体重などを測って児童の成長の記録をとっている学校での健康しん断

　　エ　果物の収穫時期を決めるための甘さの調査

(2)　全体が80000人いる中,3000人を対象にアンケート調査を行います。調査対象全体からかたよりなく標本を取り出すために,調査対象全体を次のページの**資料4**のように重ならないグループに分け,それぞれのグループから同じ割合で調査対象者を選ぶことにしました。グルー

プFからは，何人を調査すればよいか，その数を答えなさい。

**資料4**

| グループA | 9000人 | グループD | 16000人 |
|---|---|---|---|
| グループB | 14000人 | グループE | 6000人 |
| グループC | 23000人 | グループF | 12000人 |

【太郎さんと花子さんの会話②】

花子さん：選挙といえば，まもなく学校で，児童会役員を決める投票を行うそうですね。

太郎さん：その投票で使う投票箱は，わたしが作ることになっています。

花子さん：きっと図画工作が得意だから任されたのですね。どのような投票箱を作るのですか。

太郎さん：今，アイデアを練っているところです。それが終わったら，先生に材料を用意してもらうことになっています。

花子さん：太郎さんが作る投票箱，完成を楽しみにしています。

問3　太郎さんは，次の【アイデアスケッチ】を作成しました。【アイデアスケッチ】のような投票箱を作るためにそろえるべき木材の条件を，あとのア～エの中から1つ選び，記号で答えなさい。

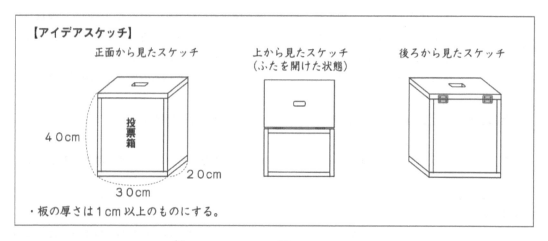

【アイデアスケッチ】

ア　板の厚さ1cmの木材（縦38cm×横18cmを2枚，縦38cm×横28cmを2枚，縦30cm×横20cmを2枚）

イ　板の厚さ1cmの木材（縦38cm×横20cmを2枚，縦38cm×横26cmを2枚，縦30cm×横20cmを2枚）

ウ　板の厚さ2cmの木材（縦36cm×横20cmを2枚，縦36cm×横26cmを2枚，縦30cm×横20cmを2枚）

エ　板の厚さ2cmの木材（縦36cm×横16cmを2枚，縦36cm×横26cmを2枚，縦30cm×横20cmを2枚）

【太郎さんと花子さんと先生の会話②】

太郎さん：2023年に，さいたま市の市議会議員選挙が行われましたね。

花子さん：さいたま市の市議会議員選挙の選挙区は，さいたま市の区のはん囲と同じだそうです。2023年の選挙では，各区で当選する議員の数，つまり定数が，前回の選挙から変わったそうですね。**資料5**は，各選挙区の定数の変化を示したものです。

太郎さん：どうして変わったのでしょうか。

先　　生：**資料6**が示している各区の有権者の数を**資料5**の議員定数で割ると，議員1人あたりの有権者数が求められます。その数の差，すなわち格差を小さくするためですよ。

花子さん：2019年の選挙のときの定数と2023年のときの定数を比べると，1つの区では5人から4人に減って，1つの区では5人から6人に増えていますね。

先　　生：2019年の選挙で定数が5議席だった5つの区の有権者数を比べると，最も多い区と最も少ない区の差が20000人以上開いていて，2023年の選挙のときも，差はさらに広がっていたのですよ。その2つの区の2019年と2023年の格差の状きょうが，どうなっているかを考えてみましょう。

太郎さん：2019年の議員1人あたりの有権者数を比べると，2つの区の格差は約1.3倍になっていました。

花子さん：2023年の議員1人あたりの有権者数を比べると，　あ　　になり，2019年より小さくなっていることがわかります。

**資料5　さいたま市議会議員選挙における選挙区ごとの定数の変化**

| | 西区 | 北区 | 大宮区 | 見沼区 | 中央区 | 桜区 | 浦和区 | 南区 | 緑区 | 岩槻区 | 合計 |
|---|---|---|---|---|---|---|---|---|---|---|---|
| 2019年市議会選挙時 | 4 | 7 | 5 | 8 | 5 | 5 | 7 | 9 | 5 | 5 | 60 |
| 2023年市議会選挙時 | 4 | 7 | 5 | 8 | 5 | 4 | 7 | 9 | 6 | 5 | 60 |

（さいたま市ウェブサイトをもとに作成）

**資料6　各区の有権者数の変化**

| | 西区 | 北区 | 大宮区 | 見沼区 | 中央区 | 桜区 | 浦和区 | 南区 | 緑区 | 岩槻区 |
|---|---|---|---|---|---|---|---|---|---|---|
| 2019年 | 74,974 | 121,233 | 97,528 | 135,198 | 83,671 | 79,441 | 132,958 | 153,949 | 101,418 | 94,342 |
| 2023年 | 78,550 | 125,016 | 103,243 | 137,833 | 86,314 | 80,530 | 137,872 | 158,216 | 106,886 | 94,658 |

※2019年、2023年ともに3月1日時点のデータである。

（さいたま市ウェブサイトをもとに作成）

問4　【太郎さんと花子さんと先生の会話②】の空らん　あ　にあてはまる内容を，次のア〜エの中から1つ選び，記号で答えなさい。

ア　緑区のほうが桜区より多くなりましたが，2つの区の格差は約1.1倍

イ　桜区のほうが緑区より多くなりましたが，2つの区の格差は約1.1倍

ウ　緑区のほうが桜区より多くなりましたが，2つの区の格差は約1.2倍

エ　桜区のほうが緑区より多くなりましたが，2つの区の格差は約1.2倍

5　太郎さんは，お母さんとイギリスについて話し始めました。

次の問1〜問4に答えなさい。

---

**【太郎さんとお母さんの会話①】**

太郎さん：1月にイギリスのロンドンに行く予定だから，イギリスについて調べてみようと
　　　　　思っています。

お母さん：どんなことを調べるのかな。

太郎さん：イギリスの人口や，貿易のことを調べてみたいです。他にも，日本とドイツ，中国
　　　　　についても調べてみます。

---

太郎さんは，次の**資料1**を見つけ，**【貿易黒字と貿易赤字】**という観点でそれぞれの国の貿
易について考えてみることにしました。

---

**資料1　日本・イギリス・中国・ドイツの人口・人口密度・貿易額（2020年）**

| | 人口<br>（千人） | 人口密度<br>（人／km²） | 輸出額<br>（百万ドル） | 輸入額<br>（百万ドル） | 日本から<br>その国への<br>輸出額<br>（億円） | その国から<br>日本への<br>輸入額<br>（億円） |
|---|---|---|---|---|---|---|
| 日本 | 124,271 | 329 | 641,341 | 634,431 | | |
| イギリス | 67,886 | 280 | 379,866 | 542,464 | 11,453 | 6,849 |
| 中国 | 1,439,324 | 150 | 2,590,646 | 2,055,612 | 150,819 | 174,931 |
| ドイツ | 83,784 | 234 | 1,380,379 | 1,170,726 | 18,752 | 22,660 |

（「データブック　オブ・ザ・ワールド　2022年版」をもとに作成）

---

**【貿易黒字と貿易赤字】**

　輸出額か輸入額を上回る状きょうのことを貿易黒字といい，逆に輸入額が輸出額を上回る状
きょうのことを貿易赤字といいます。なお，輸出額と輸入額を合計した額が貿易額です。

---

問1　**資料1**から読み取れることとして最も適切なものを，次のア〜エの中から1つ選び，記号で
答えなさい。

ア　日本とイギリスのそれぞれの国の輸出額，輸入額を見ると，日本は貿易黒字の国であり，イ
ギリスは貿易赤字の国である。ただし，日本とイギリスの貿易で見ると，日本は貿易赤字であ
る。

イ　中国とドイツのそれぞれの国の輸出額，輸入額を見ると，中国もドイツも貿易黒字の国であ
る。また，日本とドイツの貿易で見ると，ドイツは貿易赤字である。

ウ　日本・イギリス・ドイツの人口1人あたりの貿易額は，イギリスが日本よりも多く，さらに
貿易黒字であるドイツがイギリスよりも多くなっている。

エ　イギリス・中国・ドイツの人口1人あたりの貿易額は，イギリスよりもドイツが多く，さら
に貿易黒字である中国がドイツよりも多くなっている。

【太郎さんとお母さんの会話②】

太郎さん：イギリスといえば，紅茶文化が有名ですね。今度イギリスに行ったとき，イギリスに住んでいるオリビアと会って，イギリスの紅茶文化を楽しんでこようと思います。そういえば，緑茶や紅茶，ウーロン茶などのお茶の原料は，全部同じ茶葉だと聞いたのですが，本当でしょうか。

お母さん：そうだね。例えば，茶の生産量が最も多い中国で生産された茶は，緑茶や紅茶，プーアル茶。ウーロン茶などに加工されて，中国の国内で消費されたり，他国に輸出されたりしているよ。

太郎さん：そうなのですね。茶の生産や貿易，消費の状きょうが気になってきたので，調べてみようと思います。

太郎さんは，茶の生産国と生産量，輸出と輸入，消費量について調べ，次の**資料2**，**資料3**，**資料4**を見つけました。

**資料2　茶の生産量上位10か国（2020年）**

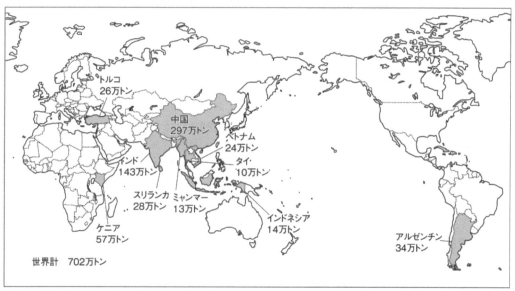

**資料3　世界の茶の輸出量にしめる輸出上位5か国の割合・輸入量にしめる輸入上位5か国の割合（2020年）**

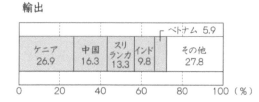

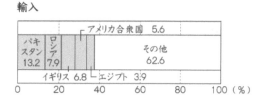

（**資料2**、**資料3**は「データブック　オブ・ザ・ワールド　2023年版」をもとに作成）

**資料4　主な国の茶の消費量（２０１８年～２０２０年の３年間の平均）**

|  | 1人あたり<br>（kg） | 消費量<br>（万トン） |
|---|---|---|
| イギリス | 1.61 | 10.76 |
| 中国 | 1.66 | 232.23 |
| インド | 0.81 | 108.81 |
| 日本 | 0.79 | 10.01 |
| スリランカ | 1.35 | 2.94 |
| ケニア | 0.82 | 4.01 |

※茶は、緑茶、ウーロン茶、紅茶などすべての茶。
（日本紅茶協会「紅茶統計（令和４年１１月）」をもとに作成）

問2　**資料２，資料３，資料４**から読み取れることとして最も適切なものを，次のア～エの中から１つ選び，記号で答えなさい。

ア　茶は中国やインド，スリランカなどを中心に生産されており，これらの国は茶の主な輸出国でもある。輸入量が世界第３位のイギリスの茶の消費量は，日本やスリランカとほぼ同じである。

イ　中国の茶の生産量は，世界全体の約30％である。中国の１人あたりの茶の消費量はイギリスと同じくらいであるが，中国の茶の消費量はイギリスの20倍以上である。

ウ　インドは中国に次ぐ茶の生産国で，世界全体の茶の約２割を生産している。インドの茶の消費量はイギリスの約10倍であるが。１人あたりの茶の消費量はイギリスや中国の約半分である。

エ　ケニアの茶の生産量は世界でも上位に位置しており，輸出量は世界で最も多い。ケニアの茶の消費量は日本の半分以下で，１人あたりの茶の消費量でもケニアは日本よりも少ない。

---

**【太郎さんとお母さんの会話③】**

太郎さん：イギリスに行ったら，オリビアとアフタヌーンティーを楽しむ約束があります。ロンドンのヒースロー空港のとう着予定時刻の，２時間後に会うことになりました。

お母さん：その日は何時の飛行機に乗る予定だったかな。

太郎さん：1月　**A**　日の，　**B**　に羽田空港を出発する飛行機に乗ります。

お母さん：東京とロンドンは，時差が９時間あって，ロンドンのほうが，東京より時刻が９時間おくれているよ。だから，東京の時刻から９時間を引くと，ロンドンの現地時刻が分かるよ。時計を合わせるのを忘れないでね。

---

問3　次のページの**【太郎さんのスケジュール】**を参考に，**【太郎さんとお母さんの会話③】**にある空らん　**A**　，**B**　にあてはまる日付，時刻の組み合わせとして正しいものを，あとのア～エの中から１つ選び，記号で答えなさい。

【太郎さんのスケジュール】

○東京・羽田空港発のロンドン直行便に乗る。

　　　　　↓（12時間）

○ロンドン・ヒースロー空港　着

　　　　　↓（2時間）

○1月11日午後3時30分（ロンドンの現地時刻）　オリビアと会う。

ア　A　10　　B　午後4時30分　　　イ　A　10　　B　午後10時30分

ウ　A　11　　B　午前1時30分　　　エ　A　11　　B　午前10時30分

【太郎さんとお母さんの会話④】

太郎さん：オリビアと会うまでに，英語をもっと話せるようになりたいです。英語の勉強を楽しくする方法はないでしょうか。

お母さん：好きな外国の映画を，字幕がなくても英語で聞き取れるか試してみるのはどうかな。

太郎さん：DVDを借りてくるのですか。

お母さん：インターネットで配信されている映画があるから，その中から探してみようか。

太郎さん：インターネットで見られるのは便利ですね。インターネットで配信されているものがどれくらい増えているのか，気になってきたので，調べてみようと思います。

　インターネット上のコンテンツ配信に興味をもった太郎さんは，次の**資料5**を見つけました。

**資料5　世界のコンテンツ市場の変化**

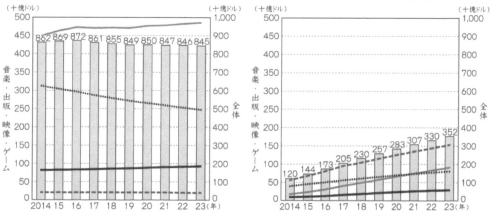

※2019年以降は推計値。フィジカルとは、DVDやCDのように実物があるもの、デジタルとは、インターネットでデータ配信されるもののこと。

（経済産業省「コンテンツの世界市場・日本市場の概観」をもとに作成）

問4　**資料5**から読み取れることとして最も適切なものを，あとのア～エの中から1つ選び，記号で答えなさい。

ア　世界のコンテンツ市場は，フィジカルコンテンツ市場が中心で，2017年にはデジタルコンテンツ市場の4倍以上の規模であったが，デジタルコンテンツ市場はその後も拡大を続けており，2023年にはフィジカルコンテンツ市場の半分を上回っていると考えられる。

イ　世界のフィジカルコンテンツ市場は，デジタルコンテンツ市場の成長にともなって，わずかずつだが市場が縮小しており，映像と音楽の分野はデジタルコンテンツ中心に置きかえられようとしている。

ウ　世界のデジタルコンテンツ市場は，2014年からの5年間で約2倍に拡大しているが，特にゲームの市場がのびており，ゲームの市場は2018年にはフィジカルコンテンツ市場の音楽の分野を上回る市場になっている。

エ　世界のデジタルコンテンツ市場における出版の分野の成長は，フィジカルコンテンツ市場の出版の分野の縮小金額を上回る規模で進んでおり，フィジカルコンテンツがデジタルコンテンツに置きかわっていく代表的な分野であると考えられる。

【適性検査Ｂ】 （40分）

1 　　太郎さんと花子さんは，先生と人口と労働について話をしています。

次の問１～問４に答えなさい。

【太郎さんと花子さんと先生の会話①】

太郎さん：先日，2020年の埼玉県の人口重心は，さいたま市の西区にあるという記事を読みました。人口重心とは何ですか。

先　　生：人口重心とは，人口の一人一人が同じ重さをもつとして，その地域の人口が，全体としてバランスを保つことのできる点をいいます。

花子さん：さいたま市や川口市など，埼玉県内で人口が多い市は県の南側に多いため，埼玉県の人口重心はさいたま市にあるのですね。他の県ではどうなっているのか気になります。

先　　生：ここに，首都圏の各都県の人口重心の変化の様子を示した資料１と，2020年の人口重心を示した資料２がありますよ。社会の授業で，経度と緯度について学習しましたね。その数値から人口重心の位置がわかります。

花子さん：2015年と2020年のデータがあるので，人口重心がどのように移動したかがわかりますね。

資料１　首都圏の各都県の人口重心の経度と緯度

|  | ２０１５年 | | ２０２０年 | |
|---|---|---|---|---|
|  | 東経（度） | 北緯（度） | 東経（度） | 北緯（度） |
| 東 京 都 | 139.6396 | 35.6872 | 139.6419 | 35.6874 |
| Ａ　県 | 139.8324 | 36.5318 | 139.8326 | 36.5302 |
| Ｂ　県 | 139.5786 | 35.9254 | 139.5816 | 35.9234 |
| Ｃ　県 | 138.6186 | 35.6269 | 138.6165 | 35.6275 |
| 群 馬 県 | 139.1396 | 36.3598 | 139.1416 | 36.3580 |
| 千 葉 県 | 140.0831 | 35.6744 | 140.0784 | 35.6780 |
| 茨 城 県 | 140.2759 | 36.2142 | 140.2728 | 36.2104 |
| Ｄ　県 | 139.5116 | 35.4530 | 139.5132 | 35.4548 |

資料２　首都圏の各都県の人口重心の位置（２０２０年）

※　経度と緯度は、通常は度・分・秒という単位で表すが、ここでは単位を度に変えて示している。

（資料１、資料２は、総務省統計局「統計トピックス　Ｎｏ．１３５　我が国の人口重心　―令和２年国勢調査結果から―」をもとに作成）

【緯度と経度】
　緯度とは，赤道を基準として南北へそれぞれ90度まで表したもので，赤道の北側を北緯といいます。赤道は０度，北極は北緯90度です。

　経度とは，イギリスのロンドンを通る０度の経線（赤道と直角に交わる地球上の南北の線）を基準に，東西へそれぞれ180度まで表したもので，東まわりを東経といいます。

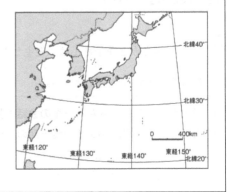

問1　【緯度と経度】の説明を参考にして，2015年から2020年にかけてのＣ県の人口重心の移動の様子を示しているものを，次のア〜クの中から１つ選び，記号で答えなさい。なお，ア〜クの図中の矢印は，人口重心の移動の方向を示しています。

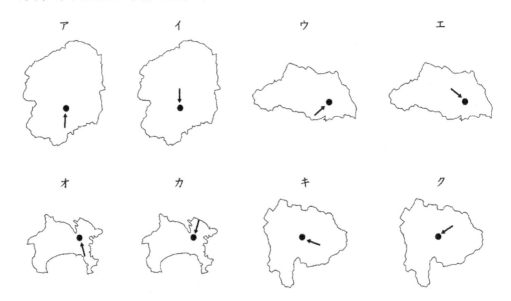

【太郎さんと先生の会話】

太郎さん：各都道府県の，人口の増減についても興味があり，資料をまとめて発表しようと思っています。資料には，地図を使おうと思っているのですが，地図を作るときに，気を付けたほうがよいことはありますか。

先　　生：そうですね。何を表したいかによって，地図の作り方は変わってきますよ。資料は，作り方をまちがえると，誤った印象をあたえてしまう可能性があるからです。地図を作るときに気を付けることについては，次のページの資料３のような考え方がありますよ。今回は，この資料３の考え方をもとに地図を作ってみてはどうですか。

太郎さん：ありがとうございます。資料３と人口の増減についての資料をもとに，地図を作成してみます。

**資料3　地図を作るときに気をつけること**

　　数値で分類できるようなデータを地図で示したものを，定量的地図といいます。

　　定量的地図は，絶対図と相対図に分けることができます。

　　絶対図は，収穫量や人口などを円の大きさや棒の長さなどによって示したものです。相対図は，1haあたりの収穫量などの「単位面積あたり」の量や「人口1人あたり」の量など，計算によって求めた値を何段階かに分けて色や模様で示したものです。

　　収穫量や人口のデータを何段階かに分けて，色や模様で示すと，誤解をあたえることがあります。例えば，右の図は2020年の都道府県別のだいこんの収穫量を示しています。色や模様で示すと，1位の千葉県よりも2位の北海道のほうが面積が広い分，色や模様が強調されてしまい，北海道のだいこんの生産量が千葉県より多い印象をあたえてしまいます。そのため，収穫量や人口は色や模様で示さないようにしましょう。

|  |  |
|---|---|
| ■ | 12万トン〜 |
| ▨ | 8〜12万トン |
| ▨ | 4〜8万トン |
| □ | 〜4万トン |

（農林水産省「令和2年産野菜生産出荷統計」をもとに作成）

（浮田典良「地図表現ガイドブック　主題図の原理と応用」などをもとに作成）

（外務省ウェブサイトをもとに作成）

**資料4　関東地方の7つの都県の人口と人口増減率**

|  | 人口（人） | 人口増減率（%） |
|---|---|---|
| 茨城県 | 2,867,009 | −1.71297 |
| 栃木県 | 1,933,146 | −2.08225 |
| 群馬県 | 1,939,110 | −1.72342 |
| 埼玉県 | 7,344,765 | 1.07659 |
| 千葉県 | 6,284,480 | 0.99337 |
| 東京都 | 14,047,594 | 3.93867 |
| 神奈川県 | 9,237,337 | 1.21764 |

（総務省統計局「令和2年国勢調査結果」をもとに作成）

※　−（マイナス）がついている数は、0より小さい。−2%の場合は、2%減っていることを示している。

問2　太郎さんは，**資料3**と**資料4**をもとに，地図を作成しました。太郎さんが作成した地図を，次のページのア〜エの中から1つ選び，記号で答えなさい。

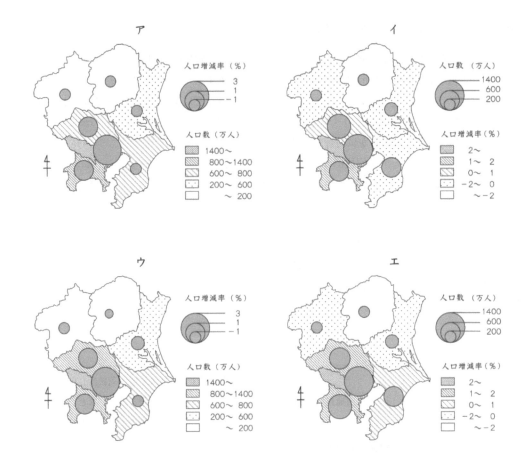

【花子さんと先生の会話】

花子さん：人口の移動には，社会の変化も関係しているのですね。例えば，進学や仕事のために引っこすことがありますが，進学者数や労働者数は，そのときの社会の状きょうによって変わると思います。

先　　生：そうですね。労働者数といえば，以前より働く女性が増えていて，女性の労働力率も変化していますね。労働力率とは，働いている人と仕事を探している人を合わせた数が，15歳以上の人口全体の中でどのくらいになるかの割合のことをいいます。資料6（次のページ）での出生率とは，1人の女性が各年齢において生む子どもの数のことです。

花子さん：働く女性が増えているという話や，女性が結婚して子どもを産む年齢も高くなっているという話を聞いたことがあります。どんなふうに変化しているか，調べてみようと思います。

　　花子さんは，次のページの資料5と資料6を見つけ，さらに調べたことをもとにして【花子さんのまとめ】を作成しました。

資料5　女性の年齢別の労働力率の変化と男性の労働力率

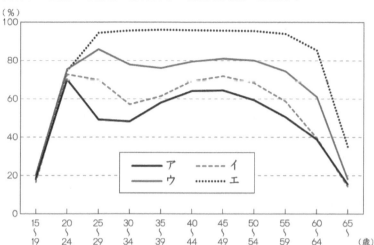

（総務省統計局「労働力調査結果」をもとに作成）

資料6　年齢別の出生率の変化

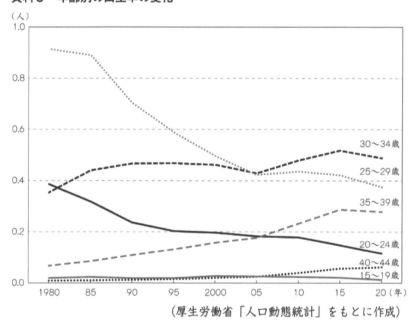

（厚生労働省「人口動態統計」をもとに作成）

---

【花子さんのまとめ】

　女性の労働力率は，年齢別で示したとき，アルファベットのM字に似た形をえがき，30代あたりで低下（M字の底）します。それは，男性と比べて女性は結婚や妊娠，出産で仕事をはなれ，子どもが成長したら再就職する人が多いからです。

　結婚している人の労働者数の増加や結婚しない人の増加，予育て支援策の充実などで，日本における女性の年齢別の労働力率のグラフのM字の底は1980年以降，変化しています。

　　資料5は，1980年，2000年，2020年の女性の労働力率と2020年の男性の労働力率を年齢別に示したものです。1980年の女性の労働力率を示したグラフは　A　，2020年の女性の労働力率を示したグラフは　B　です。

　　1980年と2020年の女性の労働力率が　A　から　B　のように変化した理由を考える上で，資料6からいえることは，　C　ということです。

問3　【花子さんのまとめ】の空らん　A　，　B　にあてはまるグラフを，資料5中のア～エからそれぞれ1つずつ選び，記号で答えなさい。また，空らん　C　にあてはまる内容を，次のア～オの中から2つ選び，記号で答えなさい。

　　C　の選択肢

　　ア　40年間で，20～24歳で出産することよりも25～29歳で出産することが増えた

　　イ　40年間で，35～39歳で出産する女性の割合が大きく増えた

　　ウ　40年間で，25～29歳で出産することが大きく減った

　　エ　40年間変わらずに，30～39歳で出産することが比較的多い

　　オ　40年間で，出産することが最も多い年代が，30～34歳から25～29歳に変わった

【太郎さんと花子さんと先生の会話②】

太郎さん：わたしたちも，将来はきっと働くと思います。将来のために，労働についてもさらに知りたくなってきました。

先　　生：社会が変化したり，それにともなって法律も変わったりして，今とはまたちがう働き方をすることになるかもしれませんね。

花子さん：過去に法律が変わったことがあったのですか。

先　　生：そうです。法律が改正されたり，新しい法律が作られたりしているのですよ。この資料7を見てください。この法律が作られたことで，採用の条件も変化していますよ。また，女性の労働に関しては資料8（次のページ）の法律の中にも規定がありますよ。働くことで得られる給料については，資料9（次のページ）の法律もあります。

太郎さん：ありがとうございます。法律が採用の条件にどのように反映されているのか，調べてみます。

資料7　男女雇用機会均等法（一部）

① ※1事業主は，労働者の募集及び採用について，その性別にかかわりなく※2均等な機会を与えなければならない。

事業主は，次に※3掲げる事項について，労働者の性別を理由として，差別的取り扱いをしてはならない。

② 労働者の配置，※4昇進，※5降格及び教育訓練

③ 住宅資金の※6貸付けその他これに※7準ずる※8福利厚生の※9措置であって※10厚生労働省令で定めるもの

④ 労働者の※11職種及び※12雇用形態の変更

⑤ ※13退職の勧奨，定年及び※14解雇並びに労働契約の更新

## 資料8 労働基準法（一部）

⑥ ※15使用者は，労働者に，休憩時間を除き一週間について四十時間を超えて，労働させてはならない。

⑦ 使用者は，一週間の各日については，労働者に，休憩時間を除き一日について八時間を超えて，労働させてはならない。

## 資料9 最低賃金法（一部）

⑧ 使用者は，※16最低賃金の適用を受ける労働者に対し，その最低賃金額以上の賃金を支払わなければならない。

⑨ 賃金の※17低廉な労働者について，賃金の最低額を保障するため，※18地域別最低賃金（一定の地域ごとの最低賃金をいう。）は，※19あまねく全国各地域について決定されなければならない。

※1 事業主……利益を得ることを目的に仕事をする人や会社のこと。

※2 均等……平等で差がないこと。　　　※3 掲げる……人に知られるよう示すこと。

※4 昇進……地位などが上がっていくこと。　※5 降格……地位などが下がっていくこと。

※6 貸付け……貸すこと。　　　　　　　※7 準ずる……同じような。

※8 福利厚生……お金ではないほうしゅう。　※9 措置……対応すること。

※10 厚生労働省令……厚生労働省が定めたきまり。　※11 職種……仕事の種類のこと。

※12 雇用形態……社員，アルバイトなど，働き方の種類のこと。

※13 退職の勧奨……事業主が労働者に退職するようにすすめること。

※14 解雇……事業主が労働者を一方的にやめさせること。

※15 使用者……労働者を雇い，賃金を支払う者。

※16 最低賃金……最低でも支払われる給料の額。

※17 低廉……金額が安いこと。

※18 地域別最低賃金……2023年の地域別最低賃金は，東京都で時間額1,113円，大阪府で1,064円。

※19 あまねく……すべて。

問4　次のページの【採用の条件】には，日本の法律に違反すると考えられる内容がふくまれています。太郎さんは，資料7，資料8，資料9をもとにして，違反している法律とそう考えられる理由を考え，【太郎さんのまとめ】を作成しました。【太郎さんのまとめ】の空らん　D　，　F　にあてはまるものを，資料7，資料8，資料9中の①～⑨の中からそれぞれ1つ選び，番号で答えなさい。また，　E　と　G　にあてはまる内容をそれぞれ10字以上20字以内で答えなさい。なお，数字や記号についても，1字とする。

（例）| 4 | 1 | . | 5 | % |

【採用の条件】

○募集職種：事務職

　賃金　月給22万円～

　勤務地　東京本社または大阪支社

　勤務時間　　9：00～17：00

　（休憩時間　12：00～13：00）

　休日　日曜・祝日

　応募条件

　・男性：大学卒業以上

　・女性：高校卒業以上

【太郎さんのまとめ】

この【採用の条件】には，法律に違反していると考えられる内容が２つある。

・　D　　に違反している。←　一週間の　　E　　ため。

・　F　　に違反している。←　　G　　ため。

2

　シルベスターという19世紀イギリスの数学者の言葉に「音楽は，感覚の数学であり，数学は理性の音楽である。」というものがあります。太郎さんと花子さんはインターネットで見つけたこの言葉が心に残っていました。

　ある日，音楽の授業で箏の演奏を聴いた２人は，箏で音を出すときの仕組みは，算数と関係があるのではないかと思い，そのことについて調べました。資料１～資料４は２人が調べた結果をまとめたものです。

次の問１～問５に答えなさい。　　　　　　　　　　　（資料２～資料４は次のページにあります。）

資料１　音について

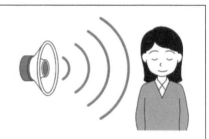

　音は，ものが振動する（ふるえる）ことで生じ，空気中を波として伝わります。

　音の高さは，１秒間に空気が振動する回数（振動数）で表します。単位は「ヘルツ（Hz）」です。

　例えば，振動数が440Hzの音は，１秒間に440回振動している音です。

**資料２　音名と振動数（Ｈｚ）の関係**

| 音名 | 振動数（Ｈｚ） | 振動数の比<br>（ドの音を基準にした比） |
|---|---|---|
| ド | ２６２ | １ |
| レ | ２９４ | １．１２２ |
| ミ | ３３０ | １．２５９ |
| ファ | ３５０ | １．３３４ |
| ソ | ３９２ | １．４９８ |
| ラ | ４４０ | １．６８１ |
| シ | ４９４ | １．８８７ |
| ド（１オクターブ上） | ５２４ | ２ |
| レ（１オクターブ上） | ５８８ | ２．２４４ |

（京都府立大学学術報告「理学・家政学３巻１号（１９６０年）」をもとに作成）

**資料３　ピアノの鍵と音名の対応**

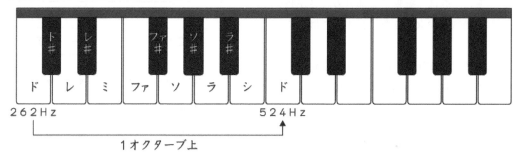

【太郎さんと花子さんの会話①】

花子さん：**資料２**をみると，ドより高い音のレは振動数が多くなっています。振動数が多くなるにつれて，音が高くなるということですね。

太郎さん：そうですね。よくみると，振動数が262Hzのドの１オクターブ上のドは，524Hzなのでちょうど２倍になっていますね。

問１　振動数が660Hzの音をピアノで弾く場合，どの鍵を弾けばよいですか。**資料２**を参考にして，次の**図１**の①〜㉔のいずれかの記号で答えなさい。

**図１**

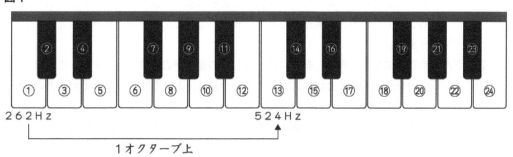

問2　白い鍵とそのとなりの黒い鍵の振動数の比について，花子さんは次のように考えました。 X にあてはまる数として最も適切なものを，あとのア～エの中から１つ選び，記号で答えなさい。

---

**【花子さんの考え】**

　ピアノの音階は平均律という方法で整えられています。平均律では，となり合う音（例えばドとド♯，ファとファ♯，シとドなど）の振動数の比は，常に一定です。

　そのため，黒い鍵の振動数は，その左どなりの白い鍵の振動数よりも約 X 倍振動数が多いことがわかります。

---

ア　1.03　　イ　1.06　　ウ　1.12　　エ　1.26

**資料４**

---

**弦の振動する部分の長さ・振動数・音の高さの関係**

　弦は，振動する部分の長さが短いほど，振動数が多くなり，音の高さは高くなります。

　逆に，弦は，振動する部分の長さが長いほど振動数が少なくなり，音の高さは低くなります。

| 弦の振動する部分の長さ | 長い ◄──► 短い |
|---|---|
| 振動数 | 少ない ◄──► 多い |
| 音の高さ | 低い ◄──► 高い |

**弦の張力・振動数・音の高さの関係**

　張力とは，弦を引っ張る力のことです。張力が強いほど，振動数が多くなり，音の高さは高くなります。

　逆に，張力が弱いほど，振動数が少なくなり，音の高さは低くなります。

| 弦の張力 | 弱い ◄──► 強い |
|---|---|
| 振動数 | 少ない ◄──► 多い |
| 音の高さ | 低い ◄──► 高い |

---

**【太郎さんと花子さんの会話②】**

太郎さん：わたしは，モノコードの弦の振動する部分の長さ，弦の張力を変えて，振動数がどう変わるか，実験しました。**表１**，**表２**（次のページ）はその時の結果です。振動数は，小数第２位で四捨五入しています。ただし，実験では，弦の弾き方はすべて同じでした。

花子さん：モノコードとは何でしょうか。

太郎さん：モノコードとは，**図２**（次のページ）のような，１本の弦が張られた楽器です。ことじの位置を調節することで，弦の振動する部分の長さを変えたり，おもりを変えることで弦の張力を調節したりできます。これにより，音の高さを変えることができます。

花子さん：わかりました。**表１**，**表２**には，おもりの重さが書かれていますが，これは，弦の張力を表しているということですね。つまり，おもりをつけるとその重さの分だけ弦に張力がはたらくわけですね。

太郎さん：そのとおりです。さて，**表１**，**表２**をもとに，弦の振動する部分の長さ，おもりの

重さ，振動数の関係をみていきたいと思います。弦の振動する部分の長さ，おもりの重さがそれぞれ２倍，３倍，４倍になったとき，振動数はどのように変わるでしょうか。

花子さん：表１をみると，弦の振動する部分の長さが２倍のときは，振動数は約$\frac{1}{2}$倍になっていますね。３倍になると約$\frac{1}{3}$倍，４倍になると約$\frac{1}{4}$倍になっています。つまり，弦の振動する部分の長さと振動数には反比例の関係がありますね。

太郎さん：では，張力が２倍，３倍，４倍になったとき，振動数はどうなっているでしょうか。

花子さん：表２をみると，張力が２倍，３倍，４倍になっても，振動数は，２倍，３倍，４倍にはなっていません。

太郎さん：確かにそうですね。ただし，弦の張力と（振動数）×（振動数）の値は比例しているといえますね。

**図２　モノコードの説明**

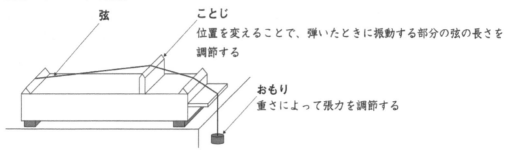

弦

ことじ
位置を変えることで、弾いたときに振動する部分の弦の長さを調節する

おもり
重さによって張力を調節する

**表１　張力を固定したときの表**

| 弦の振動する部分の長さ（cm） | おもりの重さ（g） | 振動数（Hz） |
|---|---|---|
| 20 | 500 | 247.5 |
| 40 | 500 | 123.7 |
| 60 | 500 | 82.5 |
| 80 | 500 | 61.9 |

**表２　弦の振動する部分の長さを固定したときの表**

| 弦の振動する部分の長さ（cm） | おもりの重さ（g） | 振動数（Hz） | （振動数）×（振動数） |
|---|---|---|---|
| 40 | 200 | 78.3 | 6130.9 |
| 40 | 400 | 110.7 | 12254.5 |
| 40 | 600 | 135.6 | 18387.4 |
| 40 | 800 | 156.5 | 24492.2 |

問３　次のページの図３のモノコードにおいて「ことじ」を**Q**（⬆）におき調節した弦の×の部分を弾くと振動数は242Hzでした。もし，「ことじ」を**P**（⬆）の部分に移動して，×の部分を弾く

と振動数は何Hzになるか，整数で答えなさい。ただし，弦の弾き方は，変えないものとします。

図3

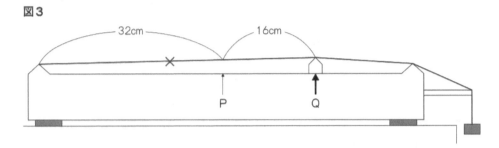

問4　あるモノコードを弾いたときの振動数は320Hzでした。ミの音にするために，おもりの重さを重くしました。重さを約何倍にしましたか。小数第3位を四捨五入して，小数第2位まで答えなさい。ただし，おもりの重さは，1倍から2倍の間で重くすることとします。

問5　あるモノコードで，弦の振動する部分の長さとおもりの重さを次の表3におけるA，Bの2つの設定にして，弦を弾きました。すると，どちらも同じ高さの音が出ました。このとき，下の表のYにあてはまる数を答えなさい。ただし，弦の弾き方は，変えなかったものとします。

表3

| | 弦の振動する部分の長さ（ｃｍ） | おもりの重さ（ｇ） |
|---|---|---|
| A | 30 | 400 |
| B | 45 | Y |

3 　花子さんは，科学について興味があり，図書館でおもしろそうな本を見つけたので，読んでみることにしました。

次の文章は，仲野徹著「科学者の考え方——生命科学からの私見」（晶文社・内田樹編）の一部です。これを読んで，問1〜問5に答えなさい。

①コンセンサスという言葉があります。日本語では，意見の一致，とか，合意，と訳されます。政治では，よく「国民の合意をとりつけた」とかいう言い方がされますが，いろいろな考えの人がいて，たくさんの政党があることからもわかるように，政治的なことについて完全に国民の合意を得られることなどほとんどありえません。

政治的なことについて，完全な合意がなされる，あるいは，なされたと政府によって解釈される，というのは，むしろ恐ろしい状況です。第二次世界大戦前の日本や，※1ナチスが※2台頭した時代のドイツのことを考えてみればわかるように，※3言論弾圧や戦争などといった恐ろしいことの引き金になる可能性が十分にあるのです。

それに対して，科学というのは，コンセンサスを得やすい分野です。それは，科学は，※4政治信条のような「好き嫌い」ではなくて，「真実」をあつかうからです。②「　」付きの真実という，少しあいまいな書き方をしたのには理由があります。※5トンデモ説ほどひどくはなくとも，いま正しいとされていることであっても，ひょっとしたら，研究が進むにつれて，将来，正しくないと判定

されることは十分にありえるのです。すなわち，本当の真実かどうかを完全に断定することは難しいということなのです。

　こういったことまで考えて，物事を完全に断定的に言い切らないことが多いのは，科学者のひとつの特徴です。科学者が真実を尊いと思うが故の行動パターンですから，科学者の良心という言い方もできます。けれども，こういう言葉遣いは，慎重すぎてちょっとうっとうしいと思われるかもしれません。

　一つの例として地動説を考えてみましょう。現在では，地動説というのはコンセンサスになっています。しかし，※6ガリレオやコペルニクスの時代以前は，地動説ではなくて天動説がコンセンサスだったのです。科学におけるコンセンサス——あるいは，この場合は常識と言ってもいいかもしれません——は，必ずしも正しいとは限らないということが，この例だけからもわかるでしょう。

　このように多くの人が共有している科学的な知的枠組を，難しいけれどちょっとかっこいい言葉で「パラダイム」と言います。太陽が昇る，という観測事実は，はるか昔から皆が知っていたわけです。その事実は，昔は天動説のパラダイムで説明されていたのが，次に述べるように，科学的な観測が※7蓄積した結果として※8破綻し，地動説のパラダイムへと転換したという訳です。

　天動説を信じていたなんて，昔の人は頭が悪かったんだなぁと思うかもしれませんが，それは違います。その時代の最高に知性的な人だって天動説を信じていたのです。パラダイムというのは，それほど強力に時代を覆い尽くしているものなのです。

　では，③どのようにして天動説から地動説へとパラダイムが転換していったのでしょう。まったく知識がなかったら，天動説と地動説だと，天動説の方が信じやすいと思いませんか？　だって，地面がすごいスピードで動いているなんて，普段生活していてもまったく感じないのですから。だから，昔は，なんとなく天動説が圧倒的に優勢だったのです。

　しかし，技術が進み，いろいろなことが観測されるようになって，おかしいぞということが少しずつでてきました。たとえば，地球がじっとしていると考えると，惑星の動きを説明するのに，相当に複雑な考えを持ち出さないといけないことがわかってきました。16世紀になって，コペルニクスは，『天球の回転について』という本に，太陽が中心にあって，地球も惑星もその周りを回っていると考えた方が合理的だと書きました。

　この考えは，地球が宇宙の中心であるという聖書の考えにあわないために，反発をくらい，なかなか受け入れられませんでした。ちなみに，コペルニクスは，この本を死ぬ前年に発表しています。教会からクレームがつくのがわかっていたので，出版をそこまで遅らせたのではないかとも言われています。

　しかし，その考えの方が正しいのではないかという研究成果——すなわち天動説に対する反証ですね——が徐々に蓄積していきます。そんな時代の中に登場したのがガリレオです。ガリレオは，望遠鏡による観測で，木星の周りに四つの衛星があること，すなわち，木星もその周囲を回る星を持っている，ということを発見しました。これによって，地球が宇宙の中心であるという天動説に決定的なダメージを与えたのです。

　最終的にはもちろん地動説が認められたわけですが，一発ですんなりいったわけではないのです。コペルニクスとガリレオでは90歳くらい歳が違いますから，コペルニクスの考えが出されてからパラダイムが入れ替わるまで，かなりの年数がかかったことがわかります。パラダイムというの

は，非常に強固なものなので，少々の反論があっても，都合のいい言い訳を編み出してパラダイムを守るため，その反論を跳(は)ね返してしまいます。しかし，さらに反論がどんどん積み重なっていくと，いよいよもたなくなって，最終的にその説が破綻し，初めてみんなの考えが変わるのです。

（中略）

みんなが信じ込(こ)んでいるパラダイムであっても，間違えている可能性があるということはわかってもらえたでしょうか。ある意味では，科学は，みんなが当たり前に思っていることに対して疑(うたが)いを持つということによって進歩してきた，という言い方もできるのです。

（一部，省略やふりがなをつけるなどの変更(へんこう)があります。）

※1　ナチス……ヒトラーが率いた政党。　　※2　台頭……勢いを増すこと。

※3　言論弾圧……国などが，力によって人々の発言をおさえつけること。

※4　政治信条……どのような社会にしていきたいのかについて，自分が信じる考え方。

※5　トンデモ説……現実にはありえないような説。

※6　ガリレオやコペルニクス……どちらも宇宙を研究した科学者で，コペルニクスは地動説を発表し，ガリレオは地動説を証明しようとした。

※7　蓄積……たまること。

※8　破綻……物事が，修復できないくらいにうまくいかなくなること。

問1　花子さんは，①コンセンサスについて，本文を読んで【花子さんのまとめ】のようにまとめました。空らん A ， B ， C ， D にあてはまる言葉を，本文中からそれぞれ5字以内でさがして書きぬきなさい。

---

**【花子さんのまとめ】**

　　コンセンサスとは， A の一致，または B という意味の言葉である。政治では，好き嫌いなどが判断基準になるため，完全なコンセンサスを得られることはほとんどありえないのに対して， C では，「真実」が基準となるため，コンセンサスを D 。

---

問2　②「　」付きの真実とありますが，筆者が真実に「　」をつけることで説明しようとしている科学者の特徴や考え方として最も適切なものを，次のア～エの中から1つ選び，記号で答えなさい。

ア　真実を尊(そん)重しているため言葉遣いに慎重で，言い切らないことで，将来正しくないと判定されたときに責任からのがれられるように気をつけるという特徴。

イ　良心を大切にしているため言葉遣いに慎重で，多くの研究者に気をつかってそれぞれの立場を尊重し，できるかぎり遠回しに表現するという特徴。

ウ　真実を大事にしているため判断に慎重で，将来的に正確でないと判断される可能性までをも考えて，はっきりと言い切ることをしないという特徴。

エ　良心を重視しているため判断に慎重で，断定することが難しい物事は将来判定される可能性があるととらえ，今考えずに判断を先送(し)りにするという特徴。

問3　③どのようにして天動説から地動説へとパラダイムが転換していったのでしょうとありますが，花子さんは，この文章で説明されていたパラダイムの転換について友だちに教えようと，図にまとめました。次のページの【花子さんがまとめた図】について，あとの(1)，(2)の問いに答えなさい。

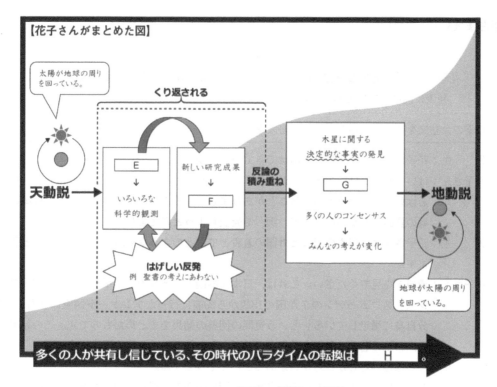

（1）　【花子さんがまとめた図】の中の空らん　E　，　F　，　G　にあてはまる言葉として最も適切なものを，本文の内容をふまえ，次のア～カの中からそれぞれ１つずつ選び，記号で答えなさい。

　　ア　天動説の破綻　　　　イ　知性の発展(てん)　　　ウ　技術の進歩

　　エ　教会からのクレーム　オ　地動説への疑い　　　カ　天動説に対する反証

（2）　【花子さんがまとめた図】の中の空らん　H　にあてはまる内容として最も適切なものを，本文の内容をふまえ，次のア～エの中から１つ選び，記号で答えなさい。

　　ア　政治よりも大変である　　イ　さけられないものだ

　　ウ　とても長い時間がかかる　エ　個人の努力のおかげである

問４　本文から読み取れる筆者の説明の仕方や工夫として，**適切でないもの**を，次のア～エの中から１つ選び，記号で答えなさい。

　ア　本文の内容を理解するうえで重要な言葉の意味を説明してから，過去の出来事を例に挙げて具体的な説明をしている。

　イ　書き言葉の中に話し言葉も加えることで，科学の話でも読み手が親しみやすさや読みやすさを感じられるようにしている。

　ウ　パラダイムの説明の部分で，問いかけるような言い方をして，読み手からの共感を引き出そうとしている。

　エ　読み手の印象に残りやすいたとえの表現を効果的に使い，天動説や地動説などの科学的な内容を感覚的に説明している。

問５　筆者はこの文章で，科学はどのようにして進歩してきたと主張していますか。「パラダイム」という言葉を使って，40字以上50字以内で書きなさい。（句読点や記号は１字と数えます。）

**【適性検査Ｃ】**（45分）

1 　花子さんは，総合的な学習の時間に，日本の若者と外国の若者の意識のちがいについて調べ，発表に向けた準備をしています。

以下の会話文を読んで，あとの問いに答えなさい。

---

先　　生：花子さん，発表原稿の準備はできていますか。

花子さん：はい。わたしは，アメリカから日本に留学しているリサさんと友だちになり，自分とは意識がちがうと感じることがありました。そこで，わたしは，日本と外国の若者の意識のちがいについて，調べて発表しようと考えました。

先　　生：花子さんは，日本の若者と外国の若者とで，どのような意識のちがいがあると思いますか。

花子さん：**資料１**を見てください。これは，日本・韓国・アメリカ・イギリス・ドイツ・フランス・スウェーデンの７か国の13歳から29歳に行ったアンケート調査のうち，「自分自身に満足している」という質問の回答の結果をまとめたものです。この結果から，日本の若者と外国の若者の意識のちがいがわかるように思います。

先　　生：なるほど。たしかにちがいがあるといえそうですね。

花子さん：わたしは，このような意識のちがいと関係のある資料が，他にもあるのではないかと思い，同じアンケート調査から別の資料をさがしました。**資料２**から**資料４**を見てください。これは，先ほどのアンケート調査から，別の質問の回答の結果をまとめたものです。わたしは，**資料１**の意識のちがいは，この資料のどれかと関係があるのではないかと考えました。**資料２**から**資料４**で，日本の調査結果が**資料１**と同じようなものを選びたいと思います。また，わたしは自分自身に満足していないところがあり，このままではいけないと考えて，外国の若者の意識のもち方から，学べるところがあるのではないかと考えました。

先　　生：なるほど，花子さんの考えはよくわかりました。それで，花子さんは，どのような発表をするつもりですか。

花子さん：まず，**資料１**をもとに，日本と外国の若者の意識について，どのようなちがいがあるのかを述べます。次に，**資料２**から**資料４**より，**資料１**の意識のちがいに関係があると考えた資料を１つ選び，そう考えた理由を説明します。最後に，外国の若者のような意識のもち方から学べることとして，自分自身に満足する気持ちを高めるために，これから具体的にどのようなことをしようと思うかを，自分の意見として述べます。

先　　生：楽しみにしていますね。

---

（**資料１**〜**資料４**は次のページにあります。）

**資料1　自分自身に満足している**

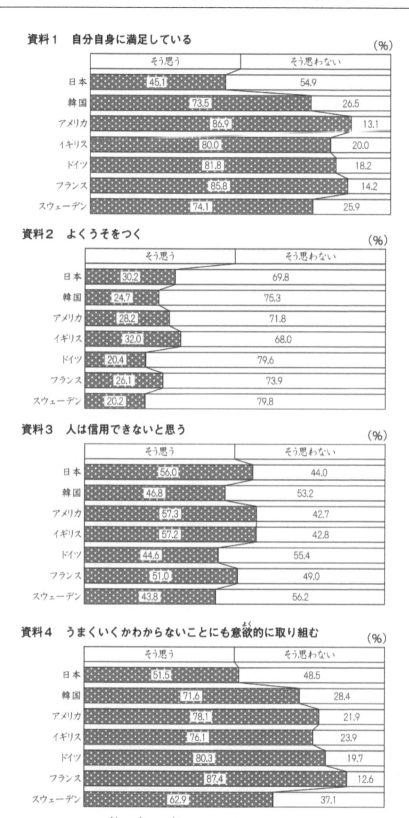

（%）

| | そう思う | そう思わない |
|---|---|---|
| 日本 | 45.1 | 54.9 |
| 韓国 | 73.5 | 26.5 |
| アメリカ | 86.9 | 13.1 |
| イギリス | 80.0 | 20.0 |
| ドイツ | 81.8 | 18.2 |
| フランス | 85.8 | 14.2 |
| スウェーデン | 74.1 | 25.9 |

**資料2　よくうそをつく**

（%）

| | そう思う | そう思わない |
|---|---|---|
| 日本 | 30.2 | 69.8 |
| 韓国 | 24.7 | 75.3 |
| アメリカ | 28.2 | 71.8 |
| イギリス | 32.0 | 68.0 |
| ドイツ | 20.4 | 79.6 |
| フランス | 26.1 | 73.9 |
| スウェーデン | 20.2 | 79.8 |

**資料3　人は信用できないと思う**

（%）

| | そう思う | そう思わない |
|---|---|---|
| 日本 | 56.0 | 44.0 |
| 韓国 | 46.8 | 53.2 |
| アメリカ | 57.3 | 42.7 |
| イギリス | 57.2 | 42.8 |
| ドイツ | 44.6 | 55.4 |
| フランス | 51.0 | 49.0 |
| スウェーデン | 43.8 | 56.2 |

**資料4　うまくいくかわからないことにも意欲的に取り組む**

（%）

| | そう思う | そう思わない |
|---|---|---|
| 日本 | 51.5 | 48.5 |
| 韓国 | 71.6 | 28.4 |
| アメリカ | 78.1 | 21.9 |
| イギリス | 76.1 | 23.9 |
| ドイツ | 80.3 | 19.7 |
| フランス | 87.4 | 12.6 |
| スウェーデン | 62.9 | 37.1 |

（資料1～資料4は内閣府「我が国と諸外国の若者の意識に関する調査（平成30年度）」をもとに作成）

問　あなたが花子さんと同じ立場なら，どのような発表原稿を作成しますか。次の条件に従って書きなさい。

条件１：解答は横書きで１マス目から書くこと。

条件２：文章の分量は，300字以内とすること。

条件３：数字や小数点，記号についても１字と数えること。　　（例）

| 4 | 1 | . | 5 | % |
|---|---|---|---|---|

---

2　太郎さんは，総合的な学習の時間に，空き家の現状について調べ，発表に向けた準備をしています。

以下の会話文を読んで，あとの問いに答えなさい。（資料１～資料３は次のページにあります。）

先　　生：太郎さん，発表原稿の準備はできていますか。

太郎さん：はい。わたしは，最近空き家が増えているというニュースを見ました。そこで，空き家の状きょうと活用の方法について発表しようと考え，その原稿を書いているところです。資料１を見てください。これは，2008年と2018年の全国とさいたま市の空き家の変化をまとめたものです。空き家率とは，すべての住宅数をもとにしたときの空き家の割合を表した数値です。わたしは，この資料から，さいたま市の空き家率の変化が，全国の変化とちがう動きをしていることに注目し，それはさいたま市の人口が増えていることと関係があるのではないかと考えました。

先　　生：なるほど。さいたま市の空き家率の変化の特ちょうと，そのようになった理由を考えてみるとおもしろそうですね。でも，人口が増えていること以外にも理由がありそうですね。ところで，空き家にはどのような問題点があるのですか。

太郎さん：資料２を見てください。これは，空き家についての心配事を調査した結果をまとめたものです。わたしは，この資料から空き家の問題点について，さまざまな点から説明できると考えました。

先　　生：なるほど。その問題を解消するために，空き家をどのように活用すればいいと思いますか。

太郎さん：資料３を見てください。この資料は，空き家の活用事例を調べてまとめたものです。どの活用事例も，空き家の問題点への対策になりそうだと思います。

先　　生：よく調べていますね。それで，太郎さんはどのような発表をするつもりですか。

太郎さん：まず，資料１をもとに，さいたま市の空き家の戸数と空き家率の変化の特ちょうと，そのような変化になった理由を考えて述べます。次に，資料２をもとに，空き家の問題点について，２点述べます。最後に，資料３の空き家の活用事例を１つ取り上げます。そのような活用が，なぜ資料２から述べた空き家の問題点を解決することにつながるか理由を述べます。

先　　生：すばらしい発表になりそうですね。

**資料１　全国とさいたま市の空き家の戸数と空き家率の変化**

全国の空き家の変化

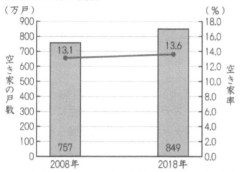

（総務省「住宅・土地統計調査（令和元年９月）」をもとに作成）

さいたま市の空き家の変化

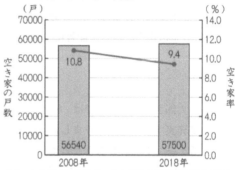

（さいたま市「第２次さいたま市空き家等対策計画（令和４年３月）」をもとに作成）

**資料２　空き家についての心配事（複数回答可）**

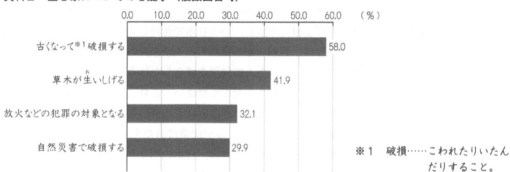

※１　破損……こわれたりいたんだりすること。

回答の合計が１００％にならないのは、あてはまるものを２つ以上選んでいる場合があるため。

（国土交通省「令和元年空き家所有者実態調査報告書（令和２年１２月）」をもとに作成）

**資料３　空き家の活用事例**

●宿泊施設

宿泊施設として、旅行者に提供する。

●※２シェアオフィス

空き家をいくつかのスペースに区切って、スペースごとに貸し出す。

●介護施設

高齢者向けの※３デイサービスや※４グループホームとして利用する。

※２　シェアオフィス……１つの場所を、複数の企業や個人で共有するオフィスのこと。

※３　デイサービス………食事や入浴などを提供する日帰りの介護サービス。

※４　グループホーム……高齢者がスタッフの助けを受けながら、少人数で共同生活をおくる施設。

問　あなたが太郎さんなら，どのような発表原稿を作成しますか。次の条件に従って書きなさい。

条件１：解答は横書きで１マス目から書くこと。

条件２：文章の分量は，300字以内とすること。

条件３：数字や小数点，記号についても１字と数えること。　　（例）| 4 | 1 | . | 5 | % |

3　　太郎さんのクラスでは，総合的な学習の時間に，プラスチックごみの問題点について調べて発表することになりました。太郎さんは，「日本のペットボトルの使用を減らそう」というテーマで発表しようと考えて，準備をしています。

以下の会話文を読んで，あとの問いに答えなさい。　　（**資料１**〜**資料４**は次のページにあります。）

先　　生：太郎さん，プラスチックごみの問題点について，発表原稿の準備は進んでいますか。

太郎さん：はい。わたしは，プラスチックごみのうち，とくにペットボトルに注目して，「日本のペットボトルの使用を減らそう」という立場で発表しようと考え，発表原稿を用意しています。わたしは，**資料１**から**資料４**の４つの資料をもとに，ペットボトルの問題点を説明して，ペットボトルの使用を減らしたほうがいいという意見を述べようと考えました。まず，**資料１**を見てください。これは，政府が発表した記事の一部です。この記事には，プラスチックごみによる海の生き物の被害が書かれています。この資料を使って，ペットボトルが環境にあたえる被害について説明します。次に，**資料２**を見てください。これは，日本のペットボトルの出荷量と，ペットボトルを作るときに出る二酸化炭素の量をまとめたものです。資料から，2021年のペットボトルの出荷本数は，2004年と比べて約1.6倍になっているので，二酸化炭素による被害も同じくらい大きくなっていると考えられます。次に，**資料３**を見てください。これは，自然環境で海洋ごみが分解されるのに必要な年数をまとめたものです。この資料から，ペットボトルが分解されるまでに，約400年もの長い時間が必要だということを説明します。そして，**資料４**を見てください。これは，日本のペットボトルの回収率の変化をまとめたものです。この資料から，回収されなかったペットボトルが海洋ごみとなったり，ごみとして処理されたりするときに，環境に悪い影響をあたえていることを説明します。

先　　生：なるほど，太郎さんがどのような資料を用意して，どのように発表しようと考えているかよくわかりました。では，太郎さんが考えた発表原稿の内容について，花子さんはどう思いますか。

花子さん：はい。太郎さんが，プラスチックごみのうち，ペットボトルの問題点を説明して，ペットボトルの使用を減らそうという意見を述べることはわかりました。しかし，そのような意見を述べるために，ふさわしくない資料があるように思います。例えば，**資料１**はビニール袋のことは書かれていますが，ペットボトルのことが書かれていません。ペットボトルのかけらを食べてしまった生物の例などが書かれている資料に変えたほうがいいと思います。

先　　生：なるほど。では，太郎さんが用意した**資料２**から**資料４**のそれぞれについて，資料から読みとれることをふまえて，太郎さんの考えている発表に使う資料としてふさわしいかどうかと，花子さんがそのように考えた理由を，わかりやすくまとめて，太郎さんに伝えてみてください。

花子さん：わかりました。

**資料１　政府が発表した記事の一部**

　2018年の夏，神奈川県鎌倉市の浜辺に打ち上げられたクジラの赤ちゃんの胃の中からプラスチックごみが出てきました。このように死んだクジラの胃からビニール袋などのプラスチックごみが発見される例が世界各地でいくつも報告されています。

（政府広報オンライン「海のプラスチックごみを減らしきれいな海と生きものを守る！（令和元年５月14日より）

**資料２　ペットボトル出荷本数とペットボトルを作るときに出る二酸化炭素の量**

| | ２００４年度 | ２０２１年度 |
|---|---|---|
| ペットボトル出荷本数（億本） | １４８ | ２３４ |
| ペットボトルを作るときに出る二酸化炭素の量（万トン） | ２０８．９ | ２０９．６ |

（ＰＥＴボトルリサイクル推進協議会「ＰＥＴボトルリサイクル年次報告書２０２２」をもとに作成）

**資料３　自然環境で海洋ごみが分解されるのに必要な年数**

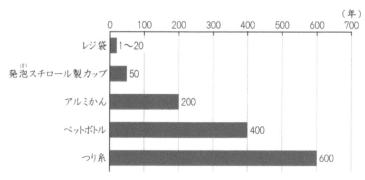

（ＷＷＦジャパン「海洋プラスチック問題について（平成30年10月）」をもとに作成）

**資料４　日本のペットボトルの回収率の変化**

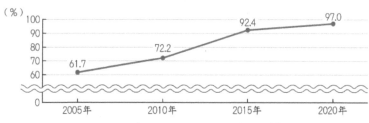

（ＰＥＴボトルリサイクル推進協議会の資料をもとに作成）

問　あなたが花子さんなら，どのようなことを太郎さんに伝えますか。次の条件に従って書きなさ
い。

　　条件１：解答は横書きで１マス目から書くこと。

　　条件２：文章の分量は，300字以内とすること。

　　条件３：数字や小数点，記号についても１字と数えること。　　（例）| 4 | 1 | . | 5 | % |

# 2024 年度

## 解 答 と 解 説

《2024年度の配点は解答欄に掲載してあります。》

## ＜適性検査Ａ解答例＞ 《学校からの解答例の発表はありません。》

1　問1　ウ
　　問2　イ
　　問3　Jakeさん…ア　Sakiさん…イ
　　問4　ア
　　問5　①：イ（→）②：ウ（→）③：エ（→）④：ア

2　問1　（お店）D
　　問2　16（通り）
　　問3　選んだお店…（お店）　C
　　　　選んだお菓子…キャンディ
　　　　合計金額…　20000（円）
　　問4　25（％）
　　問5　正直者は…バンパイア　　誰の後ろから脱出できるか…ドラゴン

3　問1　イ
　　問2　（1）　X：138（g）
　　　　　　説明：【実験①】の㋓のビーカーを見ると，10℃の水100mLに40gのしょう
　　　　　　酸カリウムをとかしたとき，18gのつぶがあらわれた。したがって，と
　　　　　　けているしょう酸カリウムの量は，40－18＝22（g）である。【実験②】の
　　　　　　㋕は，80℃の水100mLに160gのしょう酸カリウムをとかしているが，
　　　　　　10℃になるまで冷やすと22gまでしかとけないので，あらわれるつぶの
　　　　　　重さは，160－22＝138（g）である。
　　　　（2）　エ
　　問3　ア

4　問1　エ
　　問2　（1）　エ
　　　　（2）　450（人）
　　問3　ウ
　　問4　イ

5　問1　ウ
　　問2　ウ
　　問3　エ

　問4　ウ

○推定配点○
1　問1・2・4　各3点×3　　問3　完答5点　　問5　完答6点
2　問1・問2・問4　各4点×3　　問3　完答6点　　問5　各3点×2
3　問1・問3　各4点×2　問2（1）X・（2）　各3点×2　　問2（1）説明　8点
4　問1・問3・問4　各4点×3　　問2（1）・（2）　各3点×2
5　問1・問2・問3・問4　各4点×4　　　計100点

## ＜適性検査Ａ解説＞

1　（英語：放送による問題）

問1　ジミーさんとゆなさんが将来（しょうらい）の夢について話す問題である。ジミーさんは歌を上手に歌えるが，ゆなさんは上手に歌えないことと，ジミーさんとゆなさんのなりたいものをそれぞれ聞き取り，絵と照らし合わせると答えはウだとわかる。

（放送文）

Jimmy（M）: I want to be a singer because I like music. I can sing well. How about you, Yuna?

Yuna（W）: I can't sing well, Jimmy.

Jimmy（M）: What do you want to be?

Yuna（W）: I want to be a doctor. I want to help people.

（放送文全訳）

ジミー：私（わたし）は音楽が好きなので，歌手になりたいです。私は上手に歌うことができます。あなたはどうですか，ゆな。

ゆな　：私は上手に歌うことができません，ジミー。

ジミー：あなたは何になりたいですか。

ゆな　：私は医者になりたいです。私は人々を助けたいです。

問2　こうたさんとエマさんが夏の予定について話している問題である。エマさんは中国に行って万里（ばんり）の長城（the Great Wall）を見たいと話している。こうたさんが沖縄に行きたいと話したことに対し，会話の最後にエマさんが理由をたずねている。沖縄に行きたい理由として適切な選たくしを探すと，イが答えだとわかる。

（放送文）

Kota（M）　: Where do you want to go in the summer, Emma?

Emma（W）: I want to go to China, Kota. I want to see the Great Wall. It's famous and beautiful. How about you?

Kota（M）　: I want to go to Okinawa.

Emma（W）: Why?

（選たくし）

ア：Because China is a big country.

イ：Because my grandmother lives there.

ウ：Because I don't like *goya*.

エ：Oh, I see.

（放送文全訳）

こうた：あなたは夏にどこに行きたいですか，エマ。

エマ　：私は中国に行きたいです，こうた。私は万里の長城が見たいです。それは有名で美しいです。あなたはどうですか。

こうた：私は沖縄に行きたいです。

エマ　：どうしてですか。

（選たくし全訳）

ア：中国は大きな国だからです。

イ：私の祖母がそこに住んでいるからです。

ウ：私はゴーヤが苦手だからです。

エ：おお，わかりました。

問3　ジェイクさんとさきさんの会話の内容から，2人がレストランで注文するものとしてそれぞれ正しいものを選ぶ問題である。ジェイクさんがサンドイッチとプリンとアイスクリームを，さきさんがピザと紅茶
こうちゃ
を注文すると話しているため，ジェイクさんはア，さきさんはイが答えとなる。

（放送文）

Jake(M)：What would you like, Saki?

Saki(W)：I'd like pizza. How about you, Jake?

Jake(M)：I'd like sandwiches and pudding.

Saki(W)：I want some tea. Do you want some tea, too?

Jake(M)：No, thank you. But I want ice cream. How about you?

Saki(W)：No, thank you.

（放送文全訳）

ジェイク：あなたは何が食べたいですか，さき。

さき　　：私はピザが食べたいです。あなたはどうですか，ジェイク。

ジェイク：私はサンドイッチとプリンが食べたいです。

さき　　：私は紅茶を飲みたいです。あなたも紅茶が飲みたいですか。

ジェイク：いいえ，私は結構です。けれど私はアイスクリームが食べたいです。あなたはどうですか。

さき　　：いいえ，私は結構です。

問4　あやさんが男性に道を聞かれて，地図を見ながら話している問題である。あやさんと男性が地図上の★の位置にいることをふまえて，2人の会話を整理すると，直進する→左に曲がる→直進する→公園のところで右に曲がる→2ブロック直進する→左に曲がる→右手に花屋がある，という道順であることがわかる。この道順の通りに地図をたどった先（男性の行きたい場所）の位置を選べば答えとなる。

（放送文）

Man(M): Excuse me? I want to buy some flowers. Where is the flower shop?

Aya(W): The flower shop? We are here. Go straight. Turn left. Go straight and turn right at the park. Go straight for two blocks and turn left. You can see it on your right.

Man(M): Thank you.

（放送文全訳）

男性：すみません。私は花を買いたいです。花屋はどこにありますか？

あや：花屋ですか？私たちはここです。まっすぐ進んでください。左に曲がってください。まっすぐ進んで公園のところで右に曲がってください。まっすぐ2ブロック進んだら，左に曲がってください。花屋は右手に見えるでしょう。

男性：ありがとうございます。

問5　メアリーさんが冬休みに家族で北海道に行ったときの出来事を時系列（じけいれつ）で並べる問題である。音声の通りに起こったことを整理すると，スキーをする→ラーメンを食べる→コップを買う→すしを食べる，の流れであるため，この流れの通りにイラストを選べば答えとなる。

（放送文）

Mary(W)

　I went to Hokkaido with my family. Look at these pictures. On this day, we enjoyed skiing in the morning. We went shopping after lunch. I wanted to buy a cup. Look at this picture. This is the new cup. I like it. We ate delicious food in Hokkaido. I ate ramen for lunch and sushi for dinner.

（放送文全訳）

　私は家族と北海道に行きました。これらの写真を見てください。この日私たちは午前中，スキーを楽しみました。私たちはお昼ごはんのあとに買い物に行きました。私はコップが買いたかったです。この写真を見てください。これがその新しいコップです。私はこれを気に入っています。私たちは北海道でとてもおいしい食べ物を食べました。私はお昼ごはんにラーメンを，夜ごはんにすしを食べました。

2 （算数：金額と数量，場合の数，四則計算）

**基本**　問1　グミを1500個買うときに，送料をふくめて1番安いお店を選ぶ問題である。どのお店もお菓子（かし）を袋（ふくろ）単位で買う必要があることに注意しながら，それぞれのお店で買った場合の合計金額を計算する。

　　　　　A　1袋100個入りで1000円，送料は800円なので，1000×15＋800＝15800（円）

　　　　　B　1袋100個入りで1200円，送料は800円なので，1200×15＋800＝18800（円）

　　　　　C　1袋100個入りで1000円，送料は1000円なので，1000×15＋1000＝16000（円）

　　　　　　（合計金額が20000円未満なので，送料は1000円のままである。）

　　　　　D　1袋500個入りで5000円，送料は600円なので，5000×3＋600＝15600（円）

　　　　したがって，お店Dが1番安くグミを買えるとわかる。

　　　　次のように考えてもよい。

・お店Aとお店Bを比べると，100個入りの1袋の値段<ruby>値段<rt>ね だん</rt></ruby>がお店Aのほうが安く，送料は同じなので，お店Aのほうが合計金額が安くなる。

・お店Aとお店Cを比べると，送料はお店Aのほうが安く，100個入りの1袋の値段は同じなので，お店Cよりもお店Aのほうが合計金額が安くなる。

よって，お店Aとお店Dの合計金額のみ計算して比べればよい。

問2　お店Cでお菓子を3種類買うときの選び方を求める。順番はちがっても同じお菓子の場合は1通りと考える。グミとガムは同時に選ばないことに注意しながら，樹形図<ruby>樹形図<rt>じゅけい ず</rt></ruby>をかくと次のようになる。

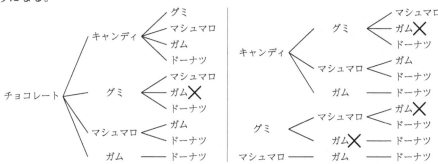

よって，全部で16通りになる。

問3　それぞれのお店で，チョコレート以外で1000個買ったときに金額が1番安くなるお菓子を表を参考にして選び，チョコレートの金額と送料をあわせた合計金額を比べる。

　　　A　キャンディが1番安い金額で1000個買える。したがって，チョコレート10袋とキャンディ4袋を買えばよいので，合計金額は，$1500 \times 10 + 2000 \times 4 + 800 = 23800$（円）となる。

　　　B　キャンディが1番安い金額で1000個買える。また，お店Bではお菓子を2種類以上選ぶと，送料をのぞく全額が25％値引き<ruby>値引<rt>ね び</rt></ruby>きになる。したがって，チョコレート10袋とキャンディ10袋を買えばよいので，合計金額は，$(1700 \times 10 + 900 \times 10) \times (1 - 0.25) + 800 = 20300$（円）となる。

　　　C　キャンディが1番安い金額で1000個買える。また，お店Cではお菓子の代金の合計金額が20000円以上になると送料が無料になる。したがって，チョコレート10袋とキャンディ4袋を買えばよいので，お菓子の合計金額は，$1400 \times 10 + 1500 \times 4 = 20000$（円）になるため，送料が無料になる。したがって，合計金額は20000（円）となる。

　　　D　すべてのお菓子について袋単位の個数と値段が同じなので，どのお菓子を選んでも合計金額が同じになるとわかる。したがって，チョコレートとほかのお菓子をそれぞれ2袋ずつ買えばよいので，合計金額は，$5000 \times 2 + 5000 \times 2 + 600 = 20600$（円）となる。

よって，送料をふくめて最も安く買うには，お店Cでキャンディを選べばよい。

問4　【太郎さんと花子さんの会話②】の太郎さんの発言から，新しいマンションに住んでいる子どもがいる家族の戸数<ruby>戸数<rt>こ すう</rt></ruby>を求める。まず，人が住んでいる戸数は，$\frac{1}{5}$がオフィスであるため，残りの$\frac{4}{5}$であるとわかる。よって，$60 \times \frac{4}{5} = 48$（戸）であり，そのうち$\frac{1}{4}$が子どものいない人であるため，残った$\frac{3}{4}$に子どもがいる家族が住んでいるとわかる。したがって，子どもがい

る家族の住む戸数は，$48 \times \dfrac{3}{4} = 36$（戸）である。

**花子さんの考え**によると，1家族あたり多くて3人の子どもがいるため，新しいマンションのすべての子どもたちがパーティーに参加した場合，合計人数は，$36 \times 3 = 108$（人）である。もともと予定していた子どもの人数は432人なので，新しく増えた人数がもともと予定していた人数の何％にあたるか求めると，$108 \div 432 = 0.25$より，25（％）となる。

**やや難** 　**問5**　**太郎さんと花子さんが作ったクイズ**によると，ドラゴン，ゴブリン，オオカミ男，バンパイアの4人の門番のうち，1人は正しいことしかいわない正直者，もう1人はまちがったことしかいわない嘘つき者，残った2人は正しいこともまちがったこともいう。それぞれの情報を，4人に順番にあてはめて考えればよい。

まず，「ドラゴンが正直者だ」とする。ドラゴンの発言から，ゴブリンは嘘つき者になるはずだが，ゴブリンの発言では，ドラゴンは正直者と正しいことを言っているため，食いちがっている。したがって，ドラゴンは正直者ではない。

次に，「ゴブリンが正直者だ」とすると，ドラゴンも正直者になる。しかし，これは正直者は1人であるという条件と合わない。したがって，ゴブリンは正直者ではない。

次に，「オオカミ男が正直者だ」とすると，バンパイアは嘘つき者になる。オオカミ男の発言によると，彼の後ろの門を通っても，魔法の森から脱出できないが，バンパイアが嘘つき者であるとき，「オオカミ男の後ろの門を通っても，魔法の森から脱出できない」という発言は嘘であるということになり，オオカミ男の後ろの門からは脱出できるという意味になる。したがって，この2つの発言が合わないため，オオカミ男は正直者ではない。

最後に，「バンパイアが正直者だ」とすると，オオカミ男の後ろの門を通っても，魔法の森から脱出できないとわかる。このとき，オオカミ男の「バンパイアはまちがったことしかいわない嘘つき者だ」という発言はまちがっているが，「私の後ろの門を通っても，魔法の森から脱出できない」という発言は正しい。したがって，オオカミ男は正しいこともまちがったこともいう。また，ゴブリンの「ドラゴンは正しいことしかいわない正直者だ」という発言はまちがっているが，「オオカミ男の後ろの門を通っても，魔法の森から脱出できない」という発言は正しい。したがって，ゴブリンは正しいこともまちがったこともいう。そして，残りのドラゴンは嘘つき者になるとわかる。

このように考えると，バンパイアが正直者，ドラゴンが嘘つき者のときに条件を満たすとわかる。ドラゴンが，「私の後ろの門を通っても，魔法の森から脱出できない」と言っているが，この発言は嘘ということになるので，必ず魔法の森を脱出できるのはドラゴンの後ろの門である。

### ③ （算数・理科：図形，もののとけ方，水溶液）

**重要** 　**問1**　資料1を見ると，ろ紙を折ると三重に重なった部分と重なっていない部分ができることがわかる。ろ紙を4つに折ったときの図は次のようになる。

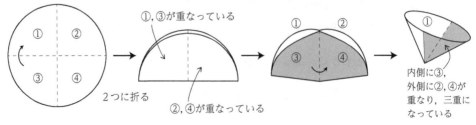

少量の砂を混ぜた水をろ過したとき，図より，少量の砂を混ぜた水がふれるのは①，③の部分であるとわかる。よって，イが答えになる。

問2（1）　**【実験①】**においてビーカー⑤に注目すると，しょう酸カリウムは10℃の水100mLに，40－18＝22（g）とける。**【実験②】**では，各ビーカーにしょう酸カリウムを160gとかしているが，**【実験①】**ビーカー⑤から10℃の水100mLに22gまでしかとけないとわかっているため，160－22＝138（g）がろ紙に残る。よって，Xには138があてはまる。説明は，以上の内容をわかりやすくまとめればよい。

（2）　**【実験①】**，**【実験②】**の結果から100mLの水にとけるしょう酸カリウムの量が読み取れる。水の量と，とけるしょう酸カリウムの量が比例することを利用して，それぞれの温度のときに150mLの水にとける量を考える。**【実験②】**から，80℃から60℃に冷やしたビーカー⑰には，160－50.8＝109.2（g）のしょう酸カリウムがとけたとわかる。したがって，60℃の水150mLにとけるしょう酸カリウムの量は，109.2×1.5＝163.8（g）である。よって，水の温度と，150mLの水にとけるしょう酸カリウムの限度量の関係を表したグラフはエである。

問3　**【実験③】**の表3から，どのようなときに電気が流れて電子オルゴールの音が出たかを整理する。

　　　まず，エタノール水溶液を使った実験では，どの金属板の組み合わせ方でもオルゴールの音が出なかった。したがって，エタノール水溶液を使うと電気を流すことができないと考えられる。

　　　次に，どの金属板が＋極になりやすいか考える。資料2によると，＋極の導線を電池の＋極につなぎ，－極の導線を電池の－極につないだときに音が出る。したがって，金属板Aに＋極になりやすい金属板を，金属板Bに－極になりやすい金属板を選んだとき，音が出るとわかる。うすい塩酸を使ったときの結果を見ると，＋極になりやすい金属板は，銅板，スチール板，アルミニウム板の順になる。

　　　よって，＋極になりやすい銅板を金属板Aに，銅板よりも－極になりやすいアルミニウム板を金属板Bにつないでいるアのとき，音が出る。

4 　（社会・算数：資料の読み取り，調査）

問1　資料1，資料2から読み取れることとして適切なものを選ぶ問題である。

　　ア　資料1より，30代で選挙に「非常に関心があった」，「多少は関心があった」と答えた人の割合の合計は，12.2＋42.7＝54.9（％）であり，50％をこえているので，適切でない。

　　イ　資料1より，選挙に「非常に関心があった」，「多少は関心があった」と答えた人の割合の合計が最も高いのは70代なので，適切でない。

　　ウ　20代までで選挙に「非常に関心があった」，「多少は関心があった」と答えた人の割合の合計は，12.2＋35.0＝47.2（％）であり，投票参加率の62.8％を下回っているため，適切でない。

　　エ　年代別の投票参加率は70代，60代，80歳以上の順に高く，それぞれ88.3％，83.9％，81.8％である。また，選挙に「非常に関心があった」，「多少は関心があった」と答えた人の割合の合計は，資料1を見ると80歳以上が60代よりも多いことがわかる。よって，適切である。

問2（1）　**【太郎さんと花子さんと先生の会話①】**の先生の発言から，安全にかかわることは時間

がかかっても全数調査を行い，すべてを調査できないものは一部を取り出す標本調査を行うことがわかる。選たくしを見ると，ア，イは安全を確認することがら，ウはすべてを調査できることがらであるのに対し，エの果物の収穫時期を決めるための甘さの調査は，安全の確認が目的ではない調査であり，また，畑のすべての果物を調べるのには時間がかかると考えられる。よって，標本調査が適しているのはエである。

（2） それぞれのグループから同じ割合で調査対象者を選ぶ問題である。**資料4**によると各グループの人数比はA～Fの順に，9：14：23：16：6：12である。したがって，3000人を調査するとき，グループFからは，9＋14＋23＋16＋6＋12＝80より，$\frac{12}{80} \times$ 3000＝450（人）を調査すればよい。

問3 **【アイデアスケッチ】**をもとに，投票箱を作るためにそろえるべき木材を考える。

木材の厚さが1cmのとき，縦38cm×横20cmを2枚，縦38cm×横28cmを2枚，縦30cm×横20cmを2枚そろえる必要があるが，アとイはどちらもこの条件を満たしていない。木材の厚さが2cmのとき，縦36cm×横20cmを2枚，縦36cm×横26cmを2枚，縦30cm×横20cmを2枚そろえる必要があり，ウが答えとなるとわかる。

問4 **資料5**，**資料6**を見ながら桜区と緑区の2023年の議員1人あたりの有権者数を比べる問題である。**資料5**から，桜区では2023年は2019年に比べ議員の数が5人から4人に減っているが，緑区は議員の数が5人から6人に増えているとわかる。他方で，**資料6**を見ると，桜区は議員数が減っているのにもかかわらず人口が増加しているとわかる。ここで，それぞれの区について2023年の議員1人あたりの有権者数を求めると，

桜区：80530÷4＝20132.5（人）

緑区：106886÷6＝17814.3…より，約17814人

したがって，議員1人あたりの有権者数は桜区のほうが緑区より多くなっている。また，その差は，20132.5÷17814＝1.13…より，約1.1倍である。よって，イが答えになる。

5 （社会：人口・貿易に関する表・グラフの読み取り）

問1 **資料1**から読み取れることとして適切なものを選ぶ問題である。

ア 日本からイギリスへの輸出額の11453億円は，輸入額の6849億円よりも多いため，日本とイギリスの貿易で見ると日本は貿易黒字である。よって，適切でない。

イ 日本からドイツへの輸出額は18752億円で，ドイツからの輸入額22660億円よりも少ないため，日本とドイツの貿易で見ると，日本が貿易赤字でドイツは貿易黒字である。よって，適切でない。

ウ 人口1人あたりの貿易額は，貿易額÷人口で求められる。

日本 ： （641341＋634431）÷124271＝10.26…より，約10.3百万ドル

イギリス： （379866＋542464）÷67886＝13.58…より，約13.6百万ドル

中国 ： （2590646＋2055612）÷1439324＝3.22…より，約3.2百万ドル

ドイツ ： （1380379＋1170726）÷83784＝30.44…より，約30.4百万ドル

したがって，人口1人あたりの貿易額は多い順に，ドイツ，イギリス，日本，中国である。よって，適切でない。

エ ウから中国の人口1人あたり貿易額はドイツの人口1人あたり貿易額よりも少ないとわかる。よって，適切でない。

問2 **資料2**，**資料3**，**資料4**から読み取れることとして適切なものを選ぶ問題である。

ア　**資料4**からイギリスの茶の消費量は10.76万トンであり，スリランカの消費量2.94万トンの4倍近いことがわかる。よって，適切でない。

イ　**資料2**から中国の茶の生産量は297万トンだとわかる。世界全体の生産量に占める割合を求めると，297÷702＝0.423…より約40%であるため，適切でない。

ウ　インドは中国に次ぐ茶の生産国であり，143÷702＝0.203…より約20%なので，世界全体の茶の約2割を生産していることがわかる。インドの茶の消費量は**資料4**からイギリスの約10倍であることがわかるが，1人あたりの茶の消費量は0.81kgでイギリスや中国の約半分と読み取れる。よって，適切である。

エ　ケニアの1人あたりの茶の消費量は0.82kgで日本の0.79kgより多い。よって，適切でない。

問3　**【太郎さんとお母さんの会話③】**のお母さんの発言から，日本とロンドンの時差は9時間あり，ロンドンのほうが東京よりも時刻が9時間おくれているとわかる。このことをふまえて，**【太郎さんのスケジュール】**から太郎さんが乗った飛行機の日時を考える。

　まず，太郎さんがオリビアさんと会うのは，1月11日午後3時30分(ロンドンの現地時刻)である。その2時間前にロンドン・ヒースロー空港に到着するので，1月11日午後1時30分(ロンドンの現地時刻)に空港に着くとわかる。さらに，太郎さんが東京・羽田空港発のロンドン直行便に乗るのは，12時間前の1月11日午前1時30分(ロンドンの現地時刻)である。

　東京はロンドンよりも時間が進んでいるため，ロンドンの時刻に9時間をたすことで，ロンドンが1月11日午前1時30分のときの日本の現在時刻がわかる。よって，太郎さんは1月11日午前10時30分に羽田空港を出発する飛行機に乗ると考えられる。あてはまる選たくしは，エとなる。

問4　**資料5**から読み取れることとして適切なものを選ぶ問題である。

ア　2023年のデジタルコンテンツ市場の規模は352(十億ドル)であり，フィジカルコンテンツ市場の規模は845(十億ドル)である。よって，デジタルコンテンツ市場の規模はフィジカルコンテンツ市場の半分を下回っているため，適切でない。

イ　世界のフィジカルコンテンツ市場は，デジタルコンテンツ市場の成長にともなって，わずかに縮小していることが**資料5**から読み取れる。しかし，分野別では映像と音楽はわずかに増加している。よって，デジタルコンテンツ中心に置きかえられようとしているとはいえない。よって，適切でない。

ウ　世界のデジタルコンテンツ市場は，2014年が120(十億ドル)の規模だったが，2019年には257(十億ドル)に拡大している。また，ゲームの市場は2018年には100(十億ドル)をこえ，フィジカルコンテンツ市場の音楽分野の100(十億ドル)を上回っている。よって，適切である。

エ　デジタルコンテンツ市場での出版の分野の成長は，フィジカルコンテンツ市場の出版の分野の縮小よりもゆるやかであることがグラフのかたむきから読み取れる。よって，適切でない。

─★ワンポイントアドバイス★─

　検査の時間は50分であるが，問題数も多く，英語のリスニング問題にも一定の時間がとられるため，時間配分がカギとなる。資料を読んで答える問題はしっかりと資料を読み，必要な情報だけを整理しよう。また，計算が必要な問題も多いため，ミスのないように計算しよう。

## ＜適性検査Ｂ解答例＞ 《学校からの解答例の発表はありません。》

1  問1　キ
　　問2　エ
　　問3　Ａ　ア
　　　　　Ｂ　ウ
　　　　　Ｃ　イ，ウ
　　問4　Ｄ　⑥
　　　　　Ｅ　（一週間の）労働時間が四十時間を超えている（ため）
　　　　　Ｆ　①
　　　　　Ｇ　性別によって応ぼ条件がちがっている（ため）

2  問1　⑰
　　問2　イ
　　問3　363（Hz）
　　問4　（約）1.06（倍）
　　問5　900（g）

3  問1　Ａ　意見
　　　　　Ｂ　合意
　　　　　Ｃ　科学
　　　　　Ｄ　得やすい
　　問2　ウ
　　問3　（1）Ｅ　ウ
　　　　　　　Ｆ　カ
　　　　　　　Ｇ　ア
　　　　　（2）Ｈ　ウ
　　問4　エ
　　問5　多くの人々が信じ込んでいるパラダイムに対して疑いを持つということによって進
　　　　　歩してきた。

○推定配点○
1  問1・問2・問3・問4ＤＦ　各4点×7　　問4ＥＧ　各5点×2
2  問1・問2・問3・問4・問5　各4点×5
3  問1・問3　各3点×8　　問2・問4　各4点×2　　問5　10点　　計100点

## ＜適性検査Ｂ解説＞

1  （社会：図表の読み取り，地図の読み取り，グラフの読み取り）

　問1　まず，資料１と資料２を照らし合わせながらＣ県がどの都道府県に当てはまるのかを考え
　　　る。【緯度と経度】の説明を参考にして資料１を見ると，首都圏の各都県の中でも2020年のＣ
　　　県の人口重心は最も西にあることがわかる。また，東京都と千葉県の人口重心の北緯がＣ県

の人口重心の北緯と最も近いことがわかる。これらをふまえて**資料2**を見ると，Ｃ県は山梨県であると考えられ，当てはまる選たくしはキカクである。

　ちなみに，同じように北緯や東経より，Ａ県は栃木県，Ｂ県は埼玉県，Ｄ県は神奈川県であると考えられる。

　ここで，2015年から2020年にかけてのＣ県の人口重心の移動を整理する。**資料1**から東経は138.6186度から138.6165度に移動しているとわかる。また，北緯は35.6269度から35.6275度に移動している。したがって，Ｃ県の人口重心は北西方向に動いたとわかる。キの矢印はこの条件を満たしているため，答えはキである。

問2　**資料3**と**資料4**をもとに，太郎さんが考えた地図として適切なものを選ぶ。**資料3**を見ると，人口は色や模様ではなく，円の大きさなどを用いて絶対図で示すことがわかる。また，相対図は，計算によって求めた値を何段階かに分けて色や模様で示したものである。これらをふまえて**資料4**を見ると，各都県の人口（人）は絶対図の円で示し，人口増減率（％）は相対図の色と模様で示せばよいとわかる。したがって，この条件にあてはまる選たくしはイとエである。イとエを見比べると，埼玉県と千葉県の人口増減率（％）の模様が異なっている。**資料4**から，埼玉県の人口増減率（％）は1.07659％，千葉県の人口増減率（％）は0.99337％であるとわかり，それぞれ人口増減率1～2％と0～1％の段階に分けられる。よって，答えはエである。

問3　　**Ａ**　から考える。【花子さんのまとめ】から，女性の労働力率は，アルファベットのM字に似た形をえがき30代あたりで低下することや，1980年以降グラフのM字の底は変化してきていることが読み取れる。**資料6**を見ると，1980年は特に25～29歳において出生率が高く，女性の労働力率が低下すると考えられる。したがって，1980年の女性の労働力率を表したグラフは，25歳～29歳の年齢で最もM字の底が深いアである。

　続いて，　**Ｂ**　について考える。**資料6**からは，2020年の年齢別出生率は30～34歳が最も高く，35～39歳の割合も1980年からの40年間で大きく上がったことが読み取れる。また，子育て支援策の充実によって，M字の底は1980年よりも浅くなっていると考えられる。さらに，【花子さんと先生の会話】の花子さんの発言からも，女性が子どもを産む年齢が高くなっていることがわかる。よって，　**Ｂ**　の2020年の女性の労働力率を表したグラフは，30～34歳で労働力率が低下し，M字の底が浅いウである。

　1980年から2020年にかけてグラフのM字の底が変化した理由としては，　**Ａ**　，　**Ｂ**　で見たように，25～29歳で出産することが大きく減り，35～39歳で出産する女性の割合が大きく増えたためである。よって，　**Ｃ**　にはイとウがあてはまる。

問4　【採用の条件】について，**資料7**～**資料9**と照らし合わせながら，法律に違反していると考えられる内容を見つける。

　まず，【採用の条件】には「休日　日曜・祝日」と書かれているため，一週間のうち6日間働くことになる。勤務時間は一日8時間，休憩時間が一日1時間であることがわかるので，一日の労働時間は7時間である。一週間の労働時間を計算すると，7×6＝42（時間）となる。ここで**資料8**の⑥を見ると，「一週間について四十時間を超えて，労働させてはならない」とあり，【採用の条件】は一週間の労働時間が四十時間を超えているため，これに反している。

　また，「応募条件」については，男性が大学卒業以上なのに対し，女性は高校卒業以上が条件であり，性別によって応募条件が異なっていることがわかる。ここで**資料7**の①を見ると，「労働者の募集及び採用について，その性別にかかわりなく均等な機会を与えなければならない」とある。したがって，【採用の条件】はこれに反しているとわかる。　**Ｄ**　，　**Ｆ**　には

それぞれあてはまる番号を，　E　，　G　は法律に違反している理由を簡潔にまとめて答えればよい。

2 （算数：振動数，比例・反比例の関係）

問1　資料2と【太郎さんと花子さんの会話①】の太郎さんの発言から，1オクターブ上の音になると，振動数が2倍になっていることがわかる。したがって，振動数が660Hzの音をピアノで弾く場合，その音は振動数が330Hzの音の1オクターブ上の音になる。振動数が330Hzの音は資料2のミであり，資料3をふまえると，これは図1の⑤の鍵にあてはまる。よって，答えは⑤の1オクターブ上の⑰になる。

問2　【花子さんの考え】から，平均律では，となり合う音の振動数の比は常に一定であることがわかる。したがって，黒い鍵とその左どなりの白い鍵の振動数の比は，白い鍵と白い鍵がとなり合う場合の振動数の比と等しくなる。これをふまえて資料2と資料3を見ると，ミとファ，シとド（1オクターブ上）がそれぞれとなり合っていることがわかる。ミとファの振動数をもとに，となり合う音の振動数の比を求めると，350÷330＝1.060…より約1.06である。よって，黒い鍵の振動数は，その左どなりの白い鍵の振動数よりも約1.06倍多い。

問3　図3のように「ことじ」をQからPに移動させたときの振動数を求める。

　まず，【太郎さんと花子さんの会話②】の2回目の太郎さんの発言から，「ことじの位置を調節することで，弦の振動する部分の長さを変え」ることができるとわかる。また，【太郎さんと花子さんの会話②】の3回目の花子さんの発言と表1から，弦の振動する部分の長さと振動数には反比例の関係があるとわかる。これらをふまえて問題文の条件を整理すると，弦の×の位置を弾く場合に「ことじ」をQからPに移動させたとき，弦の振動する部分の長さは短くなる。図3より，「ことじ」をQにおいたときの弦の振動する部分の長さは32＋16＝48（cm），「ことじ」をPにおいたときの弦の振動する部分の長さは32cmである。したがって，その長さは，$32÷48＝\frac{2}{3}$（倍）になっている。振動数は，弦の振動する部分の長さに反比例するため，「ことじ」をPにおいたときの振動数は，$242×\frac{3}{2}＝363$（Hz）となる。

問4　【太郎さんと花子さんの会話②】と表2から，おもりの重さを変えることで弦の張力が変化し，弦の張力と（振動数）×（振動数）の値は比例していることがわかる。

　資料2から，ミの音の振動数は330Hzであることがわかるので，ミの音を出すためにおもりの重さを何倍にするかを求めるためには，あるモノコードを弾いたときの（振動数）×（振動数）と比べて，ミの音を出すときの（振動数）×（振動数）が何倍になるかを考えればよい。

　ミの音の振動数は330Hzなので，（振動数）×（振動数）は，330×330＝108900である。あるモノコードを弾いたときの振動数は320Hzなので，（振動数）×（振動数）は，320×320＝102400である。よって，おもりの重さは，108900÷102400＝1.063…より約1.06倍すればよいとわかる。小数第2位までの値で答えることに注意する。

やや難

問5　A，Bの2つの設定のそれぞれで弦を弾いたとき，同じ高さの音が出たことから，A，Bどちらの設定においても振動数が同じであると考えられる。このモノコードを弾いたときの振動数を□（Hz）とおき，【太郎さんと花子さんの会話②】，表1，表2をもとに表3の条件を整理する。

　まず，弦の振動する部分の長さについて考える。弦の振動する部分の長さは，Aが30cm，

Bが45cmなので，BはAの$\frac{3}{2}$倍になっている。弦の振動する部分の長さは振動数と反比例するため，もし，AとBのおもりが同じ重さなら，BはAのときと比べて振動数が$\frac{2}{3}$倍になるとわかる。したがって，AとBのおもりが同じ重さの場合，Dの振動数は，$\frac{2}{3}×□$(Hz)である。

　次に，おもりの重さについて考える。おもりの重さと(振動数)×(振動数)は比例するため，弦の振動する部分の長さだけをふまえて計算すると，Aの(振動数)×(振動数)は$□×□$，Bの(振動数)×(振動数)は，$\frac{2}{3}×□×\frac{2}{3}×□=\frac{4}{9}×(□×□)$になる。しかし，問題文の条件よりAとBはどちらも同じ振動数になるので，(振動数)×(振動数)の値も同じになる。したがって，Bのおもりの重さをAのおもりの重さから$\frac{9}{4}$倍すれば，Bの(振動数)×(振動数)の値がAと同じになるとわかる。よって，Bのおもりの重さYは，$400×\frac{9}{4}=900$(g)になる。

3 （国語：文章の読み取り）

基本

問1　ぼう線部①の部分で書いてあることの内容を理解し，本文中からあてはまる言葉を抜き出す問題。ぼう線部①をふくむ文の次の一文に，コンセンサスは「意見の一致，とか，合意，と訳されます」と説明されている。よって，　A　には「意見」，　B　には「合意」があてはまる。また，第３段落では政治的なことに対比して，科学は，「好き嫌い」ではなく「真実」をあつかうため，コンセンサスを得やすい分野だと述べられている。よって，　C　には「科学」，　D　には「得やすい」があてはまる。

問2　筆者が科学者の特徴や考え方を説明している部分に注目する。筆者は第４段落の１文目から２文目で，「科学者が真実を尊いと思うが故」に「物事を完全に断定的に言い切らないことが多い」のは，科学者の特徴であると述べている。その理由として，ぼう線部②をふくむ段落の４文目には，科学の分野では，「いま正しいとされていることであっても」，「将来，正しくないと判定されること」がありえると述べられている。これらをふまえて選たくしを見ると，ウが正解だとわかる。

問3　天動説から地動説へのパラダイムの転換について，ぼう線部③の後の段落に説明がされている。【花子さんがまとめた図】の流れを意識しながら整理する。

　昔は天動説が圧倒的に優勢だったが，「技術が進み」，いろいろなことが観測されるようになった中で，16世紀にはコペルニクスが新しい考え方を発表した。聖書の考え方にあわないため，教会から何度も「反発をくらい」ながらも，「天動説に対する反証」は徐々に蓄積されていった。そして，ガリレオが木星に関する発見をしたことで，「天動説に決定的なダメージ」を与えることになり，地動説が広まっていった。最終的には地動説が認められたが，このようにパラダイムは非常に強固なものであり，パラダイムが転換するには「かなりの年数がかかった」ことがわかる。

　解答は，これらの内容をふまえてそれぞれ選たくしから選べばよい。

問4　筆者の説明の仕方や工夫として，適切ではないものを選ぶことに注意する。

　アは，本文の前半で「コンセンサス」や「パラダイム」について言葉の意味を説明し，天動説と地動説を例に挙げて具体的な説明をしているので，適切である。

　　イは，本文中に「ちょっと」，「だって」などの語や，第７段落に「天動説を信じていたなんて，昔の人は頭が悪かったんだなぁ」，第９段落には「おかしいぞ」とあり，話し言葉が加わっているため，適切である。

　　ウは，第８段落で「天動説の力が信じやすいと思いませんか？」と問いかけを通して読者の関心を引こうとしているため，適切である。

　　エは，たとえの表現は本文中に用いられていないため，適切ではない。

　　よって，答えはエである。

問５　筆者の主張をまとめる問題である。本文最終段落に，「科学は，みんなが当たり前に思っていることに対して疑いを持つということによって進歩してきた，という言い方もできる」とあり，これが科学の進歩に関する筆者の主張とわかる。これまでの内容から，「みんなが当たり前に思っていること」が「パラダイム」を指していることを理解する。解答は，これらを指定された言葉を使って，40字以上50字以内でわかりやすくまとめればよい。

★ワンポイントアドバイス★

　　資料や図表，グラフなどの読み取り問題では，資料を正確に読み取り，複数の資料を見比べることが不可欠である。また，規則が決まっている問題では，その規則をしっかりと理解してから，情報を整理して問題を解こう。文章を読む問題では，具体例が複数挙げられているので，それらをおさえながら読み進めることが重要だ。検査時間に対して問題量は多いが，あせらず落ち着いて取り組もう。

## ＜適性検査Ｃ解答例＞《学校からの解答例の発表はありません。》

[1] わたしは，日本と外国の若者の意識のちがいについて発表します。資料１より，「自分自身に満足している」若者の割合について，外国は70％以上を占めている一方で，日本は約45％にとどまっており，日本には自分に満足していない若者が多いと考えられます。この意識のちがいに関係があるのは資料４だと思います。うまくいくかわからないことにも意欲的に取り組むことによって，自分自身に満足し，自信を持つことができると思うからです。わたしは，自分自身に満足できるように，中学校では今までやったことのない学級委員に立候補し，うまくいくかわからないことにも意欲的に取り組むことで，自分自身に満足し，自信を持てるようにしたいです。

[2] わたしは，空き家の現状について発表します。資料１より，2008年から2018年にかけて，さいたま市の空き家の戸数は減っていないのに空き家率は減少したことがわかります。これは，さいたま市の人口が増加し，空き家は解体されずに新しい家が増えたからだと考えられます。空き家には，古くなって破損したり草木が生いしげったりするという問題があります。これらの問題を解決するために，空き家を宿はくし設として活用する事例があります。空き家を宿はくし設として活用するために改修工事や庭の整備を行い，きれいな状態にして管理をするので，空き家が古くなって破損したり草木が生いしげったりする問題を解決することにつながります。

3 まず資料2について，2004年から2021年にペットボトルの出荷本数は約1.6倍になった一方で，ペットボトルを作るときに出る二酸化炭素量の増加率は1.1倍に満たなかったと読み取れるため，発表の資料としてふさわしくないと考えます。次に資料3について，ペットボトルが自然かん境で分解されるのに400年かかることが読み取れるので，ふさわしいと考えます。最後に資料4について，この資料は日本のペットボトル回収率が増加していることを表しており，太郎さんが伝えたい，回収されなかったペットボトルの行方やごみとして処理されたときのかん境への悪えいきょうについての情報は読み取れないため，ふさわしくないと考えます。

○推定配点○
1　30点
2　35点
3　35点　　　　計100点

## ＜適性検査Ｃ解説＞

1 （国語：会話文・資料の読み取り，作文）

問題文に書かれた条件は字数や書き方についてのみだが，会話文の中でだいたいの文章の構成が決められているので注意する。会話文の最後の花子さんの発言から以下のような構成で発表原稿を書き進めるべきだとわかる。

① 「自分自身に満足している」人の割合についてのグラフで日本と外国を比べ，日本と外国の若者の意識のちがいを述べる。

② ①で述べた意識のちがいに関係のある資料を資料2から資料4より選び，そう考えた理由を述べる。

③ ①，②をふまえて，自分自身に満足する気持ちを高めるための今後の行動を具体的に述べる。

①は資料1をふまえて，自分自身に満足している人の割合が70％を超えている外国と，約45％にとどまっている日本を比べ，そこからわかる日本と外国の若者の意識のちがいについて述べればよい。このとき，具体的な数値にもふれられるとよい。②は資料2から資料4の中で，①で読み取った「日本には自分自身に満足していない若者が多い」ことに最も関係のあるデータを表している資料を選び，関係していると考えた理由も述べる。解答例で選んだ資料4は，特に日本と外国との結果に差があるため選びやすい。③では，日本と外国の若者の意識のちがいをふまえて，今後自分自身に満足する気持ちを高めるための具体的な行動について自分の考えを述べ，作文をまとめる。解答例のように，②で選んだ資料を参考にして，選んだグラフの質問と合った内容にするとよい。

また，発表原稿という形なので，文末は「です」，「ます」などの丁ねいな形にする。

2 （国語：会話文・資料の読み取り，作文）

問題文に書かれた条件は字数や書き方についてのみだが，会話文の中でだいたいの文章の構成が決められているので注意する。会話文の最後の太郎さんの言葉から，発表の構成は以下のようになるとわかる。

① さいたま市の空き家の戸数と空き家率の変化の特ちょうと，その理由を述べる。

　②　空き家の問題点を2つ述べる。

　③　空き家の活用事例1つと，その活用方法が空き家の問題点を解決する理由を述べる。

　①は，**資料1**の2008年から2018年にかけての空き家率に着目し，全国では空き家の戸数も空き家率も増加している一方で，さいたま市の空き家の戸数はわずかに増えているのに，空き家率は減少していることを述べ，その理由として会話文中の太郎さんの1回目の発言にもある，「さいたま市の人口が増えている」ことにふれる。②では，**資料2**で紹介されている「空き家についての心配事」から読み取れる空き家の問題点を2つ挙げる。③では，**資料3**の「空き家の活用事例」の中から1つを取り上げ，その活用事例がなぜ空き家の問題点を解決することにつながるのかを述べる。このとき，解決できる空き家の問題点を②で挙げたものにすることに注意する。②，③については，解答例以外にも「空き家をシェアオフィスとして活用することで人の出入りが多くなり，放火などの犯罪の対象となるリスクが低下する」などといった例が考えられる。

　また，発表原稿という形なので，文末は「です」，「ます」などの丁ねいな形にする。

**重要** ③　（国語：会話文・資料の読み取り，作文）

　問題文に書かれた条件は字数や書き方についてのみだが，会話文の中にも条件が示されているので注意する。会話文の最後の先生の言葉から，花子さんは，**資料2**から**資料4**のそれぞれについて，太郎さんの「日本のペットボトルの使用を減らそう」というテーマに基づいた発表の資料として適切そうでないか，理由とともに述べればよいとわかる。

　まず**資料2**について，**資料2**からは，会話文中の太郎さんの発言にもある通り，ペットボトル出荷本数は2004年度が148億本，2021年度が234億本と17年間で約1.6倍に増加していることが読み取れる。しかし，ペットボトルを作るときに出る二酸化炭素の量については，2004年度が208.9万トン，2021年度が209.6万トンであり，その増加率は209.6（万トン）÷208.9（万トン）＝1.003…倍と，1.6倍には達していないことがわかる。そのため，太郎さんの「ペットボトル出荷量が増加することで二酸化炭素による被害(ひがい)も同じくらい大きくなる」という考えとは合わず，太郎さんの発表資料としてはふさわしくないと考えられる。

　次に**資料3**について，**資料3**にはさまざまな海洋ごみが自然環境(かんきょう)で分解されるのに必要な年数が書かれている。その中でペットボトルは自然環境下での分解に400年かかることが読み取れるため，太郎さんの発表資料としてふさわしいと考えられる。

　最後に**資料4**について，**資料4**には日本のペットボトルの回収率(かいしゅう)の変化がまとめられており，日本のペットボトルの回収率は2005年が61.7%，2020年が97.0%と15年間で35.3%増加していると読み取れる。太郎さんは「回収されなかったペットボトルが海洋ごみとなったり，ごみとして処理(しょり)されたりするときに，環境に悪い影響(えいきょう)をあたえている」ことを説明しようとしており，**資料4**からはそのような情報は読み取れないため，太郎さんの発表資料としてはふさわしくないと考えられる。

　以上の内容を300字におさまるように簡潔(かんけつ)にまとめる。また，発表原稿という形なので，文末は「です」，「ます」などの丁ねいな形にする。

★ワンポイントアドバイス★

すべての問題で発表の構成が指定されているので，それに沿って原稿をつくることを忘れないようにする。下線を引いたり，丸で囲ったりするなど目印をつけながら読むと，書き方の指定や書くべき内容を見逃さずに作文を書くことができるだろう。どの問題も発表原稿という形式なので，文末は「です」や「ます」などにする。また，数字の書き方など，予想以上に文字数を多く使う部分もあるので，制限字数をこえないように気を付けよう。

大切なことはメモしておこうネ！

# 2023年度

★★★★★★★★★★★★★★★★★★★★★★

# 入 試 問 題

2023
年
度

# 2023年度

# さいたま市立大宮国際中等教育学校入試問題

**【適性検査A】**（50分）

1 放送による問題

　　※問題は，問1～問5までの5問あります。

　　※英語はすべて2回ずつ読まれます。問題用紙にメモを取ってもかまいません。答えはすべて解
　　　答用紙に記入しなさい。

　問1　Emma（エマ）さんと Kazuki（かずき）さんが Emma（エマ）さんのぼうしについて話
　　　をしています。2人の話を聞いて，内容に合う絵を次のア～エの中から1つ選び，記号で答えな
　　　さい。

ア
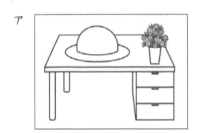
イ

ウ
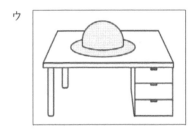
エ
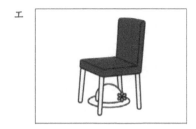

　問2　Meg（メグ）さんと Riku（りく）さんが話をしています。2人の話を聞いて，内容に合う
　　　絵を次のア～エの中から1つ選び，記号で答えなさい。

ア

イ

ウ

エ

問3　Mika（みか）さんと Paul（ポール）さんは，中学生になったら入りたいクラブ活動について，クラスでアンケートをとりました。2人はその結果について話し，希望者の人数が多かった順にそれぞれのクラブ活動を表した絵を並べて，表を作りました。2人の話から，それぞれのクラブ活動の希望者の人数を聞き取った上で，2人が作った表として正しいものを次のア～エの中から1つ選び，記号で答えなさい。

ア

| 1 |  |
| 2 |  |
| 3 |  |
| 4 |  |
| 5 |  |

イ

| 1 |  |
| 2 |  |
| 3 |  |
| 4 |  |
| 5 |  |

ウ

| 1 |  |
| 2 |  |
| 3 |  |
| 4 |  |
| 5 |  |

エ

| 1 |  |
| 2 |  |
| 3 |  |
| 4 |  |
| 5 |  |

問4　Momo（もも）さんと John（ジョン）さんが転校生の Tim（ティム）さんについて話をしています。2人の話を聞き，Tim（ティム）さんと Momo（もも）さんがいっしょにできることを表した絵を，下のア〜エの中から**2つ**選び，記号で答えなさい。

問5　Kenta（けんた）さんが，妹の Nami（なみ）さんと先週の土曜日にしていたことについてスピーチをしています。Kenta（けんた）さんの話を聞き，【Kenta（けんた）さんと Nami（なみ）さんが先週の土曜日にしたこと】の順番になるように，①〜④にあてはまる絵を，下のア〜エの中からそれぞれ1つずつ選び，記号で答えなさい。

【Kenta（けんた）さんと Nami（なみ）さんが先週の土曜日にしたこと】

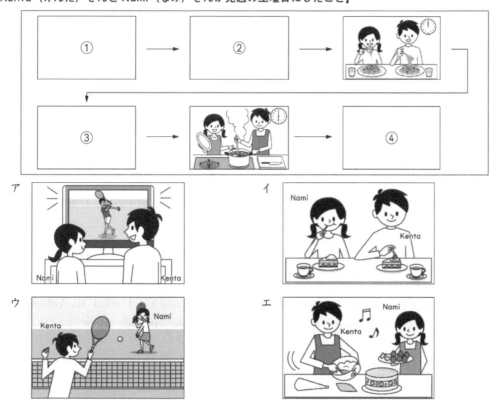

（放送台本）

　これから，放送による問題を始めます。

　放送による問題は，問題用紙の１ページから３ページまであります。

　問題は，問１から問５までの５問あります。英語はすべて２回ずつ読まれます。問題用紙にメモを取ってもかまいません。答えはすべて解答用紙に記入しなさい。


　はじめに，問１を行います。

　エマさんとかずきさんがエマさんのぼうしについて話をしています。２人の話を聞いて，内容に合う絵を次のアからエの中から１つ選び，記号で答えなさい。

　それでは始めます。


問１の１回目を放送します。

Emma(W): Where is my hat, Kazuki?

Kazuki(M): It's on the desk, Emma.

Emma(W): That isn't my hat.　My hat has a flower on it.

Kazuki(M): OK.　It's under the chair.

Emma(W): Oh, thank you, Kazuki.


問１の２回目を放送します。


　（繰り返し）


　次に，問２を行います。

　メグさんとりくさんが話をしています。２人の話を聞いて，内容に合う絵を次のアからエの中から１つ選び，記号で答えなさい。

　それでは始めます。


問２の１回目を放送します。

Meg(W): What's your favorite memory of last year, Riku?

Riku(M): It's a trip with my family.　We went to Aomori.　I saw the Nebuta Festival.

Meg(W): Nice!　Fruits are famous in Aomori.　Did you eat any fruits?

Riku(M): Yes, I did.　I ate an apple.　It was delicious.　What's your favorite memory, Meg?

Meg(W): My favorite memory is the spring vacation.　I went to Yamanashi.　I saw a beautiful lake and Mt.Fuji.　I ate cherries there.


問２の２回目を放送します。

（繰り返し）

次に，問3を行います。

みかさんとポールさんは，中学生になったら入りたいクラブ活動について，クラスでアンケートをとりました。2人はその結果について話し，希望者の人数が多かった順にそれぞれのクラブ活動を表した絵を並べて，表を作りました。2人の話から，それぞれクラブ活動の希望者の人数を聞き取った上で，2人が作った表として正しいものを次のアからエの中から1つ選び，記号で答えなさい。それでは始めます。

問3の1回目を放送します。

Mika(W): Three girls and a boy want to join the art club. Two girls and four boys want to join the brass band. Two girls and three boys want to join the soccer team. Two girls and a boy want to join the dance club. The brass band is popular.

Paul(M): That's right, Mika. The tennis team is popular, too. Four girls and three boys want to join it.

問3の2回目を放送します。

（繰り返し）

次に，問4を行います。

ももさんとジョンさんが転校生のティムさんについて話をしています。2人の話を聞き，ティムさんとももさんが一緒にできることを表した絵を，下のアからエの中から2つ選び，記号で答えなさい。

それでは始めます。

問4の1回目を放送します。

Momo(W): Who is that boy, John?

John(M): He is Tim. He's a new student.

Momo(W): I see. Where is he from?

John(M): He's from Canada. He can play the violin very well.

Momo(W): Cool. I like music. I can't play the violin but I can play the piano.

John(M): That's right. Oh, you like singing too, Momo. He can't play the piano but he can sing well. You can sing together.

Momo(W): That's a good idea.

問4の2回目を放送します。

（繰り返し）

最後に，問5を行います。
けんたさんが，妹のなみさんと先週の土曜日にしていたことについてスピーチをしています。けんたさんの話を聞き，けんたさんとなみさんが先週の土曜日にしたことの順番になるように，①から④にあてはまる絵を，下のアからエの中からそれぞれ1つずつ選び，記号で答えなさい。
それでは始めます。

問5の1回目を放送します。
（M）

　Last Saturday, my sister, Nami and I did many things.　We wanted to play tennis, but it was raining a lot in the morning.　So we watched tennis on TV. Then, we made a cake together.　We had spaghetti for lunch at noon.　In the afternoon, it was sunny.　We played tennis in the park.

　We cooked curry and rice and ate it for dinner.　We ate the cake after that.　It was delicious.

問5の2回目を放送します。

（繰り返し）

これで放送による問題を終わります。

---

2　太郎さんのお母さんは，パソコンを使ってインターネットの通信販売のサイト（図1）で箱入りトマトを見ています。そこへ太郎さんがやってきて，話しかけました。

図1

次のページの問1～問4に答えなさい。

**【太郎さんとお母さんの会話①】**

太郎さん：真っ赤なトマトですね。トマトを買おうとしているのですか。

お母さん：そう。今度，トマト料理を作って，友達をもてなそうと思っているのよ。それには たくさんのトマトが必要なので，インターネットの通信販売を利用して探している のよ。

太郎さん：通信販売のサイトには，箱入りトマトを上から見た写真がのっていますね。4個入 りのトマトか，9個入りのトマトか，どちらかを選べるようになっています。

お母さん：箱の大きさは同じなので，4個入りのトマトか，9個入りのトマトか，どちらを選 ぼうか迷っているのよ。

太郎さん：9個入りのほうがトマトの個数としては多いけど，4個入りのほうがトマト1個の 大きさは大きいですね。トマトの量は，どちらがたくさん入っていると言えるで しょうか。

お母さん：そうだね。どうやって，比べるのがいいかな。

太郎さん：どちらのトマトも箱の底に接するように平らに並べられていて，となりどうしのト マトも接するように，箱全体にぎっしりつめこまれているようですね。まずは，ど ちらの面積が大きいか計算して比べてみるのはどうでしょうか。

お母さん：上から見たときのトマトの面積を比べるということね。

図2

4個入りのトマトを上から見た模式図

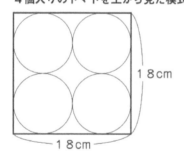

18cm

18cm

9個入りのトマトを上から見た模式図

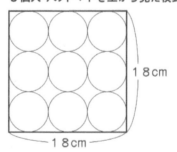

18cm

18cm

**【太郎さんとお母さんの会話②】**

太郎さん：上から見たトマトの形は，本来は，円ではないですが，図2のように円になってい るとします。また，1つ1つのトマトの大きさは同じというわけではないですが， 4個入りのトマトはすべて同じ大きさ，9個入りのトマトはすべて同じ大きさとし ます。

お母さん：そのようにみなして，大きさを比べることができるね。

太郎さん：はい。上から見た箱の形は正方形で，どちらも1辺の長さは18cmと書かれていま す。

お母さん：そのことから，トマトの半径もわかるのね。

太郎さん：そうです。1つの円の面積は，円周率を3.14とすると，(半径)×(半径)×3.14で求め

られるので，上から見たときのトマト全部の面積は，1つの円の面積に個数をかければ求められますね。この式を使って，それぞれの面積を計算してみます。

お母さん：そうだね。面積をそれぞれ計算して求めるのもよいけど，大きさを比べるだけなら答えを求めなくてもわかるよ。上から見たときの4個入りのトマト全部の面積は，$\boxed{A}$ ×3.14，上から見たときの9個入りのトマト全部の面積は，$\boxed{B}$ ×3.14となるよね。

太郎さん：わかりました。この式の $\boxed{A}$ と $\boxed{B}$ の大きさを比べることで，上から見たときのトマト全部の面積は，$\boxed{C}$ ことがわかるのですね。

問1　図2，【太郎さんとお母さんの会話②】をもとに，空らん $\boxed{A}$ ，$\boxed{B}$ にあてはまる数を，それぞれ整数または小数で答えなさい。また，空らん $\boxed{C}$ にあてはまる言葉として最も適切なものを，次のア～ウの中から1つ選び，記号で答えなさい。

ア　4個入りのほうが，9個入りよりも大きい

イ　4個入りのほうが，9個入りよりも小さい

ウ　4個入りも9個入りも同じ

---

**【太郎さんとお母さんの会話③】**

お母さん：今，計算したのは，上から見たときの面積だけど，わたしは体積も計算して比べるといいと思うよ。トマトの体積は計算できそうかな。

太郎さん：4個入りのトマトも9個入りのトマトも，1個の形は球のようになっているので，球の体積を計算すればよさそうです。しかし，球の体積をどう計算すればよいのかわからないです。

お母さん：そうだね。トマトを球とみなして計算しましょう。1つの球の体積は，円周率を3.14とすると，（半径）×（半径）×（半径）×3.14×4÷3で求められるのよ。

太郎さん：そうなのですね。では，箱に入ったトマト全部の体積は，1つの球の体積に個数をかければ求められますね。先ほどと同じように，必要な部分だけ計算してみます。4個入りのトマト全部の体積は，$\boxed{D}$ ×3.14×4÷3，9個入りのトマト全部の体積は，$\boxed{E}$ ×3.14×4÷3となりますね。

お母さん：つまり，体積は，$\boxed{F}$ ことがわかるのね。

問2　図2，【太郎さんとお母さんの会話③】をもとに，空らん $\boxed{D}$ ，$\boxed{E}$ にあてはまる数を，それぞれ整数または小数で答えなさい。また，空らん $\boxed{F}$ にあてはまる言葉として最も適切なものを，次のア～ウの中から1つ選び，記号で答えなさい。

ア　4個入りのほうが，9個入りよりも大きい

イ　4個入りのほうが，9個入りよりも小さい

ウ　4個入りも9個入りも同じ

---

**【太郎さんとお母さんとお父さんの会話①】**

お父さん：2人は，4個入りのトマトと9個入りのトマトについて面積と体積を比べたけれど，表示には重さも書いてあったよ。トマト1gあたりの金額を比べてみよう。

太郎さん：そうですね。4個入りのトマトは1箱で1200円，9個入りのトマトは1箱で1080円と書いてあります。また，4個入りのトマトは1個あたり平均285ｇ，9個入りのトマトは1個あたり平均85ｇとも書いてありますね。

お母さん：そうですね。箱代は無料なので，この平均の重さを使って，トマト1ｇあたりの金額を比べることができますね。

問3　【太郎さんとお母さんとお父さんの会話①】をもとに，次の(1)，(2)に答えなさい。

(1)　4個入りのトマトにおけるトマト1ｇあたりの金額を，小数第2位を四捨五入して，小数第1位まで答えなさい。

(2)　9個入りのトマトにおけるトマト1ｇあたりの金額を，小数第2位を四捨五入して，小数第1位まで答えなさい。

【太郎さんとお母さんとお父さんの会話②】

太郎さん：いろいろな方法で比べることができましたね。

お母さん：そうだね。いろいろ考えたけれど，1箱4個入りのトマトも1箱9個入りのトマトも，それぞれ1箱ずつは買いたいな。

お父さん：そうしようか。でも，送料をふくめて購入金額は7500円以下にしてほしいな。見ているサイトでは，何箱まとめて買っても送料は500円かかるよ。

太郎さん：では，送料をふくめて，7500円以下でどのように購入するのがよいか，考えましょう。

お母さん：そうしましょう。

問4　【太郎さんとお母さんとお父さんの会話②】をもとに，送料をふくめて，7500円以下で購入することを考えます。購入金額が最大となるのは，1箱4個入り1200円のトマトと，1箱9個入り1080円のトマトをそれぞれ何箱ずつ買う場合か，答えなさい。ただし，1箱4個入りのトマトと1箱9個入りのトマトについて，それぞれ最低1箱ずつは買うものとします。

3　　花子さんは自由研究で，食物にふくまれている栄養素の消化について調べようとしています。

次の問1～問3に答えなさい。

【花子さんとお母さんの会話①】

花子さん：お母さん，朝食で食べたごはんは残っていますか。自由研究で，だ液のはたらきについて調べるため，ごはんつぶが必要なのです。

お母さん：すい飯器に少し残っていますよ。どのような内容ですか。

花子さん：ごはんつぶをかむと，あまく感じることがありました。不思議に思ったので，そのことについて調べたいと思っています。しかし，調べ方についてなやんでいます。

お母さん：そうなのですね。では，ごはんつぶにどのような変化が起きるのか，実験してみてはどうでしょうか。結果を比べられるように，かつおぶしについても調べるといいですね。

花子さん：はい，調べてみます。

花子さんは，まず，ごはんつぶとかつおぶしの変化について調べ，次の**資料1**を見つけました。

**資料1　ごはんつぶとかつおぶしの変化に関する実験結果**

| ジッパーつき<br>ビニル袋<br>の中身 | ごはんつぶ<br>のみ | ごはんつぶ<br>と<br>だ液 | ごはんつぶ<br>と<br>水 | かつおぶし<br>のみ | かつおぶし<br>と<br>だ液 | かつおぶし<br>と<br>水 |
|---|---|---|---|---|---|---|
| ヨウ素液の色 | 青むらさき色<br>に変化 | 変化なし | 青むらさき色<br>に変化 | 変化なし | 変化なし | 変化なし |

※それぞれのジッパーつきビニル袋を約40℃の水にしばらくつけてから、ヨウ素液を加えて色の変化を確認した。

---

**【花子さんとお母さんの会話②】**

花子さん：**資料1**から，ある条件によって，ごはんつぶが変化することとかつおぶしが変化しないことがわかりました。約40℃の水にしばらくつけてから，ヨウ素液を加える実験だったようです。

お母さん：そうですね。だ液はヒトのカラダの中ではたらくので，実験でも体温に近い状態に保つ必要があるのです。それでは，体温より低いとき，体温より高いときのそれぞれの場合で，だ液のはたらきがどうなるか，調べてはどうでしょうか。

花子さん：はい。約40℃より温度を低くしたとき，温度を高くしたときのそれぞれの場合で，だ液のはたらきはどうなるのか，実験をしてみようと思います。

---

花子さんは，約40℃より温度を低くしたとき，温度を高くしたときのそれぞれの場合で，だ液のはたらきがどうなるかについて調べるため，**【実験】**を行い，その結果からわかることを**【花子さんのまとめ①】**にまとめました。

---

**【実験】**

〈用意するもの〉
　□ジッパーつきビニル袋（6枚）　　□スポイト（2個）　　□ビーカー（2個）
　□ごはんつぶ　　□ヨウ素液　　□だ液（20mL）
　□約0℃の水　　□約80℃の水　　□約40℃の水

〈方法〉
① 6枚のジッパーつきビニル袋をそれぞれ⒜，⒤，⒰，⒠，⒪，⒦とし，それぞれのビニル袋にごはんつぶ0.1gを入れて，ビニル袋の上からよくもむ。

② ⒜，⒠には何も入れず，⒤，⒰，⒪，⒦にはそれぞれだ液を5mL加えて，ビニル袋の上からよくもむ。

③ ⒜，⒤，⒰は約0℃の水を入れたビーカーの中に，⒠，⒪，⒦は約80℃の水を入れたビーカーの中に，それぞれしばらくつける。

④ ⑦，①，⑦，②，⑧，⑦のビニル袋は，ときどき取り出してよくもむ。

⑤ ⑦，①，⑦を約0℃の水から，②，⑧，⑦を約80℃の水からそれぞれ取り出す。

⑥ 温度が一定になってから，⑦，①，②，⑧にヨウ素液を加えて，色の変化を調べる。

⑦ ⑦と⑦を，約40℃の水を入れたビーカーの中にしばらくつける。

⑧ ⑦と⑦のビニル袋は，ときどき取り出してよくもむ。

⑨ ⑦と⑦を約40℃の水から取り出し，それぞれにヨウ素液を加えて，色の変化を調べる。

〈結果〉

| ジッパーつき<br>ビニル袋 | ⑦ | ① | ⑦ | ② | ⑧ | ⑦ |
|---|---|---|---|---|---|---|
| ヨウ素液の色 | 青むらさき色に変化 | 青むらさき色に変化 | 変化なし | 青むらさき色に変化 | 青むらさき色に変化 | 青むらさき色に変化 |

【花子さんのまとめ①】

・ ジッパーつきビニル袋⑦，②の結果から，ごはんつぶは，約0℃の水，約80℃の水につけただけでは変化しないことがわかった。

・ ジッパーつきビニル袋①，⑦，⑧，⑦の結果から，【実験】で確かめられただ液による変化があるかどうかについて，次のことがわかった。

| | 【実験】で確かめられた<br>だ液による変化があるか | 後で約40℃の水につけ，ときどき取り<br>出してよくもんだとき，【実験】で<br>確かめられただ液による変化があるか |
|---|---|---|
| 約0℃の水に<br>つけたとき | A | ある |
| 約80℃の水に<br>つけたとき | ない | B |

問1 【花子さんのまとめ①】の空らん A ， B にあてはまる内容として正しいものを，それぞれ「ある」または「ない」から1つ選び，答えなさい。ただし，解答用紙の「ある」または「ない」のどちらか1つに○をつけて答えるものとします。

【花子さんとお母さんの会話③】

花子さん：ごはんやかつおぶしなどにふくまれる栄養素は，小腸（ちょう）で吸収（きゅうしゅう）された後，どうなるのですか。

お母さん：栄養素の炭水化物は，米やパンなどの穀物（こく）に多くふくまれ，体を動かすときのエネルギーのもとになります。また，栄養素のたんぱく質は，かつおぶしなどの魚，肉，たまご，豆に多くふくまれ，筋肉（きん）などの体をつくるもとになります。

花子さん：それぞれの栄養素は，わたしたちの体にとって重要なはたらきをしているのですね。

お母さん：たんぱく質については，資料2のように，1日にとり入れる目標量が厚生労働省によって示されています。

資料2　1日にとり入れるたんぱく質の目標量

| 年齢（歳） | 男性（g） | 女性（g） |
|---|---|---|
| 1〜 2 | 31以上〜 48以下 | 29以上〜 45以下 |
| 3〜 5 | 42〜 65 | 39〜 60 |
| 6〜 7 | 49〜 75 | 46〜 70 |
| 8〜 9 | 60〜 93 | 55〜 85 |
| 10〜11 | 72〜110 | 68〜105 |
| 12〜14 | 85〜130 | 78〜120 |
| 15〜17 | 91〜140 | 75〜115 |
| 18〜29 | 86〜133 | 65〜100 |
| 30〜49 | 88〜135 | 67〜103 |
| 50〜64 | 91〜130 | 68〜 98 |
| 65〜74 | 90〜120 | 69〜 93 |
| 75以上 | 79〜105 | 62〜 83 |

（厚生労働省「日本人の食事摂取基準（2020年版）」をもとに作成）

---

**【花子さんとお母さんの会話④】**

お母さん：駅の近くにあるレストランのランチメニューには、それぞれの料理にふくまれているたんぱく質の量が書かれているみたいですね。

花子さん：今度行ってみたいですね。このレストランにはどのような料理があり、どのくらいのたんぱく質がふくまれているのでしょうか。

---

　花子さんは、インターネットを使って、駅の近くにあるレストランのランチメニューを調べました。**資料3**は、このレストランのホームページにあったランチメニューを表したものです。

---

資料3　駅の近くにあるレストランのランチメニュー

・①〜③の3つのグループからそれぞれ1品ずつ、合計3品を自由にお選びください。
・（　　）内の値は、その料理にふくまれているたんぱく質の量の合計を表しています。

| グループ①：主食・しる物 | グループ②：主菜 | グループ③：副菜 |
|---|---|---|
| ・ご飯とみそしる　（9.0g）<br>・パンとコーンスープ（12.0g） | ・チキンステーキ　（28.0g）<br>・白身魚のフライ　（23.0g）<br>・きのこのオムレツ（20.0g）<br>・とうふハンバーグ（26.0g） | ・トマトサラダ　　（2.0g）<br>・ポテトサラダ　　（4.0g）<br>・コールスローサラダ（3.0g）<br>・しらすサラダ　　（6.0g） |

---

**【花子さんとお母さんの会話⑤】**

お母さん：どの年齢や性別であっても、1日にとり入れるたんぱく質の目標量に幅がありますね。

花子さん：はい。**資料2**から、1〜2歳の男性を見ると、1日の目標量の最小値は31g、最大値は48gなので、17gの幅があるとわかりますね。駅の近くのこのレストランでラ

ンチを食べると，1日の目標量の最小値の2分の1くらいはとり入れられるかもしれませんね。

お母さん：そうですね。例えば，40歳の女性と13歳の男性が，**資料3**にあるレストランで2人とも同じランチメニューをそれぞれ残すことなく食べたものとしましょう。2人とも1日の目標量の最小値の2分の1以上のたんぱく質をとり入れることができるメニューの選び方は，全部で何通りあるでしょうか。

花子さん：**資料2**と**資料3**を使って考えると，全部で　**C**　通りになります。

お母さん：そうなりますね。

問2　【花子さんとお母さんの会話⑤】の空らん　**C**　にあてはまる整数を答えなさい。

消化や栄養素について調べた花子さんは，図書館で見つけた**資料4**をもとに，動物の主な食べ物と消化管の長さの関係について，【花子さんのまとめ②】のようにまとめました。

**資料4　いろいろな動物の主な食べ物と、体長を1としたときの消化管の長さの比**

| 動物 | 主な食べ物 | 体長を1としたときの消化管の長さの比 |
|---|---|---|
| ウマ | 植物（草） | 12.0 |
| オオカミ | 肉 | 4.7 |
| ヒグマ | 植物（草、木の実）、こん虫、肉や魚 | 8.0 |
| ウサギ | 植物（草、木の皮、果物） | 10.0 |
| ライオン | 肉 | 3.9 |
| ヒト | 植物（穀物、いも類、野菜）、肉や魚 | 7.5 |

（R.フリント著「数値でみる生物学　生物に関わる数のデータブック」（シュプリンガー・ジャパン）をもとに作成）

【花子さんのまとめ②】

　ヒグマやヒトの，体長を1としたときの消化管の長さの比は，オオカミや　**D**　より大きく，ウマや　**E**　より小さくなっている。**資料4**から考えると，この理由は，ヒグマやヒトが植物と肉や魚を主に食べているからではないかと考えられる。

問3　【花子さんのまとめ②】の空らん　**D**　，**E**　にあてはまる言葉を，それぞれ**資料4**の動物の中から選び，答えなさい。

**4**　　花子さんは，お父さんと保育所の話をしています。

次の問1～問2に答えなさい。

【花子さんとお父さんの会話①】

お父さん：花子さんは，いつも楽しそうに保育所に通っていたね。

花子さん：保育所で遊ぶのが，とても楽しかったのを覚えています。

> お父さん：保育所では，いろいろな遊びを学んできたね。
>
> 花子さん：はい。特に，みんなで手びょうしを打ってリズムをつくる遊びが大好きでした。

問1　次の日，学校に行った花子さんは，友だちと4人で，保育所に通っていたときに教わった，手びょうしでリズムをつくる遊びをやってみることにしました。4人が打つ手びょうしのリズムはばらばらですが，4人が同じテンポで同時に手びょうしを打ち始めると，あるリズムにきこえます。資料1のように4人が同じテンポで同時に手びょうしを打ち始めた時，きこえるリズムとして最も適切なものを，あとのア～エの中から1つ選び，記号で答えなさい。

資料1　4人が打つ手びょうしのリズム

【花子さんとお父さんの会話②】

花子さん：保育所に通っていたとき，熱中症の予防のため，夏の外の気温が高い日は，外遊びやプール遊びをさせてもらえないときがありました。昔もそうだったのでしょうか。

お父さん：暑い日でもプールに入っていたよ。近年は地球温暖化の影響で気温が高くなっていると聞きますね。実際，昔のほうが今より夏も過ごしやすかったと感じるよ。

花子さん：熊谷市は暑いことで有名ですが，熊谷市でも気温が高くなっているのでしょうか。

お父さん：昔から今までの気温の変化を調べてみたらどうかな。

花子さん：はい，調べてみます。ちょうどこの前，友人のお兄さんから「箱ひげ図」というおもしろいグラフのかき方を教えてもらったので，箱ひげ図を使って考えようと思います。

---

**【箱ひげ図の説明】**

　右のような図を「箱ひげ図」といいます。「データの最大値，最小値，平均値，中央値，四分位数」をわかりやすく示すために用いられるグラフです。

　「中央値」とは，データの値を大きさの順に並べたとき，中央にくる値のことです。

　「四分位数」とは，データを大きい順に並べたとき，データの数で4等分する位置の値のことです。小さい順に，第1四分位数，第2四分位数，第3四分位数といいます。第2四分位数は中央値と同じです。

　例として，11人が受けた国語と算数のテストのデータを箱ひげ図で表してみることにします。

　〈表〉は11人の国語と算数のテストの点数を高い順にまとめたもの，〈箱ひげ図〉はそれらを箱ひげ図に表したものです。

〈箱ひげ図の見方〉

※この問題では、ひげの上部に平均値を示している

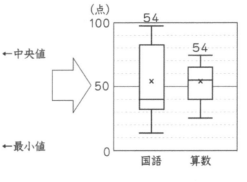

〈表〉

| 順位 | 国語（点） | 順位 | 算数（点） | |
|---|---|---|---|---|
| 1 | 98 | 1 | 74 | ←最大値 |
| 2 | 98 | 2 | 70 | |
| 3 | 82 | 3 | 66 | |
| 4 | 77 | 4 | 65 | |
| 5 | 54 | 5 | 60 | |
| 6 | 40 | 6 | 55 | ←中央値 |
| 7 | 38 | 7 | 54 | |
| 8 | 36 | 8 | 52 | |
| 9 | 32 | 9 | 40 | |
| 10 | 25 | 10 | 32 | |
| 11 | 14 | 11 | 26 | ←最小値 |
| 平均値 | 54 | 平均値 | 54 | |

〈箱ひげ図〉

　〈表〉を見ると，国語と算数の平均点はどちらも同じ54点になっています。しかし，〈表〉を見ただけではデータの特色を簡単に読み取ることはできません。

　しかし，〈箱ひげ図〉を見ると，国語は最高得点と最低得点の間に大きな差があり，最大値から最小値までに点数がちらばっていること，一方で，算数は11人の点数に国語ほど大きなちがいが見られないことをとらえることができます。

　また，11人の25％が2.75人であることを考えると，第3四分位数の表示から，「国語の点数が80点以上だった人は少なくとも2人はいる」ということも読み取ることができます。

　このように，箱ひげ図は，データの分布を知りたいときに用いると便利なグラフです。

---

**【花子さんとお父さんの会話③】**

花子さん：熊谷市の7月の日ごとの最高気温について，まずは①熊谷市の2020年の7月の日ごとの最高気温を表した箱ひげ図を作ってみました。1日の最高気温が最も高かった日と最も低かった日の差が10℃以上あり，1日の最高気温が29℃以下の日が半月以上あることがわかります。また，②熊谷市の1950年代と2010年代の，7月の日ごとの最高気温を表した箱ひげ図をそれぞれ作りました。

お父さん：2つを並べてみると，約60年でずいぶん変化していることが読み取れるね。

花子さん：はい。グラフからわかることを，これからまとめてみようと思います。

資料2　熊谷市の1950年代の7月（31日間）　資料3　熊谷市の2010年代の7月（31日間）
　　　の最高気温を表した箱ひげ図　　　　　　　　の最高気温を表した箱ひげ図

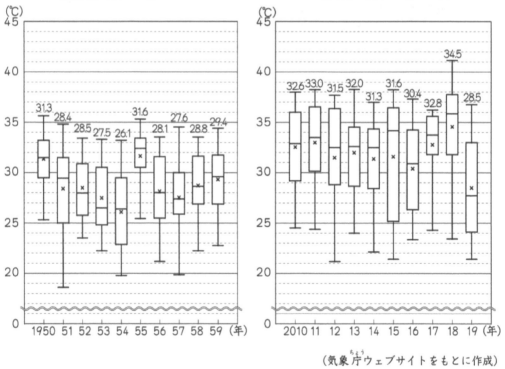

（気象庁ウェブサイトをもとに作成）

問2　次の(1)，(2)に答えなさい。

(1)　【箱ひげ図の説明】，【花子さんとお父さんの会話③】をもとに，下線部①について，熊谷市の2020年の7月（31日間）最高気温を表した箱ひげ図として正しいものを，次のページのア〜エの中から1つ選び，記号で答えなさい。

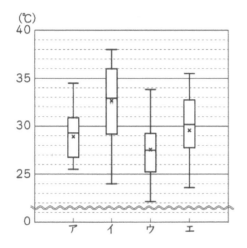

(2) 【箱ひげ図の説明】，【花子さんとお父さんの会話③】をもとに，下線部②について，**資料2**と**資料3**からわかることとして適切なものを，次のア～オの中から**2つ**選び，記号で答えなさい。

ア　1日の最高気温が36℃をこえる日は，1950年代の7月には1日もなかったが，2010年代の7月には合わせて32日以上ある。

イ　1日の最高気温が26℃未満の日が7月に少なくとも7日あった年は，1950年代には6年であったが，2010年代には1年しかなかった。

ウ　1日の最高気温が30℃をこえている日が7月に半月以上ある年は，1950年代には2年あったが，2010年代には9年あった。

エ　7月の1日の最高気温は，1950年代と比べて2010年代は平均よりも中央値が低くなっている年が多かった。

オ　2010年代の7月は，1950年代の7月と比べて，平均気温が30℃をこえない年が多かった。

---

5　｜2023年の世界卓球選手権が南アフリカ共和国の都市ダーバンで開かれます。それを知った太郎さんは，総合的な学習の時間に，南アフリカ共和国について調べることにしました。

次のページの問1～問4に答えなさい。

**【太郎さんと先生の会話①】**

太郎さん：世界卓球選手権が行われるダーバンの位置を調べたところ，次のページの**資料1**を見つけました。

先　　生：ダーバンは，南アフリカ共和国の都市ですね。どんな気候なのか，選手も気になっているのではないでしょうか。

太郎さん：アフリカ大陸には砂漠が広がっているので，どの国も暑い印象があります。南アフリカ共和国も暑いのではないかと思います。

先　　生：アフリカ大陸には，暑い地域もありますが，すべての地域でそうとは限りませんよ。日本も，地域によって気候にちがいがありますよね。

太郎さん：そうですね。では，次のページの**資料2**の南アフリカ共和国の各地の都市の気候を

　　　　　　次のページの**資料3**のさいたま市の気候とも比べ，まとめてみます。

先　　　生：それはよい考えですね。

**資料1　南アフリカ共和国の3つの都市の位置**

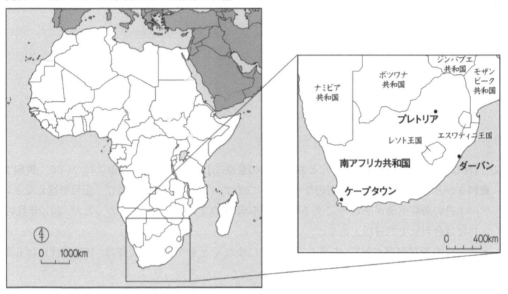

**資料2　プレトリア、ダーバン、ケープタウンのいずれかの都市の気候**

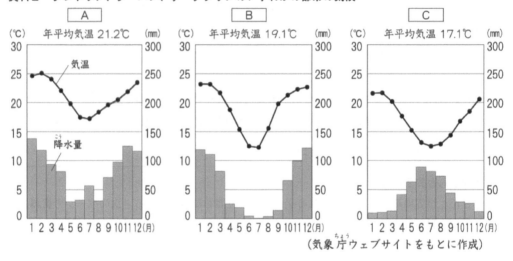

（気象庁ウェブサイトをもとに作成）

資料3　さいたま市の気候

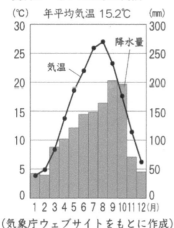

（℃）　年平均気温 15.2℃　（mm）

（気象庁ウェブサイトをもとに作成）

【太郎さんが調べてまとめた内容】

・南アフリカ共和国は南半球に位置しているので，北半球に位置するさいたま市とは気温の変化が異なる。さいたま市で気温が高くなる時期に南アフリカ共和国では気温が低くなり，さいたま市で気温が低い時期に南アフリカ共和国では気温が高くなる。

・資料2の3つの都市のうち最も西に位置する都市は，他の2つの都市に比べると，気温が全体的に低くなっている。

・内陸部にあるプレトリアは，雨が多い時期と雨が少ない時期にはっきり分かれており，気温が低い時期に雨が少ない。また，最も気温の高い月と最も気温の低い月の気温の差が，資料2の3つの都市の中で最も大きい。

・さいたま市と資料2の3つの都市の5月の気温を比べると，ダーバンだけがさいたま市より気温が高い。

問1　資料2の空らん　A　～　C　にあてはまる都市の組み合わせとして最も適切なものを，資料1，資料2，資料3，【太郎さんが調べてまとめた内容】をもとにして，次のア～カの中から1つ選び，記号で答えなさい。

ア　A　プレトリア　　　B　ダーバン　　　C　ケープタウン

イ　A　プレトリア　　　B　ケープタウン　C　ダーバン

ウ　A　ダーバン　　　　B　プレトリア　　C　ケープタウン

エ　A　ダーバン　　　　B　ケープタウン　C　プレトリア

オ　A　ケープタウン　　B　プレトリア　　C　ダーバン

カ　A　ケープタウン　　B　ダーバン　　　C　プレトリア

【太郎さんと先生の会話②】

太郎さん：次は，南アフリカ共和国がある地域の人口について調べてみました。世界の各地域，つまり6つの州の人口の変化がわかる数値を見つけたので，グラフにまとめて資料4をつくりました。ロシアはアジア州とヨーロッパ州にまたがっていますが，国際連合の地域区分では国家としてのロシアはヨーロッパ州に分類されているので，資料4ではロシアの人口はヨーロッパ州にふくめています。地域区分については資料5にまとめました。

先　　生：よくできていますね。各州の人口の変化がよくわかりますね。

太郎さん：ありがとうございます。グラフでは年ごとの世界全体にしめる各州の人口の割合がよくつかめないので，もう1種類グラフをつくることにしました。

先　　生：どんなグラフを作成するのですか。

太郎さん：「ツリーマップ」というグラフです。長方形を分割する形で，割合を面積の大きさで示しています。

先　　生：どのようなツリーマップができるのか，楽しみです。

資料４　世界の６つの州の人口の変化

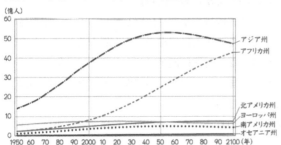

※２０２１年以降は、将来の推計値である。

（国際連合「World Population Prospects」をもとに作成）

資料５　世界の６つの州

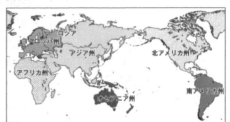

問２　資料４の1950年，2000年，2050年，2100年にあてはまるツリーマップを，次のア～エの中から
それぞれ１つずつ選び，記号で答えなさい。

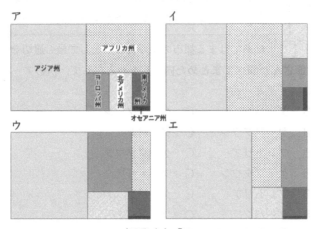

（国際連合「World Population Prospects」をもとに作成）

【太郎さんと先生の会話③】

太郎さん：世界の人口の変化を調べているときに，世界の国々で高齢化が進んでいることを知
りました。高齢化とは，人口にしめる高齢者の割合が増えることです。65歳以上の
高齢者の割合を高齢化率といって，高齢化率が７％をこえると「高齢化社会」，14％
をこえると「高齢社会」というのだそうです。

先　　生：日本では高齢化が進んでいますね。他の国ではどうなっていますか。

太郎さん：次のページの資料６を見てください。資料６は，日本をふくむ９か国の高齢化率が
７％から14％になるまでの期間がまとめられたものです。国によって，ずいぶんよ
うすが異なることが読み取れます。

先　　生：そうですね。

資料6　9か国の高齢化率が7％から14％になるまでの期間

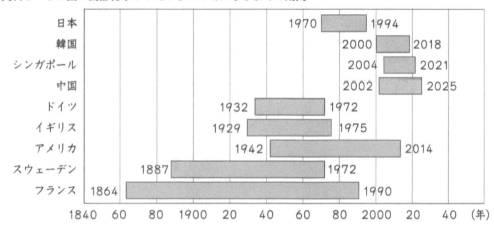

※1950年以前のデータと2021年以降のデータは、推計値である。

（内閣府「令和2年版高齢社会白書」をもとに作成）

問3　**資料6**から読み取れることとして最も適切なものを，次のア～エの中から1つ選び，記号で答えなさい。

ア　高齢化率が7％から14％になるまでの期間は，フランスは日本の5倍以上，アメリカは日本の3倍である。

イ　9か国のうち，2000年以降に高齢化率が14％に達した，または達すると予想されている国は3か国ある。

ウ　9か国のうち，高齢化率が7％から14％になるまでの期間が最も短いのは中国，最も長いのはフランスである。

エ　高齢化率が7％から14％になるまでの期間は，中国はスウェーデンより60年以上短く，日本はスウェーデンより65年以上短かった。

---

**【太郎さんと先生の会話④】**

先　　生：世界について，さまざまな角度から調べることができましたね。

太郎さん：はい。ありがとうございます。もう一つ資料を見つけたのでしょうかいします。こちらに，国・地域別の栄養不足の人口の割合がまとめられた次のページの**資料7**があります。栄養不足の人が大勢いる地域がわかります。

先　　生：そうですね。世界に広く目を向け，課題を考えることは大切ですね。

太郎さん：はい。**資料7**からわかることをまとめ，考えてみようと思います。

資料7　国・地域別の栄養不足の人口の割合（２０１９～２０２１年平均）

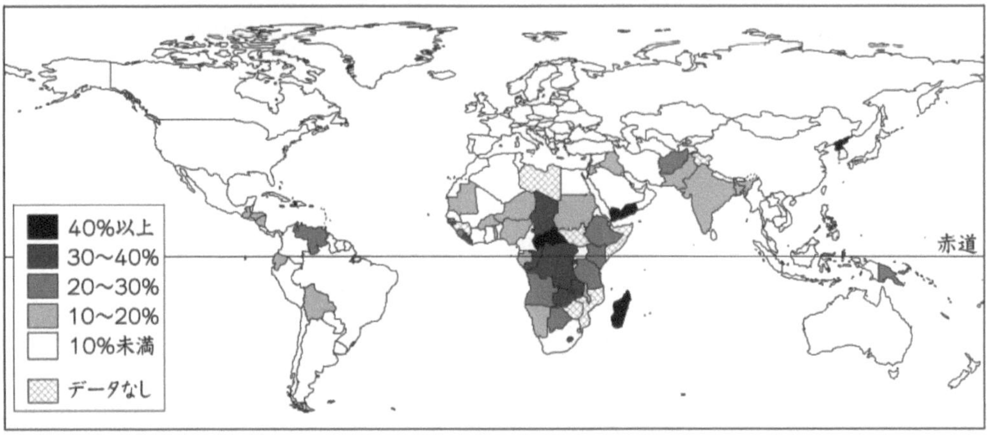

（国際連合食糧農業機関「FAOSTAT」をもとに作成）

【太郎さんのまとめ】

・アフリカ州は，他の州と比べて　　　D　　　国が多い。

・アフリカ州の中では，　　　D　　　国は，特に赤道の近くに多く分布している。

問4　資料5，資料7をもとに，【太郎さんのまとめ】の空らん　D　にあてはまる内容を，15字以内で書きなさい。

**【適性検査Ｂ】**　（40分）

1　花子さんは，日曜日に家族でお菓子工場の見学に行きました。次の日，そのことについて先生と話をしています。

次の問１〜問４に答えなさい。

**【花子さんと先生の会話①】**

先　　生：楽しい工場見学になったようで，よかったですね。

花子さん：お菓子が次々とベルトコンベアーで運ばれている様子や機械で大量に作られているようすは，見ていてとても楽しかったです。そういえば，そのときにおやつの話題になりました。なぜ，15時ごろにお菓子などを食べる間食のことをおやつというのでしょうか。

先　　生：江戸時代の時刻の表し方が関係していますよ。江戸時代は，現在の14時から15時ごろのことを「八つ時」といいました。１日２食が一般的だったころ，だいたいその時間に間食をとっていて，それを「お八つ」とよんでいたことから，間食をおやつというようになりました。

花子さん：知りませんでした。江戸時代の時刻の表し方に興味がわきました。

先　　生：では，もう少しくわしく説明しましょう。江戸時代の時刻は，日の出を「明け六つ」，日の入りを「暮れ六つ」とし，その間をそれぞれ６等分していました。ですから，その長さは昼と夜，そして季節によって変化したのです。**資料１**が参考になりますよ。なお，**資料１**の図は，５時から19時が昼間時間になる日について示しています。

花子さん：現在の時刻を江戸時代の方法で表してみるのもおもしろそうですね。

**資料１　江戸時代の時刻の表し方**

江戸時代の時刻は、九つ、八つ、七つ、六つ、五つ、四つを使って表された。各地に時のかねが設けられ、人々は、かねが鳴る回数で時刻を知ることができた。例えば、「八つ」には8回のかねが鳴らされた。

右の図は、現在の５時が明け六つ、現在の19時が暮れ六つになるときの江戸時代の時刻を示している。

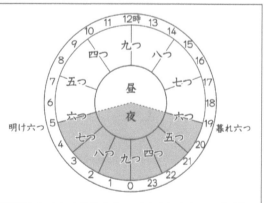

（一般社団法人日本時計協会ウェブサイトをもとに作成）

問１　**【花子さんと先生の会話①】**，**資料１**をもとに，午後の「八つ」の時刻がいちばんおそくなる日を，次のページのア〜エの中から１つ選び，記号で答えなさい。ただし，ア〜エのそれぞれの日の出と日の入りの時刻は，ア〜エに書かれている時刻として考えること。

ア　日の出　5時45分　／　日の入り　17時45分

イ　日の出　4時30分　／　日の入り　19時00分

ウ　日の出　6時30分　／　日の入り　17時30分

エ　日の出　6時50分　／　日の入り　16時30分

【花子さんと先生の会話②】

先　　生：おやつといえば、この前、北海道のおみやげでお菓子をいただいたのですが、牛乳をたっぷりと使って作られていると、その包装紙には、書いてありました。北海道は乳牛の飼育がさかんなので、牛乳を使ったお菓子が作られているのでしょう。

花子さん：そのおみやげのお菓子が北海道で作られているのは、原料である牛乳の※調達が簡単だからなのかもしれません。原料の調達と製品を作る場所には関係があるのですね。そういえば、社会の授業で、鉄は原料の多くを海外から調達して、製鉄所で作っているものであると習いました。鉄の原料は鉄鉱石でしたよね。

先　　生：そうですね。製鉄所の立地も原料の調達方法と関係があるのです。他にも、主に石灰石を使うセメント工場、石炭を使う火力発電所の立地も同じような関係があります。それぞれどのような場所にあるのか、次の資料2と資料3を参考に考えてみましょう。

花子さん：わかりました。やってみます。

※調達……必要なお金や物を集めてくること。

資料2　製鉄所、セメント工場、火力発電所のいずれかの立地

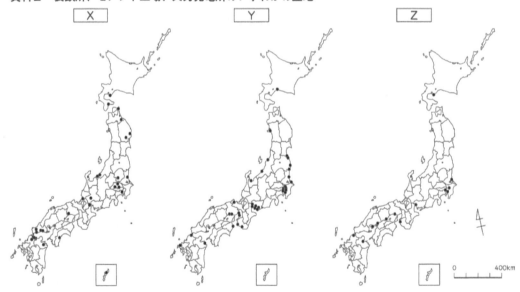

※火力発電所については、総出力150万ｋｗ以上の火力発電所を示している。

（「日本国勢図会2022／23年度版」、「2017年版電気事業便覧」をもとに作成）

資料３　製鉄所、セメント工場、火力発電所の原料と立地の関係

| | 原料と立地の関係 |
|---|---|
| 製鉄所 | 　鉄は、主に鉄鉱石と、石炭をむし焼きにしたコークスを原料としています。鉄鉱石は主にオーストラリアやブラジルからの輸入に頼っています。とても重いので、海外からは船で運ばれます。輸入に便利で鉄を使う工場が多い、太平洋側に多く分布しています。 |
| セメント工場 | 　セメントの主な原料として、石灰石が使用されます。日本では全国各地に石灰岩が分布しているため、石灰石が豊富に採れ、自給率は１００％となっています。石灰石は重く、遠くに運ぶのに費用がかかるので、工場は原料の産地の近くに多く建てられています。 |
| 火力発電所 | 　火力発電の燃料は、石炭や石油、液化天然ガスで、そのほとんどを海外からの輸入に頼っています。火力発電所ではたくさんの水が必要になるため、火力発電所は海のすぐ近くに建てられています。全国各地の海ぞいにありますが、多くの電力が必要とされる都市部の近くに多く立地しています。 |

問２　**資料２**の空らん X ～ Z にあてはまるものの組み合わせとして最も適切なものを、**資料３**をもとに、次のア～カの中から１つ選び、記号で答えなさい。

ア　X　製鉄所　　　　　Y　火力発電所　　　Z　セメント工場

イ　X　製鉄所　　　　　Y　セメント工場　　Z　火力発電所

ウ　X　火力発電所　　　Y　製鉄所　　　　　Z　セメント工場

エ　X　火力発電所　　　Y　セメント工場　　Z　製鉄所

オ　X　セメント工場　　Y　製鉄所　　　　　Z　火力発電所

カ　X　セメント工場　　Y　火力発電所　　　Z　製鉄所

【花子さんと先生の会話③】

花子さん：原料の調達が、工場などの立地に影響することがよくわかりました。国内で商品がどのように運ばれているかについて興味がわき調べたところ、**資料４**を見つけました。

先　　生：2013年度以降は、積載率が年々下がっているのですね。**資料４**の積載率とは、トラックにのせられる貨物の最大重量に対して、実際にトラックにのせた貨物の重量の比率のことでしたよね。

花子さん：はい。私は、積載率を上げることにより、効率的に輸送を行うことができるのではないかと思い、**資料５**のように輸送を行うことを考えました。

先　　生：＜前＞では、工場Ⅰ、Ⅱ、Ⅲから倉庫ａ、ｂ、ｃに輸送し、倉庫ａ、ｂ、ｃから※納品先まで複数のトラックで輸送しているようですね。トラックの上に表している数字でトラックの積載率を表しているということですね。わかりやすい資料をつくりましたね。

花子さん：ありがとうございます。トラックは最大で10トンの貨物を運ぶことができます。そして、＜後＞では、工場の荷物を、倉庫ａ、ｂ、ｃよりも大きな倉庫ｄに輸送し、

倉庫dから納品先まで輸送します。また，＜前＞と＜後＞のどちらの場合でも，すべてのトラックには運転手１人しか乗っていないこととします。このように，＜後＞では，少ないトラックの台数で，＜前＞と　A　の貨物を輸送することで積載率を上げることができ，効率的な輸送につながると考えました。

先　　生：とてもよい着眼点ですね。しかし，**資料５**の＜後＞の方法では，　B　というような問題が発生するのではないかとも言われています。効率的な輸送を達成するためには，さまざまな観点から考える必要があるようです。

花子さん：そうですね。一言に効率的な輸送といっても，さまざまな要因が関係しているのですね。

※　納品……品物をおさめること。

**資料４　貨物を輸送する自動車の積載率の変化**

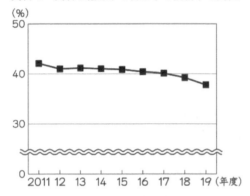

（国土交通省「自動車輸送統計年報（平成２３年度～令和元年度）」をもとに作成）

**資料５　花子さんが考えた、効率的な輸送の方法**

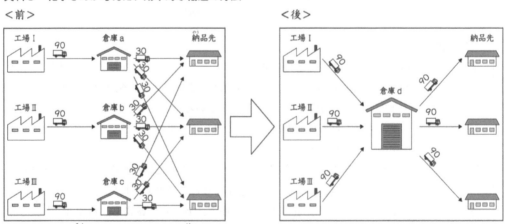

（共同物流等の促進に向けた研究会「連携による持続可能な物流に向けて（提言）（令和元年）」をもとに作成）

問３　【花子さんと先生の会話③】，**資料５**をもとに，【花子さんと先生の会話③】の空らん　A　にあてはまる内容を４字以内で書きなさい。また，空らん　B　にあてはまる適切なものを，次のページのア～エの中から１つ選び，記号で答えなさい。

ア　１台のトラックに積む荷物の量が減り，二酸化炭素の排出量を減らす

イ　使用するトラックの台数が多くなることで，輸送費が増加する

ウ　商品を集める倉庫が増えることで，費用が減る

エ　納品先で一度に１台から受け取る荷物の量が増え，１回の積み下ろし作業が増加する

---

**【花子さんと先生の会話④】**

花子さん：最近，インターネットを使った通信販売の増加について家で話していたのですが，昔は商品の買い方が今とずいぶんちがったようですね。コンビニエンスストアによく行くのですが，コンビニエンスストアは，昔はこんなに店の数がなかったと聞きました。また，おばあちゃんは百貨店でよく買い物をしたそうです。

先　　生：コンビニエンスストアが増えたのは，1980年以降ですからね。百貨店，食料品スーパー，コンビニエンスストア，通信販売にはそれぞれ特徴があるので，生活の変化や買い物行動の変化によって，それぞれの販売額はここ数十年で大きく変化しています。

花子さん：百貨店，食料品スーパー，コンビニエンスストアのちがいが特に気になったので，自分で調べてみました。この**資料６**を見てください。コンビニエンスストアは，　C　が百貨店，食料品スーパーと比べ，いちばん大きいことにおどろきました。

先　　生：そうですね。調べてみると，いろいろなことがわかりそうですね。

---

**資料６　百貨店、食料品スーパー、コンビニエンスストアの特徴（２０１４年）**

| | 百貨店 | 食料品スーパー | コンビニエンスストア |
|---|---|---|---|
| 特徴 | ・衣・食・住にかかわるさまざまな商品を販売している。<br>・売り場の面積は、3,000 m²以上である。<br>・※セルフ方式店でない。 | ・あつかっている商品のうち、飲料、食料品が７０％以上である。<br>・売り場の面積は２５０m²以上である。<br>・セルフ方式店である。 | ・飲料、食料品をあつかっている。<br>・売り場面積が３０m²以上２５０m²未満である。<br>・１日の営業時間は１４時間以上である。<br>・セルフ方式店である。 |
| 事業所数 | １９５ | １４，７６８ | ３５，０９６ |
| 従業者数（人） | ６６，６８３ | ７４８，８１５ | ５３７，６１８ |
| 年間商品販売額（百万円） | ４，９２２，６４６ | １５，３７５，４１３ | ６，４８０，４７５ |
| 売り場面積（m²） | ４，７６１，９３０ | １８，７６６，０７５ | ４，３３５，１８９ |

※セルフ方式店……商品が無包装、あるいは包装されて値段がついており、客が自由に商品を取り、レジで商品の代金を支払う形式をセルフ方式という。この形式による販売を、売り場面積の５０％以上で行っている店。

（経済産業省「平成２６年商業統計表」をもとに作成）

問4　資料6をもとに，【花子さんと先生の会話④】の空らん　C　にあてはまるものを，次のア
　　～オの中から1つ選び，記号で答えなさい。
　　ア　1事業所あたりの年間商品販売額
　　イ　売り場面積1m²あたりの年間商品販売額
　　ウ　従業者1人あたりの年間商品販売額
　　エ　1事業所あたりの従業者数
　　オ　1事業所あたりの売り場面積

2　太郎さんとお父さんは，ダンボールに入った荷物の発送のために，宅配センターに行きまし
　　た。持って行った荷物は，図1の保管場所に置かれました。それを見て，太郎さんは，お父さ
　　んと話をしています。

次の問1～問4に答えなさい。

---

**【太郎さんとお父さんの会話①】**

太郎さん：ダンボールに入ったさまざまな大きさの荷物がありますね。

お父さん：そうだね。保管場所といっても限られたスペースだから，上に重ねて置かれている
　　　　　荷物もあるね。どのくらいの荷物を置くことができるかな。

太郎さん：保管場所には，どのくらい荷物を置くことができるのか，保管場所の大きさや荷物
　　　　　の種類，積み方などを宅配センターの人に聞いて調べたいと思います。

---

図1

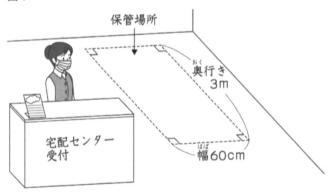

問1　図1のように，保管場所は，幅が60㎝，奥行きが3mの長方形をしています。その保管場所
　　の中に，1辺が50㎝の立方体の荷物を置くことを考えます。荷物を上に重ねずに置いた場合，最
　　大で何個置くことができますか。ただし，となりどうしの荷物のすきまは10㎝あけるものとしま
　　す。

---

　　太郎さんとお父さんは，宅配センターの人に倉庫を見せてもらえることになりました。

---

【太郎さんとお父さんの会話②】

太郎さん：荷物を発送するために，荷物を保管場所から倉庫へ移動させるそうです。倉庫には，いくつか荷物がありますが，すべてあわせると，どのくらいの重さになるでしょうか。

お父さん：そうだね。まずは荷物の大きさを調べてみようか。

太郎さん：宅配センターの人によると荷物のサイズは，6種類になっているそうです。最も小さい荷物のサイズ《1》の体積を1として，荷物のサイズと体積の比と個数を表にまとめました。

お父さん：ありがとう。さて，このままだと1つ1つの荷物の重さがわからないから，計算できないね。どうやって計算しようか。

太郎さん：わたしたちが持ってきた荷物は，サイズ《4》で，重さが4kgでしたよね。

お父さん：そうだね。では，荷物の体積と重さが比例しているとして，倉庫に置かれているすべての荷物の重さの合計を計算してみよう。

太郎さん：わかりました。その方法で計算してみます。

表

| 荷物のサイズ | 荷物の体積の比 | 倉庫に置かれている荷物の個数（個） |
|---|---|---|
| 《1》 | 1 | 2 |
| 《2》 | 2 | 2 |
| 《3》 | 4 | 2 |
| 《4》 | 8 | 1 |
| 《5》 | 16 | 1 |
| 《6》 | 32 | 1 |

問2　【太郎さんとお父さんの会話②】，表をもとに，倉庫に置かれているすべての荷物の重さの合計を求めなさい。

太郎さんとお父さんは，宅配センターから自宅へ帰ってきました。太郎さんは，宅配センターの人の荷物の置き方について，お父さんと話をしています。

【太郎さんとお父さんの会話③】

太郎さん：先ほど，宅配センターの人の荷物の置き方を見ましたが，新しい荷物がきたら，それをゆかに置くか，それより大きな荷物の上に重ねて置いているようでした。時々，それらを整理しているようでしたよ。

お父さん：その整理とは，どのようなものだったのかな。

太郎さん：重ねて置かれている小さな荷物をすべて持ち上げて，大きな荷物の上に重ねて置く

ことで，まとめているようでした。また，すでに置かれている荷物を，となりの空いているスペースにわざわざ移動させたりはしていないようでした。

お父さん：少ない労力で整理しているようですね。

太郎さん：それをもとに考えてみたいことがあります。このような整理の仕方で，荷物を整理していくと，どの程度まで片づけることができるでしょうか。

お父さん：おもしろいことを考えたね。では，このような整理の仕方を【整理の手順】としてまとめてみたから，これをもとに考えていこうか。

太郎さん：はい。荷物は6種類のサイズが1個ずつあるとして，サイコロを使って考えていきたいと思います。正面から見たときのサイコロの目の数を，荷物のサイズとして考えます。【整理の手順の例】を，いくつか考えてみました。整理の仕方によっては，終りょうの状態は複数ありえますね。

お父さん：そうだね。

---

**【整理の手順】**

　倉庫には，荷物を置くことができる4か所に区切られたスペースがあり，荷物がとなりどうしのスペースに置かれ，1列に並んでいます。また，荷物は6種類のサイズが1個ずつあります。最初，荷物は，ゆかまたは他の荷物の上に置かれています。これらを整理する手順は以下のとおりです。

1　1個または重ねて置かれている複数個の荷物を，以下の2，3によって，となりのスペースに移動させることができ，そのスペースに移動した動きを1回として数える。ただし，何も置かれていないスペースに，荷物を移動させることはできない。

2　移動させたい荷物が1個の場合，そのサイズが，となりのスペースにある，重ねて置かれている荷物の一番上の荷物または1個置かれている荷物のサイズより小さければ，そのスペースにある荷物の一番上にのせることができる。

3　移動させたい荷物が複数個の場合，それらのうち一番下の荷物のサイズが，となりのスペースにある，重ねて置かれている荷物の一番上の荷物または1個置かれている荷物のサイズより小さければ，荷物を複数個まとめて，そのスペースにある荷物の一番上にのせることができる。

4　1〜3により荷物を移動させることができない状態を，**終りょうの状態**といい，整理を終える。

**【整理の手順の例】**

⬜1 のサイコロとは、正面から見えている目の数が1のサイコロを表し、荷物のサイズが表の《1》という意味です。また、⬜1 以外の ⬜2 から ⬜6 までのサイコロについても同じように《2》から《6》とします。⬜0 は、サイコロがないことを表します。

**＜例1＞**

| 1 | 3 | 4 |

⬜1 は ⬜3 より小さいので、⬜1 のサイコロを持ち上げて、⬜3 のサイコロの上に重ねて置く。

⬇

| 0 | 1/3 | 4 |

⬜3 は ⬜4 より小さいので、⬜3 のサイコロとその上の ⬜1 のサイコロを両方持ち上げて、⬜4 のサイコロの上に重ねて置く。

⬇

**終りょうの状態**

| 0 | 0 | 1/3/4 |

荷物のとなりは何も置かれていないスペースなので、これ以上サイコロを移動することができないため、**終りょうの状態**となる。

**＜例2＞**

| 1 | 3 | 2/4 |

⬜2 のサイコロを持ち上げて、⬜3 のサイコロの上に重ねて置く。

⬇

| 1 | 2/3 | 4 |

⬜1 のサイコロを持ち上げて、⬜2 のサイコロの上に重ねて置く。

➡

| 0 | 1/2/3 | 4 |

⬜3 のサイコロとその上の ⬜2 のサイコロを両方持ち上げて、⬜4 のサイコロの上に重ねて置く。

⬜3 のサイコロとその上のすべてのサイコロを持ち上げて、⬜4 のサイコロの上に重ねて置く。

⬇ **終りょうの状態**

| 1 | 0 | 2/3/4 |

⬇ **終りょうの状態**

| 0 | 0 | 1/2/3/4 |

荷物のとなりは、何も置かれていないスペースなので、これ以上サイコロを移動することができないため、**終りょうの状態**となる。

荷物のとなりは、何も置かれていないスペースなので、これ以上サイコロを移動することができないため、**終りょうの状態**となる。

問3　【整理の手順】に従って，図2の状態から整理を開始したとき，終りょうの状態を表した図を **2種類**かきなさい。なお。荷物がない場所には，[0]をかくこととします。

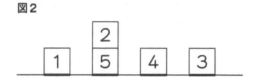

図2

---

**【太郎さんとお父さんの会話④】**

お父さん：＜例3＞をみてごらん。移動の仕方によっては，終りょうの状態において，サイコロの置かれた場所が1か所だけになることがわかるね。このような状態を，**完全に片づけられた状態**ということにしよう。

太郎さん：そうしましょう。少ない回数で，うまく移動して完全に片づけることが，効率的な整理だといえるわけですね。

---

＜例3＞

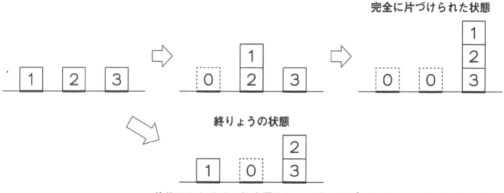

荷物のとなりは、何も置かれていないスペースなので、これ以上サイコロを移動することができないため、**終りょうの状態**であるが、2か所にサイコロが置かれているので、**完全に片づけられた状態**とはいえない。

問4　【整理の手順】に従って，図3の状態から整理を開始したとき，**完全に片づけられた状態**にするためには，最小で何回移動が必要か答えなさい。ただし，＜例4＞のような移動は，2回サイコロを移動したとみなします。

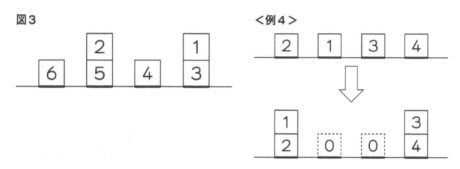

図3　　　　　　　　　　　　　　　＜例4＞

3　花子さんは，言葉について調べていて，図書館でおもしろそうな本を見つけたので読んでみることにしました。

次の文章は，古田徹也著「いつもの言葉を哲学する」（朝日新聞出版）の一部です。これを読んで，問1～問6に答えなさい。

私たちが生活する世界は比喩的な表現に満ちている。「お手洗い」は普通，手を洗うことが主目的の場所ではない。（さらに言えば，公衆トイレの「洗面台」で実際に顔を洗っている人もまず見かけない。）また，「はらわたが煮えくりかえっている」ときも本当にはらわたが煮えているわけではないし，「断腸の思いでいる」ときも，本当に腸が断ち切れているわけではない。

そして，比喩的な表現は多くの場合，個別の習慣や生活形式（生活のかたち），文化といったものと深く結びついている。たとえば，「成金」，「高飛車」，「駄目」，「一目置く」といった表現は，将棋や囲碁というゲームが生活に根差した文化以外では生まれえないものだ。また，「ガチャ」が比喩として成り立つのも，街中にガチャガチャ（ガチャポン）が設置されているという状況や，多くの人がスマホのゲームで「ガチャ」を回しているという状況があってのことだし，「お手洗い」も，トイレの後に手を洗う習慣が存在しなければ，トイレやそこで用を足すことを指す言葉にはならなかっただろう。

X

この※1憶測が———本当に※2妥当なものかどうかはともかくとして———盛んに※3喧伝されたことは，私自身にとっては，自分が＜住居内は土足禁止＞という文化のうちで生活しているという，普段は気にも留めない事実を意識する機会になった。考えてみれば当たり前のことだが，たとえば「土足で踏み込む」とか「土足で入ってくる」といった表現は，家などの※4プライベートスペースに土足のまま入ることに対して強い拒否反応を示す文化内でのみ，独特の意味をもちうる。すなわち，他人のプライバシーや繊細な事情などを※5考慮せず，そこに無遠慮に立ち入って口を出したり※6詮索したりする，という意味である。

日本語であれ何であれ，※7自然言語の言葉を話すというのは生活形式（生活のかたち）の一部である。「土足で踏み込む」という言葉ひとつとっても，そこには，※8日本語圏の人々が長年どのように生活し，どのような文化をかたちづくってきたか，ということが背景にある。自然言語の言葉を深く知ることは，多くの場合，※9当該の言語が根を張ってきた文化のことを深く知ることでもあるのだ。その点で，個々の自然言語は，それぞれの歴史に※10培われた（おそらく最も巨大で複雑な）文化遺産という側面をもっている。しかも，それらは今現在も使われ，絶えず変容を続けているという意味で，②生ける文化遺産だと言えるである。

文化の形成には，人間共通の能力や特性といったもののほかに，個々の地域の地理的な条件や※11偶発的な出来事等々，実に多様な要素が※12与っている。たとえば，日本語におけるものの個数

の呼び方と日数の数え方とを比べてみると，それぞれ，

「ひとつ」，「ふたつ」，「みっつ」，「よっつ」，「いつつ」，「むっつ」，「ななつ」，「やっつ」，「ここのつ」，「とう」

「ついたち」，「ふつか」，「みっか」，「よっか」，「いつか」，「むいか」，「なのか」，「ようか」，「ここのか」，「とうか」

　という風に，共通している箇所とそうでない箇所が見出せる。なぜ「一日」は「ひとか」ではなく「ついたち」なのか，なぜ「六日」は「　Y　」ではなく「　Z　」なのか等々のことには，それぞれ，人間が発音しやすい音の特徴や，日本語の※13音便（※14連音変化）の※15経緯，語源にさかのぼる言葉の長い歴史といった，多様で複雑な背景が存在する。たとえば，「ついたち」は元々は月のはじめ頃を指す「月立ち」であり，それが連音変化したかたちだという（角川古語大辞典）。

　ものの数え方のこうした不規則性は，日本語の言葉を子どもに（あるいは外国人などに）教える際に皆が手こずることのひとつだが，それは数え方の単位も同様だ。なぜ，リスやハムスターは「一匹，二匹」と数えるのに，ウサギは「一羽，二羽」と数えることがあるのか。イカはなぜ「一杯」なのか。豆腐はなぜ「一丁」なのか。なぜ，「パンツ一枚！」ではなく「パンツ一丁！」なのか，等々。——こうした疑問にはすべて一定の説明（あるいは，諸説）を与えることができるが，そのためには日本語圏の文化の歴史に，場合によっては相当深く分け入っていかなければならない。

　言葉は，文化のなかに根を張り，生活のなかで用いられることで，はじめて意味をもつ。言葉について考えることは，それが息づく生活について考えることでもある。

（一部に省略，表記，ふりがなをつけるなどの変更があります。）

※１　憶測……はっきりわからないことを，たぶんこんなことだろうと考えること。

※２　妥当……考え方ややり方が，その状況に合っていること。

※３　喧伝……世の中に言いふらすこと。

※４　プライベートスペース……家族や個人だけのための，私的な空間のこと。

※５　考慮……よく考えること。

※６　詮索……細かいところまでくわしく知ろうとすること。

※７　自然言語……自然に発生し，社会で使われている言語のこと。日本語，英語，中国語，など。

※８　日本語圏……日本語が話されている地域。

※９　当該……話題の内容に関係する，そのもの。

※10　培う……長い時間をかけて育てる。

※11　偶発……思いがけず起こること。

※12　与る……関わる。

※13　音便……ある言葉の音が，発音しやすいように変わること。

※14　連音変化……２つ以上の文字や言葉がつながったときに，発音が変わること。

※15　経緯……ものごとがそのようになった成り行き。

問１　本文中の①の部分を，文章中の言葉を使って，50字以上55字以内で要約しなさい。（句読点や記号は１字と数えます。）

問２　本文中の空らん　X　には，次のページのア〜エの４つの文が入ります。適切な順になるように，ア〜エを並べかえなさい。

ア　そのような文化の方が，外で履いていた靴でそのまま家中を歩き回ったりベッドに寝転がったりする文化よりも，部屋のなかが清潔に保たれ，ウイルスの飛散や付着の危険性も低下するのではないか，というわけだ。

イ　世界が※16パンデミックの※17様相を呈し始めた頃，欧米と比べて日本の感染者数が比較的低く抑えられている要因がさまざまに推測されていた。

ウ　そのひとつとしてよく挙がっていたのは，〈日本をはじめとする特定の国や地域では，家に入るときに靴を脱ぐ文化がある〉というものだ。

エ　昨今の新型コロナ禍において，この点を私があらためて実感したのは，「土足」に関してである。

※16　パンデミック……感染爆発

※17　様相を呈し……ようすを示し

問3　花子さんは，下線部②「生ける文化遺産」とはどのようなことなのか，本文を読んで【花子さんのまとめ】のようにまとめました。空らん　Ａ　にあてはまる言葉を，本文中の言葉を使って，15字以内で書きなさい。なお，「生ける」は，「生きている」という意味です。（句読点や記号は1字と数えます。）

【花子さんのまとめ】
自然言語を生ける文化遺産にしている特徴
・人々が長年かたちづくってきた文化や生活が背景にあり，歴史に培われたという特徴
・　Ａ　という特徴

問4　本文中の空らん　Ｙ　，　Ｚ　にあてはまる適切な言葉を本文の内容をふまえ，それぞれひらがな3字で書きなさい。

問5　本文の内容と筆者の表現の特徴について説明したものとして最も適切なものを，次のア〜エの中から1つ選び，記号で答えなさい。

ア　日本語には，日常の中で育まれた興味深い比喩表現が数多くあることを，具体的な例をいくつか挙げながら説明している。そして，こうした比喩表現を効果的に使うためには，漢字の成り立ちについてもっとよく知り，生活の中で言葉について考えていこうと述べている。

イ　日本語の比喩表現の起源に気づくことは難しいが，それ以上に数に関する表現がわかりにくいということを，数字に関するさまざまな表現を示しながら説明している。また，日本語のものの数え方の不規則性は，他の言語に比べてわかりにくいと述べている。

ウ　日常でなにげなく使われている表現を具体例として挙げながら，日本語がどのようなものの影響で今の形になっているのかを，説明している。そのうえで，言葉について考える場合には，その言葉を育んできたものとの関係を無視することはできないと述べている。

エ　比喩表現も，自然言語も，そこで暮らす人々と深い関わりがあるという点で共通していると説明している。そのため，日本語を子どもや外国人に教えるときには，まず自分たちにとって当たり前の生活習慣や文化について教えていくことが効果的だと述べている。

## 【適性検査Ｃ】 （45分）

1 
　　太郎さんは，総合的な学習の時間で「起業」をテーマに発表をすることになり，その準備に取り組んでいます。

以下の会話文を読んで，問いに答えなさい。

先　　　生：太郎さんは，何について発表するつもりですか。

太郎さん：わたしは，日本での起業活動について調べ，発表してみようと思っています。

先　　　生：太郎さんは，新しく自分の会社を立ち上げることに興味があり，「起業」について調べたいということですね。

太郎さん：そうです。発表に向けて調べていくと，実は，日本の起業活動は，世界の国と比べたときに，あまり活発ではないことがわかりました。**資料１**を見てください。これは，＊Ｇ７先進７か国の総合起業活動指数をグラフ化したものです。総合起業活動指数とは，各国の起業活動の活発さをあらわす数値で，起業したいと考えている人や起業して間もない人が，成人人口にしめる割合のことです。これを見ると，日本より数値の高い国が多いです。

先　　　生：よく調べていますね。

太郎さん：次に，**資料２**は，起業している人と起業していない人の仕事や生活に関する満足度についての調査結果です。それぞれのグラフを見ると，すべてのグラフで，起業している人のほうが，満足している割合が高いです。ただ，起業するにしても，しっかり準備をしないと成功しないと思っています。

先　　　生：そのとおりですね。そのために，起業に関心をもっている人向けの勉強会をさまざまな所で開さいしているようです。ある市では，専門家を招いて話を聞いたり，ビジネスゲームで起業体験ができる取り組みをしたり，ＳＮＳを使った宣伝方法を教えたりするなど，勉強会の内容の工夫をしているそうです。

太郎さん：それは興味深いですね。では，最後に**資料３**を見てください。これは，「起業に関心をもっている人たちが起業する際にあったらよいと思う支援策」を表したグラフです。**資料３**のような支援が充実すれば，日本で起業したいと考える人や実際に起業する人が増えるのではないでしょうか。

先　　　生：なるほど。実は，日本にも中学生や高校生で起業し，成功している人がいるのですよ。すごい行動力ですね。さいたま市でも，子ども向けに起業家教育を行っています。

太郎さん：わたしも，もっと起業について勉強したいです。わたしと同じように多くの人に関心をもってもらいたいので，起業についての勉強会を開くことの発表をしてみます。

先　　　生：それはよいですね。それでは，**資料１**から**資料３**を使って，どのような発表をする予定ですか。

太郎さん：まず，**資料１**から，総合起業活動指数が最も高い国とその国の数値を示します。そ

して，その国の数値は日本の数値の約何倍か，小数第２位を四捨五入し，小数第１位までの数で述べます。次に，**資料２**の３つのグラフから，「かなり満足」と「やや満足」を合わせた割合で，起業している人と起業していない人との割合の差を比べたとき，最も差が大きいグラフはどれか述べます。最後に，起業について学ぶために，どのような勉強会が必要か，**資料３**の上位３項目の中から１つ選んで示します。そして，その選んだ項目の勉強会で，どのような内容の工夫をしたらよいか具体的に述べ，より充実した勉強会にするための提案を発表します。

先　　生：すばらしい発表になることを楽しみにしています。

---

※　Ｇ７……フランス，アメリカ，イギリス，ドイツ，日本，イタリア，カナダの７か国及びヨーロッパ連合（ＥＵ）が参加する枠組み。

**資料１　総合起業活動指数**

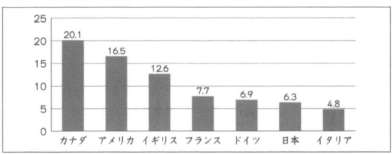

（経済産業省「起業家精神に関する調査報告書（令和３年度）」をもとに作成）

**資料２　満足度について**

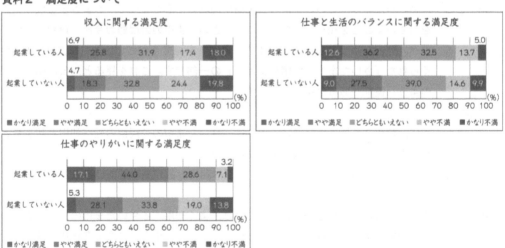

（日本政策金融公庫総合研究所「２０２１年度起業と起業意識に関する調査」をもとに作成）

資料３　起業に関心をもっている人たちが起業する際にあったらよいと思う支援策（複数回答）

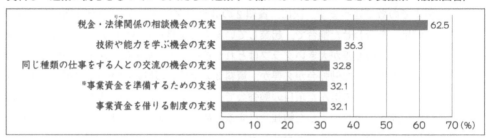

（日本政策金融公庫総合研究所「２０２１年度起業と起業意識に関する調査」をもとに作成）

※　事業……会社が利益を得ることを目的として行う仕事。

問　あなたが太郎さんなら，どのように発表しますか。次の条件に従って発表原稿を作りなさい。

　条件１：解答は横書きで１マス目から書くこと。

　条件２：文章の分量は，300字以内とすること。

　条件３：数字小数点，記号についても１字と数えること。　　　（例）｜４｜２｜．｜５｜％｜

---

**２**　花子さんは，総合的な学習の時間で「公民館」をテーマに発表することになり，その準備をしています。

以下の会話文を読んで，問いに答えなさい。

太郎さん：花子さん，発表の準備は進んでいますか。

花子さん：はい。わたしは，さいたま市の公民館が地域の中心となって，さまざまな取り組みをしていることを知りました。そこで，さいたま市の公民館の今後の役割について調べ，発表しようと思います。まず，**資料１**を見てください。これは，2021年につくられた「さいたま市公民館ビジョン」の一部です。これを見ると，公民館にはどのような役割があるか見えてきます。

太郎さん：そうですね。

花子さん：次に，**資料２**を見てください。これは，さいたま市の公民館の延べ利用者数をまとめたもので，延べ利用者数の推移がわかります。

太郎さん：３年おきの資料ですが，2009年度から延べ利用者数が減少していることがわかりますね。

花子さん：そして，**資料３**を見てください。これは，よく利用するさいたま市の公共施設についてのアンケート調査の結果をもとに，公民館の利用者の割合を各年代・性別ごとにまとめたものです。例えば，2012年における30代男性では，30代の男性の4.5％の人が公民館を利用しているということです。

太郎さん：これを見てみると，2018年の利用者の割合が2012年の利用者の割合より減少している年代がありそうですね。

花子さん：なるほど。わたしの地域の公民館では，「公民館まつり」を開さいすることになっ

たそうです。公民館が「公民館まつり」で行うイベントを募集しているそうなので，わたしは，**資料1**の「さいたま市公民館ビジョン」の内容をふまえたイベントを提案したいと考えています。

太郎さん：それはすばらしいですね。では，花子さんはどのように発表を行う予定なのですか。

花子さん：最初に，**資料1**の「さいたま市公民館ビジョン」を見て，公民館が目指す方向性を述べます。次に，**資料2**から，2018年度の公民館の延べ利用者数は，2009年度に比べて約何％減少したのか，小数第2位を四捨五入し，小数第1位まで求めて述べます。そして，**資料3**から，公民館の各年代・性別ごとの利用者の割合の変化について，2018年の利用者の割合が2012年の利用者の割合より男女で共通して減った年代をすべて示し，その年代の男女がそれぞれ何ポイント減少しているかも述べます。最後に，それに関連して先ほど示した年代から1つの年代を選び，「公民館まつり」の中で行うイベントとして，その年代の人がたくさん来るようなイベントについての具体的な提案を発表します。

太郎さん：発表を楽しみにしています。

**資料1　さいたま市公民館ビジョンの一部**

第3章　公民館が目指すもの
1　公民館の宣言　「地域の未来をあなたと」
2　公民館が目指す方向性　「にぎわいから学びをつかみ地域とのつながりをはぐくむ場」

第4章　ビジョンを実現するために
「さいたま地域づくりプロジェクト」が目指す3つの行動目標
1　人々の学びのきっかけをつくり，魅力あふれる様々な学びの場となります。（人づくり）
2　だれもが気軽に立ち寄れる，地域住民のつながりの場となります。（つながりづくり）
3　地域を共につくり，暮らしを助け，地域課題を解決する拠点となります。（地域づくり）

（さいたま市教育委員会「さいたま市公民館ビジョン（令和3年）」をもとに作成）

**資料2　さいたま市の公民館の延べ利用者数の推移**

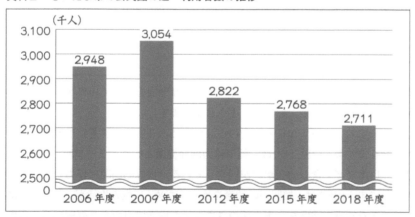

（さいたま市「さいたま市統計書（平成18年度、平成21年度、平成24年度、平成27年度、平成30年度)」をもとに作成）

資料３　各年代・性別におけるさいたま市の公民館の利用者の割合

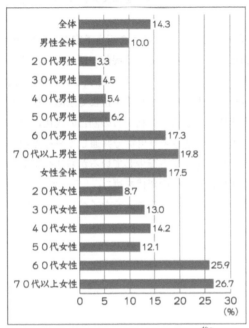

２０１２年

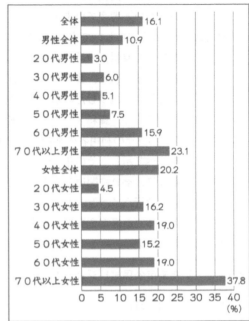

２０１８年

（さいたま市教育委員会「さいたま市生涯学習市民意識調査報告書（平成２５年）」をもとに作成）

（さいたま市教育委員会「さいたま市生涯学習市民意識調査報告書（平成３０年）」をもとに作成）

問　あなたが花子さんなら，どのように発表しますか。次の条件に従って発表原稿を作りなさい。

条件１：解答は横書きで１マス目から書くこと。

条件２：文章の分量は，300字以内とすること。

条件３：数字や小数点，記号についても１字と数えること。

（例）| 4 | 2 | . | 5 | % |

---

③ 　図書委員の花子さんは，読書週間の図書朝会で，みんなに読書に興味をもってもらうため，発表する準備をしています。

以下の会話文を読んで，問いに答えなさい。

花子さん：図書委員として，みんなが本を読みたくなるような発表を考えています。今回は，読書習慣と読解力について，お話ししようと思います。

先　　生：それはよいですね。2018年に行われたOECDのPISA（生徒の学習到達度調査）がヒントになりますよ。OECDとは，経済協力開発機構という，ヨーロッパの国々，アメリカ，日本などを含む約40か国が加盟している，世界的問題に協力して取り組む国際機関です。PISAは，加盟国の教育を比べるため，15歳の生徒が，それまでに身につけてきた知識や技能を，実生活のさまざまな場面で直面する課題にどの程度活用できるかを測るテストです。PISAでは，読書活動と読解力の関係についても

調査しています。

花子さん：そうですか。

先　　生：PISAでいう読解力とは，文章の中から情報を探し出したり，文章を理解したり，文章について評価したり，よく考えたりすることのようです。

花子さん：そうなのですね。日本の生徒の読解力は，どれくらいですか。

先　　生：日本の生徒の読解力の得点は，世界平均に比べて高いです。

花子さん：なぜ，日本の生徒の読解力の得点が高いのでしょうか。

先　　生：ここにヒントになりそうな資料があります。**資料1**は，読書活動と読解力の関係についての日本を含むOECD全体の傾向です。そこには，読解力の得点の高い生徒の特徴が書いてあります。ちなみに，ここでいう肯定的とは，読書に対して前向きにとらえているという意味です。それに対して，読書に対して前向きではない，つまり，後ろ向きにとらえているという意味の場合は，否定的といえます。**資料2**は，読書活動における日本の特徴が書いてあります。**資料3**は，読書への関わりに関する調査結果ですが，注意して読み取る必要がありそうです。読書に対して，2つの肯定的な質問と3つの否定的な質問があります。つまり，数値が高いからといって，必ずしも読書に前向きであるとは限らないようです。

花子さん：では，否定的な質問の場合には，数値が低いほど，読書に対して前向きということですね。

先　　生：そうです。

花子さん：ありがとうございます。**資料3**をよく見ると，日本とOECD平均の結果を比べたときに，すべての質問で同じ傾向を読み取ることができそうです。

先　　生：おもしろいことに気がつきましたね。**資料4**は，読む本の種類と※頻度の関係です。花子さん，自分の発表の内容を決められそうですか。

花子さん：はい。最初に，**資料1**をもとに，読解力の得点の高い生徒の特徴を述べます。次に，**資料2**から，「どうしても読まなければならない時しか，読まない」という質問に「まったくその通りだ」または「その通りだ」と回答した生徒の割合は，日本はOECD平均と比べて何ポイント低いのかを数値とともに述べます。さらに，その結果から，日本はＯＥＣＤ平均と比べ，読書に対して肯定的であるか，または否定的であるかを述べます。また，**資料3**の5つの項目において，日本がOECD平均の結果と比べ，読書に肯定的な結果が出ている質問の数を述べます。最後に，**資料4**のうち，日本の数値がOECD平均を下回っている読む本の種類を1つ示し，みんなにそれを積極的に読んでみようとよびかけるつもりです。

先　　生：すばらしい発表になりそうですね。

※　頻度……くり返される度合い，回数。

**資料1　読書活動と続解力の関係**

日本を含むOECD全体の傾向
○本の種類にかかわらず，本を読む頻度は，2009年と比較して減少傾向にある。

・「月に数回」または「週に数回」読むと回答した生徒の割合
（例）「新聞」　日本21.5%，OECD平均25.4%
「雑誌」　日本30.8%，OECD平均18.5%
○読書を肯定的にとらえる生徒や本を読む頻度が高い生徒の方が，読解力の得点が高い。

**資料2　読書活動における日本の特徴**

○OECD平均と比較すると，日本は，読書を肯定的にとらえる生徒の割合が多い傾向にある。
「まったくその通りだ」または「その通りだ」と回答した生徒の割合
（例）「読書は，大好きな趣味の一つ」　日本45.2%，OECD平均33.7%
「どうしても読まなければならない時しか，読まない」
日本39.3%，OECD平均49.1%

**資料3　「読書への関わり」に関する調査結果**　　**資料4　「読む本の種類・頻度」に関する調査結果**

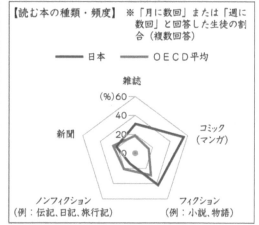

（**資料1～4**　国立教育政策研究所「OECD生徒の学習到達度調査（PISA 2018）」をもとに作成）

問　あなたが花子さんなら，どのように発表しますか。次の条件に従って発表原稿を作りなさい。
条件1：解答は横書きで1マス目から書くこと。
条件2：文章の分量は，300字以内とすること。
条件3：数字や小数点，記号についても1字と数えること。

（例）| 4 | 2 | . | 5 | % |

# 2023 年 度

## 解 答 と 解 説

《2023年度の配点は解答欄に掲載してあります。》

## ＜適性検査Ａ解答例＞ 《学校からの解答例の発表はありません。》

1　問1　エ
　　問2　ウ
　　問3　イ
　　問4　ア，エ
　　問5　①：ア　　②：エ　　③：ウ　　④：イ

2　問1　A：81　　B：81　　C：ウ
　　問2　D：364.5　　E：243　　F：ア
　　問3　（1）（1gあたり）1.1(円)
　　　　　（2）（1gあたり）1.4(円)
　　問4　（4個入りのトマトを）4(箱，9個入りのトマトを)2(箱)

3　問1　A：ない　　B：ない
　　問2　5
　　問3　D：ライオン　　E：ウサギ

4　問1　ア
　　問2　（1）ウ
　　　　　（2）ア，ウ

5　問1　ウ
　　問2　(1950年…)ウ　　(2000年…)エ　　(2050年…)ア　　(2100年…)イ
　　問3　ア
　　問4　栄養不足人口の割合が3割以上の(15字)

○推定配点○
1　問1・問2・問3　各3点×3　　問4　完答4点　　問5　完答6点
2　問1・問2・問3　各4点×8　　問4　完答6点
3　問1・問2・問3　各3点×5
4　問1・問2(1)　各3点×2　　問2(2)　完答4点
5　問1・問3　各3点×2　　問2　完答6点　　問4　6点　　　計100点

## ＜適性検査Ａ解説＞

### 1 （英語：放送による問題）

問1　エマさんとかずきさんが，エマさんのぼうしの場所について話している問題である。机の上にあるぼうしではないこと，ぼうしにお花がついていること，いすの下にあることをそれぞれ聞き取り，絵と照らし合わせると答えはエだとわかる。

（放送文）

Emma(W): Where is my hat, Kazuki?

Kazuki(M): It's on the desk, Emma.

Emma(W): That isn't my hat. My hat has a flower on it.

Kazuki(M): OK. It's under the chair.

Emma(W): Oh, thank you, Kazuki.

（放送文全訳）

エマ　：わたしのぼうしはどこですか。かずき。

かずき：それは机の上にありますよ，エマ。

エマ　：あれはわたしのぼうしではありません。わたしのぼうしにはお花がついています。

かずき：わかりました。それはいすの下にあります。

エマ　：あら，ありがとうございます，かずき。

問2　メグさんとりくさんが去年の思い出について話している問題である。りくさんは家族旅行で行った青森県で，ねぶた祭りを見たこととりんごを食べたことについて話している。メグさんは山梨県に行って湖と富士山を見たことと，さくらんぼを食べたことについて話している。この情報をすべて整理し，人物と出来事が正しくえがかれている絵を選ぶと，ウが答えだとわかる。

（放送文）

Meg(W): What's your favorite memory of last year, Riku?

Riku(M): It's a trip with my family. We went to Aomori. I saw the Nebuta Festival.

Meg(W): Nice! Fruits are famous in Aomori. Did you eat any fruits?

Riku(M): Yes, I did. I ate an apple. It was delicious. What's your favorite memory, Meg?

Meg(W): My favorite memory is the spring vacation. I went to Yamanashi. I saw a beautiful lake and Mt.Fuji. I ate cherries there.

（放送文全訳）

メグ：あなたのお気に入りの去年の思い出は何ですか，りく。

りく：それはわたしの家族との旅行ですね。わたしたちは青森へ行きました。わたしはねぶた祭りを見ましたよ。

メグ：いいですね！　青森県では果物が有名ですよね。なにか果物は食べましたか。

りく：はい，食べました。わたしはりんごを１つ食べました。それはとてもおいしかったです。あなたのお気に入りの思い出は何ですか，メグ。

メグ：わたしのお気に入りの思い出は春休みです。わたしは山梨県へ行きました。わたしは美しい湖と富士山を見ました。わたしはそこでさくらんぼを食べました。

問3　みかさんとポールさんの会話の内容から，クラブの希望人数順に並んでいる表として正しいものを選択する問題である。男女を分けずに人数で整理すると，美術クラブが４人，吹奏

楽クラブが6人，サッカーチームが5人，ダンスクラブは3人，テニスチームが7人の参加希望を受けていることがわかる。これを多い順に並べているものを探すと，イが答えとなる。

（放送文）

Mika（W）: Three girls and a boy want to join the art club. Two girls and four boys want to join the brass band. Two girls and three boys want to join the soccer team. Two girls and a boy want to join the dance club. The brass band is popular.

Paul（M）: That's right, Mika. The tennis team is popular, too. Four girls and three boys want to join it.

（放送文全訳）

みか　：3人の女の子と1人の男の子が美術クラブに参加したいそうです。2人の女の子と4人の男の子が吹奏楽クラブに参加したいそうです。2人の女の子と3人の男の子はサッカーチームに参加したいそうです。2人の女の子と1人の男の子はダンスクラブに参加したいそうです。吹奏楽クラブが人気です。

ポール：その通りです，みか。テニスチームも同じく人気です。4人の女の子と3人の男の子がそこに参加したいそうです。

問4　ももさんとジョンさんが転校生のティムさんについて話している問題である。ティムさんはバイオリンと歌ができ，ももさんはピアノと歌ができる。それぞれができるものどうしでいっしょにできることを考えると，答えがアもしくはエだとわかる。実際の会話のなかではおたがいに楽器をひいて合奏することは話されていないが，問題文に「いっしょにできること」とあるように，2人でできることを考え，整理すれば正答を導くことができる。

（放送文）

Momo（W）: Who is that boy, John?

John（M）: He is Tim. He's a new student.

Momo（W）: I see. Where is he from?

John（M）: He's from Canada. He can play the violin very well.

Momo（W）: Cool. I like music. I can't play the violin but I can play the piano.

John（M）: That's right. Oh, you like singing too, Momo. He can't play the piano but he can sing well. You can sing together.

Momo（W）: That's a good idea.

（放送文全訳）

もも　：あの男の子はだれですか，ジョン。

ジョン：かれはティムです。かれは新しい生徒です。

もも　：なるほど。かれはどこ出身ですか。

ジョン：かれはカナダ出身です。かれはバイオリンをとても上手にひくことができます。

もも　：かっこいいですね。わたしは音楽が好きです。わたしはバイオリンはひけませんがピアノはひくことができます。

ジョン：その通りです。あら，あなたは歌うことも好きなのですね，もも。かれはピアノをひくことはできませんが歌は上手に歌えます。あなたもいっしょに歌えますよ。

もも　：それはよい考えですね。

問5　けんたさんが妹のなみさんと土曜日に行ったことを時系列で並べる問題である。音声のとおりに起こったことを整理すると，テレビでテニスを見る→ケーキを作る→昼食をとる→テ

ニスをする→カレーを作る→ケーキを食べる，の流れであるため，この流れの通りにイラストを選べば答えとなる。

（放送文）

（M）

Last Saturday, my sister, Nami and I did many things. We wanted to play tennis, but it was raining a lot in the morning. So we watched tennis on TV. Then, we made a cake together. We had spaghetti for lunch at noon. In the afternoon, it was sunny. We played tennis in the park.

We cooked curry and rice and ate it for dinner. We ate the cake after that. It was delicious.

（放送文全訳）

けんた：この前の土曜日，わたしの妹のなみとわたしはたくさんのことをしました。わたしたちはテニスをしたかったのですが，その日は朝にたくさん雨が降っていました。そこで，わたしたちはテニスをテレビでみました。それから，わたしたちはいっしょにケーキを作りました。わたしたちはお昼ご飯としてスパゲッティを正午に食べました。午後は晴れていました。わたしたちは公園でテニスをしました。

わたしたちは夜ご飯にカレーライスを作って食べました。わたしたちはその後にケーキを食べました。おいしかったです。

2 （算数：金額と数量，円の面積・体積の計算，四則計算）

**基本**

問1 A 箱の一辺の長さが18cmなので，4個入りのトマトの場合，トマト1個の直径は18÷2＝9(cm)なので，半径は4.5cmである。つまり1個あたりの面積は4.5×4.5×3.14(cm²)となる。トマトが4個入りのとき面積の合計は，4.5×4.5×3.14×4＝9×9×3.14(cm²)となる。よって，9×9＝81より，Aの空らんには81が入る。

B Aのときと同様に考える。9個入りだと1個あたりの直径は18÷3＝6(cm)，半径は3cmとなるので，1個あたりの面積は3×3×3.14(cm²)である。トマトが9個入りのとき，面積の合計は，3×3×3.14×9＝9×9×3.14＝81×3.14(cm²)となる。よって，Bの空らんには81が入る。

C トマトの合計面積は4個入りと9個入りのどちらも81×3.14(cm²)であるので，面積は同じである。つまりウが答えとなる。

問2 D 4個入りのトマトの半径は問1Aより4.5cmだとわかっているので，これを用いて計算をすると4.5×4.5×4.5＝91.125となる。これが4個分になるので，91.125×4＝364.5となり，Dの空らんには364.5が入る。

E Dと同様の手順で考える。9個入りのトマトの半径は3cmなので，3×3×3＝27となる。これが9個分なので，27×9＝243となり，Eの空らんには243が入る。

F DとEで計算してわかった値364.5と243を比べると，364.5の方が大きい。つまり，4個入りのトマトの体積のほうが大きいということがわかるので，答えはアになる。

問3(1) トマト1gあたりの金額を求めるため，（金額)÷(重さ)の式を立てる。4個入りのトマトの値段は1箱1200円である。また，4個入りトマトの1個あたりの重さの平均は285gとあるので，4個の重さの合計は285×4＝1140(g)だとわかる。よって，計算する式は1200÷1140＝1.05…(円)となる。小数第2位を四捨五入して，1gあたり1.1円となる。

（２）　（１）と同じ手順で考える。９個入りのトマトの値段は１箱1080円である。また，９個
　　　　入りトマトの１個あたりの重さの平均は85gとあるので，９個の重さの合計は85×9＝
　　　　765（g）だとわかる。よって，計算する式は1080÷765＝1.41……（円）となる。小数第
　　　　２位を四捨五入して，１gあたり1.4円となる。

問４　送料をふくめた購入金額が7500円以下におさまるように，かつ購入金額が最大になるよ
　　　うに，数量を考える。「何箱まとめて買っても送料は500円かかる」「どちらも最低１箱ずつは
　　　買う」と指定されているため，それぞれの金額をあらかじめ合計金額から引いて，7500－
　　　（500＋1200＋1080）＝4720（円）以下でできるだけたくさんのトマトが買える方法を考える。
　　　　まず４個入りだけを買うとすると，３箱買うことができ，残額は4720－1200×3＝1120
　　　（円）である。さらに９個入りを１箱買えるので，残額は1120－1080＝40（円）となる。その
　　　ほかの買い方は，いずれも残額が40円より多くなる。

| ４個入りを追加で買う個数（個） | ９個入りを追加で買う個数（個） | 残額（円） |
|---|---|---|
| 3 | 1 | 40 |
| 2 | 2 | 160 |
| 1 | 3 | 280 |
| 0 | 4 | 400 |

　　　　よって，どちらの種類も買うことができ，かつ購入金額が最大になるのは，４個入りを４
　　　箱，９個入りを２箱買う場合である。

3　（算数・理科：人体，消化）
問１Ａ　【花子さんのまとめ①】の表のＡは，米とだ液を入れた袋を０℃の水につけたとき，つま
　　　　り実験の⑩のビニル袋についての結果である。⑩の袋はヨウ素液を加えると青むらさき色
　　　　に変化する，つまりだ液による変化がない袋であるため，答えは「ない」になる。
　　　Ｂ　表のＢは，米とだ液を約80℃の水につけ，その後約40℃の水につけているため，実験の
　　　　㋕のビニル袋についての結果である。㋕の袋も⑩の袋同様，だ液による変化がない袋であ
　　　　るため，答えは「ない」になる。
問２　まず，資料２で「40歳の女性」「13歳の男性」があてはまる部分をそれぞれ確認すると，40
　　　歳女性の１日にとり入れるたんぱく質の目標量は67g以上103g以下，13歳男性の目標量は
　　　85g以上130g以下であることがわかる。問題で問われているのは「１日の目標量の最小値の
　　　２分の１以上」を摂取できるという条件なので，40歳女性であれば，67÷2＝33.5（g），13
　　　歳男性であれば85÷2＝42.5（g）が条件となる摂取量である。目標量がより多い13歳男性の
　　　42.5gに条件をあわせて考えると，この条件をクリアできる組み合わせは，次のようになる。
　　　（グループ①・②・③の順）
　　Ⅰ　ご飯とみそしる（9.0g）・チキンステーキ（28.0g）・しらすサラダ（6.0g）
　　　　合計43.0g
　　Ⅱ　パンとコーンスープ（12.0g）・チキンステーキ（28.0g）・ポテトサラダ（4.0g）
　　　　合計44.0g
　　Ⅲ　パンとコーンスープ（12.0g）・チキンステーキ（28.0g）・コールスローサラダ（3.0g）
　　　　合計43.0g
　　Ⅳ　パンとコーンスープ（12.0g）・チキンステーキ（28.0g）・しらすサラダ（6.0g）
　　　　合計46.0g

Ⅴ　パンとコーンスープ(12.0g)・とうふハンバーグ(26.0g)・しらすサラダ(6.0g)
　　合計44.0g

よって，答えは5通りである。

問3D　ヒグマとヒトの消化管の長さの比はそれぞれ8.0と7.5であり，これより値が小さいのは
　　　　オオカミの4.7とライオンの3.9である。オオカミはすでに問題文に書かれているため，D
　　　　にはライオンが入る。

問3E　ヒグマとヒトの消化管の長さの比はそれぞれ8.0と7.5であり，これより値が大きいのは
　　　　ウマの12.0とウサギの10.0である。ウマはすでに問題文に書かれているため，Eにはウサ
　　　　ギが入る。

4　（音楽・算数：楽ふの読み取り，箱ひげ図の読み取り）

問1　4人の手びょうしの音を重ねた場合，だれかが1人でも音を鳴らしているところは，楽ふ
　　　に音が並ぶ(＝音が鳴っている)ことになる。次郎さんが鳴らしている4はく目を休みにして
　　　いるイは適切でない。また，太郎さんと次郎さんが鳴らしている6はく目の後ろ半分を休み
　　　にしているエも適切でない。さらに，次郎さんと春子さんが鳴らしている14はく目の後ろ半
　　　分を休みにしているウも適切でない。よって，全ての音を正しく書きこめているのはアとな
　　　る。

問2（1）【花子さんとお父さんの会話③】中の「1日の最高気温が29℃以下の日が半月以上ある
　　　　ことがわかります。」という部分に着目する。7月の31日間のうち，半分以上が29℃以
　　　　下であるから，第2四分位数(中央値)が29℃以下になっている箱ひげ図を選べばよい。
　　　　よって，正しい箱ひげ図はウとなる。

　　（2）ア　1日の最高気温が36℃をこえる日が1日もないということは，箱ひげ図の最大値が
　　　　　　36℃を上回っている年が1つもないということである。資料2を見ると，全ての年に
　　　　　　おいて箱ひげ図の最大値が36℃を下回っていることがわかる。
　　　　　　　また，1日の最高気温が36℃をこえる日が32日以上あるかどうかを考える場合には
　　　　　　第3四分位数に着目する。第3四分位数が36℃を上回っていれば，少なくとも7.75日
　　　　　　以上は1日の最高気温が36℃を上回っているということになる。資料3を見ると，第
　　　　　　3四分位数が36℃を上回っている年は5年あるため，2010年代の7月には1日の最高
　　　　　　気温が36℃をこえる日が少なくとも38.75日以上あることがわかる。よって，アは適
　　　　　　切である。

　　　　　イ　1日の最高気温が26℃未満の日が少なくとも7日あるということは，第1四分位数
　　　　　　が26℃を下回っているということである。資料2，資料3を見ると，そのような年は
　　　　　　1950年代には6年あるが，2010年代にも2年あるため，イは適切でない。

　　　　　ウ　1日の最高気温が30℃をこえている日が7月に半月以上あるということは，中央値
　　　　　　が30℃を上回っているということである。資料2，資料3を見ると，そのような年は
　　　　　　1950年代には2年あり，2010年代には9年あるため，ウは適切である。

　　　　　エ　平均よりも中央値が低くなっている年が，1950年代は5年あるのに対して，2010
　　　　　　年代は1年しかないため，エは適切でない。

　　　　　オ　平均気温が30℃をこえない年が，1950年代は8年あるのに対して，2010年代は1
　　　　　　年しかないため，オは適切でない。

5 （社会：気候・人口・食糧問題に関する表・グラフの読み取り）

問1　グラフの正しい組み合わせを文章から考える問題である。【太郎さんが調べてまとめた内容】の2つ目にある「3つの都市のうち最も西に位置する都市」とは，資料1と照らし合わせるとケープタウンのことだとわかる。「気温が全体的に低くなっている」とあるので，年平均気温が3つのグラフのうち最も低い17.1℃になっているCのグラフがケープタウンのグラフである。

続いて3つ目の内容を見ると，内陸部に位置するプレトリアは，雨量の差が季節によって激しいことと，気温の差が寒いときと暑いときで最も開いていることが書かれている。この条件にあてはまるのは，気温が低い6－8月の雨量が非常に少なく，気温差が10℃ほどあるBのグラフである。

残るAがダーバンである。5月の気温を見るとダーバンは20℃であり，18℃ほどの気温であるさいたま市よりも高いことを考えると，4つ目の文章と対応していることがわかるため，Aがダーバンであると確かめられる。

問2　資料4を見て解く問題である。1950年の段階ではアジア州の次に人口が多いのはヨーロッパ州であり，以後これがアフリカ州にぬかされていくため，ツリーマップのうちただ1つ，ヨーロッパ州が2番目の面積をしめているウが1950年のものである。続いて2000年をみると，アフリカ州とヨーロッパ州の人口がほとんど同じである。このことから，2000年にあてはまるツリーマップはエである。次に2050年をみると，アジア州の人口が50億人をこえ，アフリカ州もアジア州の約半分，25億人ほどの人口になっている。オセアニア州以外の残りの3州がほとんど同じ人口になっていることもふまえると，アのツリーマップが適切である。最後に2100年をみると，アジア州とアフリカ州の人口がほとんど同じになっている。よって，イのツリーマップが2100年のものである。

問3　高齢化率が7％から14％になるまでの期間は，フランスが126年，日本が24年，アメリカが72年である。よって，フランスは日本の5倍以上でありアメリカは日本の3倍であるため，アが適切である。イは，「2000年以降に高齢化率が14％に達した・達すると予想されている国」の数は4つ（韓国，シンガポール，中国，アメリカ）なので適切でない。ウは，高齢化率が14％になるまでの期間が最も短いのはシンガポール（17年）なので適切でない。エは，日本の高齢化率が14％になるまでの期間は24年で，スウェーデンが85年，つまり日本の方が61年短いので，65年以上短いという文面が適切でない。

問4　資料7を見ると，アフリカ州の特ちょうとして，栄養不足の人口の割合に関する色付けがなされている部分が多いことがわかる。特に，赤道付近などをみると，色付けがこい（栄養不足の人口の割合が高い）国が多い。栄養不足の割合が3割以上の国や地域が特に赤道付近に集まっていることをふまえて，15字以内で考えをまとめる。

★ワンポイントアドバイス★

検査の時間は50分であるが，問題数も多く，英語のリスニング問題にも一定の時間がとられるため，時間配分がカギとなる。資料を読んで答える問題はしっかりと資料を読み，なるべく素早く理解することが大切である。また，計算が必要な問題も多いため，ミスのないようあせらず確実に計算しよう。

## ＜適性検査Ｂ解答例＞ 《学校からの解答例の発表はありません。》

1 問1　イ
　問2　カ
　問3　Ａ　同じ量
　　　　Ｂ　エ
　問4　イ

2 問1　5（個）
　問2　35（kg）
　問3

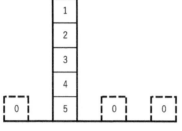
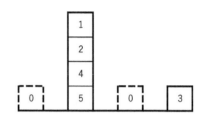

　問4　5（回）

3 問1　私たちが生きる世界は比喩的な表現に満ちており，それらの多くは個別の習慣や生活様式，文化と深く結びついている。
　問2　エ（→）イ（→）ウ（→）ア
　問3　現在も使われ，常に変化している
　問4　Ｙ　むっか　　Ｚ　むいか
　問5　ウ

○推定配点○
1　問1・問2・問3Ａ・問3Ｂ・問4　各6点×5
2　問1・問2・問4　各6点×3　　　問3　完答8点
3　問1　12点　　問2　完答7点　　問3　7点　　問4Ｙ・問4Ｚ・問5　各6点×3
計100点

## ＜適性検査Ｂ解説＞

1 （社会：図表の読み取り，地図の読み取り，グラフの読み取り）

　問1　【花子さんと先生の会話①】の先生の発言より，日の出（明け六つ）から日の入り（暮れ六つ）までの時間が長いほど，昼の時刻の長さが大きくなるとわかる。よって，日の出から日の入りまでの時間が最も長いイのとき，午後の「八つ」の時刻がおそくなる。ちなみに，午後の「八つ」の時刻を計算で求めると以下のようになる。アは日の出から日の入りまで12時間で，これを6等分すると12÷6＝2（時間）より，午後の「八つ」の時刻は，日の出の5時45分から2×4＝8（時間）が経過した13時45分となる。イ～エも同様に計算して，午後の「八つ」の時刻はそれぞれ，イは14時10分，ウは13時50分，エは約13時17分である。よって，イが最もおそ

くなる。

**問2** **資料2**の分布図と**資料3**の記述を照らし合わせて考える。**資料2**をみると，Ｘは岩手県や埼玉県，山口県などに多く，Ｙは東京都付近や愛知県，大阪府などの海ぞいに多く，Ｚは太平洋側に多く分布している。これを**資料3**と照らし合わせると，製鉄所の記述「太平洋側に多く分布」と，Ｚの分布図が対応しているとわかる。次に，火力発電所の記述には「全国の海ぞい」「都市部の近くに多く立地」とあり，Ｙの分布図と対応している。残ったＸはセメント工場の分布図である。カルスト地形がみられる山口県など，原料である石灰石(せっかい)の産地と分布場所が重なっている。よって，Ｘ：セメント工場，Ｙ：火力発電所，Ｚ：製鉄所の組み合わせであるカが適切である。

**問3** 空らんＡから考える。**資料5**の〈前〉と〈後〉の図を見比べると，〈後〉のほうが【花子さんと先生の会話③】にあるとおり，「少ないトラックの台数で」輸送ができていることがわかる。そこで，輸送されている貨物の量に注目して考える。同じトラックが使われているので，トラックの上に表されている積載率(せきさいりつ)とで考える。

　**資料5**の〈前〉では，倉庫から出たトラック9台は貨物を30運んでおり，合計で30×9＝270の貨物を輸送している。また，〈後〉のほうでは，倉庫から出たトラック3台は貨物を90運んでおり，合計で90×3＝270の貨物を輸送している。よって，〈前〉と〈後〉で輸送している貨物の合計量は等しいため，空らんＡには「同じ量」という意味合いの言葉が入ればよい。

　次に，【花子さんと先生の会話③】をみると，「　Ｂ　というような問題が発生する」と書かれている。このことから，空らんＢにあてはまるのは，〈後〉の運び方にすることによって発生する問題として適切なものである。アとウに関しては，問題点ではなく利点なので適切でない。イは〈後〉では使用するトラックの台数が少なくなっているため，適切でない。よって適切な答えはエである。

**問4** まず，アからオに示されているものの値(あたい)の計算方法を考える。アは（年間商品販売額(はんばいがく)）÷（事業所数），イは（年間商品販売額）÷（売り場面積），ウは（年間商品販売額）÷（従業者(じゅうぎょうしゃ)数），エは（従業者数）÷（事業所数），オは（売り場面積）÷（事業所数）で求められ，それらをすべて計算した結果を表にまとめると以下のようになる。

|  | 百貨店 | 食料品スーパー | コンビニエンスストア |
|---|---|---|---|
| ア（百万円） | 25244.34 | 1041.13 | 184.65 |
| イ（百万円） | 1.03 | 0.82 | 1.49 |
| ウ（百万円） | 73.82 | 20.53 | 12.05 |
| エ（人） | 341.96 | 50.71 | 15.32 |
| オ（m²） | 24420.15 | 1270.73 | 123.52 |

　この値をそれぞれ比べ，コンビニエンスストアが百貨店やスーパーと比べ，いちばん大きい値になっているものは，イである。

2 **（算数：大きさや重さの計算，規則性）**

**問1** 保管場所は横幅(よこはば)60cm，奥行き3m（＝300cm）であり，荷物は一辺が50cmの立方体であるため，横に2つ以上の箱を並(なら)べることはできない。保管場所の奥行きに合わせて何個並べることができるかを考えると，1つの荷物を置くごとに，（一辺50cm）＋（荷物のすき間10cm）＝60（cm）が必要になるため，300÷60＝5（個），つまり5個の荷物を置くことができる。

次のように考えることもできる。はじめに，はしに荷物を置くと，300－50＝250(cm)が残る。次に，1つの荷物を置くごとに60cmのスペースが必要なので，250÷60＝4あまり10より，荷物は1＋4＝5(個)置くことができる。

問2　【太郎とお父さんの会話②】の中に，「荷物の体積と重さが比例しているとして」という記述がある。荷物サイズ《4》が4kgであり，体積の比は8であることを考えると，サイズ《1》の重さは4÷8＝0.5(kg)となるので，それぞれ

  サイズ《2》　…　0.5×2＝1(kg)
  サイズ《3》　…　0.5×4＝2(kg)
  サイズ《5》　…　0.5×16＝8(kg)
  サイズ《6》　…　0.5×32＝16(kg)

であることがわかる。あとは倉庫に置かれている個数分ずつかけあわせ，すべての重さをたせばよいので，サイズ《1》から順にたしあわせていくと，合計は，(0.5×2)＋(1×2)＋(2×2)＋(4×1)＋(8×1)＋(16×1)＝35(kg)である。

問3　次の2種類の終りょうの状態が考えられる。

その他にも整理の手順は考えられるが，最終的にはこの2種類の**終りょうの状態**になる。

問4　最小の移動回数で**終りょうの状態**に行き着く整理の手順は次の手順である。

**重要**▶ 3　（国語：文章の読み取り）

問1　①の部分に書いてあることの内容を理解し，要約する問題である。この部分では「お手洗(てあら)い」，「高飛車(たかびしゃ)」，「ガチャ」などさまざまな比喩(ひゆ)表現が挙げられており，またそれらの比喩表現はなにかしらの習慣や文化にえいきょうを受けて生まれ，用いられているものであると説明されている。「そして，比喩的な表現は～」の一文に注目すると，この比喩表現と習慣の結びつきについてわかりやすくまとめられているため，この文を使いながら要約を行うとよい

だろう。この問題で問われているのは「要約」であるため，具体例は使わずに一般的に言えることを55字以内でまとめることが望ましい。

問2　文章の並べかえ問題である。４文すべてがコロナ禍や「土足」に関するものであるため，その中で前後の文が論理的につながるように並びかえる。アには頭に「そのような文化の方が」とあるため，この文の前に，「そのような文化」の説明をしている文が入る。そこで入れるべきなのがウの「靴を脱ぐ文化」に関する記述である。ただしウの頭にも「そのひとつとして」という指示語があるため，「その」が指し示すものを探す。すると，イにある「日本の感染者数が比較的低く抑えられている要因」の話のなかで靴を脱ぐ文化が挙げられているため，イ→ウ→アと並ぶことがわかる。エは，コロナ禍において実感した土足のまま過ごす文化/靴を脱ぐ文化の話の導入文であるため，ア〜ウの３文の前に入れ，エ→イ→ウ→アと並べるのが適切である。

問3　「日本語であれ何であれ」から始まる段落で，自然言語が生ける文化遺産とされる特徴が説明されている。前半部分では，花子さんのメモにもある「長年かたちづくってきた文化や生活が背景にあり，歴史に培われた」ことについて記述されている。本文を読み進めると，「しかも，それらは今現在も使われ，絶えず変容を続けている」というもう１つの自然言語の特徴が書かれている部分が見つかる。この一文の内容を15字以内でまとめ，記述すればよい。

問4　　Y　,　Z　は，日本語におけるものの個数と日数の数え方についての記述の中にあり，直前に「『六日』は」と書いてあるのがポイントである。直前の部分に「なぜ『一日』は『ひとか』ではなく『ついたち』なのか」とあり，「六日」についてもこれになぞらえて書けばよい。よって，「なぜ『六日』は『Y：むっか』ではなく『Z：むいか』なのか」となるのが適切である。

問5　本文の内容に適しているものを選ぶため，「本文に書いてあること」を書いている選たくしが適切である。アは，比喩をもっと効果的に使うために「漢字の成り立ちについてもっとよく知り」などという記述は本文にないため適切でない。イは，数え方の不規則性は「他の言語に比べてわかりにくい」というような他言語との比較の話はないので適切でない。エは，「日本語を子どもや外国人に教えるときには」などという話は本文にないためこれも適切でない。残ったウの後半部分は，本文の最後の一文「言葉について考えることは，それが息づく生活について考えることでもある。」とも深く関連しており，適切である。

★ワンポイントアドバイス★

資料や図表，グラフ，地図などの読み取り問題では，資料の正確な読み取りや複数資料の比較をすることが不可欠である。また，規則が決まっている問題では，その規則をしっかりと理解してから，情報を整理して問題を解こう。文章を読む問題では，指示語やまとめた文が何を指しているのかを見つけ，内容をおさえながら読み進めることが重要だ。検査時間に対して問題量は多いが，あせらず落ち着いて取り組もう。

＜適性検査Ｃ解答例＞《学校からの解答例の発表はありません。》

1 わたしは，日本での起業活動について調べました。まず資料１の総合起業活動指数をみると，G7で一番指数が高いカナダは20.1で日本の約3.2倍です。一方，資料２から，起業をしてい

る人としていない人の割合の差が３つのグラフの中で最も大きいのは，仕事のやりがいに対する満足度であることもわかりました。やはり日本でも，起業したいと思っている人を支援する取り組みが必要だと考えます。そこでわたしは，起業のためのより専門的な勉強会を提案します。勉強会では，資料３で最も希望者が多い税金・法律関係の相談機会を増やします。具体的には，弁護士や税金にくわしい人を招きます。これにより，日本で起業する人が増えると思います。

2 資料１の「さいたま市公民館ビジョン」から，公民館は学びをつかみ地域とのつながりをはぐくむ場としての役割を目標としていることがわかります。しかし，資料２から2018年の公民館の利用者数は，2009年と比べて約11.2％減少していることもわかりました。資料３から年代と性別ごとに見てみると，2012年からは20代の男女がそれぞれ0.3％と4.2％，60代の男女がそれぞれ1.4％と6.9％減少しています。そこで，20代の公民館まつりの来場者数を増やすために，さいたま市について学べるなぞときを行えばよいと思います。なぞときなら，楽しく市について学べるのではないでしょうか。

3 読書習慣と読解力について，国際機関であるOECDの調査結果をまとめました。まず，読解力の高い生徒は，読書を前向きにとらえているという特徴があります。次に，日本の生徒に注目します。必要な時にだけ本を読む日本の生徒は，OECDの平均と比べると9.8％低く，日本は平均より読書に対して前向きだと考えられます。読書への関わりについての５つの調査でも，すべての質問について，平均よりも前向きな回答が多くなっています。しかし，読む本の種類を見てみると，日本の生徒はOECDの平均よりも新聞を読む頻度が低くなっています。時事問題や地域のことについて学べる新聞も，これからは積極的に読みましょう。

○推定配点○
1 35点
2 35点
3 30点　　　　計100点

## ＜適性検査Ｃ解説＞

1 （国語：会話文・資料の読み取り，作文）

　問題文に書かれた条件は字数や書き方についてのみだが，会話文の中でだいたいの文章の構成が決められているので注意する。会話文の最後の太郎さんの発言から以下のような構成で発表原稿を書き進めるべきだとわかる。

① 総合起業活動指数が最も高い国と日本の数値を比べる
② 起業している人としていない人の仕事の満足度についてのグラフを比べ，最も差が大きいグラフについて説明する
③ 起業について学ぶためにどのような勉強会が必要かを述べる
④ ③の勉強会について，その内容で工夫するべき点を具体的に述べる

　①は資料１をふまえて，総合起業活動指数が最も高いカナダと日本の数値を比べ，小数第二位を四捨五入し小数第一位までで示すので，20.1÷6.3＝3.19…(倍)，つまり約3.2倍であることを説明すればよい。②は資料２のグラフを見比べながら，起業をしている人としていない人で満足

度の差が最も大きいもの，つまり「仕事のやりがいに関する満足度」についてふれればよい。③，④に関しては，資料3のグラフのいずれかの内容にふれながら，そのことについて学べる勉強会を提案し，その具体的な内容（誰をよぶか，どんな方式にするか，どれくらいの頻度や人数で行うか，など）について自分の考えをまとめ，作文をまとめられるとよい。また，発表原稿という形なので，文末は「です」，「ます」などの丁ねいな形にする。

2　(国語：会話文・資料の読み取り，作文)

　問題文に書かれた条件は字数や書き方についてのみだが，会話文の中でだいたいの文章の構成が決められているので注意する。会話文の最後の花子さんの発言から，発表の構成は以下のようになるとわかる。
　　①　公民館が目指す方向性
　　②　2009年から2018年で，公民館の利用者数はどれほど減少したか
　　③　2012年と2018年を比べたときの，年代・性別ごとの利用者の割合の変化
　　④　特定の年代の人がたくさん来るような「公民館まつり」の中の具体的なイベント案

　①は，資料1の「さいたま市公民館ビジョン」を見ながら，公民館が目指す「にぎわいから学びをつかみ地域とのつながりをはぐくむ場」という方向性やその実現のための目標などを読み取って書く。②では，資料2にあるさいたま市の公民館の延べ利用者数の推移のうち，2018年の2711（千人）と2009年の3054（千人）を比べ，その減少の度合いを計算する。2711÷3054＝0.088768…より約88.8％となり2018年の利用者数は2009年の利用者数の88.8％しかおらず，100−88.8＝11.2（％）減少していることを書く。③では，資料3の2つのグラフを見比べ，男女両方の利用者割合の値が2012年よりも2018年のほうが減少している年代について説明する。20代は男性が3.3−3.0＝0.3（％）減少，女性が8.7−4.5＝4.2（％）減少しており，60代は男性が17.3−15.9＝1.4（％）減少，女性が25.9−19.0＝6.9（％）減少していることがわかるため，この2つの年代について書けばよい。

　④では，20代か60代どちらかの年代に注目し，その年代が「公民館まつり」に来てくれるようなイベントの案を具体的に提案する。例として，20代向けであればなぞときのようなゲームや，ハンドメイドのワークショップのような写真映えを意識したイベントなどを提案することができるだろう。60代向けであれば，定年退職後に参加できるようなレクリエーションや，お茶会のような同世代の人どうしでコミュニケーションがとれる場などを提案するとよいだろう。また，発表原稿という形なので，文末は「です」，「ます」などの丁ねいな形にする。

重要　3　(国語：会話文・資料の読み取り，作文)

　問題文に書かれた条件は字数や書き方についてのみだが，会話文の中でだいたいの文章の構成が決められているので注意する。会話文の最後の花子さんの発言から，発表の構成は以下のようになるとわかる。
　　①　読解力の高い生徒の特徴
　　②　読書について，「どうしても読まなければならない時しか，読まない」と考えている日本の生徒の割合の低さ
　　③　日本は読書に対して肯定的であるか，否定的であるか
　　④　日本で，読書に肯定的な結果が出ている質問の数について
　　⑤　日本であまり読まれていない種類の本を読んでもらうためのよびかけ

　①では，資料1を見て，読解力の高い生徒の特徴について書く。資料1中に「読書を肯定的に

とらえる生徒や本を読む頻度が高い生徒の方が，読解力の得点が高い」とあるので，これを参考にするとよい。②では，**資料2**を見て，質問に対し「どうしても読まなければならない時しか，読まない」と回答している生徒が，日本ではOECD平均よりも低いということを書く。「数値とともに述べ」るとあるので，OECD平均－日本平均，つまり49.1－39.3＝9.8（％）低いという数値も原稿の中で示す。③では，②の結果をふまえて，日本人が読書に対して肯定的か否定的かを書く。**資料2**によると「読書は大好きな趣味の一つ」と回答している生徒が多く，「読まなければならない時しか，読まない」と回答している生徒が少ないことから，日本人は読書に肯定的な生徒の割合が高いと言える。

④では，**資料3**の中で読書に肯定的な結果が出ている質問の数を述べる。**資料3**を見ると，「読書は大好きな趣味」，「本の内容について話すのが好き」など肯定的なものではOECD平均よりも日本の値が高く，「読書は必要なとき／必要な情報のためだけ」，「読書の時間はムダ」といった否定的な質問ではOECD平均よりも日本平均が低くなっていることから，5つの項目すべてにおいて肯定的な結果が出ているといえる。⑤では最後に，**資料4**であげられている本の種類のうち日本の生徒が読む頻度の平均がOECD平均よりも低いもの，つまり新聞かノンフィクションについて紹介し，それらの本を読むようによびかける文章を書けばよい。例えば，どちらの種類も，社会のことや歴史のことなど知らないことについて学べるという点を用いてよびかけることができるだろう。また，発表原稿という形なので，文末は「です」，「ます」などの丁ねいな形にする。

**★ワンポイントアドバイス★**

すべての問題で発表の構成が指定されているので，それにそって原稿をつくることを忘れないようにする。下線を引いたり，丸で囲ったりするなど目印をつけながら読むとよいだろう。どの問題も発表原稿という形式なので，文末は「です」や「ます」などにする。また，数字の書き方など予想以上に文字数を多く使う部分もあるので，制限字数をこえないように気をつけよう。

大切なことはメモしておこうネ！

# 2022年度

★★★★★★★★★★★★★★★★★★★★★★★

# 入 試 問 題

2022
年度

# 2022年度

# さいたま市立大宮国際中等教育学校入試問題

**【適性検査Ａ】**（50分）

1　放送による問題

　※問題は，**問１**〜**問５**までの５問あります。

　※英語はすべて２回ずつ読まれます。問題用紙にメモを取ってもかまいません。答えはすべて解答
　用紙に記入しなさい。

**問１**　Kate（ケイト）さんと Shun（しゅん）さんが話をしています。２人の話を聞いて，内容に
　合う絵を次のア〜エの中から１つ選び，記号で答えなさい。

**問２**　Mike（マイク）さんと Aya（あや）さんが話をしています。２人の話を聞いて，内容に**合わ**
**ない**絵を次のア〜エの中から１つ選び，記号で答えなさい。

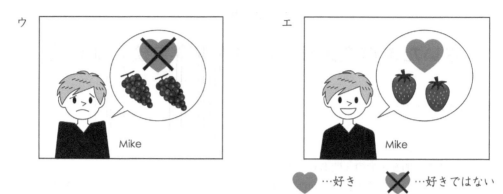

ハート…好き ✖…好きではない

問3　Jake（ジェイク）さんがお母さんに買い物をたのまれました。2人の話を聞いて，Jake（ジェイク）さんが買うものとして正しい絵を次のア～エの中から1つ選び，記号で答えなさい。

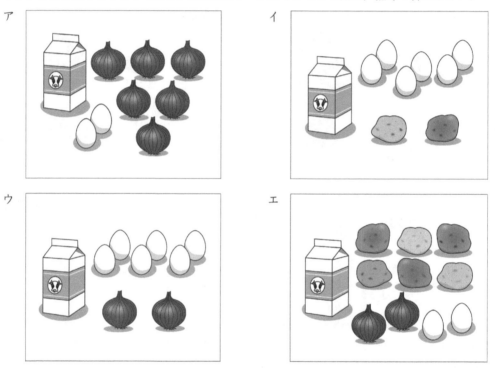

問4　Meg（メグ）さんとKenta（けんた）さんが話をしています。2人の話を聞き，【2人のこれからの予定】の順番になるように，①～③にあてはまる絵を，次のページのア～ウの中からそれぞれ1つずつ選び，記号で答えなさい。

【2人のこれからの予定】

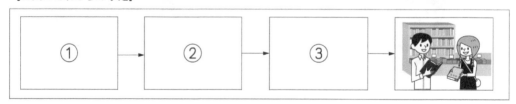

ア  イ  ウ

問5　Mai（まい）さんが妹の Saki（さき）さんについて英語で紹介しています。話を聞いて，Saki（さき）さんの「一番好きな動物」「好きな食べ物」「上手なスポーツ」「しょうらいの夢」の組み合わせとして正しいものを次の表のア～カの中から1つ選び，記号で答えなさい。

| | 一番好きな動物 | 好きな食べ物 | 上手なスポーツ | しょうらいの夢 |
|---|---|---|---|---|
| ア | | | | |
| イ | | | | |
| ウ | | | | |
| エ | | | | |
| オ | | | | |

| カ |  |  |  |  |
|---|---|---|---|---|

（放送台本）

　これから，放送による問題を始めます。

　放送による問題は，問題用紙の１ページから３ページまであります。

　問題は，問１から問５までの５問あります。英語はすべて２回ずつ読まれます。問題用紙にメモを取ってもかまいません。答えはすべて解答用紙に記入しなさい。


　はじめに，問１を行います。

　ケイトさんとしゅんさんが話をしています。２人の話を聞いて，内容に合う絵を問題用紙にあるアからエの中から１つ選び，記号で答えなさい。

　それでは始めます。


問１の１回目を放送します。

Kate(W)　:　How was your summer vacation, Shun?

Shun(M)　:　I went to the summer festival, Kate.　I ate shaved ice there.　It was delicious.

Kate(W)　:　That's nice!　I like shaved ice, too.

Shun(M)　:　How was your summer vacation, Kate?

Kate(W)　:　I went to the amusement park.　I saw fireworks there.　They were beautiful.

（３秒後）


問１の２回目を放送します。


（繰り返し）


　次に，問２を行います。

　マイクさんとあやさんが話をしています。２人の話を聞いて，内容に合わない絵を問題用紙にあるアからエの中から１つ選び，記号で答えなさい。

　それでは始めます。

（３秒後）


問２の１回目を放送します。

Mike(M)  :  What's your favorite fruit, Aya?

Aya(W)   :  I like grapes.  I want to go to Yamanashi this summer because grapes
            are famous there.

Mike(M)  :  I see.

Aya(W)   :  Do you like grapes, Mike?

Mike(M)  :  No, I don't.  I like strawberries.

Aya(W)   :  I like them, too.

問2の2回目を放送します。

（繰り返し）

次に，問3を行います。
　ジェイクさんがお母さんに買い物をたのまれました。2人の話を聞いて，ジェイクさんが買うものとして正しい絵を問題用紙にあるアからエの中から1つ選び，記号で答えなさい。
　それでは始めます。

問3の1回目を放送します。

Mother(W)  :  Jake, can you go to the supermarket?

Jake(M)    :  Yes.  What do you want, Mom?

Mother(W)  :  I want some milk, some eggs, and some potatoes.

Jake(M)    :  OK.  How many eggs do you want?

Mother(W)  :  Six, please.

Jake(M)    :  OK. And how many potatoes do you want?

Mother(W)  :  Wait.  I have potatoes, so I don't want any potatoes.  Ah, I want
              some onions!

Jake(M)    :  How many onions do you want?

Mother(W)  :  Two, please.

問3の2回目を放送します。

（繰り返し）

次に，問4を行います。
　メグさんとけんたさんが話をしています。2人の話を聞き，【2人のこれからの予定】の順番になるように，①から③にあてはまる絵を，問題用紙にあるアからウの中からそれぞれ1つずつ選び，記号で答えなさい。
　それでは始めます。

問4の1回目を放送します。

Meg(W)　　：I want to go shopping with you, Kenta.　I want some T-shirts.

Kenta(M)　：OK, Meg.　But I'm hungry now.　I want to eat lunch before shopping.

Meg(W)　　：What do you want to eat?

Kenta(M)　：I want to eat pizza.

Meg(W)　　：I know a good Italian restaurant.　It's in the department store.　We can eat pizza at the restaurant and go shopping after lunch.

Kenta(M)　：Sounds nice.　I want to go to the bookstore before going home.　I want to buy a book.

Meg(W)　　：We can go to the bookstore in the department store.

Kenta(M)　：OK.　Let's go to the department store.

問4の2回目を放送します。

（繰り返し）

最後に，問5を行います。
　まいさんが妹のさきさんについて英語で紹介しています。話を聞いて，さきさんの「一番好きな動物」「好きな食べ物」「上手なスポーツ」「しょうらいの夢」の組み合わせとして正しいものを問題用紙にある表のアからカの中から1つ選び，記号で答えなさい。
　それでは始めます。

問5の1回目を放送します。

(W)

This is Saki.　She is my sister.　Saki and I love animals.　We have cats, but her favorite animals are rabbits.　She likes hamburgers.　She doesn't like curry and rice.

She plays many sports.　She can play soccer well.　She can't play tennis well, but she likes it.

She wants to be an English teacher in the future.

問5の2回目を放送します。

（繰り返し）

これで，放送による問題を終わります。

2 | 太郎さんは，アメリカ合衆国から日本へ引っ越してきたマイケルさんと話をしています。

あとの問1～問3に答えなさい。

【太郎さんとマイケルさんの会話①】

太 郎 さ ん：日本はどうですか。

マイケルさん：とても人が多いので，おどろきました。日本はアメリカ合衆国よりも，人がた
くさんいるように感じます。

太 郎 さ ん：人口を比べると，アメリカ合衆国のほうが多く，日本の約2.6倍です。国土面積
はそれ以上に大きな差があり，アメリカ合衆国は日本の約26倍です。

問1　【太郎さんとマイケルさんの会話①】から，日本の人口密度は，アメリカ合衆国の人口密度
の約何倍か答えなさい。

【太郎さんとマイケルさんの会話②】

太 郎 さ ん：マイケルさんがアメリカ合衆国にいたとき，どのようなもので遊んでいました
か。

マイケルさん：わたしは，「クリプト」と呼ばれるカードゲームで，よく遊んでいました。

太 郎 さ ん：初めて聞きました。「クリプト」とは，どのようなカードゲームですか。

マイケルさん：カードに書かれた数字を使い，たし算，ひき算，かけ算，わり算のいずれかの
計算を行って，決められた数字をつくるゲームです。1人で遊べるように工夫
したルールを紹介します。

【ルール】

〈用意するもの〉

□クリプト用のカード全52枚

➡52枚の内訳

・1から10までのカード……3枚ずつ

・11から17までのカード……2枚ずつ

・18から25までのカード……1枚ずつ

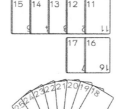

〈手順〉

1　すべてのカードをよくまぜ，上からカードを4枚とり，数字が見えるように並べて置きま
す。この4枚のカードを「プレイヤーカード」といいます。

2　残った48枚のカードは数字が見えないようにまとめて置き，一番上のカードをとります。
このカードを「ターゲットカード」といいます。そのターゲットカードを4枚のプレイヤー
カードの横に数字が見えるように置きます。

3　プレイヤーカードに書かれた4つの数字のうち，2つの数字を使って，計算式をつくりま
す。

4　3の計算式の答えとなる数と，残った2枚のプレイヤーカードに書かれた数のうちのどち

らかを使って，計算式をつくります。

5　　4の計算式の答えとなる数と，残った1枚のプレイヤーカードに書かれた数を使って，計算式をつくります。この計算式の答えとターゲットカードに書かれた数が等しくなるようにします。

〈証明〉

・〈手順〉の3〜5の順に，3つの計算式を書き表します。

〈注意点〉

・〈手順〉の3〜5の計算式には，たし算（＋），ひき算（－），かけ算（×），わり算（÷）のどれを使ってもかまいません。

・プレイヤーカードに書かれた4つの数字は必ず1回ずつ使います。

・プレイヤーカードに書かれた4つの数字はどの順番で使ってもかまいません。

・〈手順〉の4，5では，プレイヤーカードに書かれた数字と，直前の〈手順〉の計算式の答えを使い，計算式をつくります。

・プレイヤーカードとターゲットカードの組み合わせによっては，正しい〈証明〉ができない場合もあります。正しい〈証明〉ができないと判断したときは，4枚のプレイヤーカードをターゲットカード以外のカードにまぜ，上から4枚をとって新しいプレイヤーカードに交換<sup>かん</sup>することができます。

【正しい〈証明〉の例】

・プレイヤーカード：②、⑥、②、①
・ターゲットカード：⑦

| 〈証明〉 | 〈解説〉 |
| --- | --- |
| ② × ① ＝ 2 | プレイヤーカードの②と①を使用 |
| 2 ÷ ② ＝ 1 | 直前の計算式の答えの2とプレイヤーカードの②を使用 |
| ⑥ ＋ 1 ＝ ⑦ | プレイヤーカードの⑥と直前の計算式の答えの1を使用し、その答えがターゲットカードの⑦と等しくなったため、正しい〈証明〉ができた |

【正しくない〈証明〉の例】

・プレイヤーカード：②、⑥、②、①
・ターゲットカード：⑦

| 〈証明〉 | 〈解説〉 |
| --- | --- |
| ⑥ ＋ ① ＝ 7 | プレイヤーカードの⑥と①を使用 |
| ② ÷ ② ＝ 1 | プレイヤーカードの②と②を使用<br>※直前の計算式の答えを使用していない |
| 7 × 1 ＝ 7 | 手順どおりでないため、正しくない〈証明〉である<br>※2つ前の計算式の答えを使用している |

**【太郎さんとマイケルさんの会話③】**

太 郎 さ ん：実際にやってみると，かなり難しいですね。

マイケルさん：このゲームにはいくつかの戦略があります。そのうち，**【0（ゼロ）戦略】**と，**【わり算戦略】**を紹介します。まずは，**【0（ゼロ）戦略】**の例を示します。

---

**【0（ゼロ）戦略】**

・プレイヤーカード：③、⑩、③、⑰

・ターゲットカード：⑰

〈証明〉

③ － ③ ＝ 0

⑩ × 0 ＝ 0

0 ＋ ⑰ ＝ ⑰

---

太 郎 さ ん：**【0（ゼロ）戦略】**は，0に何をかけても答えが0になることを利用しているのですね。

マイケルさん：そうです。次は，**【わり算戦略】**の例を示します。

---

**【わり算戦略】**

・プレイヤーカード：②、④、⑥、⑯

・ターゲットカード：⑬

〈証明〉

④ ＋ ⑥ ＝ 10

10 ＋ ⑯ ＝ 26

26 ÷ ② ＝ ⑬

---

太 郎 さ ん：プレイヤーカードの数はすべて偶数で，ターゲットカードに書かれた13は奇数です。そこで，偶数どうしの計算の答えを奇数にするために，どこかでわり算を使う必要があることを利用しているのですね。

マイケルさん：そうです。**【0（ゼロ）戦略】**や**【わり算戦略】**のほかに，自分でいろいろな戦略を考えてみるのもおもしろいですよ。

問2　次の(1)，(2)に答えなさい。

(1)　プレイヤーカードが⑦，⑦，⑧，⑫，ターゲットカードが⑫の場合の正しい〈証明〉を1つ書きなさい。

(2)　プレイヤーカードが⑥，⑫，⑫，⑱，ターゲットカードが⑦の場合の正しい〈証明〉を1つ書きなさい。

問3　プレイヤーカードが②，②，②，⑩のとき，正しい〈証明〉ができるターゲットカード

の数のうち，最も大きい数を答えなさい。また，そのときの〈証明〉を書きなさい。

3
　　太郎さんは，学校が休みの日に，洗<ruby>濯<rt>せん</rt></ruby>たくの手伝いをすることにしています。

あとの問1～問4に答えなさい。

【太郎さんとお父さんの会話①】

太郎さん：今日は洗たくをしなかったのですね。

お父さん：今日はくもっていて空気がじめじめしているから，洗たくものがかわきにくいんだよ。

　　　　　明日は晴れて空気がかんそうするらしいから，洗たくは明日にするよ。

太郎さん：空気がじめじめするというのは，空気中に水<ruby>蒸<rt>じょう</rt></ruby>気が多くふくまれていてしめっぽいということですよね。空気のしめりけはどのように決められているのですか。

お父さん：空気のしめりけは，「しつ度」という数<ruby>値<rt>ち</rt></ruby>で表すことができるよ。くわしいことは，調べてみるといいね。

太郎さん：はい，調べてみます。

　　太郎さんは，しつ度について本やインターネットで調べ，ノートにまとめました。

【太郎さんがまとめたノート】

・一定の体積の空気中にふくむことができる水蒸気の量には限度があり，限度をこえた分の水蒸気は，水てきとなってあらわれる。

・ある空間の1m³の空気中にふくむことができる水蒸気の限度の量を調べたところ，表1のように，気温によって変化することがわかった。

表1　1m³の空気中にふくむことができる水蒸気の限度の量

| 気温（℃） | 0 | 1 | 2 | 3 | 4 | 5 | 6 |
|---|---|---|---|---|---|---|---|
| 1m³の空気中にふくむことができる水蒸気の限度の量（g） | 4.8 | 5.2 | 5.6 | 5.9 | 6.4 | 6.8 | 7.3 |

| 気温（℃） | 7 | 8 | 9 | 10 | 11 | 12 | 13 |
|---|---|---|---|---|---|---|---|
| 1m³の空気中にふくむことができる水蒸気の限度の量（g） | 7.8 | 8.3 | 8.8 | 9.4 | 10.0 | 10.7 | 11.4 |

| 気温（℃） | 14 | 15 | 16 | 17 | 18 | 19 | 20 |
|---|---|---|---|---|---|---|---|
| 1m³の空気中にふくむことができる水蒸気の限度の量（g） | 12.1 | 12.8 | 13.6 | 14.5 | 15.4 | 16.3 | 17.3 |

　　1m³の空気中にふくまれている水蒸気の量が，その気温での1m³の空気中にふくむことができる水蒸気の限度の量に対して，どのくらいの<ruby>割<rt>わり</rt></ruby>合かを百分率で表した<ruby>値<rt>あたい</rt></ruby>を「しつ度」といい，次のページの式で求められる。

$$
しつ度（\%）=\frac{1\,m^3の空気中にふくまれている水蒸気の量（g）}{その気温での1\,m^3の空気中にふくむことができる水蒸気の限度の量（g）}\times100
$$

**問1** 表1から，気温と1 m³の空気中にふくむことができる水蒸気の限度の量の関係について，正しいものを，次のア～エの中から1つ選び，記号で答えなさい。

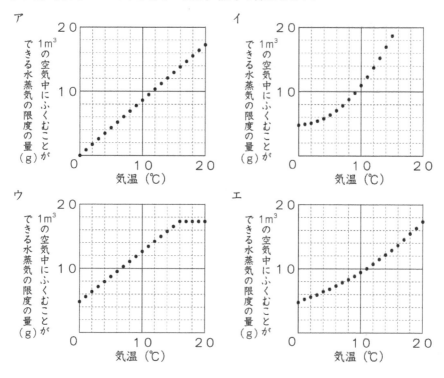

---

【太郎さんとお父さんの会話①】 の日に太郎さんは，お父さんとお母さんに協力してもらい，寝室，和室，太郎さんの部屋の気温としつ度を3人で同時にはかったところ，表2のようになりました。

**表2 室内の気温としつ度**

| 部屋 | 寝室 | 和室 | 太郎さんの部屋 |
|---|---|---|---|
| 部屋の容積（m³） | 36.0 | 36.0 | 28.0 |
| 室内の気温（℃） | 16 | 18 | 18 |
| 室内のしつ度（％） | 60.0 | 60.0 | 60.0 |

※室内の気温は、その部屋のどの場所でも変わらないものとし、空気中の水蒸気は、それぞれの部屋全体に均一に広がっているものとする。

**問2** 表2の太郎さんの部屋全体にふくまれている水蒸気の量は何gか，小数第1位を四捨五入して，整数で答えなさい。

問3　前のページの**表2**の3つの部屋のうち，部屋全体にふくまれている水蒸気の量が最も多いのはどの部屋ですか。次のア～ウの中から1つ選び，記号で答えなさい。

ア　寝室　　イ　和室　　ウ　太郎さんの部屋

---

次の日はよく晴れたので，衣類の洗たくを行いました。

---

**【太郎さんとお父さんの会話②】**

お父さん：洗い終わった衣類を，ベランダに持っていってくれるかな。

太郎さん：はい。衣類に水がふくまれているから重いですね。これらの衣類から水が蒸発すると，重さはどのくらい変化するのでしょうか。

お父さん：重さをはかって調べてみたらどうかな。重さは，ばねを使ってはかることができるよ。

太郎さん：そうなのですね。物の重さとばねののびには何か関係があるのでしょうか。

お父さん：ばねののびは，つり下げた物の重さに比例するんだよ。

太郎さん：比例の関係を利用すれば，ばねの長さをはかるだけで衣類にふくまれていた水の重さがわかりそうですね。さっそく実験してみます。

お父さん：最初に，重さが分かっている物をつり下げて，ばねがどのくらいのびるかを調べておくといいね。1mLの水の重さが1gであることを利用するといいよ。それから，ばねがたえきれる重さより重い物をつり下げるとばねがのびきってしまって，つり下げた物を取り外してもばねが元の長さに戻らなくなり，物の重さをはかることができなくなるから，気をつけてね。

---

**【実験】**

〈用意したもの〉

□ばね　　　　□ものさし　　□糸　　　　　□500mLの空のペットボトル

□計量カップ　□水　　　　　□洗たくかご　□洗い終わった衣類

〈手順〉

1　図1（次のページ）のように，天井にばねの一方のはしを取り付けて，何もつり下げていないときのばねの長さをはかる。

2　空のペットボトルの口の部分に糸をしばりつけ，図2（次のページ）のように，空のペットボトルを天井に取り付けたばねにつり下げ，ばねの長さをはかる。

3　計量カップで500mLの水をはかりとり，空のペットボトルをばねから取り外して，計量カップに入っているすべての水をペットボトルに注ぎ入れる。この後，再び図2のように，水の入ったペットボトルを天井に取り付けたばねにつり下げ，ばねの長さをはかる。

4　洗たくかごの取っ手に糸をしばりつけ，図3（次のページ）のように，空の洗たくかごを天井に取り付けたばねにつり下げ，ばねの長さをはかる。

5　洗い終わった衣類を，図3の洗たくかごの中に静かに入れ，ばねの長さをはかる。

6　洗たくかごの中に入れた衣類を干して，すべてかわいたら，再び図3の洗たくかごの中に

静かに入れ，ばねの長さをはかる。

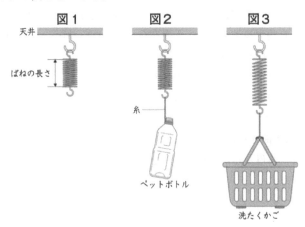

〈結果〉

ばねの長さの記録

| 手　順 | ばねの長さ（cm） |
|---|---|
| 1　何もつり下げないとき | 8.0 |
| 2　空のペットボトルをつり下げたとき | 8.2 |
| 3　500mLの水が入ったペットボトルをつり下げたとき | 12.2 |
| 4　空の洗たくかごをつり下げたとき | 13.2 |
| 5　洗い終わった衣類が入った洗たくかごをつり下げたとき | 19.6 |
| 6　かわいた衣類が入った洗たくかごをつり下げたとき | 17.8 |

問4　【実験】で，洗い終わった衣類から蒸発した水の重さは何gか，その求め方を式で説明し，答えなさい。ただし，ばねと糸の重さは考えないものとし，ばねがのびきってしまうことはなかったものとします。

4 ┌─────────────────────────────────────┐
　太郎さんは，家族で新幹線に乗り，親せきの家に行くことになりました。
　└─────────────────────────────────────┘

あとの問1〜問3に答えなさい。

┌─────────────────────────────────────────────┐
【太郎さんとお父さんとお母さんの会話】

お父さん：新幹線の中で食べるお弁当を選ぼう。

太郎さん：4種類のお弁当がありますね。どれを選びましょうか。

お母さん：わたしは，外箱と容器にプラスチックが使われていないお弁当にするね。

太郎さん：お弁当の包装紙には，容器包装の識別マークが表示されているので，外箱と容器にプラスチックが使われていないお弁当がわかりますね。このほかにも表示されているものがあります。

お父さん：これは，お弁当に含まれるアレルギー物質を示したピクトグラムだね。

お母さん：文字だけではなくてこうやってピクトグラムでわかりやすく示しているんだね。食
└─────────────────────────────────────────────┘

物アレルギーのある人や，日本語がわからない人への配慮がなされているね。

太郎さん：わたしは，とり肉が食べたいので，とり肉が入っているこのお弁当にします。

お父さん：わたしは食物アレルギーで，小麦が食べられないから，小麦が使われていないお弁当を選ぶことにしよう。

お母さん：3人ともそれぞれちがう種類のものを選んだね。

お父さん：じゃあ，この3つのお弁当にしよう。

問1　次のア～エは，【太郎さんとお父さんとお母さんの会話】にある4種類のお弁当の表示です。太郎さん，お父さん，お母さんが選んだものを，次のア～エの中からそれぞれ1つずつ選び，記号で答えなさい。

ア

イ

ウ

エ

　親せきの家から帰ってきた太郎さんは，鉄道や自動車などの輸送機関に興味をもったため，社会科の調べ学習のテーマとして取りあげることにしました。

【太郎さんと先生の会話①】

太郎さん：鉄道や自動車は，どのくらいの人を輸送しているのでしょうか。

先　　生：資料1（次のページ）を見てください。これは，国内の人の輸送について表したものです。

太郎さん：この「輸送量」とはなんですか。

先　　生：「輸送量」とは，ある輸送機関が運んだ人や貨物の量のことで，人を輸送した場合，

「人キロ」という単位で表します。人の輸送量は，輸送した「人の数」に輸送した「きょり」をかけて求められます。例えば，1億人を10kmを運ぶと，10億人キロになります。

太郎さん：**資料1**を見ると，新幹線を含む鉄道全体と新幹線にはちがいがあるのですね。鉄道，自動車，航空機についてどのようなことが言えるか，調べてみたいと思います。

資料1　主な国内の人の輸送（２０１９年度）

| 輸送機関 | | 輸送した人数（億人） | 輸送量（億人キロ） | 1人あたりの平均利用きょり（km） |
|---|---|---|---|---|
| 鉄道全体 | | ２５１.９ | ４３５０.６ | １７.３ |
| | 新幹線 | ３.７ | ９９３.３ | ２６８.５ |
| 自動車 | | ６９７.０ | ９０９６.０ | １３.１ |
| 航空機 | | １.０ | ９４５.９ | ９４５.９ |

（「日本国勢図会　２０２１／２２年版」をもとに作成）

（注）1人あたりの平均利用きょり（km）は、輸送量を輸送した人数で割って算出した。

問2　太郎さんは，**資料1**から読み取って考えたことを，**【太郎さんのまとめ】**のようにまとめました。**【太郎さんのまとめ】**の空らん A ， B ， C にあてはまる言葉の組み合わせとして正しいものを，次のア～カの中から1つ選び，記号で答えなさい。また，空らん D にあてはまる数字を，小数第1位を四捨五入して整数で答えなさい。

| ア | A | 輸送した人数 | B | 輸送量 | C | 1人あたりの平均利用きょりが長い |
|---|---|---|---|---|---|---|
| イ | A | 輸送した人数 | B | 1人あたりの平均利用きょり | C | 輸送量が多い |
| ウ | A | 輸送量 | B | 輸送した人数 | C | 1人あたりの平均利用きょりが長い |
| エ | A | 輸送量 | B | 1人あたりの平均利用きょり | C | 輸送した人数が多い |
| オ | A | 1人あたりの平均利用きょり | B | 輸送した人数 | C | 輸送量が多い |
| カ | A | 1人あたりの平均利用きょり | B | 輸送量 | C | 輸送した人数が多い |

**【太郎さんのまとめ】**

主な国内の人の輸送について

・鉄道

新幹線の　A　は鉄道全体の２％未満と少ないが，　B　は鉄道全体の約23％をしめている。これは，新幹線のほうが新幹線以外の鉄道と比べ，より乗客の　C　ことによる。

・自動車

輸送量は，鉄道全体・自動車・航空機を合わせた全体の約　D　％をしめている。また，輸送した人数は，鉄道全体・自動車・航空機を合わせた全体の約73％をしめており，多くの人に使われている交通手段であると考えられる。

・航空機

航空機の輸送量は，鉄道全体や自動車より少ない。しかし，１人あたりの平均利用きょりは，鉄道全体の約55倍となり，他のどの輸送機関よりも長い。これは，航空機が長いきょりの移動によく利用されるからだと考えられる。

---

【太郎さんと先生の会話②】

先　　生：今は何を調べているのですか。

太郎さん：今は，**資料２**を使って，国内の人や貨物の輸送量の変化について調べているところです。

先　　生：それはよい視点ですね。

資料２　国内の輸送機関別の人の輸送量と貨物の輸送量の変化

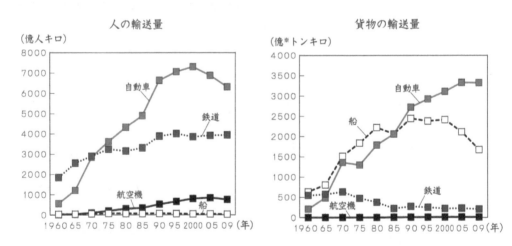

※トンキロ……輸送量を表す単位。貨物の重さ（トン）に運んだきょり（km）をかけて求める。

（運輸総合研究所「交通経済統計要覧　平成３１年・令和元年版」をもとに作成）

問３　資料２から読み取れることとして正しいものを，あとのア〜エの中から１つ選び，記号で答えなさい。

ア　2009年時点で人と貨物の輸送量がともに最も多いのは自動車で，どちらも1970年から1980年の間に鉄道による輸送量を上回った。

イ　2009年の鉄道による人の輸送量と貨物の輸送量は1960年と比べて，ともに２倍以上に増加した。

ウ　航空機による人の輸送量は，1990年から2009年にかけて増加しているが，2009年の人の輸送量は４つの輸送機関のうち，最も少ない。

エ　2009年の船による人の輸送量は，自動車に比べて少ないが，貨物の輸送量は自動車の次に多く，1960年から1980年までの間の貨物の輸送量は自動車よりも多かった。

5　　　花子さんは，サウジアラビア出身の友人と会ってきたお父さんと話をしています。

あとの問１～問３に答えなさい。

【花子さんとお父さんの会話①】

お父さん：ただいま。

花子さん：お帰りなさい。お友だちは元気でしたか。

お父さん：うん。いろいろと話せて楽しかったよ。

花子さん：わたしも会いたかったです。総合的な学習の時間の調べ学習のテーマを考えているのですが，サウジアラビアをテーマにしようと思っています。

お父さん：それはいいね。日本とも関わりが深い国だからね。

花子さん：まずは，国土面積や人口など，基本的なことから調べることにします。

お父さん：サウジアラビアだけを調べるのではなく，日本と比べて考えると，よりサウジアラビアの特色がとらえやすくなると思うよ。

花子さん：はい。そうします。ここにサウジアラビアと日本に関する資料１があるので，これを使って考えてみます。

資料１　サウジアラビアと日本

（国土面積は２０１５年、それ以外は２０１７年のデータ。）

| | 国土面積<br>（千km²） | 人口<br>（千人） | ※1土地面積<br>（千km²） | 農地 | | 年降水総量 | | 資源として使える水の量 | |
| | | | | 耕地<br>（千km²） | 牧場・<br>牧草地<br>（千km²） | 計<br>（km³） | 1人あたり<br>（m³） | 計<br>（km³） | 1人あたり<br>（m³） |
|---|---|---|---|---|---|---|---|---|---|
| サウジアラビア | 2207 | 32938 | 2150 | 36 | 1700 | 126.8 | 3850 | 2.4 | 73 |
| 日本 | 378 | 127484 | 365 | 44 | 6 | 630.3 | 4944 | 430.0 | 3373 |

（「世界国勢図会　２０１７／１８年版」、「データブック　オブ・ザ・ワールド　２０２１年版」、AQUASTAT をもとに作成）

※１　土地面積……国土面積から、川や湖の面積を除いた面積。

問１　資料１から読み取れることとして正しいものを，あとのア～オの中からすべて選び，記号で答えなさい。

ア　国土面積を比べると，サウジアラビアは日本の８倍をこえる。

イ　人口を比べると，サウジアラビアは日本の約４倍である。

ウ　サウジアラビアでは，耕地は土地面積の２％に満たない。

エ　１人あたりの年降水総量を比べると，サウジアラビアは日本の８割（わり）に満たない。

オ　１人あたりの資源として使える水の量を比べると，サウジアラビアは日本の１％に満たない。

---

【花子さんとお父さんの会話②】

花子さん：お父さん，日本はサウジアラビアから石油を輸入しているのですよね。

お父さん：よく知っているね。でも，石油は限りある資源だから，いつまでも採れるわけではないんだ。この**資料２**と**資料３**を見てごらん。

花子さん：※２原油価格の変化を示したグラフと，サウジアラビアの主な輸出品と輸入品の割合を示したグラフですね。

お父さん：**資料２**を見て，原油価格はどのように変化しているかな。

花子さん：2010年の原油価格は，1990年の原油価格の約　　**A**　　倍に上がっています。しかし，2010年以降を見ると，2012年に１※３バレルあたり109ドルとなったあとに，2016年に１バレルあたり41ドルとなっています。2016年の原油価格は，2012年の　　**B**　　％になっています。原油価格は安定していないのですね。

お父さん：**資料２**と**資料３**から，サウジアラビアの経済がどんな問題をかかえているのか，考えてごらん。

花子さん：サウジアラビアの経済は　　**C**　　に大きくたよっているから，原油価格の変化によって，国の収入が安定しないのではないでしょうか。

お父さん：そのとおりだね。

---

※２　原油……採取されたままの天然の石油。

※３　バレル……原油や石油などの量を表す単位。１バレルは約160Ｌ。

**資料２　１バレルあたりの原油価格の変化　　資料３　サウジアラビアの主な輸出品と輸入品（２０１８年）**

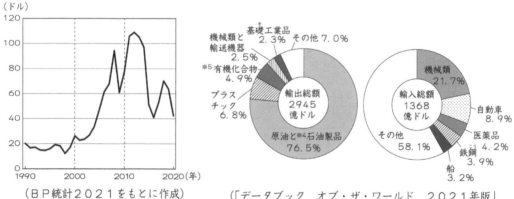

（ＢＰ統計２０２１をもとに作成）　　（「データブック　オブ・ザ・ワールド　２０２１年版」をもとに作成）

※４　石油製品……燃料やプラスチックの原料など，原油を加工してできるもの。

※５　有機化合物……ここでは石油などを原料とする化学製品など。

**問２**　【花子さんとお父さんの会話②】の空らん　**A**　にあてはまる整数を答えなさい。次に，空ら

ん **B** にあてはまる数字を，小数第１位を四捨五入して整数で答えなさい。また，空らん **C** にあてはまる内容として最も適切なものを，次のア～エの中から１つ選び，記号で答えなさい。

ア　原油と石油製品の輸出　　イ　原油と石油製品の輸入

ウ　機械類の輸出　　　　　　エ　機械類の輸入

---

**【花子さんとお父さんの会話③】**

花子さん：石油などを燃料として使うと，二酸化炭素を排出すると聞きました。二酸化炭素は，地球温だん化にも影響があるため，二酸化炭素の排出量をおさえることが必要だと思います。

お父さん：ここに世界の国や地域別の二酸化炭素排出量の割合を表した**【グラフ】**があるよ。

花子さん：日本は世界の中でも排出量の多い国の１つなのですね。

お父さん：二酸化炭素排出量について考えるときには，バブルチャートを使ってみてはどうかな。

花子さん：バブルチャートとは何ですか。

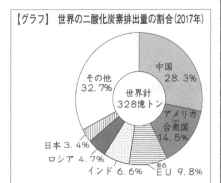

【グラフ】　世界の二酸化炭素排出量の割合(2017年)

世界計 328億トン

中国 28.3%
アメリカ合衆国 14.5%
※6 EU 9.8%
インド 6.6%
ロシア 4.7%
日本 3.4%
その他 32.7%

（「世界国勢図会　２０２０／２１年版」をもとに作成）

※6　EU……ヨーロッパ連合。本部がベルギーのブリュッセルにある。

お父さん：ふつうのグラフは縦と横のじくの２つの要素を１つのグラフに表すよね。バブルチャートは縦じく，横じく，円の大きさの３つの要素を１つのグラフに表せるので，３つのデータの関係性を，１つのグラフで見ることができるよ。わたしがつくったこの**【バブルチャートの例】**を参考にして，次のページの**資料４**を見てごらん。

花子さん：はい。**資料４**で，それぞれの国の「二酸化炭素総排出量」だけでなく，「人口」「１人あたりの二酸化炭素排出量」の３つのデータの関係性を見ることができますね。

---

**【バブルチャートの例】**　　　　　　（〈表〉，〈バブルチャート〉は次のページにあります。）

あるアイスクリーム店の１号店，２号店，３号店のメニューの数，営業時間，１日の販売数を示した〈表〉と〈バブルチャート〉

・〈バブルチャート〉の縦じくはメニューの数，横じくは営業時間を表している。円（バブル）の大きさは，１日の販売数を表しており，１日の販売数が多くなるほど，円（バブル）は大きくなる。

・メニューの数と営業時間を表す点をとり，その点を中心として，円（バブル）をえがく。例えば，〈バブルチャート〉にある「**あ**」の点は，１号店の円（バブル）の中心を表している。

・〈バブルチャート〉から，２号店は，他の２店と比べてメニューの数が多く，営業時間が長いが，１日の販売数は少ないことが読み取れる。

〈表〉

|  | メニューの数<br>（品） | 1日の販売数<br>（個） | 営業時間<br>（時間） |
|---|---|---|---|
| 1号店 | 10 | 200 | 10 |
| 2号店 | 30 | 100 | 12 |
| 3号店 | 20 | 300 | 6 |

〈バブルチャート〉

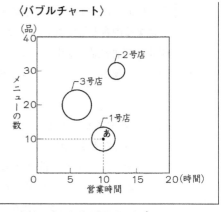

**問3** 資料4は、資料5にあるアメリカ合衆国を除く6つの国のデータを示したバブルチャートです。ここにアメリカ合衆国の円（バブル）を加えるとき、次のページの(1)、(2)に答えなさい。

**資料4** アメリカ合衆国を除く6つの国の1人あたりの二酸化炭素排出量、人口、二酸化炭素総排出量を示したバブルチャート（2017年）

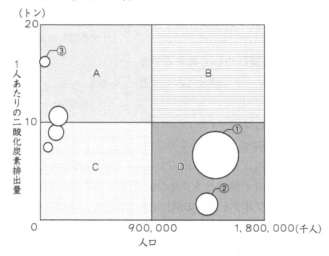

**資料5** 資料4のデータの数値を示した表（2017年）

|  | 人口<br>（千人） | 二酸化炭素総排出量<br>（百万トン） | 1人あたりの二酸化炭素排出量<br>（トン） |
|---|---|---|---|
| アメリカ合衆国 | 324,459 | 4,761 | 14.67 |
| インド | 1,339,180 | 2,162 | 1.61 |
| サウジアラビア | 32,938 | 532 | 16.15 |
| 中国 | 1,409,517 | 9,302 | 6.60 |
| 日本 | 127,484 | 1,132 | 8.88 |
| 南アフリカ共和国 | 56,717 | 422 | 7.44 |
| ロシア | 143,990 | 1,537 | 10.67 |

※1人あたりの二酸化炭素排出量は、二酸化炭素総排出量を人口で割って算出した。

（「世界国勢図会 2020／21年版」、「世界国勢図会 2017／18年版」をもとに作成）

⑴　アメリカ合衆国の円（バブル）の大きさとして正しいものを次のア～エの中から１つ選び，記号で答えなさい。

　　ア　①よりも大きい　　　　　　　イ　①よりも小さく②よりも大きい

　　ウ　②よりも小さく③よりも大きい　　エ　③よりも小さい

⑵　アメリカ合衆国の円（バブル）の中心は資料４のどのエリアにあるか，Ａ・Ｄの中から１つ選び，記号で答えなさい。

【適性検査Ｂ】 （40分）

1

　　太郎さんと花子さんは，総合的な学習の時間に，川をテーマに発表することになりました。

あとの問１～問３に答えなさい。

【太郎さんと花子さんの会話①】

太郎さん：利根川は，現在は資料１のように太平洋に注いでいますが，昔は現在の東京湾に流れ出ていたと聞いたことがあります。

花子さん：利根川の流れを変える工事は，主に江戸時代に行われていました。これを利根川東遷事業といいます。この工事の目的は，江戸を水害から守ったり，水田を開発したりするためだと本で読みました。

太郎さん：昔の川の流れはどうなっていたのか，調べて発表したいですね。

花子さん：利根川の歴史について，資料２があるので，これを使って調べていきましょう。

資料１　現在の利根川の流れ

資料２　利根川東遷事業

1594年
・川俣でふた筋に分かれていた利根川の流路のうちの一つである会の川を，川俣でしめ切り，流れを一本に整理した。
・川口で，「隅田川」へ流れる利根川の流路をしめ切り，流れを太日川にかえた。

1621年
・佐波から栗橋に向け新しく水路（新川通）を作り，利根川の本流を渡良瀬川に合流させた。
・栗橋から関宿の間に新たに赤堀川をひらいた。

1624～1643年
・関宿から金杉の間の水の流れを太日川から新しくひらいた江戸川にかえた。
・利根川と常陸川をつなぐため，逆川を通した。

1654年
・より大量の水を流せるようにするため，赤堀川のはばと深さを拡大した。こうして，利根川の本流が常陸川に流れるようになり，東遷事業が完了した。

（国土交通省関東地方整備局「利根川の東遷」，国土交通省ウェブサイトをもとに作成）

問１　次のページの資料３にある□で囲まれている部分は，資料２の事業が行われたおおよその地域を示しています。次のページの1594年とア～ウの４つの地図は，資料２にあるそれぞれの年

代のものです。下のア～ウを，年代の古い順に並べ，記号で答えなさい。

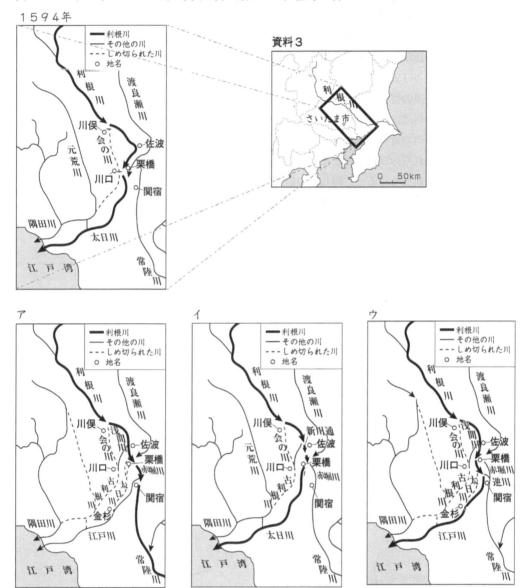

（国土交通省関東地方整備局「利根川の東遷」、国土交通省ウェブサイトをもとに作成）

太郎さんと花子さんは，輸送の変化をテーマに，それぞれ調べたことをもとに話し合っています。

**【太郎さんと花子さんの会話②】**

花子さん：わたしは，江戸時代の輸送について調べました。当時は主に舟で輸送を行っていました。現在の埼玉県から江戸には農産物が運ばれ，江戸から埼玉県には農産物を作

るための肥料が運ばれていました。

太郎さん：わたしが調べた明治時代には，川蒸気船が登場しました。この船は，石炭を燃料と
していました。1871年ごろに登場して，1934年ごろまで使われていたそうです。
1918年ごろの川蒸気船の主な寄港地と航路，そして鉄道網が示されている**資料4**を
見つけました。

花子さん：鉄道の整備は1872年ごろから徐々に進んでいったようですね。川蒸気船についての
資料はほかにありますか。

太郎さん：当時の資料は少なく，次のページの**資料5**と**資料6**しか見つけられませんでした。
これらの資料をもとに調査のまとめを作りましょう。

花子さん：**資料5**を見ると，同じ型の船で移動するのに，川を上るのと川を下るので運賃が変
わっています。この理由を考えたいですね。

太郎さん：**資料6**を見ると，川蒸気船はだんだんと乗客数が少なくなっていったようですね。
**資料4**とあわせ，その理由も考えましょう。

資料4　川蒸気船の航路と鉄道の路線（１９１８年ごろ）

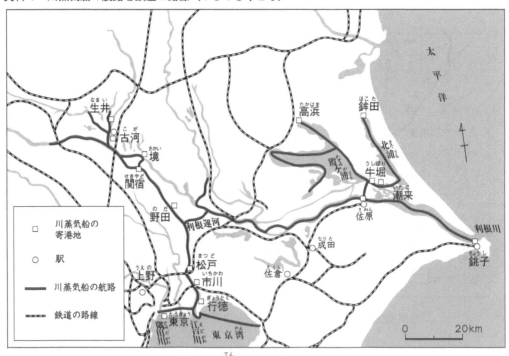

（川蒸気合同展実行委員会ほか「図説・川の上の近代」をもとに作成）

資料５　川蒸気船の乗客の運賃表
（１８８１年）

| 生井 | 古河 | 境 | 野田 | 松戸 | 市川 | 行徳 | 東京 | 着　発 |
|---|---|---|---|---|---|---|---|---|
| 76 | 68 | 55 | 40 | 25 | 20 | 15 | | 東京 |
| 72 | 65 | 53 | 36 | 20 | 14 | | 14 | 行徳 |
| 67 | 60 | 48 | 31 | 14 | | 12 | 17 | 市川 |
| 62 | 55 | 41 | 24 | | 12 | 17 | 20 | 松戸 |
| 47 | 39 | 25 | | 18 | 21 | 24 | 27 | 野田 |
| 29 | 21 | | 19 | 26 | 29 | 32 | 35 | 境 |
| 14 | | 18 | 27 | 34 | 37 | 40 | 45 | 古河 |
| | 17 | 25 | 34 | 41 | 44 | 47 | 52 | 生井 |

単位：銭(せん)　※銭とは当時のお金の単位
（「新編・川蒸気通運丸(つうんまる)物語」をもとに作成）

資料６　川蒸気船の乗客数の変化

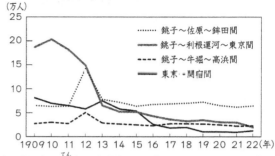

（川蒸気合同展(てん)実行委員会ほか「図説・川の上の近代」を
もとに作成）

---

太郎さんと花子さんは，資料４，資料５，資料６をもとに，【調査のまとめ】を作りました。

問２　次の(1)～(3)に答えなさい。

(1) 【調査のまとめ】の空らん　A　と　B　にあてはまる語句の組み合わせとして正しいものを
次のア～エの中から１つ選び，記号で答えなさい。

ア　A　安い　　B　上る

イ　A　安い　　B　下る

ウ　A　高い　　B　上る

エ　A　高い　　B　下る

(2) 【調査のまとめ】の空らん　C　にあてはまる内容として最も適切なものを，次のア～ウの中
から１つ選び，記号で答えなさい。

ア　銚子～佐原～鉾田間

イ　銚子～利根運河～東京間

ウ　東京～関宿間

(3) 【調査のまとめ】の空らん　D　にあてはまる内容を，「路線」と「航路」という２つの言葉
を用いて30字以内で書きなさい。

【調査のまとめ】
・資料５の川蒸気船の乗客の運賃表から考えられること
　　同じ距離(きょり)を同じ型の船で移動するのに，東京発生井着より，生井発東京着のほうが
　　A　。これは，生井から東京までの区間は川蒸気船が川を　B　からであると考
えられる。
・資料６の川蒸気船の乗客数の変化から考えられること
　　川蒸気船の利用者は全体的に減っている。しかし，区間別でみると，1913年いこうの
乗客数は，銚子～牛堀～高浜間や　C　ではほとんど変化していない。資料４とあわ
せて読みとると，これらの区間では，　D　ことが理由の１つであると考えられ
る。

太郎さんは，川についていろいろ調べているうちに，川でおこる災害について関心をもち，先生と話しています。

---

**【太郎さんと先生の会話】**

太郎さん：大雨や台風のときに，川の近くでは水の災害がおこる可能性があります。

先　　生：災害の危険度を知ることができるハザードマップを知っていますか。

太郎さん：それは何ですか。

先　　生：ハザードマップとは，自然災害による被害の軽減や防災対策に使用する目的で，被災想定区域や避難場所などを表示した地図です。

太郎さん：どうやって作るのですか。

先　　生：地形図に，その災害の危険度と避難所の情報などを重ね合わせて作ります。土地の様子や過去の災害の歴史から想定される危険度を，地図上で色や濃淡を用いて表します。危険度が高いと色が濃くなる場合が多いです。

太郎さん：そうなのですね。住んでいる場所が川や山に近いおじいさんのために，地域の洪水の危険度を示すハザードマップを作ってみようと思います。

先　　生：山に近い場所に住んでいるのならば，土砂災害の危険度を示すハザードマップも作ってみてはどうでしょう。

太郎さん：やってみます。

---

太郎さんは，2つのハザードマップを作ったあとで，**【おじいさんに気を付けてもらいたいこと】**についてまとめました。

---

**【おじいさんに気を付けてもらいたいこと】**

○洪水は低地で起こりやすく，土砂災害は斜面で起こりやすい。

○災害が想定される場所には，避難場所がない場合が多い。

○地形を知ることで，災害を想定することができる。

問3　太郎さんが「地域の洪水の危険度を示すハザードマップ」を作ったときに，**地形図以外に使ったデータ**として適切なものを，次のページのア～エの中から2つ選び，記号で答えなさい。

なお，データは**地形図と同じ場所**の「浸水想定地域」「土砂災害危険地域」「洪水の避難場所」「土砂災害の避難場所」を表しています。また，**地形図**に表されている川は南から北に流れています。

地形図

ア
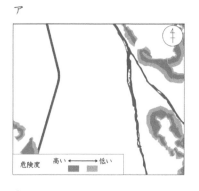

イ
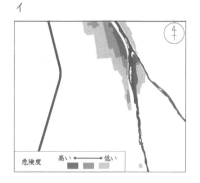

ウ

エ

（国土交通省「ハザードマップポータルサイト」をもとに作成）

2　　太郎さんと花子さんは，日曜日に高台にある展望台へ行くことにしました。当日，待ち合わせの場所で太郎さんと花子さんが話しています。

あとの問1〜問4に答えなさい。

---

**【太郎さんと花子さんの会話①】**

花子さん：すみません。待ち合わせの時刻に10分遅れてしまいました。太郎さんはいつ着いたのですか。

太郎さん：わたしは，12時30分に家を出て，待ち合わせの時刻より5分早く着きました。

花子さん：わたしも12時30分に家を出ました。太郎さんが早く着いたということは，太郎さんの家のほうが，わたしの家よりもこの待ち合わせの場所に近いのでしょうか。

太郎さん：地図で，それぞれの家からここまでの道のりを調べてみましょう。

花子さん：待ち合わせの場所までの道のりを比べると，太郎さんの家のほうが，わたしの家よりも300m遠いですね。なぜ，太郎さんのほうが早く着いたのでしょうか。

太郎さん：家からこの待ち合わせの場所まで自転車に乗ってきたため，花子さんと同じ時刻に家を出たのに，わたしのほうが早く着いたのだと思います。

花子さん：そうだったのですね。

---

問1　太郎さんと花子さんが待ち合わせをしていた時刻は何時何分か，答えなさい。なお，待ち合わせの場所まで，太郎さんは自転車に乗って分速300mで移動し，花子さんは歩いて分速60mで移

動したものとします。

---

太郎さんと花子さんは，展望台に続く階段<sup>だん</sup>を使って，じゃんけんの結果によって，階段を決まった段数だけ移動するゲームをすることにしました。

---

**【2人で行うじゃんけんのルール】**

じゃんけんは，「グー」，「チョキ」，「パー」の3種類の手の出し方で勝敗を決めます。

「じゃんけんポン！」のかけ声と同時にグー，チョキ，パーのいずれかの手を出し，2人の手の出し方によって図1のように，勝敗が決まります。

2人とも同じ手を出したときは引き分けになる（これを「あいこ」といいます）ので，勝敗が決まるまで「あいこでしょ！」のかけ声でじゃんけんをくり返します。

**図1　じゃんけんの3種類の手の出し方と勝敗**

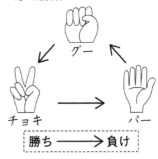

---

**【ゲームのルール】**

○スタート地点を展望台に続く階段の下から10段目の位置にする（図2）。

○2人がじゃんけんをして勝敗が決まったときの出した手によって，それぞれ次のようにする。

・グーを出して勝ったとき……3段のぼる　　・グーを出して負けたとき……1段おりる

・チョキを出して勝ったとき…2段のぼる　　・チョキを出して負けたとき…その段にとどまる

・パーを出して勝ったとき……5段のぼる　　・パーを出して負けたとき……2段おりる

○あいこのときは，勝敗が決まるまでじゃんけんをくり返し，勝敗が決まるまでを1回とする。

○先に展望台に続く階段の最上段にたどり着いた方をゲームの勝ちとする。

○地面に着いてしまったら，その場にとどまり，次のじゃんけんを待つものとする。

**図2　展望台に続く階段**

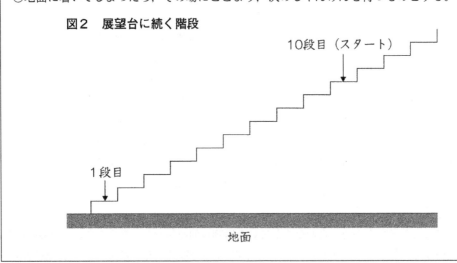

【太郎さんと花子さんの会話②】

太郎さん：それでは，ゲームを始めましょう。

花子さん：じゃんけんポン！

太郎さん：1回目はわたしの勝ちですね。チョキを出して勝ったので，2段のぼります。

花子さん：わたしはパーを出して負けたので，2段おります。

太郎さん：それでは，2回目にいきましょう。じゃんけんポン！あいこでしょ！あいこでしょ！

花子さん：パーを出して勝ちました。ここから5段のぼります。

太郎さん：わたしは，ここから1段おります。

花子さん：つづけて3回目にいきましょう。じゃんけんポン！

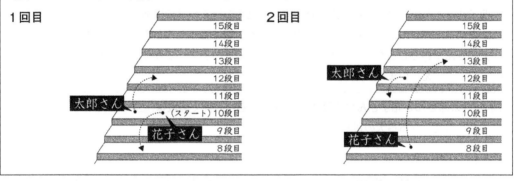

問2　ゲームの1回目から5回目までのじゃんけんの手の出し方は，次の表の通りです。5回目の勝敗が決まったとき，太郎さんと花子さんはそれぞれ何段目にいるか，答えなさい。

表　1回目から5回目までのじゃんけんの手の出し方

|  | 太郎さん | 花子さん |
|---|---|---|
| 1回目 | チョキ | パー |
| 2回目 | グー | グー |
|  | パー | パー |
|  | グー | パー |
| 3回目 | チョキ | グー |
| 4回目 | パー | チョキ |
| 5回目 | グー | グー |
|  | グー | チョキ |

【太郎さんと花子さんの会話③】

太郎さん：もう1ゲームやりましょう。1ゲーム目は負けてしまいましたが，今度は勝ちますよ。

花子さん：それでは，スタート地点の10段目に戻って，2ゲーム目を始めましょう。

問3　2ゲーム目の3回目まで終わって，太郎さんは花子さんより1段上にいました。次のページの(1)，(2)に答えなさい。

(1)　2ゲーム目の1回目から3回目までの結果として考えられる手の出し方のうち1つを，解答用紙にある表に書きなさい。ただし，あいこはなかったものとします。

(2)　このとき太郎さんは何段目にいるか答えなさい。

---

【太郎さんと花子さんの会話④】

花子さん：2ゲーム目のじゃんけんは11勝12敗でしたが，わたしが先にこの階段の最上段にたどり着きました。わたしの勝ちですね。

太郎さん：じゃんけんで勝った回数はわたしのほうが多いのに，出した手によってのぼることができる段数が違うので，最終的には負けてしまいました。そういえば，この階段は全部で何段あるのでしょうか。

花子さん：じゃんけんの手の出し方をすべて覚えているわけではありませんが，グー，チョキ，パーのそれぞれの手で，少なくとも1回は勝ったことを覚えています。

太郎さん：わたしもグー，チョキ，パーのそれぞれの手で，少なくとも1回は勝ったことを覚えています。

---

問4　【太郎さんと花子さんの会話④】から，展望台に続く階段は，全部で何段あると考えられますか。考えられる最大の段数を答えなさい。

---

3　花子さんは，図書館でおもしろそうなタイトルの本を見つけたので，読んでみることにしました。

次の文章は，安藤寿康著「なぜヒトは学ぶのか」（講談社）の一部です。これを読んで，問1～問4に答えなさい。

まだ1歳の子どもの目の前に，二つの，どちらも子どもにとって魅力的な物を，一つは左側，もう一つは右側に置きます。一人目の実験者がその品物の反対側から子どものほうを向いて，はじめに子どもと目と目を合わせてから，そのうちの一方に視線を向けます。すると子どもは※1視線追従をしてそちらのほうを向きます。次に一人目の実験者はそのままその場を去り，しばらくして二人目の実験者がやってきて，その二つの物を両方見比べ，どっちをとろうか迷ったふりをします。すると子どもは，第一の実験者が視線を向けたほうを指差して，こっちを選びなよというしぐさをします。

かわいらしいしぐさではありますが，そんなのはあたりまえだろうとも思うかもしれませんね。ここは①準備段階です。次に子どもにとって，好き嫌いにちょっと違いのあるものを左右に置きます。たとえばある子どもは赤い物のほうが青い物よりも好きだとしだら，同じ形をした赤い物と青い物を置くわけです。そして第一の実験者は，やはりはじめに子どもと目を合わせてから，子どもがあまり好きでないほうの色，つまりこの場合は青いほうを見ます。すると子どもはさっきと同じように青いほうに視線を追従します。さて，やはり第一実験者は立ち去り，第二の実験者が来て，先と同じようにどちらをとるか迷ったふりをしたとき，子どもはどちらを指差すでしょうか。自分の好きな赤いほうでしょうか，それとも第一の実験者が見つめた青いほうでしょうか。

子どもは，自分の好きな赤いほうではなく，第一の実験者が見て視線追従した青いほうをさす割

合のほうが多いのです。これが，はじめに第一実験者が，子どもと目を合わせることなく，一人で勝手に子どもの好きでないほうを見て立ち去るようすを見せた場合は，第二の実験者が来たときに子どもが指差すのは，圧倒的に子ども自身が好きな色でした。

これはおそらく，子どもが第一実験者が視線を使ってわざわざ自分に注意を促して見させたもののほうが「選ばれるべきもの」，個人的好みではなく「客観的に価値のあるもの」とみなして，それを第三者に教えようとしているのだと考えられます。自分自身の好みを相手に伝えるのではなく，自分の好みとは別次元の客観的・※2普遍的価値基準を，この年齢の子どもは大人のふるまいから察し，そしてそれを他者に伝えようとしているのです。このような大人と子どもの自然なやり取りの中で生じている「教育」の機能を，※3チブラとゲルゲリーは「ナチュラル・ペダゴジー」つまり「自然の教育」と名づけました。

このナチュラル・ペダゴジー実験が※4示唆していることがらは，みかけのささやかさとは逆に，②人間の本質に関わるきわめて重要な意味を持っています。まずヒトの子どももかなり小さいとき，ひょっとしたら生まれたときから，他者から何かを教わる能力を持っていると同時に，他者に何かを教えようとする能力も持っているということが読み取れます。

気がついてみればあたりまえのことですが，教えによって学ぶことができるためには，教える能力と教わって学ぶ能力の両方がなければなりません。進化の過程で教える能力だけが獲得され，そこから教わる能力が二次的に※5派生したとか，逆に教わる能力だけが進化の過程で発生し，そこから教えるという行為が発明されたとは考えにくいとは思いませんか。つまり教育する心の働きと教育によって学ぶ心の働きは，進化の過程で同時に獲得されていなければならない※6相補性があるのだと思われます。

さらに重要なことは，こんなに小さいときに現れているこうしたコミュニケーションを通じて伝えられている情報が，それを伝える大人にとっても子どもにとっても，「私個人」の好き嫌いではなく，「よいもの」であるという「規範性」を持ったもの，あるいは特定の個人だけにあてはまる知識ではなく，「一般性」のある知識として伝えられているということです。

ただのコミュニケーションならば，「私はこれが好きだ」とか「私はあれがほしい」とか「私はいまこう感じる」「私は不快だ」のように，「私」だけのことを相手に伝えればよい。オムツがよごれたり，おなかがすいたりしたときに子どもが泣くのは，まさにそういう個人的で※7利己的なメッセージです。しかしもし他者とのコミュニケーションで伝えている情報が，個人を超えた「一般性」「規範性」を持つものであるとしたら，しかもそれを※8互恵的に伝え合うことを，生まれて間もないころからできるというのが確かだとしたら，さらにそれが教育を成り立たせている心の働きの原点にあるとしたら，それは極めて重要な発見であるといえるでしょう。

（一部省略や，ふりがなをつけるなどの変更があります。）

※1　視線追従……相手の視線を追い，相手が見ているものをいっしょに見ること。

※2　普遍的……きわめて多くのものにあてはまるさま。

※3　チブラとゲルゲリー……研究者の名前。

※4　示唆……それとなく物事を教え示すこと。

※5　派生……もともとのものから分かれて生じること。

※6　相補性……互いに不足を補い合う関係。

※7　利己的……自分ひとりだけの利益を中心に考えること。

※8　互恵的……互いに利益を与え合うこと。

問1　下線部①「準備段階」の次に行った実験でさらに見られたことはどのようなことですか。最も適切なものを次のア～エの中から１つ選び，記号で答えなさい。

　ア　視線追従をした子どもは，色ではなく形で好きなものを決めるようになった。

　イ　大人の視線に反応するように，子どもが視線追従を行うようになった。

　ウ　子どもの好き嫌いは，視線追従という動作によって左右されるようになった。

　エ　多くの子どもは，好みにかかわらず視線追従で示されたものを指差すようになった。

問2　下線部②「人間の本質に関わるきわめて重要な意味」に関連して，花子さんは，実験から筆者が考察していることをまとめました。【花子さんのまとめ】の空らん　A　にあてはまる内容を本文中から10字，　B　にあてはまる内容を本文中から13字でさがして書きぬきなさい。また，空らん　C　にあてはまる内容を本文中から10字，　D　にあてはまる内容を本文中から15字でさがして書きぬきなさい。（句読点や記号は１字と数えます。）

---

【花子さんのまとめ】

・ヒトの子どもはとても小さいときから，　A　能力と，　B　能力をあわせ持っている。

・さらに重要なことは，子どもがとても小さいときから他者とのコミュニケーションを通じて伝えられている情報が，　C　ではなく「規範性」を持ったもの，あるいは　D　ではなく「一般性」のある知識として伝えられているということである。

---

問3　本文中に述べられていることとして，最も適切なものを，次のア～エの中から１つ選び，記号で答えなさい。

　ア　ナチュラル・ペダゴジー実験で，第一実験者が視線を使って注意を促したものを第三者に対して伝えようとしている子どもが多く見られた。

　イ　「自然の教育」とは，子どもと大人が自然の中でふれあう環境にいながら，言語で学習していくことである。

　ウ　人間は視線追従という行動を，訓練をとおして学んでいくことにより，言葉を用いない教育を可能とした。

　エ　子どもは，大人のふるまいによってのみ，個人的好みだけで価値のあるものかどうかを判断して，それを他者に伝えようとすることができる。

問4　本文の構成の特徴について説明したものとして最も適切なものを，次のア～エの中から１つ選び，記号で答えなさい。

　ア　まず，結論となる筆者の考えを短く述べ，次にそう考える理由について，実験をもとに具体的に説明している。

　イ　まず，実験の目的について述べ，次に仮説を証明するための実験を行い，その結果について批判的な考察を述べている。

　ウ　まず，段階的に行われた実験について説明し，次に実験からわかったことを示したうえで，筆者の意見を述べている。

　エ　まず，複数の実験の結果をそれぞれ述べ，次にそこから筆者が気づいたことを確かめるために，新たな実験を提案している。

## 【適性検査Ｃ】（45分）

1 ┌─────────────────────────────────────────────┐
　　花子さんは，「日本でくらす外国人」について総合的な学習の時間で発表することになり，準備をしています。
　└─────────────────────────────────────────────┘

以下の会話文を読んで，**問い**に答えなさい。　　　　（**資料１～資料３**は次のページにあります。）

┌──────────────────────────────────────────────────────┐
先　　生：花子さんは，どのようなことを発表するのですか。

花子さん：日本でくらす外国人について発表したいと思います。以前，※ＡＬＴの先生から，日本での生活で困ったことについて話を聞く機会がありました。日本に来たばかりのころは，言葉がわからずたいへん苦労したそうです。そこで，日本でくらす外国人がよりよい生活を送るためにはどのようなことが大切かを考え，発表したいと思います。

先　　生：外国人が何を望んでいるかを知ることで，わたしたちにできることを見つけられそうですね。発表に向けて，何か資料を集めましたか。

花子さん：はい。**資料１**は，日本の小学校に通う外国人児童数の推移を表したものです。**資料２**は，自分の住む地域に外国人が増えることで期待できることについて，日本人を対象に行った調査の結果です。**資料３**は，外国人がくらしやすい地域にするために日本人に望むことについて，日本に住む外国人を対象に行った調査の結果です。

先　　生：これらの資料を使って，どのように発表しようと考えていますか。

花子さん：はい。最初に**資料１**を使って2010年と2020年の日本の小学校に通う外国人児童数を比べ，2020年に外国人児童数がおよそ何倍に増加したかを計算し，小数第二位を四捨五入した値を用いて述べます。次に，**資料２**から，外国人が増えることで期待できることとして最も多かった回答をあげます。そして，**資料３**の回答の上位３つすべての項目から，外国人が日本人にどのように接してほしいと望んでいるのかを読み取り，簡潔に述べます。最後に，その内容をもとに，外国人と日本人がよりよい関係を築くためにはどうしたらよいか，わたしの考えを具体的に説明します。

先　　生：すばらしい発表になりそうですね。楽しみにしています。
└──────────────────────────────────────────────────────┘

※ＡＬＴ……外国語指導助手。

**問**　あなたが花子さんなら，どのように発表しますか。次の条件に従って発表原稿を作りなさい。

条件１：解答は横書きで１マス目から書くこと。

条件２：文章の分量は，300字以内とすること。

条件３：数字や小数点，記号についても１字と数えること。　　（例）| 4 | 2 | . | 5 | ％ |

資料1　日本の小学校に通う外国人児童数の推移

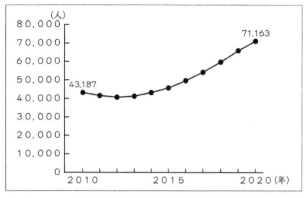

（文部科学省「学校基本調査」をもとに作成）

資料2　自分の住む地域に外国人が増えることで期待できること

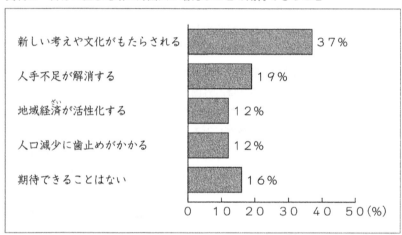

（ＮＨＫ放送文化研究所「外国人との共生社会に関する世論調査」をもとに作成）

資料3　外国人がくらしやすい地域にするために日本人に望むこと

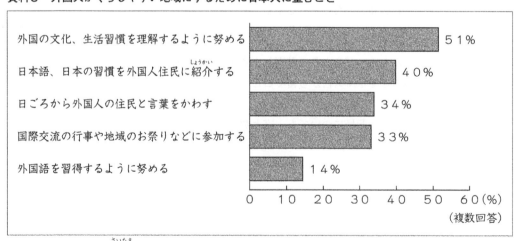

（埼玉県県民生活部国際課「令和３年度埼玉県外国人住民意識調査」をもとに作成）

2

　　太郎さんは、「サステナブルファッション」について総合的な学習の時間で発表すること
になり、準備をしています。

以下の会話文を読んで、あとの**問い**に答えなさい。　（**資料3**，**資料4**は次のページにあります。）

先　　　生：太郎さんは、どのようなことを発表する予定ですか。

太郎さん：サステナブルファッションについて発表しようと思います。

先　　　生：難（むずか）しいテーマを選びましたね。何かきっかけがあったのですか。

太郎さん：先日、母と家のかたづけをしていたところ、一度も着ていない服が見つかり、その
　　　　　服について話したことをきっかけに、サステナブルファッションという考え方を知
　　　　　りました。

先　　　生：サステナブルファッションは、地球環境や資源（げん）がこの先も持続するよう、衣服の生
　　　　　産から廃棄（はいき）までの間、環境などに気を配ろうという取り組みですね。ＳＤＧｓの
　　　　　「つくる責任・つかう責任」とも関連が深いです。

太郎さん：環境省のウェブサイトで調べたところ、衣服は、生産から廃棄まで、それぞれの段（だん）
　　　　　階で環境に負担（たん）をかけていることがわかりました。発表では、サステナブルファッ
　　　　　ションへの関心を深めてもらい、わたしたちにできることを伝えたいと思います。

先　　　生：資料を使って発表するとよいですね。

太郎さん：はい。そのために、**資料1**から**資料4**までを準備しました。まず、**資料1**から、サ
　　　　　ステナブルファッションについて、「知っているが全く関心はない」人の割合（わり）がどれ
　　　　　くらいかを数値で示します。次に、**資料2**から、服1着を製造するときに環境にあ
　　　　　たえる負担を水の消費量を例にあげて説明します。その際に、服1着を製造すると
　　　　　きの水の消費量が500mLのペットボトル何本分かを述べます。そして、**資料3**から
　　　　　読み取れる課題を、資料中の数値を使って述べます。最後に、先ほど述べた課題を
　　　　　ふまえ、**資料4**にある「明日からわたしたちが取り組めるアクション」から項目を
　　　　　1つあげ、その項目についてわたし自身がサステナブルファッションの取り組みと
　　　　　して具体的にどのようなことができるか、考えたことを発表します。

先　　　生：わかりました。楽しみにしています。

**資料1　サステナブルファッションへの関心の割合**
（サステナブルファッションを知っている人に対するアンケート結果）

**資料2　服1着を製造する**
　　　　**ときの環境への負担**

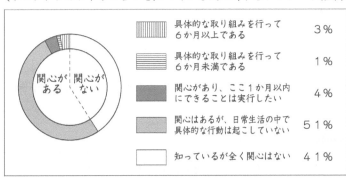

| | 具体的な取り組みを行って6か月以上である | 3% |
| | 具体的な取り組みを行って6か月未満である | 1% |
| | 関心があり、ここ1か月以内にできることは実行したい | 4% |
| | 関心はあるが、日常生活の中で具体的な行動は起こしていない | 51% |
| | 知っているが全く関心はない | 41% |

水の消費量
💧 約2,300L

**資料3　手放したあとの服のゆくえ**

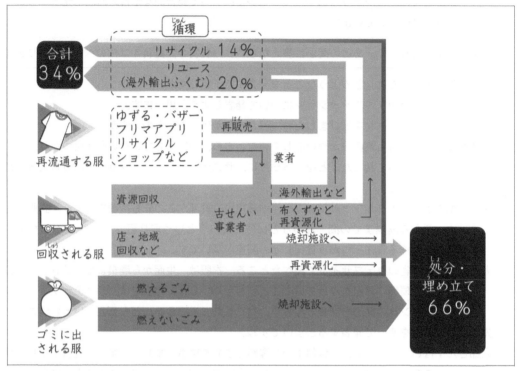

（注）各割合は家庭から手放した衣類の総量を分母としています。

**資料4　明日からわたしたちが取り組めるアクション**

> ・今持っている服を長く大切に着よう
>
> ・リユース（再利用）でファッションを楽しもう
>
> ・先のことを考えて買おう
>
> ・作られ方をしっかり見よう
>
> ・服を資源として再活用しよう

資料1～資料4（環境省ウェブサイトをもとに作成）

**問**　あなたが太郎さんなら，どのように発表しますか。次の条件に従って発表原稿を作りなさい。

　条件1：解答は横書きで1マス目から書くこと。

　条件2：文章の分量は，300字以内とすること。

　条件3：数字や小数点，記号についても1字と数えること。

（例）| 4 | 2 | . | 5 | % |

---

3　　太郎さんは，「米づくり」について総合的な学習の時間で発表することになり，準備をしています。

以下の会話文を読んで，あとの**問い**に答えなさい。

> 先　　生：太郎さんは，どのようなテーマで発表しようと考えているのですか。

太郎さん：「これからの米づくり」について発表しようと思います。先日，米づくりの体験学習に参加したとき，5年生の社会科で学習した田植えの方法とはちがう方法を教えてもらい，興味をもちました。

先　　生：それはどのような方法ですか。

太郎さん：5年生の社会科で学習した田植えは，苗を育てて田に植える方法でしたが，今回教えてもらったのは，種もみを直接田にまく方法です。

先　　生：それは直播栽培ですね。5年生で学習した苗を育てて田に植える方法は，移植栽培といいます。この**資料1**（次のページ）は，直播栽培と移植栽培でそれぞれ米づくりをしたときの，生産費用と収穫量を比較したものです。太郎さんはどのような資料を準備したのですか。

太郎さん：はい。**資料2**（次のページ）は，米づくり農家の年齢別構成の比較です。そして，**資料3**（次のページ）は，2つの栽培方法における，3月から10月までの農家の労働時間をわかりやすく図で表したものです。これらをもとに，直播栽培について説明したいと思います。

先　　生：すべての資料を使って発表できるとよいですね。現在，米づくりでは移植栽培が多く行われていますが，苗の生育と田植えは，米づくりにかかわる作業のなかでも，とくに重労働といわれています。直播栽培の割合が増えることで，米づくりのすがたが変わるかもしれませんね。では，どのように発表しますか。

太郎さん：まず，**資料1**をもとに，直播栽培と移植栽培を比較し，それぞれの栽培方法のよい点を1つずつ述べます。次に，**資料2**から読み取れる，米づくり農家全体の課題と考えられることを1つあげます。最後に，**資料3**から，移植栽培と比較して読み取れる直播栽培のよい点を生かすことで，先ほどあげた課題をどのように改善できると考えられるか説明し，これからの米づくりに対するわたしの意見を述べます。

先　　生：よい発表になりそうですね。楽しみにしています。

**問**　あなたが太郎さんなら，どのように発表しますか。次の条件に従って発表原稿を作りなさい。

条件1：解答は横書きで1マス目から書くこと。

条件2：文章の分量は，300字以内とすること。

条件3：数字や小数点，記号についても1字と数えること。　　　（例）| 4 | 2 | . | 5 | % |

資料1　直播栽培と移植栽培の比較

|  | 直播栽培 | 移植栽培 |
|---|---|---|
| 10aにかかる生産費用 | 92,618円 | 103,499円 |
| 10aあたりの収穫量 | 488kg | 526kg |

（農林水産省「水稲直播栽培の現状について」をもとに作成）

資料2　米作り農家の年齢別構成の比較

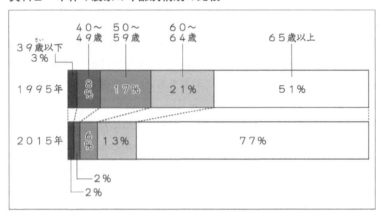

（農林水産省「農林業センサス」をもとに作成）

資料3　直播栽培と移植栽培の労働時間のイメージ

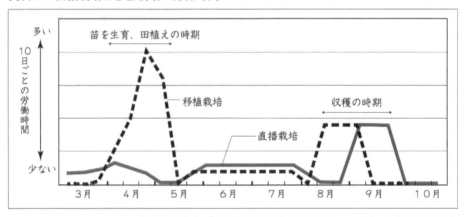

（農林水産省「水稲直播栽培の現状について」をもとに作成）

# 2022 年 度

## 解 答 と 解 説

《2022年度の配点は解答欄に掲載してあります。》

## ＜適性検査Ａ解答例＞ 《学校からの解答例の発表はありません。》

1　問1　ウ
　　問2　ア
　　問3　ウ
　　問4　①　イ　　②　ウ　　③　ア
　　問5　エ

2　問1　10(倍)
　　問2　(1)　7－7＝0
　　　　　　　8×0＝0
　　　　　　　0＋12＝12
　　　　(2)　12＋12＝24
　　　　　　　24＋18＝42
　　　　　　　42÷6＝7
　　問3　ターゲットカード　24
　　　　　〈証明〉10×2＝20
　　　　　　　　　20＋2＝22
　　　　　　　　　22＋2＝24

3　問1　エ
　　問2　259(g)
　　問3　イ
　　問4　空のペットボトルをつり下げたときと，500mLの水が入ったペットボトルをつり下
　　　　げたときのばねの長さの差から，水1mLあたりでのびるばねの長さは，
　　　　　（12.2－8.2）÷500＝0.008(cm)
　　　　1mLの水の重さは1gなので，水1gあたり0.008cmばねがのびることがわかる。
　　　　よって，洗い終わった衣類から蒸発した水の重さは，
　　　　　（19.6－17.8）÷0.008＝225(g)
　　　　より，225gであるとわかる。

4　問1　太郎さん：ア　　お父さん：エ　　お母さん：ウ
　　問2　正しいもの：ア　　D：63
　　問3　エ

5　問1　ウ，エ
　　問2　A：4　B：38　C：ア
　　問3　(1)　イ
　　　　　(2)　A

○推定配点○
1　問1・問2・問3　各4点×3　　問4　完答6点　　問5　4点
2　問1　4点　　問2(1)・(2)　各6点×2　　問3　8点
3　問1・問2・問3　各4点×3　　問4　8点
4　問1　各3点×3　　問2　完答5点　　問3　3点
5　問1　完答5点　　問2　完答6点　　問3(1)・(2)　各3点×2　　　　計100点

## ＜適性検査Ａ解説＞

1　（英語：放送による問題）
　問1　ケイトさんとしゅんさんの夏休みの思い出についての会話を聞く問題である。会話の内容から，しゅんさんは夏祭りでかき氷を食べ，ケイトさんは遊園地で花火を見たことがわかるので，答えはウとなる。
　　（放送文）
　　Kate(W)：How was your summer vacation, Shun?
　　Shun(M)：I went to the summer festival, Kate. I ate shaved ice there. It was delicious.
　　Kate(W)：That's nice! I like shaved ice, too.
　　Shun(M)：How was your summer vacation, Kate?
　　Kate(W)：I went to the amusement park. I saw fireworks there. They were beautiful.
　　（放送文全訳）
　　ケイト：あなたの夏休みはどうでしたか，しゅん。
　　しゅん：ぼくは夏祭りに行きました，ケイト。ぼくはそこでかき氷を食べました。それはとてもおいしかったです。
　　ケイト：いいですね！私もかき氷が好きです。
　　しゅん：あなたの夏休みはどうでしたか，ケイト。
　　ケイト：わたしは遊園地に行きました。わたしはそこで花火を見ました。それらはとてもきれいでした。
　問2　マイクさんとあやさんの好きな果物についての会話を聞く問題である。あやさんはブドウとイチゴが好きで，マイクさんはイチゴは好きだがブドウは好きではないということが聞き取れる。内容に合わない絵を選ぶ問題なので，答えはアとなる。
　　（放送文）
　　Mike(M)：What's your favorite fruit, Aya?
　　Aya(W)：I like grapes. I want to go to Yamanashi this summer because grapes are famous there.
　　Mike(M)：I see.

Aya(W): Do you like grapes, Mike?

Mike(M): No, I don't. I like strawberries.

Aya(W): I like them, too.

（放送文全訳）

マイク：あなたのお気に入りの果物は何ですか，あや。

あや：わたしはブドウが好きです。わたしは今年の夏に山梨へ行きたいです，なぜならそこはブドウが有名だからです。

マイク：なるほど。

あや：あなたはブドウが好きですか，マイク。

マイク：いいえ，好きではありません。ぼくはイチゴが好きです。

あや：わたしもそれらが好きです。

問3　ジェイクさんとお母さんの会話の内容から，買うものを選ぶ問題である。お母さんは，牛乳とたまごとじゃがいもがほしいと言っているが，会話の後半ではじゃがいもが必要なくなり，代わりに玉ねぎが2個ほしいと言っている。買うものは，牛乳，たまご6個，玉ねぎ2個なので，答えはウとなる。

（放送文）

Mother(W): Jake, can you go to the supermarket?

Jake(M): Yes. What do you want, Mom?

Mother(W): I want some milk, some eggs, and some potatoes.

Jake(M): OK. How many eggs do you want?

Mother(W): Six, please.

Jake(M): OK. And how many potatoes do you want?

Mother(W): Wait. I have potatoes, so I don't want any potatoes. Ah, I want some onions!

Jake(M): How many onions do you want?

Mother(W): Two, please.

（放送文全訳）

お母さん：ジェイク，あなたはスーパーマーケットへ行けますか。

ジェイク：はい。何がほしいですか，お母さん。

お母さん：わたしはいくらかの牛乳といくつかのたまごといくつかのじゃがいもがほしいです。

ジェイク：わかりました。何個たまごがほしいですか。

お母さん：6個，おねがいします。

ジェイク：わかりました。では，何個じゃがいもがほしいですか。

お母さん：待って。わたしはじゃがいもを持っています，だからじゃがいもはひとつもいりません。ああ，わたしは玉ねぎがほしいです！

ジェイク：何個玉ねぎがほしいのですか。

お母さん：2個，おねがいします。

問4　メグさんとけんたさんの会話を聞き，2人の行動の順番を考える問題である。メグさんが買い物に行きたいこと，けんたさんが買い物の前にピザを食べたいこと，そのためにデパートへ行こうとしていることが会話の内容から聞き取れる。よって，答えはイ→ウ→アの順となる。

（放送文）

Meg(W): I want to go shopping with you, Kenta. I want some T-shirts.

Kenta(M): OK, Meg. But I'm hungry now. I want to eat lunch before shopping.

Meg(W): What do you want to eat?

Kenta(M): I want to eat pizza.

Meg(W): I know a good Italian restaurant. It's in the department store. We can eat pizza at the restaurant and go shopping after lunch.

Kenta(M): Sounds nice. I want to go to the bookstore before going home. I want to buy a book.

Meg(W): We can go to the bookstore in the department store.

Kenta(M): OK. Let's go to the department store.

（放送文全訳）

メグ：わたしはあなたと買い物に行きたいです，けんた。わたしはいくつかのTシャツがほしいです。

けんた：いいですよ，メグ。でもぼくは今お腹が空いています。ぼくは買い物へ行く前にお昼ごはんが食べたいです。

メグ：あなたは何が食べたいですか。

けんた：ぼくはピザが食べたいです。

メグ：わたしはいいイタリアンレストランを知っています。それはデパートの中にあります。わたしたちはそのレストランでピザを食べて，お昼ご飯の後に買い物に行くことができます。

けんた：いいですね。ぼくは家に帰る前に本屋さんに行きたいです。ぼくは本が買いたいです。

メグ：わたしたちはデパートの中の本屋さんに行くことができます。

けんた：わかりました。デパートへ行きましょう。

問5　まいさんによる妹の紹介を聞いて，正しい組み合わせを選ぶ問題である。話の内容から，好きな動物はうさぎ，好きな食べ物はハンバーガー，上手なスポーツはサッカー，しょうらいの夢は英語の先生ということが聞き取れる。よって，答えはエとなる。

（放送文）

（W）

This is Saki. She is my sister. Saki and I love animals. We have cats, but her favorite animals are rabbits. She likes hamburgers. She doesn't like curry and rice.

She plays many sports. She can play soccer well. She can't play tennis well, but she likes it.

She wants to be an English teacher in the future.

（放送文全訳）

まい：こちらはさきです。彼女はわたしの妹です。彼女とわたしは動物が大好きです。わたしたちはねこを飼っていますが，彼女のお気に入りの動物はうさぎです。彼女はハンバーガーが好きです。彼女はカレーライスが好きではありません。

彼女はたくさんのスポーツをします。彼女はサッカーを上手にプレイします。彼女はテニスをうまくできませんが，それが好きです。

彼女はしょうらい英語の先生になりたいです。

**2** （算数：人口密度，四則計算）

**基本**

問1　人口密度は，人口÷面積で求められる。**【太郎さんとマイケルさんの会話①】**より，アメリカ合衆国は，日本に比べて人口が約2.6倍，国土面積が約26倍である。よって，日本の人口密度は，アメリカ合衆国に比べて26÷2.6＝10で10倍である。

問2(1)　ターゲットカードが⑫なので，答えが12になるような計算式をつくればよい。問題文の**【0（ゼロ）戦略】**を手がかりに，まず⑦－⑦＝0をつくる。プレイヤーカードの⑧と答えの0を使って⑧×0＝0をつくる。そして0＋⑫＝⑫をつくれば，正しい〈証明〉が完成する。

(2)　プレイヤーカードが偶数，ターゲットカードが奇数なので，問題文の**【わり算戦略】**を利用する。まず⑫＋⑫＝24をつくる。答えの24とプレイヤーカードの⑱を使って24＋⑱＝42。そして答えの42とプレイヤーカードの⑥を使って42÷⑥＝⑦をつくれば，正しい〈証明〉が完成する。プレイヤーカードはどの順番で使ってもかまわないので，1つ目の計算式で⑱を使用してもよい。その場合，⑫＋⑱＝30，30＋⑫＝42，42÷⑥＝⑦となる。

問3　カードの数は1から25までなので，ターゲットカードの数も最大で25となる。プレイヤーカードが②，②，②，⑩のとき，正しい〈証明〉ができるターゲットカードの数を25以下で考える。まず，⑩×②＝20をつくり，答えの20とプレイヤーカードの②で，20＋②＝22をつくる。そして，22と残りのプレイヤーカードの②を使って，22＋②＝24をつくる。できた数字は24であり，カードの最大数の25をこえないので正しい〈証明〉が成り立つ。

**3** （算数，理科：しつ度，資料の読み取り，ばねののび）

問1　表1から0℃，10℃，20℃のときの水蒸気の限度の量にそれぞれ着目し，正しい数値にグラフの点が置かれているものを選べばよい。よって答えはエとなる。

問2　表1，表2から必要な数値を読み取り答えを求める。太郎さんの部屋の気温は18℃なので，表1から1m³の空気中にふくむことができる水蒸気の限度の量は15.4gであるとわかる。表2より部屋の容積は28.0m³，部屋のしつ度は60.0%なので，

　　　15.4×28.0×0.6＝258.72(g)

小数第1位を四捨五入し，答えは259gとなる。

問3　表2より，すべての部屋のしつ度は同じなので，部屋の容積が大きい方が水蒸気の量が多くなる。また，表1より，室内の気温が高い方が1m³にふくむことができる水蒸気の量が多くなる。よって，答えはイの和室となる。

問4　まず，500mLの水でどのくらいばねがのびるかを求める。のびたばねの長さは12.2－8.2＝4.0(cm)なので，水1mLあたりのばねののびを計算すると，4.0÷500＝0.008(cm)となる。**【太郎さんとお父さんの会話②】**のお父さんの発言より，1mLの水の重さは1gであるので，1gでばねは0.008cmのびるとわかる。洗い終わった衣類がふくんでいた水の重さによってのびたばねの長さは19.6－17.8＝1.8(cm)なので，その水の重さは1.8÷0.008＝225(g)となる。よって，洗い終わった衣類から蒸発した水の重さは225gである。

**4** （総合：グラフや資料の読み取り，輸送機関）

問1　**【太郎さんとお父さんとお母さんの会話】**より，お母さんが選んだものはウかエのどちらか，太郎さんが選んだものはアかエのどちらか，お父さんが選んだものはエであることがわかる。お母さんの「3人ともそれぞれちがう種類のものを選んだね。」という発言から，太郎さんがア，お父さんがエ，お母さんがウとわかる。

問2　資料1から，新幹線の数値が鉄道全体の数値に対して特に小さいのは「輸送した人数」であり，計算すると，3.7÷251.9＝0.0146…で2％未満であることがわかる。Aにあてはまるのは「輸送した人数」である。「1人あたりの平均利用きょり」は，新幹線の方が鉄道全体よりも長いので，Bにはあてはまらない。よって，Bには「輸送量」があてはまり，Cには「1人あたりの平均利用きょりが長い」があてはまるので，答えはアである。

鉄道全体・自動車・航空機を合わせた全体の輸送量に対し，自動車の輸送量が占める割合は，

9096.0÷(4350.6＋9096.0＋945.9)＝0.631…

より，Dにあてはまる数は63となる。

問3　資料2を正確に読み取る。2009年の船の人の輸送量は自動車よりも少ないが，貨物の輸送量は自動車に次いで多い。また，1960年から1980年の間は，船の貨物の輸送量がもっとも多いのでエが適切。アは，自動車による貨物の輸送量が鉄道による貨物の輸送量を上回ったのは1965年から1970年の間なので誤り。イは，人の輸送量も貨物の輸送量も1960年と比べて2009年の時点で2倍以上になっていないので誤り。ウは，2009年の人の輸送量が最も少ないのは航空機ではなく船なので誤り。

5　（社会：表の読み取り，バブルチャート）

問1　アは，サウジアラビアの国土面積と日本の国土面積を比べると2207÷378＝5.8…となり，8倍未満なので誤り。イは，サウジアラビアより日本の方が人口が多いので，誤り。ウは，サウジアラビアの耕地面積の割合は36÷2150＝0.016…であり，2％未満なので正しい。エは，1人あたりの年降水量を比べると，3850÷4944＝0.77…となり，8割未満なので正しい。オは，1人あたりの資源として使える水の量を比べると73÷3373＝0.02…となり，1％をこえるため誤り。よって，ウとエが答えとなる。

問2　1990年の原油価格は約20ドル，2010年の原油価格は80ドルであり，4倍になっているので，Aにあてはまる整数は4である。

2016年の原油価格の2012年の原油価格に対する割合は，41÷109＝0.376…より，小数第一位を四捨五入すると，Bにあてはまる整数は38であるとわかる。

資料3から，サウジアラビアの輸出品のうち，7割以上を原油と石油製品がしめていることがわかる。よって，Cにあてはまるものとして適切なのはアである。

問3(1)　資料4と資料5から，バブルの大きさは二酸化炭素総排出量を表していることがわかる。アメリカの二酸化炭素総排出量は中国に次いで2番目に多い。最も大きい①のバブルが中国であると考えられるため，答えはイとなる。

(2)　資料5から，アメリカの人口は900,000千人よりも少なく，1人あたりの二酸化炭素排出量は10トンよりも多いので，アメリカ合衆国の円(バブル)の中心は，Aのエリアにある。

★ワンポイントアドバイス★

検査時間は50分であるが，問題数が多く，英語のリスニング問題もあるため，時間配分がカギとなる。資料を読み取って答える問題はしっかりと資料をみて，理解することが大切である。また，計算が必要な問題も多いため，ミスのないよう落ち着いて計算しよう。

## ＜適性検査Ｂ解答例＞ 《学校からの解答例の発表はありません。》

1　問１　イ（→）ウ（→）ア

　　問２　(1)　イ

　　　　　(2)　ア

　　　　　(3)　鉄道の路線が通っておらず，交通手段が川蒸気船の航路に限られる

　　問３　イ，エ

2　問１　12（時）40（分）

　　問２　太郎さん　12（段目）　　花子さん　18（段目）

　　問３　(1)

| | 太郎さん | 花子さん |
|---|---|---|
| 1回目 | グー | チョキ |
| 2回目 | チョキ | パー |
| 3回目 | グー | パー |

　　　　　(2)　14（段目）

　　問４　57（段）

3　問１　エ

　　問２　A　他者から何かを教わる

　　　　　B　他者に何かを教えようとする

　　　　　C　「私個人」の好き嫌い

　　　　　D　特定の個人だけにあてはまる知識

　　問３　ア

　　問４　ウ

○推定配点○

1　問１　完答5点　　問２(1)・(2)　各5点×2　　(3)　8点　　問３　完答6点

2　問１・問２　各5点×3　　問３(1)　完答8点　　問３(2)・問４　各5点×2

3　問１・問３・問４　各6点×3　　問２　各5点×4　　　計100点

## ＜適性検査Ｂ解説＞

1　（社会：地図・資料の読み取り，ハザードマップ）

　問１　**資料２**より，1621年には新川通や赤堀川が新たにつくられており，1624～1643年には太日川から江戸川に水の流れが移動し，逆川が通された。そして，1654年に利根川の本流が常陸川を流れるようになった。ここでア～ウの地図を見ると，イは逆川が無く太日川を通っているため，1621年にあてはまると考えられる。ウは江戸川を通り，アは常陸川を通っているため，ウが1624～1643年のもの，アが1654年のものだとわかる。よって答えはイ→ウ→アの順になる。

　問２(1)　**資料５**より，東京発生井着のときの運賃は76銭，生井発東京着のときの運賃は52銭となっており，生井発東京着のときの方が安い。**資料４**を見ると，生井よりも東京の方が海に近いことから，生井から東京にかけて川蒸気船は川を下っていることがわかる。よって，

答えはイである。

(2) **資料6**から，1913年以こう乗客数がほとんど変化していないのは，銚子～牛堀～高浜間と銚子～佐原～鉾田間の2つであることが読み取れる。よって，答えはアである。

(3) **資料4**を見ると，銚子～牛堀～高浜間，銚子～佐原～鉾田間には鉄道の路線がなく，川蒸気船の航路しか移動手段がないことがわかる。つまり，これらの区間の移動には川蒸気船を使わなければならない。このことを指定された語句を使って30字以内で述べればよい。

問3 　まず，アとイを比べる。地形図と照らし合わせると，アは等高線の間隔がせまい地域の周囲の危険度が高くなっており，イは川の下流周辺の危険度が高くなっている。問題の【おじいさんに気を付けてもらいたいこと】の1つ目から，アは「土砂災害危険地域」を表し，イは「浸水想定地域」を表しているとわかる。次にウ・エをア・イと比かくする。エに着目すると，右下の避難場所と右上の避難場所がアの危険地域に近いことが読み取れる。【おじいさんに気を付けてもらいたいこと】の2つ目から，エは「土砂災害の避難場所」ではないことがわかる。よって，太郎さんが使ったデータはイとエである。

2 （算数：速さの計算，規則性）

問1 　太郎さんは分速300m，花子さんは分速60mで移動したので，それぞれの家から待ち合わせの場所までの道のりは，300と60の最小公倍数である300の倍数(m)となる。このことをふまえ，2人の移動時間と道のりを表にまとめると，以下のようになる。

太郎さん

| 時間　（分） | 1 | 2 | 3 | 4 | 5 | 6 | … |
|---|---|---|---|---|---|---|---|
| 道のり(m) | 300 | 600 | 900 | 1200 | 1500 | 1800 | … |

花子さん

| 時間　（分） | 5 | 10 | 15 | 20 | 25 | 30 | … |
|---|---|---|---|---|---|---|---|
| 道のり(m) | 300 | 600 | 900 | 1200 | 1500 | 1800 | … |

【太郎さんと花子さんの会話①】から，太郎さんは花子さんより300m家が遠いこと，太郎さんは待ち合わせの時刻より5分早く，花子さんは10分遅く着いたことがわかる。つまり，太郎さんの方が待ち合わせの場所までの道のりが300m長く，花子さんの方が移動時間が15分長い。2つの表を見比べると，この条件にあてはまるのは，太郎さんが5分で1500m，花子さんが20分で1200m移動する場合である。

2人が出発した時間は12時30分なので，太郎さんは12時35分，花子さんは12時50分に待ち合わせの場所に着いたとわかる。太郎さんは待ち合わせの時刻より5分早く，花子さんは10分遅く着いたことから，答えは12時40分である。

問2 　あいこをのぞいたじゃんけんの結果と移動した段差の数は表のとおりである。なお，段差を上る場合は＋，下りる場合は－で表す。

| | 太郎さん | | 花子さん | |
|---|---|---|---|---|
| 1回目 | チョキ | ＋2 | パー | －2 |
| 2回目 | グー | －1 | パー | ＋5 |
| 3回目 | チョキ | 0 | グー | ＋3 |
| 4回目 | パー | －2 | チョキ | ＋2 |
| 5回目 | グー | ＋3 | チョキ | 0 |

　　　表の結果より，5回目後のそれぞれの位置を求めると，
　　　　太郎さん　10＋2－1＋0－2＋3＝12
　　　　花子さん　10－2＋5＋3＋2＋0＝18
　　　よって，太郎さんは12段目，花子さんは18段目にいる。

問3(1)　3回目が終わったときに(太郎さんのいる段)－(花子さんのいる段)＝1となればよい。じゃんけんの結果によって生まれる段数の差は表のようになる。

| 勝ち | 負け | 差 |
|---|---|---|
| グー | チョキ | 3 |
| チョキ | パー | 4 |
| パー | グー | 6 |

　　　　よって，2人の段数の差が1になるには，太郎さんがグーとチョキで1回ずつ勝ち，グーで1回負けるように表をうめればよい。

　(2)　(1)より，じゃんけんの結果によって太郎さんが移動した段数は3＋2－1＝4(段)なので，太郎さんがいる段は，10＋4＝14で14段目となる。

問4　【太郎さんと花子さんの会話④】から，2人のじゃんけんの回数の合計は23回であり，花子さんはグー，チョキ，パー，それぞれの手で少なくとも1回ずつは勝ち，同様にそれぞれの手で1回ずつは負けたことになる。よって，これらをのぞいたじゃんけんで，花子さんの上る段数が最大かつ下りる段数が最小の場合を考えると，階段の最大の段数が求められる。上る段数が最大となるのはパーで勝ったときの5段，下りる段数が最小となるのはチョキで負けたときの0段である。勝った回数，負けた回数ともに3回ずつ引けばよいので，段数を求める式は，
　　　　10＋(3＋2＋5－1－0－2)＋5×(11－3)＋0×(12－3)＝57
　　　よって，考えられる階段の最大の段数は57段である。

**重要** ③　(国語：文章の読み取り)

問1　下線部①の次に行った実験では，子どもが自分の好みにかかわらず第一実験者の視線追従<sub>（じゅう）</sub>をした先にあるものを第二実験者に指差した割合が多かったという結果が3段落で述べられている。よって，エが適切である。

問2　子どもが持っている能力については，下線部②をふくむ第5段落で述べられている。下線部②の直後に，「他者から何かを教わる能力」と「他者に何かを教えようとする能力」とあるため，空らんA，Bにはこの内容があてはまる。
　　　コミュニケーションを通じて伝えられる情報については，第7段落で述べられている。「『私<sub>（わたし）</sub>個人』の好き嫌いではなく，『よいもの』であるという『規範性<sub>（はん）</sub>』を持ったもの，あるいは特定の個人だけにあてはまる知識ではなく，『一般性』のある知識」とあるため，空らんC，Dにはこの内容があてはまる。

問3　本文の内容と合っているものを選ぶ。アの内容が第3段落で述べられているため，適切なものはアである。イは，第4段落に「大人と子どもの自然なやり取りの中で生じている『教育』の機能を，（中略）『自然の教育』と名づけました」とあるので不適切。ウは本文中で述べられていないので不適切。エは，第7段落の内容と合わないので不適切。

問4　本文の構成は，1～3段落が実験の内容，4～5段落が実験からわかること，6～8段落が筆者の意見となっているので，適切なものはウである。

――★ワンポイントアドバイス★――

資料やグラフ，地図などを正しく読み取ることが重要であり，複数の資料を見比べることが必要である。また，規則が決まっている問題では，その規則をしっかりと理解してから，情報を整理して問題を解こう。文章を読む問題では，指示語やまとめた文が何を指しているのかを見つけることが大切だ。

## ＜適性検査Ｃ解答例＞ 《学校からの解答例の発表はありません。》

1 日本でくらす外国人がよりよい生活をおくるために，わたしたち日本人はどのようなことができるでしょうか。まず，**資料1**を見ると，2010年に対し2020年の外国人児童数がおよそ1.6倍に増加していることがわかります。次に，**資料2**を見ると，新しい考えや文化がもたらされることが外国人増加によって最も期待されているとわかります。最後に，**資料3**の上位3つの回答を見ると，おたがいの文化や習慣を理解しあい，日ごろから交流を続けることが日本人に望まれていることだと読み取れます。以上より，日本在住の外国人が増えている今，日常的に交流したがいに理解を深められると，よりよい関係を築けるのではないかとわたしは考えます。

2 みなさんはサステナブルファッションを知っていますか。**資料1**を見ると，この考え方を「知っているが全く関心はない」人が41％もいることがわかります。しかし，**資料2**を見ると，服1着を製造するのに500mLのペットボトル約4600本分もの水が消費され，環境に負担がかかっていることがわかります。さらに**資料3**を見ると，手放した後の服の66％がむだになってしまっています。**資料4**からわかるように，例えば服の保存状態に気を付けることで今持っている服を長く大切に着るなど，この問題に対してわたしたちが取り組めることはたくさんあります。できることから取り組み，より多くの人がこの問題に向き合うべきだと思います。

3 わたしは，「これからの米づくり」について発表します。まず，**資料1**から，直播栽培と移植栽培のよい点として，直播栽培は生産費用がおさえられること，移植栽培は収穫量が多いことが挙げられます。次に，**資料2**から，1995年から2015年の20年間で65歳以上の米づくり農家が26％も増えており，高れい化の傾向があるとわかります。最後に，**資料3**から，移植栽培に対し，直播栽培の方が苗を生育，田植えする時期の労働時間がとても短いことがわかります。若者と比べ体力が低下している年配の農家の方々の作業負担を減らす手段として，

少々収穫量は減るものの，直播栽培を採用するのがよいのではないかと考えました。

○推定配点○

1 35点

2 35点

3 30点　　　計100点

## ＜適性検査Ｃ解説＞

1 （国語：会話文・資料の読み取り，作文）

問題文に書かれた条件は字数や書き方についてのみだが，会話文の中でだいたいの文章の構成が決められているので注意する。会話文の最後の花子さんの言葉から，発表の構成は以下のようになるとわかる。

① 外国人児童数が増加していること

② 外国人の増加から期待できること

③ 日本人が望まれる接し方

④ 自分の考え

①は資料1を読み取って，計算をした値を述べる。外国人児童数は2010年には43,187人だったものが2020年には71,163人に増加しているので，71,163÷43,187＝1.64…，少数第二位を四捨五入して約1.6倍に増加していることがわかる。②では，資料2を読み取って，外国人の増加によって日本人が最も期待されることを述べればよい。③では，資料3から外国人が日本人に期待することの上位3つを挙げればよい。このとき，字数の関係から1位と2位の内容をたがいの文化，習慣の理解とまとめてもよい。④では①～③で述べたことを参考に，外国人と日本人がよりよい関係を築くための方法を具体的に述べればよい。また，発表原稿という形なので，文末は「です」「ます」などにする。

2 （国語：会話文・資料の読み取り，作文）

問題文に書かれた条件は字数や書き方についてのみだが，会話文の中でだいたいの文章の構成が決められているので注意する。会話文の最後の太郎さんの言葉から，発表の構成は以下のようになるとわかる。

① サステナブルファッションを「知っているが全く関心はない」人の割合

② 服を製造するときにかかる環境への負担

③ どのような課題があるか

④ その課題をふまえ自分自身ができる取り組み

①は，資料1に書かれている割合を数値で書く。②では，資料2から，服1着を製造するときに消費される水の量が，500mLのペットボトル何本分かを述べる。2300L＝2300000mLより，500mLのペットボトルで考えると2300000÷500＝4600，つまり約4600本分の水が消費されているということがわかる。③では，資料3から，手放した服の66％は処分・埋め立てされ，循環して再利用されるのは34％のみであることを数値を用いて述べる。このとき，④で課題をふまえた自身の取り組みを書かなければならないため，再利用される割合か処分される割合のどちらか書きやすいものを選ぶとよい。④では，資料4から具体的な取り組みを書く。

**重要** ③ （国語：会話文・資料の読み取り，作文）

　問題文に書かれた条件は字数や書き方についてのみだが，会話文の中でだいたいの文章の構成が決められているので注意する。会話文の最後の太郎さんの言葉から，発表の構成は以下のようになるとわかる。

①　２つの栽培方法のよい点をそれぞれ１つずつ

②　米づくり農家全体の課題

③　直播栽培の利点を生かした課題の改善策

　①は，**資料１**の表から２つの栽培方法のよい点を読み取って書く。②では，**資料２**から，米づくり農家の65歳以上の割合が増加していることを述べる。③は，**資料３**から，直播栽培の方が，苗の生育・田植えの期間の労働時間が移植栽培に比べて圧倒的に少ないことについて述べ，②の高齢化の問題と関係づけて改善策を述べればよい。

★ワンポイントアドバイス★

　すべての問題で発表の構成が指定されているので，それにそって原稿をつくること。読みながら下線を引いたり，丸で囲ったりするなど目印をつけると，指定を見逃さない。どの問題も発表原稿という形式なので，文末は「です」や「ます」などにする。また，字数制限にも気をつけ文章を工夫しよう。

# 2021年度

★★★★★★★★★★★★★★★★★★★★★★

# 入 試 問 題

2021
年
度

# 2021年度

# 市立大宮国際中等教育学校入試問題

【適性検査Ａ】（50分）

1 放送による問題

※問題は，問１～問５までの５問あります。

※英語はすべて２回ずつ読まれます。問題用紙にメモを取ってもかまいません。答えはすべて解答用紙に記入しなさい。

問１ Paul（ポール）さんと Sakura（さくら）さんが話をしています。２人の話を聞いて，内容に合う絵を次のア～エの中から１つ選び，記号で答えなさい。

♥…好き ✖…好きではない

問２ Shun（しゅん）さんが夏の思い出について発表をしています。話を聞いて，内容に合わない絵を次のア～エの中から１つ選び，記号で答えなさい。

問3　Emma（エマ）さんと Haruto（はると）さんが話をしています。2人の話を聞いて，Haruto（はると）さんの筆箱はどれか，次のア～エの中から1つ選び，記号で答えなさい。

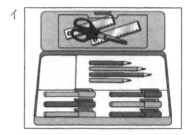

問4　Keiko（けいこ）さんが作った料理の説明をしています。次のページの表は，料理に使われた材料を表しています。説明を聞いて，料理に使われた材料と産地の組み合わせとして正しいものを次のページの表のア～エから1つ選び，記号で答えなさい。

| |  |  |  |  |
|---|---|---|---|---|
| ア | 北海道 | 埼玉<br>（さいたま） | 栃木<br>（とちぎ） | 高知 |
| イ | 埼玉 | 高知 | 秋田 | 埼玉 |
| ウ | 秋田 | 栃木 | 高知 | 埼玉 |
| エ | 秋田 | 埼玉 | 栃木 | 北海道 |

問5　Taro（たろう）さんが昨日のできごとについて話をしています。次のア～エの絵を昨日の起こったできごとの内容の順に合うように並（なら）べかえなさい。

ア

イ

ウ

エ

2　太郎（たろう）さんと花子さんは，近くの池でオタマジャクシを見つけたので，先生と相談して，学校でオタマジャクシを飼うことにしました。

次のページの問1～問2に答えなさい。

【太郎さんと花子さん，先生の会話①】

先　　生：オタマジャクシを飼うために，水槽が必要だと思って持ってきました。このすべて
　　　　　ガラスだけでできている水槽を使うのはどうでしょう。

花子さん：この水槽の大きさを教えてください。

先　　生：この水槽は直方体の形をしていて内のりは，縦25㎝，横40㎝，深さ20㎝です。また，
　　　　　水槽のガラスの厚さはどこも0.5㎝です。

太郎さん：では，水槽を洗って水を入れて準備しましょう。

先　　生：水槽に入れる水は，水道水のままでは中に※カルキが入っているので，オタマジャ
　　　　　クシの飼育にはよくありません。バケツに水道水を入れて，そこにカルキを抜くた
　　　　　めの薬を加えて，しばらくおいたものを使いましょう。

太郎さん：そうなのですね。

※カルキ……水道水やプールの水を消毒するのに使われる薬品。

図1　先生が用意した水槽の図

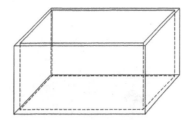

問1　次の(1)～(3)に答えなさい。

(1)　この水槽を水で満たしたとき，水は何㎤になるか，答えなさい。

(2)　水道のじゃ口からは，1秒間に0.2Lの水が出ます。水道のじゃ口からバケツに水を入れ，
　　バケツを水で満たすのに，1分15秒かかりました。このとき，バケツの中の水は何㎤になる
　　か，答えなさい。

(3)　水平な床に置いた水槽に，床から水面までの高さが15㎝になるように，水を入れました。こ
　　のとき，入れた水の量が，水槽を満たしたときの水の量の何％になるか，答えなさい。

オタマジャクシは順調に成長して，前足が出てきました。

【太郎さんと花子さん，先生の会話②】

花子さん：オタマジャクシが育ってきましたね。中には，前足が出てきたオタマジャクシもい
　　　　　ます。そろそろ，水の中から出られるようにした方がよいでしょうか。

先　　生：そうですね。オタマジャクシを別の場所に移した後，台を置いて，水を減らし，水
　　　　　から出られるように準備しましょう。

太郎さん：前に家でカメを飼っていたときに，水に浮くプラスチックのものを使っていました
　　　　　が，水に浮くものでもよいでしょうか。

先　　生：それだと，水槽のかべと台との間にオタマジャクシやカエルがはさまったら危ない

ので，水に沈むものがよいでしょう。

花子さん：上りやすいように，図2の階段の
　　　　　ようにしたらどうでしょう。各
　　　　　段の蹴上げの高さと，各段の踏み
　　　　　面の長さは，それぞれ等しくした
　　　　　いと思います。

**図2　花子さんが考えている台**
**（水槽に置いたときの真横から見た形）**

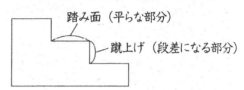

太郎さん：わたしは，段があるより，ななめになっている方が上りやすいと思うので，坂道に
　　　　　なるように，三角柱のものがよいと思います。

先　　生：両方とも考えてみてはどうでしょう。

問2　花子さんと太郎さんは，下の**図3**，**図4**の台をそれぞれ考えました。**図3**，**図4**の水槽に置
　　いたときの真横から見た形を比べたとき，高さと面積がそれぞれ等しくなっていることがわかり
　　ました。次の(1)，(2)に答えなさい。

(1)　花子さんが考えた台の各段の蹴上げの高さと踏み面の長さは，それぞれ何cmか，答えなさい。

(2)　花子さんが考えた台を，**図3**の**A**と**B**が水槽の底につくように置いた後に，この台の下から
　　1段目の高さになるまで，水槽の水を減らしました。花子さんが考えた台の体積が1080cm³で
　　あるとき，水槽に残った水の体積は何cm³か，答えなさい。

**図3　花子さんが考えた台**

全体の形　　　　　　　　水槽に置いたときの
　　　　　　　　　　　　真横から見た形

**図4　太郎さんが考えた台**

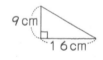

全体の形　　　　　　　　水槽に置いたときの
　　　　　　　　　　　　真横から見た形

③　　　花子さんは，校外学習で造幣さいたま博物館へ見学に行きました。

あとの問1〜問5に答えなさい。

---

**【花子さんと先生の会話①】**

花子さん：これは何ですか。（**図1**（次のページ））

先　　生：これは硬貨を分けることができる硬貨（コイン）選別機です。

花子さん：硬貨投入口に1円硬貨，5円硬貨，10円硬貨，50円硬貨，100円硬貨，500円硬貨を
　　　　　入れると，硬貨が転がっていき，下の箱に分かれて入りました。

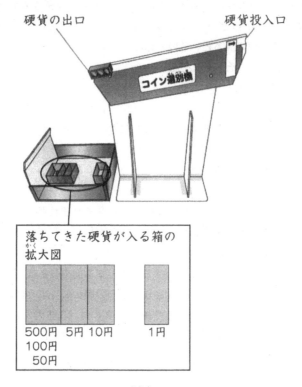

図1　硬貨選別機

硬貨の出口　　　　　　　　　　　硬貨投入口

コイン選別機

落ちてきた硬貨が入る箱の拡大図

500円　5円　10円　　　1円
100円
　50円

花子さん：わたしも，このように硬貨を分ける装置をつくって実験してみたいと思います。

【実験①】

〈用意したもの〉

□アクリル板（とう明なもの，不とう明なもの）

□電子てんびん　□ものさし

□硬貨（1円，5円，10円，50円，100円）

〈方法1〉

1　図2（次のページ）のように3枚のアクリル板を重ねて，図3（次のページ）のような装置をつくる。

2　硬貨の重さと直径を調べてから，図3のように，硬貨投入口に硬貨を入れ，硬貨の飛んだきょりをはかる。

3　3回硬貨を飛ばし，飛んだきょりの平均を求める。

図２　装置を硬貨の出口のほうから
　　　見た図①

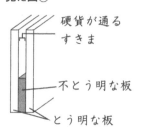

図３　装置を真横から見た図①

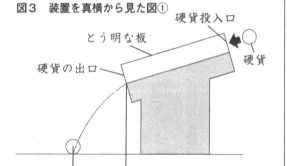

〈結果１〉

硬貨の重さと直径

|  | 1円 | 5円 | 10円 | 50円 | 100円 |
|---|---|---|---|---|---|
| 重さ（g） | 1.0 | 3.8 | 4.5 | 4.0 | 4.8 |
| 直径（mm） | 20.0 | 22.0 | 23.5 | 21.0 | 22.6 |

硬貨の飛んだきょり

| | | 1円 | 5円 | 10円 | 50円 | 100円 |
|---|---|---|---|---|---|---|
| 飛んだ きょり (cm) | 1回目 | 19.6 | 20.1 | 19.9 | 20.0 | 20.1 |
| | 2回目 | 19.7 | 20.0 | 19.8 | 20.1 | 19.9 |
| | 3回目 | 19.8 | 20.2 | 20.0 | 19.9 | 20.0 |
| | 平均 | 19.7 | 20.1 | 19.9 | 20.0 | 20.0 |

問１　花子さんは〈結果１〉から，考えたことを【花子さんがまとめたメモ】にまとめました。

　　　Ａ にあてはまる言葉を，次のア，イの中から１つ選び，記号で答えなさい。

　　　ア　ある　　イ　ない

> 【花子さんがまとめたメモ】
>
> 　硬貨の飛んだきょりはどれも同じになったとみなすことができると考えた。よって，硬貨
> の重さや直径と，硬貨の飛んだきょりの間には関係が　　Ａ　　ことがわかった。

　　　花子さんは，先生から硬貨選別機の硬貨の出口には磁石が取りつけられていることを教えて
　　もらいました。そこで，【実験①】の装置に磁石を取りつけて，実験をしてみました。

> 【実験②】
>
> 〈追加して用意したもの〉
>
> 　□円形の磁石　　□厚紙の箱
>
> 〈方法２〉
>
> 　1　【実験①】の硬貨選別機に磁石を，次のページの図４のようにＮ極とＳ極が向かい合うよ
> 　　うに取りつけ，次のページの図５のような装置をつくる。
>
> 　2　何度も硬貨を入れて飛ばし，それぞれの箱の中央付近に硬貨が落ちるように箱の位置を

調整する。

図4　装置を硬貨の出口のほうから
　　　見た図②

図5　装置を真横から見た図②

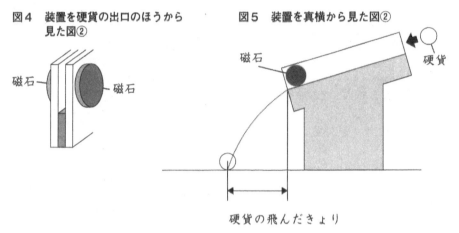

〈結果2〉

　図6のように箱を置いたら，硬貨がそれぞれの箱の中央付近に落ちるようになった。

図6　調整後の箱の位置を真上から見た図

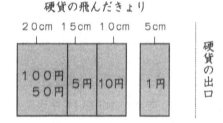

【花子さんと先生の会話②】

花子さん：どうして磁石を取りつけると硬貨によって飛んだきょりが変わるのでしょうか。硬貨に磁石を近づけたところ，どの硬貨も磁石に引きつけられませんでした。

先　　生：鉄のしんに導線を巻いて電流を流すとどうなりますか。

花子さん：電磁石になります。

先　　生：そうですね。この装置は，電磁石のしくみを使っています。硬貨の出口に2枚の磁石を取りつけています。磁石の近くを金属の硬貨が転がると，硬貨に電気が生じて，弱い磁石になります。すると，磁石と硬貨の間に引き合う力が発生するため，硬貨の飛んだきょりが変わるのです。

花子さん：磁石と硬貨が引き合う力に強弱はあるのでしょうか。

先　　生：それも考えてみましょう。**資料1**（次のページ）は，硬貨がどのような金属でできているかを示したものです。

花子さん：硬貨はいろいろな金属でできているのですね。磁石を取りつけたことによる，硬貨の飛んだきょりの変化について，あとでまとめてみたいと思います。

資料1　硬貨をつくる金属の種類と割合

| 硬貨 | 金属の種類と割合 |
|------|------------------|
| 1円 | アルミニウム１００％ |
| 5円 | 銅６０〜７０％、亜鉛４０〜３０％ |
| 10円 | 銅９５％、亜鉛４〜３％、すず１〜２％ |
| 50円 | 銅７５％、ニッケル２５％ |
| 100円 | 銅７５％、ニッケル２５％ |

問2　〈結果１〉，〈結果２〉からわかることとして正しいものを，次のア〜エの中から１つ選び，記号で答えなさい。

ア　アルミニウムは磁石の影響をほとんど受けなかった。

イ　銅とニッケルでつくられた硬貨は，ほかの硬貨に比べて，磁石の影響による飛んだきょりの変化が小さかった。

ウ　磁石を取りつけたとき，銅を含んでつくられた硬貨のうち，銅の割合が高いほど，飛んだきょりが長くなった。

エ　５円硬貨と10円硬貨を比べると，５円硬貨のほうが，磁石の影響を強く受けた。

---

【花子さんと先生の会話③】

花子さん：硬貨をつくる金属の種類と割合は決まっているのですね。金属を混ぜ合わせて，にせ物のお金をつくろうと考える人はいなかったのでしょうか。

先　　生：資料２，次のページの資料３を見てください。

資料2　先生が用意した資料

　古代ギリシャの王様が，職人にすべて金でできている王かんをつくらせました。しかし，職人が金の一部をぬすみ，代わりに金よりも値段の安い銀を混ぜて，王かんをつくったといううわさが広まりました。王様は※アルキメデスに，つくった王かんをこわさずに銀が混ざっているかどうかを確かめるように，命令しました。

　そこでアルキメデスは，職人がつくった王かんと同じ重さの金のかたまりを用意し，ぎりぎりまで水を入れた容器に王かんと，その金のかたまりをそれぞれ入れて，あふれた水の体積をはかりました。ぎりぎりまで水を入れた容器にものを入れると，ものの体積の分だけ水があふれます。あふれた水の体積から，アルキメデスは職人が金に銀を混ぜて王かんをつくっていたことを見破りました。

※アルキメデス……古代ギリシャの科学者

資料3　金属の種類と1cm³の重さ

| 金属の種類 | 1cm³の重さ（g） |
|---|---|
| 金 | 19.30 |
| 銀 | 10.49 |

（「理科年表2019」をもとに作成）

---

【花子さんと先生の会話④】

先　　生：どうしてアルキメデスは，職人が金に銀を混ぜて王かんをつくっていたことを見破ることができたと思いますか。

花子さん：王かんを水で満たした容器に入れたとき，王かんが金のかたまりと同じようにすべて金でできていたら，あふれる水の量は　　B　　なるはずです。ところが，あふれた水の量が　　C　　なったため，金に銀を混ぜて王かんをつくっていたと見破ったのだと思います。

先　　生：そのとおりです。

---

問3　【花子さんと先生の会話④】の　B　，　C　にあてはまる言葉を，次のア～ウの中からそれぞれ1つずつ選び，記号で答えなさい。

ア　多く　　イ　少なく　　ウ　同じに

問4　次のア～エのうち，金と銀を混ぜてつくった王かんはどれか，1つ選び，記号で答えなさい。なお，ア～エは金のみでつくった王かん，銀のみでつくった王かん，金と銀を混ぜてつくった王かんのいずれかであるものとします。

ア　王かんの重さ　　：2316g　　イ　王かんの重さ　　：2098g
　　あふれた水の量：120cm³　　　　あふれた水の量：200cm³

ウ　王かんの重さ　　：1368g　　エ　王かんの重さ：965g
　　あふれた水の量：80cm³　　　　　あふれた水の量：50cm³

---

【花子さんと先生の会話⑤】

先　　生：この昔のお金のイラストはどうしたのですか。

花子さん：先日，博物館に行ったときに江戸時代（え）のお金が展示（てん）してあったのを思い出し，わたしがかいたものです。

先　　生：見せてください。

花子さん：どうぞ。

先　　生：今の日本のお金の単位は金額に関係なく円ですが，江戸時代には「両（りょう），分（ぶ），朱（しゅ），文（もん）」という単位があり，その単位の貨幣（へい）がありました。

花子さん：このお金の単位には，どのような関係があるのですか。

先　　生：1両は4分，1分は4朱，1朱は250文と言われています。

花子さん：1両は，今のお金にすると，どのくらいの金額になるのですか。

1両

1分

先　　生：いろいろな説はありますが，8万円くらいだったといわれて
　　　　　います。

花子さん：わたしたちの知っている食べ物のねだんは，江戸時代のお金
　　　　　でいくらくらいだったのでしょうか。

先　　生：例えば，江戸時代のそばは，1ぱい16文で買うことができた
　　　　　そうです。

花子さん：そうだったのですね。

1朱

1文

問5　【花子さんと先生の会話⑤】から，1両が今の日本のお金で8万円とすると，江戸時代のそば
　　　1ぱいは，今の日本のお金で何円になるか，答えなさい。

4　　太郎さんと花子さんが，3学期の始業式後に教室で話をしています。

次の問1～問2に答えなさい。

【太郎さんと花子さんの会話①】

太郎さん：以前，家族と行ったイタリア料理のレストランで食べたサラダに，「プンタレッラ」
　　　　　という，さいたま市内でつくられたヨーロッパ野菜が使われていました。「プンタ
　　　　　レッラ」は，イタリアのローマの代表的な冬野菜だそうです。

花子さん：さいたま市では，めずらしいヨーロッパ野菜を栽培して地産地消をめざす取り組み
　　　　　をしているので，給食にもヨーロッパ野菜が出ることがありますね。ローマでつく
　　　　　られる野菜がさいたま市でも栽培できるということは，ローマとさいたま市は気候
　　　　　が似ているということでしょうか。

太郎さん：調べていると，次のページの【さいたま市の平均気温と降水量を表す表とグラフ】
　　　　　を見つけました。

花子さん：おもしろい形のグラフですね。これは，何ですか。

太郎さん：これはハイサーグラフといいます。では，その〈ハイサーグラフ〉を見てください。
　　　　　ハイサーグラフは，縦のめもりが各月の平均気温を，横のめもりが各月の降水量を
　　　　　表します。〈ハイサーグラフの説明〉のとおり，各月を示す点を1月から順に結ぶ
　　　　　と，グラフはさまざまな形になります。気候が似ていると同じような特ちょうを
　　　　　もったグラフになるようです。

花子さん：さっそく，さいたま市とローマのハイサーグラフの形を比べてみましょう。

問1　次のページの【太郎さんのメモ】を参考にして，次のページのア～エの中から，ローマの気
　　　候を示すものとして最も適切なものを1つ選び，記号で答えなさい。

【さいたま市の平均気温と降水量を表す表とグラフ】（統計期間1981年～2010年）
〈表〉

| さいたま市 | 1月 | 2月 | 3月 | 4月 | 5月 | 6月 | 7月 | 8月 | 9月 | 10月 | 11月 | 12月 |
|---|---|---|---|---|---|---|---|---|---|---|---|---|
| 平均気温(℃) | 3.6 | 4.4 | 7.8 | 13.4 | 18.0 | 21.5 | 25.1 | 26.6 | 22.7 | 16.9 | 11.0 | 5.9 |
| 降水量(mm) | 37.4 | 43.1 | 90.9 | 102.3 | 117.3 | 142.4 | 148.1 | 176.3 | 201.8 | 164.9 | 75.7 | 41.1 |

（気象庁ウェブサイトをもとに作成）

〈ハイサーグラフ〉

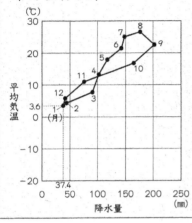

〈ハイサーグラフの説明〉

・たとえば、1月の平均気温は3.6℃、降水量は37.4mmなので、縦のめもりが「3.6」、横のめもりが「37.4」となる場所に点を打つ。

・2月以降も同じように点を打つと、12個の点ができる。

・左のグラフにあるように、1月から順に点を直線で結ぶと、グラフが完成する。

【太郎さんのメモ】

・最も平均気温が高い月と、最も平均気温が低い月との気温差を比べると、さいたま市よりもローマの方が小さい。

・ローマの11月の降水量は、50mmから100mmの間である。

・ローマの最も平均気温が高い月の降水量は、ローマの最も平均気温が低い月の降水量より少ない。

ア

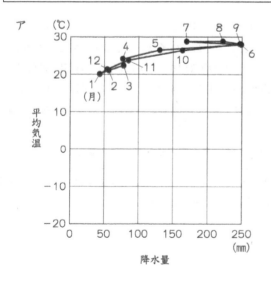

イ

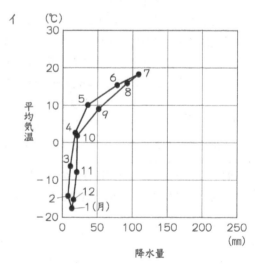

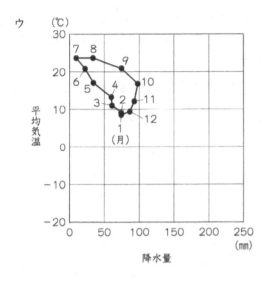

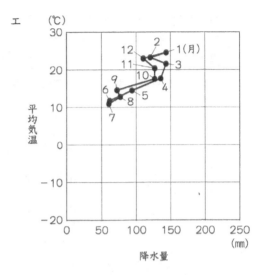

（「理科年表」をもとに作成）

---

**【太郎さんと花子さんの会話②】**

太郎さん：わたしの父は，都内の会社に電車で通勤<ruby>勤<rt>きん</rt></ruby>していますが，1月の仕事始めの日は電車がとても空いていたそうです。

花子さん：そうなのですね。わたしの兄も，都内の大学に電車で通学しています。埼玉県に住む人は，通勤・通学で県外へ移動する人が他の県と比べて多いのでしょうか。

太郎さん：調べたところ，埼玉県は，夜間人口が昼間人口を大きく上回っていることがわかりました。

花子さん：夜間人口，昼間人口とは何ですか。

太郎さん：埼玉県を例とすると，夜間人口とは埼玉県に住む人の数です。昼間人口とは，夜間人口から通勤・通学のために県内から県外へ移動する人口を引き，さらに，通勤・通学のために県外から県内へ移動する人口を足した数のことです。

花子さん：昼間に買い物に来た人や，観光客などの数は除<ruby>除<rt>のぞ</rt></ruby>いて考えるのですね。

太郎さん：はい。夜間人口100人に対する昼間人口の比率を昼夜間人口比率といい，「（昼間人口÷夜間人口）×100」で求めることができます。

花子さん：つまり，昼間人口が夜間人口と比べて少なくなるほど，昼夜間人口比率は低くなるということですか。

太郎さん：はい。埼玉県は，昼夜間人口比率が全国でも特に低い県のようです。

花子さん：では，昼夜間人口比率が最も高いのは，どの都道府県なのですか。

太郎さん：最も昼夜間人口比率が高いのは東京都です。しかし，東京都にある23の区についての昼夜間人口比率を調べてみると，区によって差がみられることがわかりました。その理由についてさらに調べてみようと思います。

**問2** 太郎さんは次のページの**資料1**と**資料2**を見つけ，そこから読み取って考えたことを【太郎

さんのまとめ】のようにまとめました。【太郎さんのまとめ】の空らん A にあてはまる内容として最も適切なものを，**資料2**のア〜エの中から1つ選び，記号で答えなさい。また，空らん B にあてはまる内容を考え，20字以上30字以内で書きなさい。

**資料1　東京都にある23の区の中で昼夜間人口比率が高い5区と低い5区（単位：％）**

| 昼夜間人口比率が高い5区 | | 昼夜間人口比率が低い5区 | |
|---|---|---|---|
| 千代田区 | 1460.6 | 板橋区 | 90.4 |
| 中央区 | 431.1 | 杉並区 | 85.1 |
| 港区 | 386.7 | 葛飾区 | 84.1 |
| 渋谷区 | 240.1 | 練馬区 | 83.8 |
| 新宿区 | 232.5 | 江戸川区 | 82.4 |

（総務省統計局「平成27年国勢調査」をもとに作成）

**資料2　区内の土地がどのような目的で使用されているか**

※ア〜エは千代田区・港区・渋谷区・江戸川区のいずれかを示す。

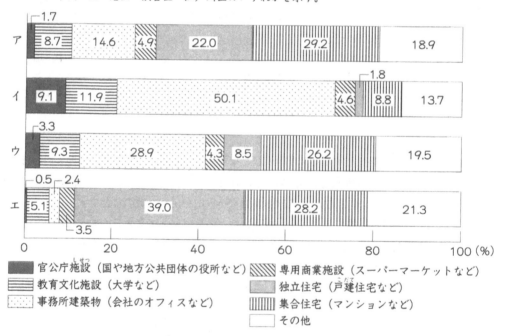

（東京都「東京の土地利用　平成28年東京都区部」をもとに作成）

---

**【太郎さんのまとめ】**

・**資料1**から，東京にある23の区の昼夜間人口比率には，差がみられることがわかる。特に，千代田区の昼夜間人口比率が高い。

・**資料2**（前のページ）のア～エの4つの区のうち，千代田区をあらわしているのは　A　　と推測できる。なぜなら，4つの区のグラフの中で，最も全体に対する独立住宅と集合住宅のしめる割合が低いため，夜間人口が少なく，また，最も全体に対する　B　　という特ちょうがあるため，通勤・通学で他の地域へ移動していく人よりも，他の地域から移動してくる人の方が多くなり，昼間人口が多くなると考えられるからである。その差が特に大きい区が，昼夜間人口比率が最も高い千代田区であると推測できる。

5　　　花子さんは，社会科の授業で世界の国と日本の都市について興味をもったので，自分で調べることにしました。

次の問1～問3に答えなさい。

**【花子さんと先生の会話①】**

先　　　生：何について調べようとしているのですか。

花子さん：はい。以前，インドネシアの首都がジャワ島のジャカルタからカリマンタン（ボルネオ）島に移転する計画があるというニュースを見て興味を持ったので，インドネシアについて調べようと思っています。インドネシアには，次のページの**資料1**にみられるように，たくさんの島があります。調べてみると，大小合わせて17000以上の島があるそうです。

先　　　生：そうですね。インドネシアにはスマトラ島，ジャワ島，カリマンタン島，スラウェシ島という4つの大きな島などがあります。

花子さん：そうなのですね。では，インドネシア全体と4つの大きな島などの面積や人口を調べたいと思います。

先　　　生：日本全体の面積や人口も調べてみると比較ができてよいかもしれませんね。がんばって調べてみてください。

問1　花子さんは，インドネシアと日本の人口と面積を比較した次のページの**資料2**を見つけました。**資料2**から読み取れることとして**適切でないもの**を，次のア～エの中から1つ選び，記号で答えなさい。

ア　インドネシア（全体）と日本（全体）を比べると，インドネシアの方が面積が広く，人口も多いが，人口密度は日本の方が高い。

イ　スマトラ島とカリマンタン（ボルネオ）島の面積を合計すると，インドネシア（全体）の50％以上をしめている。

ウ　インドネシアのおもな4島は，インドネシア（全体）を100としたときの面積の割合が高い島ほど，インドネシア（全体）を100としたときの人口の割合も高くなる。

エ　インドネシアのおもな4島の中で，人口密度が最も高いのはジャワ島であり，最も低いのはカリマンタン（ボルネオ）島である。

資料1　インドネシアの島々（色つきの部分）

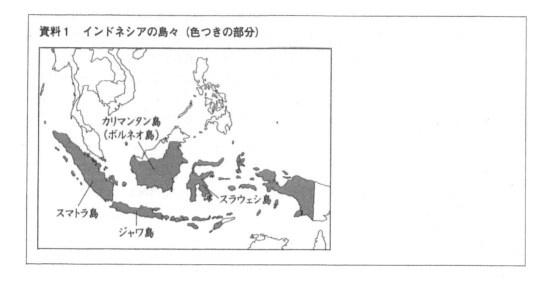

資料2　日本とインドネシア（おもな4島など）の面積・人口

|  | 面積（km²） | 全体を100とした ときの割合（%） | 人口（千人） | 全体を100とした ときの割合（%） |
|---|---|---|---|---|
| 日本（全体） | 377,974 | 100 | 126,443 | 100 |
| インドネシア（全体） | 1,910,931 | 100 | 267,671 | 100 |
| スマトラ島 | 474,000 | 24.8 | 50,000 | 18.7 |
| ジャワ島 | 132,186 | 6.9 | 137,000 | 51.2 |
| *カリマンタン （ボルネオ）島 | 540,000 | 28.3 | 13,800 | 5.1 |
| スラウェシ島 | 190,000 | 9.9 | 17,400 | 6.5 |
| その他の島々 | 574,745 | 30.1 | 49,471 | 18.5 |

※　カリマンタン島は、インドネシア領のみの数字。日本の面積、人口は2018年。

（総務省統計局「世界の統計2020」、インドネシア共和国観光省ウェブサイトをもとに作成）

　　花子さんは、次に、日本の都市について調べることにしました。その中でも、京都が世界的な観光都市であることに興味を持ち、京都のまちのようすについて調べることにしました。

【花子さんと先生の会話②】

花子さん：京都のまちについて調べていたら、住所に「上ル」「下ル」「西入」「東入」と書いてあるところがありました。これは何を示しているのですか。

先　　生：次のページの【上京区のおもな通りを示した地図】を見てください。京都市内は、碁盤の目のように通りがつくられていて、交差する両方の通りの名前を記すことで住所を示すことができます。実際には、さらに多くの通りが存在していますが、今

回はこの地図をもとに考えましょう。「上ル」は北側，「下ル」は南側，「西入」は西側，「東入」は東側という意味です。

花子さん：おもしろいですね。

先　　生：【住所の示し方のきまり】を見ると，くわしくわかりますよ。

花子さん：なるほど，通りの名前がわかれば，住所が途中まで表せるのですね。では，【上京区のおもな通りを示した地図】にある小学校の住所は，京都市上京区 A 通 B C でしょうか。

先　　生：そのとおりです。そのあとに，町名や番地が続くのです。

問2　【花子さんと先生の会話②】の A ， B に入る言葉を，【上京区のおもな通りを示した地図】と【住所の示し方のきまり】から読み取って答えなさい。また， C にあてはまる言葉を次のア〜エの中から1つ選び，記号で答えなさい。

ア　上ル　　イ　下ル　　ウ　西入　　エ　東入

【上京区のおもな通りを示した地図】

【住所の示し方のきまり】

① 入口（玄関など）が面している通りの名前を示す。

② ①で示した名前の後に①の通りと交差する最も近い通りの名前を続けて示すが，このとき「通」はつけない。

③ 入口（玄関など）が①の通りと②の通りの交差点から見てどちらの方角にあるかで「上ル」「下ル」「西入」「東入」と表す。

例　【上京区のおもな通りを示した地図】にある郵便局の住所

京都市上京区①丸太町通②大宮③東入・・・・・・

【花子さんと先生の会話③】

花子さん：現代の日本の中心的な都市である東京についても，調べてみようと思います。

先　　生：そうですね。2021年にはオリンピック・パラリンピックも開催される予定です。

花子さん：そういえば，先日，家族と車で東京都内へ向かっていたとき，車のラジオの渋滞情報で，「環状7号線」や「環状8号線」という道路の名前を耳にしました。これらは，どのような道路を意味しているのでしょうか。

先　　生：都市の中心部をさけて，外側に取り囲むような円をえがく道路のことで，環状道路

といいます。新しく計画し建設された都市では，このような環状道路を設けている
ところが多くみられます。

花子さん：どうして円をえがくような道路を作ったのでしょうか。

先　　生：それは，環状道路を設けることによる，よい点があるからです。【先生が作った図】
　　　　　を見て，考えてみてください。

問3　【先生が作った図】から読み取れる，環状道路のよい点について，30字以内で書きなさい。

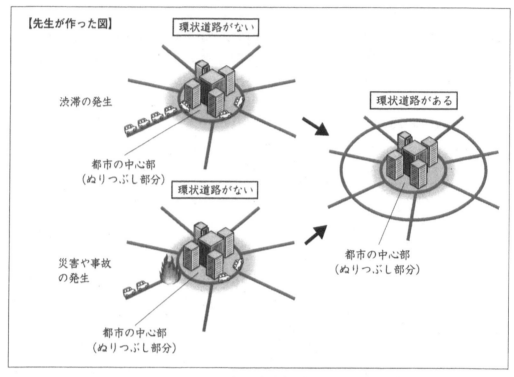

（国土交通省関東地方整備局ウェブサイトをもとに作成）

## 【適性検査Ｂ】 （40分）

1

太郎さんと花子さんの班では，総合的な学習の時間に，交通や輸送について調べることになりました。

次の問1～問4に答えなさい。

**【太郎さんと花子さんの会話①】**

太郎さん：花子さんは日本のおもな港について調べているのですね。

花子さん：はい。日本には有名な港がいくつもあります。わたしが見つけた次のページの**資料1**の地図には，「神戸港」という港がありました。

太郎さん：とても大きな港ですね。わたしは去年，神戸市へ旅行に行きました。**資料1**にある「神戸駅」を出発し，市内のさまざまなところを訪れたのですが，最後に訪れた，東遊園地という公園にあった1995年に起こった阪神・淡路大震災のモニュメントが特に印象に残っています。

問1 太郎さんは，旅行のときにたどった神戸市内の経路を**資料1**の地図に----で表し，そのときのようすを4枚のカードに書きました。次のア～カの6枚のカードの中から，太郎さんが書いたカードと考えられるものを4枚選び，そのカードの記号を，太郎さんがたどったと考えられる順に並べ替えなさい。ただし，一度通った道を戻ることはなかったものとします。

ア

角を曲がり、右手に市役所を見ながらそのまま道なりに進んだ。

イ

消防署の近くにある老人ホームから、北東へ向かった。

ウ

消防署を通り過ぎ、歩いていると右手にポートタワーが見えた。

エ

右手に山を見ながら、線路に沿って500mほど西へ向かった。

オ

左手に元町駅を見ながら歩き、交番のある交差点を右へ曲がって、300mあまり歩いたのち、東へ向かった。

カ

博物館の前を通り過ぎたところにある交差点を左へ曲がり、北へ向かった。

資料1　神戸市内の地図（部分）

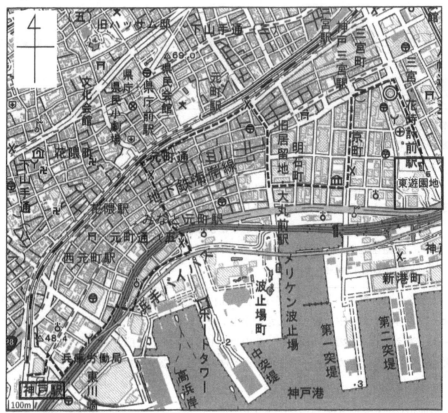

（国土地理院のウェブサイトより作成）

---

【太郎さんと花子さんの会話②】

花子さん：神戸市の別の地図を見ると，ポートタワーの南東には空港があります。これは，関西国際空港でしょうか。

太郎さん：いいえ，それは神戸空港です。神戸空港を発着するほとんどの便は国内線ですが，関西国際空港では，国内線だけでなく，国際線が発着しています。

花子さん：そうなのですね。日本の空港では，航空機を使ってどのくらいの旅客を輸送しているのでしょうか。調べてみたいと思います。

---

問2　日本の航空機における輸送について調べていた花子さんは，次のページの資料2，資料3を見つけました。次の(1)，(2)に答えなさい。

(1)　資料3をもとに，資料2のA，B，Cにあてはまる都道府県の組み合わせとして最も適切なものを，次のア〜カの中から1つ選び記号で答えなさい。ただし，A，B，Cは北海道，東京都，千葉県のいずれかであるものとします。

|  | A | B | C |  | A | B | C |
|---|---|---|---|---|---|---|---|
| ア | 北海道， | 東京都， | 千葉県 | イ | 北海道， | 千葉県， | 東京都 |
| ウ | 東京都， | 北海道， | 千葉県 | エ | 東京都， | 千葉県， | 北海道 |
| オ | 千葉県， | 北海道， | 東京都 | カ | 千葉県， | 東京都， | 北海道 |

(2) **資料3**の**X空港**があると考えられる都道府県名を答えなさい。ただし，**X空港**がある都道府県は，**資料3**の中にあるものとします。

**資料2　日本の航空輸送における旅客数**
　　　　　（都道府県別、2018年度）

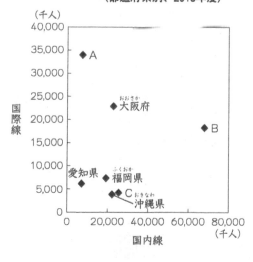

**資料3　日本の空港における航空輸送旅客数ランキング**
　　　　　（国内線・国際線、2018年度）

| | 空港名（都道府県名） | 年間旅客数（千人） |
|---|---|---|
| 1位 | 東京国際空港（東京都） | 85,488 |
| 2位 | 成田国際空港（千葉県） | 41,238 |
| 3位 | 関西国際空港（大阪府） | 29,312 |
| 4位 | 福岡空港（福岡県） | 24,845 |
| 5位 | 新千歳空港（北海道） | 23,634 |
| 6位 | 那覇空港（沖縄県） | 21,547 |
| 7位 | X空港 | 16,299 |
| 8位 | 中部国際空港（愛知県） | 12,345 |

　　　　**資料2、資料3**（国土交通省平成30年度「空港管理状況調書」をもとに作成）

---

航空輸送に興味を持った花子さんは，先生に質問をしました。

---

**【花子さんと先生の会話】**

花子さん：航空機で世界のさまざまな都市へ直接貨物を運ぼうとすると，その分たくさんの航空機や航空路線が必要になり，航空会社の負担が大きくなると思います。航空機で効率よく貨物を運べる方法はないのでしょうか。

先　　生：ハブ空港をうまく設置できるとよいかもしれませんね。

花子さん：初めて聞きました。ハブ空港とはどのような空港なのですか。

先　　生：次のページの**資料4**を見てください。「ハブ」とは，自転車などにある車輪や，プロペラなどの中心にある部品や構造のことです。つまり，ハブ空港とは「航空網の中心として機能する空港」という意味があります。

花子さん：中心として機能するということは，ハブ空港からはたくさんの路線が運航しているということですか。

先　　生：そうですね。路線の本数について特にきまりはないのですが，今回は，ハブ空港からは「2本以上の路線が運航している」ものとして考えてください。

花子さん：わかりました。ハブ空港を設置できると，どのようなよい点があるのですか。

先　　生：次のページの**【先生が作った図①】**の航空路線図の**＜パターン1＞**を見てください。4つの空港がある場合，すべての空港を直行便で結ぼうとすると，6本の路線が必要となります。しかし，**＜パターン2＞**のように，**Y空港**を中心的な役割をするハ

　　　　ブ空港として設置すると，最低3本の路線があれば，Y空港以外の空港からはY空
　　　　港で1回乗りかえをすることで，どこの空港にも到着できますね。

花子さん：なるほど。それに，＜パターン1＞と＜パターン2＞を比べると，ある航空会社が
　　　　航空機を6機所有している場合，路線が6本では平均すると1路線あたり1機しか
　　　　運航できませんが，路線が3本なら平均すると1路線あたり2機を運航できます
　　　　ね。

先　　生：そのとおりです。ハブ空港での乗りかえの時間が短くなるように工夫すれば，効率
　　　　よく貨物や人を運ぶことが可能になると考えられます。

花子さん：とても便利だと思います。もし，複数のハブ空港を設置できたら，さらに便利にな
　　　　るのでしょうか。ハブ空港についてもっと考えてみたくなりました。

先　　生：では，【先生が作った図②】を見て，次のページの問題を解いてみてください。

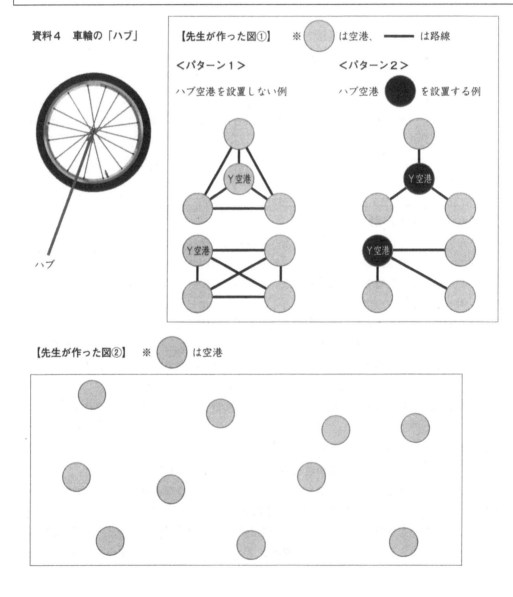

資料4　車輪の「ハブ」

ハブ

【先生が作った図①】　※ ◯ は空港、 ━━ は路線

＜パターン1＞
ハブ空港を設置しない例

＜パターン2＞
ハブ空港 ● を設置する例

【先生が作った図②】　※ ◯ は空港

問3　前のページの【先生が作った図②】を見て，次の(1)，(2)に答えなさい。

(1)　【先生が作った図②】のすべての空港が，＜パターン１＞のようにすべて直行便で結ばれる場合，路線は何本必要か，答えなさい。

(2)　【先生が作った図②】の空港の中にハブ空港を２つ設置し，どの空港から出発しても，2回以内の乗りかえで他のすべての空港に到着できるような航空路線を考えたいと思います。解答用紙の図に，路線を表す線を引いて，航空路線図を完成させなさい。ただし，次の【条件】に従うこと。

---

【条件】

・ハブ空港として設置した２つの空港の  は，例１のようにぬりつぶすこと。

・ハブ空港からは２本以上の路線が運航しているようにすること。

・路線を表す線は，合計で９本とし，矢印などではなく，例２のように線で示すこと。

・路線を表す線は，他の線と交差しないように示すこと。

・路線を表す線は，空港の上を通過することがないように示すこと。

例１：　　　　　　例２：

---

太郎さんは，お父さんがインターネットのウェブサイトで注文した本が，次の日すぐに家に届いたことを思い出し，宅配便のしくみについて調べていると，トラックで輸送される宅配便についての次のページの資料５，資料６を見つけました。

---

【太郎さんと花子さんの会話③】

太郎さん：おもしろい資料を見つけたので，いっしょに見てください。

花子さん：いいですよ。資料５は，2018年１月から2020年７月までの宅配便の取扱個数を表しているのですね。

太郎さん：はい。2020年は途中までしか数字が書かれていませんが，取扱個数がどのように変化しているかがわかります。何か気づいたことはありますか。

花子さん：2018年も2019年も，12月が一番宅配便の取扱個数が多いですね。

太郎さん：そうですね。そして，資料６は，前の年の同じ月を100％としたときに，月ごとの宅配便の取扱個数を，前の年の同じ月の個数と比較して，増減を表したグラフです。

花子さん：このグラフ，月の表示がすべて消えてしまっているようですね。

太郎さん：そうなのです。図書館でこの資料をコピーしたのですが，うまくできていなかったようです。しかし，資料６のグラフは，2019年のある月から2020年の同じ月までの変化を表していたことは覚えています。

花子さん：資料６のある月を　あ　月としましょう。資料５とあわせて考えれば，　あ　に入る数字がわかりますよ。

問4　【太郎さんと花子さんの会話③】をもとに**資料6**の あ にあてはまる月を数字で答えなさい。

**資料5　宅配便取扱個数の推移**

| | 2018年 | 2019年 | 2020年 |
|---|---|---|---|
| 1月 | 309,432 | 319,995 | 324,159 |
| 2月 | 306,737 | 306,194 | 315,034 |
| 3月 | 338,851 | 349,174 | 368,025 |
| 4月 | 327,198 | 341,192 | 377,206 |
| 5月 | 339,364 | 333,709 | 381,322 |
| 6月 | 346,286 | 339,789 | 399,727 |
| 7月 | 390,569 | 397,838 | 430,533 |
| 8月 | 333,511 | 327,487 | |
| 9月 | 319,226 | 347,269 | |
| 10月 | 360,103 | 343,816 | |
| 11月 | 370,113 | 361,227 | |
| 12月 | 461,691 | 458,841 | |

（単位：千個）

**資料6　宅配便取扱個数の前年同月比の変化**

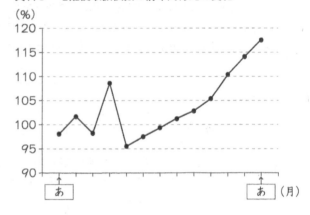

資料5、資料6（国土交通省ウェブサイトをもとに作成）

2
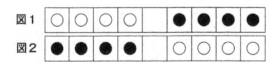
太郎さんは，本で見かけた白と黒の碁石の問題に取り組んでいますが，難しくて困っていました。それを見たお父さんが声をかけてきました。

あとの問1～問5に答えなさい。

---

**【本で見かけた白と黒の碁石の問題】**

　9つのマスが一列に並んでいます。そのマスの中には，図1のように白と黒の碁石が4個ずつ，左側に白の碁石，右側に黒の碁石，真ん中のマスを1マス空けて置かれています。〈ルール〉に従って碁石を動かし，図2のように白と黒の碁石をすべて入れかえます。最も少ない回数ですべての碁石を入れかえるには何回動かせばよいでしょうか。

図1　○○○○ ●●●●
図2　●●●● ○○○○

〈ルール〉
・碁石はマスの中でしか動かすことができない
・白い碁石は右に，黒い碁石は左にしか動かすことができない（逆には動かすことができない）
・碁石を動かしたい場合，となりのマスが空いていれば，そのマスに動かすことができる
・動かしたい碁石のとなりのマスに異なる色の碁石がある場合，その碁石を飛びこえて，となりの空いたマスに動かすことができる（同じ色の碁石や2個以上連続した碁石を飛びこえることはできない）
・同じ色の碁石を続けて動かしてもよい

---

【太郎さんとお父さんの会話①】

お父さん：何か困っているみたいだね。

太郎さん：本で見かけた問題が，難しくて解けません。よい方法があれば教えてください。

お父さん：面白そうな問題だね。碁石を持っておいで。それで実際に動かして考えてみよう。こういうときはまず，数が少ない場合から考えることが重要だよ。マスを3マスにして白と黒の碁石を1個ずつ置くよ。これで入れかえてごらん。

| ○ | | ● |
|---|---|---|

太郎さん：これは簡単にできました。

お父さん：大事なのは，どう動かしたかを記録しておくことだよ。

太郎さん：「黒白黒」の順に動かすと，3回で入れかえることができたから，「黒白黒」と記録しました。

お父さん：その調子。白から動かしても「白黒白」で3回だね。つまり，動かし始める色と回数は関係ないということだね。では，黒から動かす動かし方でやることとしよう。マスを5マスに増やして，白と黒の碁石を2個ずつ置いて入れかえてごらん。

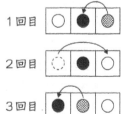

1回目
2回目
3回目

問1　太郎さんは図3のようにマスを5マスに増やして，白と黒の碁石を2個ずつ置いて碁石を動かしました。このとき，何回で入れかえることができたか，回数を答えなさい。

図3

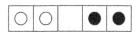

| ○ | ○ | | ● | ● |
|---|---|---|---|---|

【太郎さんとお父さんの会話②】

お父さん：では，今度は図4のようにマスを7マスに増やして白と黒の碁石を3個ずつ置いて考えてみよう。

図4

| ○ | ○ | ○ | | ● | ● | ● |
|---|---|---|---|---|---|---|

太郎さん：さっきみたいに，碁石から順に動かしていくと……。
「黒白白黒黒黒白白白黒黒黒白白黒」の順に動かせば入れかわりました。

お父さん：今までの記録を見て何か気付いたことはないかな。

太郎さん：記録を見て考えてみます。同じ色の碁石を続けて動かした回数を数字で表して説明します。最初の3マスのときは黒1回，白1回，黒1回で入れかえることができたので，「111」。同じように考えると5マスのときは「　　Ａ　　」，7マスのときは，「1233321」。だから……，動かす順番には，きまりがありますね。

お父さん：よく気がついたね。ではもう自分で解けるかな。

太郎さん：はい。きまりを使って予想してから，実際に動かして確かめてみます。

問2　【太郎さんとお父さんの会話②】にある　$\boxed{A}$　にあてはまる5つの数字を答えなさい。

問3　図5のようにマスを9マスに増やして，白と黒の碁石を4個ずつ置いて碁石を動かしました。次の問いに答えなさい。

(1)　何回で入れかえることができたか，回数を答えなさい。

(2)　【太郎さんとお父さんの会話②】にある「111」や「1233321」のように，同じ色の碁石を続けて動かした回数を，数字で表しなさい。

図5

---

　太郎さんは，碁石の問題から「きまりのある動き」について興味をもち，インターネットで調べていたところ，ダンゴムシの動き方には，きまりのようなものがあることがわかりました。

---

**【太郎さんとお父さんの会話③】**

太郎さん：ダンゴムシの動き方にはきまりがあるようです。

お父さん：どのような動き方をするのかな。

太郎さん：歩き回るときに，右に曲がると次は左に曲がり，左に曲がると次は右に曲がると，あるウェブサイトに書いてありました。

お父さん：それは面白いね。ここに迷路とプログラミングすることによって動くことができるロボットがあるよ。ロボットが迷路のスタートの位置から動き出し，ゴールまでたどりつくことができるように動き方のプログラムを組んでみてはどうかな。

太郎さん：とてもおもしろそうですね。

お父さん：ただ，このロボットは動き方を4つまでしかプログラムできないよ。1つ目，2つ目，3つ目，4つ目のプログラムを順に実行した後は，1つ目のプログラムに戻り，2つ目，3つ目，4つ目と繰り返し，実行していくロボットだよ。

太郎さん：このロボットは，電源を入れている間は直進するのですね。

お父さん：そうだね。プログラムは，「壁にぶつかると90度右へ進む方向を変える」と「壁にぶつかると90度左へ進む方向を変える」の2つのパターンしかないので，気をつけてね。また，プログラムを実行した後，図6のようにすぐに壁にぶつかってしまったらロボットはその場で停止してしまうので，注意して，図7（次のページ）の迷路をスタートからゴールまでたどりつけるように考えてみてね。

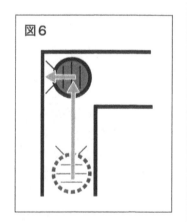

図6

太郎さん：とても難しいですね。4つのプログラムの実行を1セットとしたとき，何セットでゴールまでたどりつくことができるのか教えてくれませんか。

お父さん：ちょうど4セットでゴールまでたどりつくことができるよ。

太郎さん：ありがとうございます。ゴールまでたどりつくことができるよう考えてみます。

太郎さんは，ロボットを図7の迷路のスタートの位置に矢印の方向へ向けて置き，電源を入れ，動き出した後，ゴールまでたどりつくことができるプログラムを考えました。

【太郎さんとお父さんの会話④】

太郎さん：ちょうど4セットでゴールすることができました。

お父さん：すごいじゃないか。どのようなプログラムを組んだのかな。

太郎さん：プログラムの1つ目は ｜ A ｜，2つ目は ｜ B ｜，3つ目は ｜ C ｜，4つ目は ｜ D ｜ でゴールすることができました。

お父さん：正解，よくわかったね。

問4 【太郎さんとお父さんの会話④】にある空らん ｜ A ｜，｜ B ｜，｜ C ｜，｜ D ｜ にあてはまる内容を次のア，イから選び，それぞれ記号で答えなさい。

ア 壁にぶつかると，90度右へ進む方向を変える

イ 壁にぶつかると，90度左へ進む方向を変える

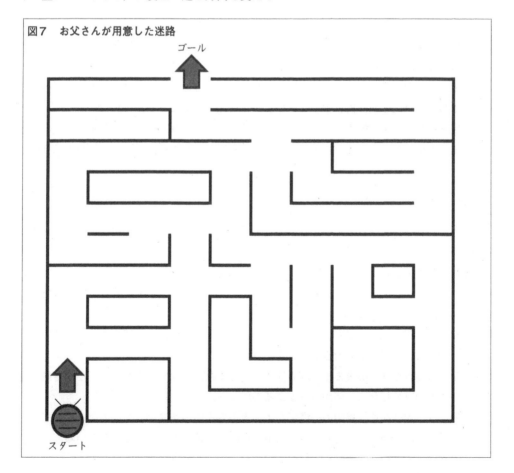

図7　お父さんが用意した迷路

【太郎さんたちの会話①】

太郎さん：プログラムをうまく組むことができてよかったです。他にも何か一緒にやりませんか。

お父さん：ここに出る目の数が1から6まであるサイコロと立方体の積み木があるよ。ルールを決めるとこれだけでも楽しいゲームができるよ。

太郎さん：どのようなゲームですか。

お父さん：サイコロを3回振って出た目の数だけ立方体の積み木を積んでいくゲームはどうかな。

お母さん：わたしも一緒にやりたいな。

太郎さん：では，3人で一緒にやりましょう。

お父さん：はじめにルールを作ろう。

【ゲームのルール】

・3人がサイコロを振り，それぞれの場所で出た目の数だけ，積み木を1つずつ上に重ねて積んでいく。

・水平な床の上に積みあげた積み木1つにつき，1点とする。

・サイコロは1人につき3回振ることとする。

・1回目の1個目は水平な床の上に置き，続けてその上に積んでいく。2回目は1回目に積まれた積み木の上に積んでいく。3回目も2回目までに積まれた積み木の上に積んでいく。

・積んでいる途中に積み木を1つでも崩してしまった場合は，その回までの点数はすべてなくなってしまい，次の回は再び水平な床の上から積んでいくこととする。

・3回目を終えたときに積まれている積み木の数を，それぞれの最終得点とする。なお，3回目の積み木を積んでいる途中に積み木を1つでも崩してしまった場合，最終得点は0点とする。

太郎さんたちは【ゲームのルール】に従ってゲームを楽しみ，終了後に話をしています。

【太郎さんたちの会話②】

太郎さん：とても楽しかったです。そういえば，お父さんの3回目のサイコロの出た目の数は，「3」でしたよね。

お父さん：そうだよ。1回目も「3」で，2回目は「4」だったね。崩すことなく積み上げたから，2回目までの点数は7点だったよ。

太郎さん：お父さんは，最後まで1回も崩すことなく積み上げていましたね。だから最終得点は10点でしたね。何かコツがあるのですか。

お父さん：コツではなく，集中力の問題だよ。太郎も集中力を高めて，このゲームをもう一度やれば，今回のわたしのように最終得点で1位をとれるかもしれないね。

太郎さん：そうですね。3回目は積み木を崩してしまいましたが，きちんと積んでいれば，最終得点でお父さんを抜いて1位だったのですが。

お母さん：わたしも1回目の出た目の数が「5」だったのに，1回目を積んでいる途中で崩してしまったことが，悔やまれますわ。しかし，2回目以降は崩すことなく，積み上げることができました。

太郎さん：お母さんが1回目に積み木を崩していたから，1回目までの得点では，わたしは2位だったのに。

お父さん：そうだね。

太郎さん：あと，運も少しなかった気がします。2回目のサイコロの出た目の数も大きい数字ではなかったし……。

お母さん：太郎は，1回目のサイコロの出た目の数より，2回目のサイコロの出た目の数の方が1だけ大きい数字が出たのですから，運が上がってきているということですよ。

太郎さん：そう言われればそうかもしれません。あっ，そういえば，わたしの2回目のサイコロの出た目の数と，お母さんの3回目のサイコロの出た目の数は同じでしたね。

お母さん：そういえばそうでしたね。

太郎さん：あと，わたしの2回目までの得点と，お母さんの最終得点は同じでしたよね。

お父さん：そうだったね。太郎の3回目のサイコロの出た目の数がどのような数字でも崩さなければ，お母さんには勝てたということだね。

太郎さん：くやしいですね。また明日，今回のゲームをやりましょう。

お父さん：わかった。明日も負けないぞ。

**問5** 【太郎さんたちの会話②】から，お母さんの2回目と3回目のサイコロの出た目の数はそれぞれいくつか，数字で答えなさい。

---

3 　　花子さんは，テレビのニュースを見て気になった「ＡＩ」について説明されている本を図書館で見つけたので，読んでみることにしました。

次の文章は，森川幸人著「イラストで読むＡＩ入門」（筑摩書房）の一部です。これを読んで，問1～問5に答えなさい。

これから，※1ＡＩが大きく問題になるとしたら，それは二〇四五年ごろに起こるとされる「シンギュラリティ」の時でしょう。「シンギュラリティ」は「技術的特異点」という，なんだかよくわからない呼び方をされているものですが，要するに，ＡＩがこのまま進化を続けていくといつか人間の知能を超えてしまい，人間の生活に大きな変化が起こるとされる地点のことです。レイ・カーツワイルという学者が言い始めたのですが，二〇四五年という時期には何の確証もなく，現在は①その言葉が一人歩きしているような状況です。

シンギュラリティが起こるとする人たちの言い分は，ＡＩがこのまま進化していつか人間の能力を超え，人間には理解が及ばないことを自分たちで判断するようになると，人間はその結果だけを「はい，わかりました」と受け入れるだけの存在になってしまう，②そのようなブラックボックス化がどんどん進むだろう，というようなことです。

特に最近は，その主張の一部である「ＡＩに職が奪われる」というところだけが変に※2クローズアップされています。自分たちよりも優れた得体の知れない知性が，我々に命令だけ下し，我々は理由もよくわからず受け入れるだけという状況になるのではないか。そう恐れるわけですね。

③シンギュラリティ問題のときによく冗談で言われる話があります。自宅にチェスか何かのＡＩがいるとします。そのＡＩがチェスの大会に行くときに，人間が「負けるんじゃないぞ」と※3発破をかけると，ＡＩは「負けてはいけない」という指示を実行しようとします。「負けないということは，チェスのプレイ上で負ける以前に，相手が戦闘不能になればいい。ということは……」と馬鹿真面目に考え，その結果，たとえば「では，相手の家の電源が落ちればいいだろう」あるいは「自分の電源が落とされないように，街全体の電源を，全部自分用に※4キープすればいいのではないか」という答えを導き出し，実行する。そのようなことをやりかねない，というのです。

人間であれば，やっていいことと悪いことや，両者のバランスの取り方について，よほどの犯罪者は別にして，何となく無意識のうちに判断できています。しかしＡＩだと「何となく理解」ということはありませんし，そもそも命を持っていないので，命の尊さを感じることもないため，極端なことをやる可能性があるというわけですね。大げさにいえば，「自分と主人を守れれば，その結果として，他の人類は滅びていい」と考えかねない。そのようなことが④シンギュラリティ派の人たちの“脅し文句”です。

しかし，※5大概のＡＩ学者はそんなことは信じていません。「ＡＩはそこまでバカじゃない」ということではなく，むしろ「そこまで賢くなれないだろう」という方向です。ロボットとしてある程度の身体性を持ったとしても，そこまで気を回してさまざまな対策を取るようなところまではいけないのではないか，と考えているわけですね。当然，人間が知識を与えるときにも予防策は入れていくわけで，まずそんなことは起こらないだろうというのが大方の意見です。

「機械が人の職を奪う」というのも，※6産業革命の蒸気機関の発明以来，何度も繰り返されてきた話です。西洋人は日本人に比べて，このような話に敏感なところがあります。日本の場合，技術職の仕事が機械に奪われてなくなっても，総務や営業などの別部署に回るような横の※7異動がありますが，西洋では職種ごとの※8ギルドが職業のベースになっているので，一つの仕事がなくなると本当にその人の仕事がなくなってしまいます。ですから西洋では「ロボットもコンピュータもインターネットも蒸気機関も，我々の仕事を奪う」と考える傾向が強いのです。これは日本人にはあまりピンとこないことかもしれません。

（一部，ふりがなをつけるなどの変更があります。）

※1　ＡＩ……人工知能。人間の知的なはたらきをコンピュータを用いて人工的に再現するもの。

※2　クローズアップ……ここでは，「大きく取り上げる」こと。

※3　発破をかける……強い言葉をかけて奮い立たせること。

※4　キープ……確保すること。

※5　大概……ほとんど。だいたい。

※6　産業革命……1760年前後から始まった，技術革新による産業・経済・社会の大きな変化のこと。さまざまな機械の発明で，手作業で生産していたものを工場などで大量に生産できるようになった。

※7　異動……地位や部署などが変わること。

※8　ギルド……1200年ごろからヨーロッパに成立した同業者組合。

問1　下線部①「その言葉が一人歩きしている」とありますが，ここではどのような状況を表していますか。あとのア〜エの中から最も適切なものを1つ選び，記号で答えなさい。

ア　だれが，いつ，どのような意味で言った言葉なのかが，だれにもわからなくなっているということ。

イ　何の確証もない「二〇四五年」という時期だけが注目を集めて，内容については話題にならなかったということ。

ウ　「人間の生活に大きな変化が起こる」ということが，人間にとってよくないことが起こるという意味でとらえられて広まっているということ。

エ　ＡＩが人間の知能を超えて，自分一人で歩き出してしまっているということ。

問2　花子さんは，下線部②「そのようなブラックボックス化」とはどのようなことなのか，本文を読んで【花子さんのまとめ】のようにまとめました。空らん　Ａ　にあてはまる内容として最も適切なものを，次のア〜エの中から1つ選び，記号で答えなさい。

ア　シンギュラリティを起こすのかどうかに確信が持てないまま

イ　人間味に欠けた命令を下したとわかっていてもしかたなく

ウ　指示を実行するためにあらゆる方法で目標を達成しようとするので

エ　ＡＩがどのようにして導き出した判断なのかがわからないまま

【花子さんのまとめ】
　高度に進化したＡＩが人間の能力を超え，　Ａ　，人間はＡＩの出した結論（ろん）に従（したが）うしかなくなるということ。

問3　下線部③「シンギュラリティ問題のときによく冗談で言われる話」とありますが，このような「話」で問題にされているのはどういうことか，次の空らん　Ｂ　にあてはまる内容を，本文中から25字でさがして書きぬきなさい。（句読点や記号は1字と数えます。）

　ＡＩは，人間のように　Ｂ　を判断することがなく，極端なことを行う可能性があるということ。

問4　下線部④「シンギュラリティ派の人たちの“脅し文句”」について，「大概のＡＩ学者はそんなことは信じていません」と本文にありますが，なぜ信じていないのか，次の空らん　Ｃ　にあてはまる内容を，本文中の言葉を使って15字以上20字以内で書きなさい。（句読点や記号は1字と数えます。）

　「ＡＩは指示を実行するときに，　Ｃ　はできない」と予想するから。また，人間がＡＩに知識を与えるときに予防策も入れていくから。

問5　ＡＩと人間との関係について，この文章で述べられている内容として最も適切なものを，次のア〜エの中から1つ選び，記号で答えなさい。

ア　シンギュラリティが起こるとＡＩが人間の知能を超えて職を奪うことになるので，人間が自分の能力や知識を高める方法の検討（とう）が進められている。

イ　ＡＩは進化しても人間が無意識のうちに判断できることを理解できるようにはならないので，判断のための知識をＡＩに与えることが，今後，人間の仕事になる。

ウ　ＡＩは今後，人間よりも優れた知能を持つようになると予想し，人間の仕事はＡＩに奪われ，人はＡＩの命令に従うしかなくなる，と恐れる人たちがいる。

エ　人間の仕事をＡＩができるようになると仕事がなくなる職種も出てくるので，それに対応するために，横の異動がしやすい日本の組織のあり方が見直されている。

**【適性検査Ｃ】** （45分）

1　花子さんは，「海外留学」について総合的な学習の時間で発表することになり，準備をしています。

以下の会話文を読んで，問いに答えなさい。　　　　（**資料１～資料４は次のページにあります。**）

先　　　生：花子さんは，何について発表しようと考えているのですか。

花子さん：わたしは，日本の高校生の海外留学の意向と実際に海外留学をするにあたっての課題について発表したいと思います。

先　　　生：なぜそのテーマを選んだのですか。

花子さん：はい。もともと外国に興味があり，高校生になったら３ヵ月間の海外留学をしたいと思っているからです。

先　　　生：なぜ花子さんは海外留学をしたいと考えているのですか。

花子さん：高校生のときに海外留学を経験したことのある，姉から話を聞いているうちに，外国で学ぶということに興味をもったからです。現地でさまざまな文化を体験することで，自分自身の視野（し）が広がるきっかけになるのではと思っています。そこで海外留学について調べるうちに，いくつかの興味深い資料を見つけました。**資料１**は高校生の海外留学の意向，そして**資料２**は日本の高校生が海外留学したくない理由について調べた結果です。

先　　　生：なるほど。では，実際に海外留学をした人の意見や感想について，何かわかったことはありますか。

花子さん：はい。実際に海外留学をした高校生，大学生にたずねたアンケート調査の結果として**資料３**と**資料４**が見つかりました。

先　　　生：そうですか。それでは花子さんはどのように発表しようと考えていますか。

花子さん：はい。最初に，日本の高校生の海外留学の意向について，**資料１**と**資料２**からわかる特ちょうを述べます。そして，**資料３**を参考に海外留学をすることで期待される効果についてふれながら，海外留学が有意義なものであるということを伝えます。一方で，**資料４**から実際に海外留学をするにあたり留学前に困（こま）ったことがあるということを知りました。そこで，**資料４**にある困ったことを２つ取り上げ，それらの課題に対し，今からできることについて，自分の考えを述べます。

先　　　生：発表を楽しみにしています。

**問**　あなたが花子さんなら，どのように発表しますか。次の条件に従（したが）って発表原稿（こう）を作りなさい。

条件１：解答は横書きで１マス目から書くこと。

条件２：文章の分量は，300字以内とすること。

条件３：数字や小数点，記号についても１字と数えること。

（例）| 4 | 2 | . | 5 | % |

**資料1　海外留学の意向**

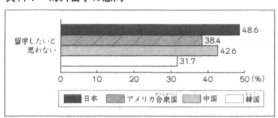

留学したいと
思わない

48.6
38.4
42.6
31.7

■ 日本　▨ アメリカ合衆国　▧ 中国　□ 韓国

**資料2　海外留学したくない理由**

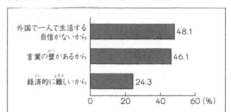

外国で一人で生活する
自信がないから　48.1

言葉の壁があるから　46.1

経済的に難しいから　24.3

（複数回答）

資料1、資料2（独立行政法人国立青少年教育振興機構「高校生の留学に関する意識調査報告書－日本・米国・中国・韓国の比較－（令和元年度）」をもとに作成）

**資料3　海外留学前と海外留学後で比べた自分の変化について**

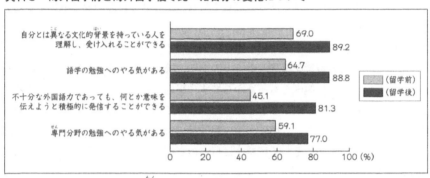

自分とは異なる文化的背景を持っている人を
理解し、受け入れることができる　69.0／89.2

語学の勉強へのやる気がある　64.7／88.8

不十分な外国語力であっても、何とか意味を
伝えようと積極的に発信することができる　45.1／81.3

専門分野の勉強へのやる気がある　59.1／77.0

□（留学前）　■（留学後）

（複数回答）

（平成29年度文部科学省委託事業「日本人の海外留学の効果測定に関する調査研究」成果報告書をもとに作成）

**資料4　海外留学前に困ったこと**

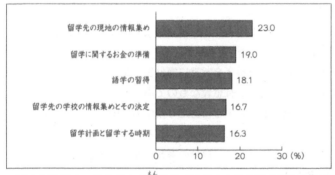

留学先の現地の情報集め　23.0

留学に関するお金の準備　19.0

語学の習得　18.1

留学先の学校の情報集めとその決定　16.7

留学計画と留学する時期　16.3

（複数回答）

（独立行政法人　日本学生支援機構「平成30年度海外留学経験者追跡調査　報告書」をもとに作成）

2　花子さんは、今度の総合的な学習の時間の発表のために、準備をしています。

以下の会話文を読んで、問いに答えなさい。

先　　生：花子さんは、何について発表するのですか。

花子さん：わたしは、以前から関心のあった、本来は食べられるのに食品が捨てられてしまう

　　　　　「食品ロス」について調べて発表するつもりです。用意した資料を見てください。
　　　　　**資料1**からは食品ロスがさまざまな課題につながっていることがわかります。食品
　　　　　ロスを減らすことにより，多くの効果が期待できることもわかります。
先　　生：そうですか。他にも調べたことはありますか。
花子さん：はい。次のページの**資料2**からは，日本において1年間に発生した食品ロスの量
　　　　　と，どこから食品ロスが発生しているかがわかります。また，次のページの**資料3**
　　　　　から食品ロスの原因もわかりました。
先　　生：原因はどのようなことだったのですか。
花子さん：**資料3**にあるとおり，大きく分けて「直接※1廃棄」「食べ残し」「※2過剰除去」の
　　　　　3つの原因があるようです。
先　　生：よく調べましたね。どのように発表する予定ですか。
花子さん：まず，**資料1**から食品ロスを減らすことでどのような効果があるか1つ述べます。
　　　　　そして，**資料2**から，家庭から発生する食品ロスの量に注目し，家庭での食品ロス
　　　　　の量が全体に対してどのくらいの割合なのかを計算し，百分率で示します。最後
　　　　　に，**資料3**の原因のうち，わたしたちにとって身近なものである「直接廃棄」と
　　　　　「食べ残し」の項目について「原因のもととなる行動や状態」をそれぞれ1つずつ
　　　　　取り上げ，食品ロスを減らすためにどのような取り組みが考えられるか，具体的な
　　　　　取り組みをそれぞれ考え，提案したいと思います。
先　　生：それはよい発表になりそうですね。

※1　廃棄……不用なものとして捨てること。

※2　過剰除去……調理の際に，食べられる部分まで必要以上に取りのぞいてしまうこと。

**資料1　食品ロスにかかわる課題と食品ロスを減らすことにより期待される効果**

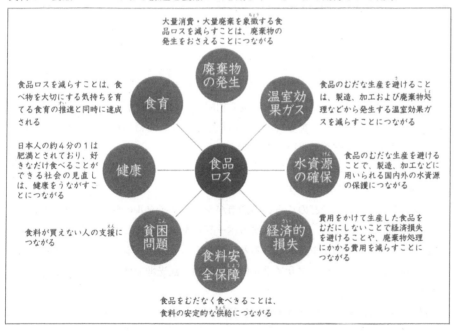

資料2　日本において1年間に発生した
　　　　食品ロスの量（万トン）

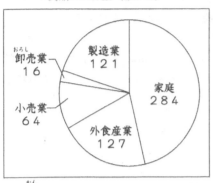

製造業
121

卸売業
16

家庭
284

小売業
64

外食産業
127

（環境省　ウェブサイト（平成29年の
データ）をもとに作成）

資料3　食品ロスの原因

| 原因 | 原因のもととなる行動や状態 |
|---|---|
| 直接廃棄 | 必要以上に買いすぎてしまう |
|  | 調理法を知らなくて食材を調理しきれない |
| 食べ残し | 必要以上に作りすぎてしまう |
|  | 買ったものや作ったものを放置して忘れてしまう |
| 過剰除去 | 調理技量が不足している |
|  | 健康に気をつかいすぎている |

資料1、資料3（環境省「食品ロスを減らすために、私たちにできること」をもとに作成）

問　あなたが花子さんなら、どのように発表しますか。次の条件に従って発表原稿を作りなさい。

計算結果は小数第2位を求めて四捨五入し、小数第1位まで書きなさい。なお、数式は書かなくてよいものとします。

条件1：解答は横書きで1マス目から書くこと。

条件2：文章の分量は、300字以内とすること。

条件3：数字や小数点、記号についても1字と数えること。

（例）| 4 | 2 | . | 5 | % |

3
　花子さんは、家の近所に同じような自転車が何台も並んでいる駐輪場があることに気づき、インターネットで調べてみたところ、「さいたま市コミュニティサイクル」というサービスがあることを知り、それについて先生に話をしました。

以下の会話文を読んで、問いに答えなさい。

花子さん：「さいたま市コミュニティサイクル」は、駅前やまちなかに設置されている、ポートという専用の駐輪場で自転車を借りて利用し、利用後は別のポートに返すことができるサービスだと知りました。家に自転車がなくても自転車を利用することができる、便利なしくみだと思います。

先　　生：全国的にも増えてきた、新しい交通手段のひとつですね。一般的にはシェアサイクルと呼ばれることもあります。

花子さん：はい。そこで、全国でどのくらいの都市がシェアサイクルのサービスを導入しているのかを調べていると、資料1（次のページ）を見つけました。さらに、どのような目的で導入したのかを調べていると、資料2（次のページ）を見つけました。

先　　生：よく調べましたね。シェアサイクルは、全国的に観光地で使われることが多いようです。

花子さん：わたしの姉は、高校生のときの修学旅行で、シェアサイクルのサービスを利用しよ

うとしたときに，ポートに1台も自転車が残っておらず，利用できなかったことがあるそうです。そこで，シェアサイクルの観光地における課題を調べてみると，**資料3**を見つけました。自転車に乗ることはとても楽しいですし，シェアサイクルは便利なサービスなので，観光地でももっと広まってほしいです。

先　　生：では，シェアサイクルのサービスの利用について，帰りの会のスピーチで発表してみませんか。

花子さん：わかりました。それでは，発表原稿を作ってみます。まず，**資料1**から，全国でシェアサイクルのサービスを実施している都市の数がどのように変化しているかについて述べます。次に，**資料2**から，全国の都市がシェアサイクルのサービスをどのような目的で導入しようとしたか，最も多かった回答をあげます。そして，**資料3**から観光地におけるシェアサイクルのサービスの課題について最も多く回答されたものにふれ，その改善策を具体的に2つ考えて提案します。最後に，シェアサイクルに対するわたしの考えを，クラスのみんなに伝えたいと思います。

先　　生：さいたま市にも多くの観光名所があります。花子さんの考えがさいたま市でもいかされるといいですね。すばらしい発表になることを期待しています。

**資料1　シェアサイクルの実施都市数の推移**

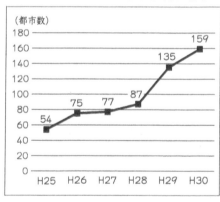

**資料2　シェアサイクルの導入目的**

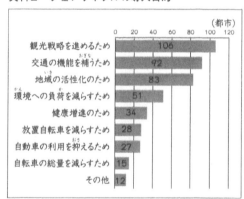

（複数回答）

**資料3　観光地における課題について（上位4項目）**

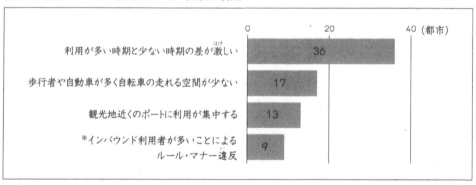

（複数回答）

**資料1～資料3**（国土交通省「シェアサイクルの取組等について」をもとに作成）

※インバウンド……日本を訪れる外国人旅行客。

**問** あなたが花子さんならどのような発表原稿を作成しますか。次の条件に従って書きなさい。

条件1：解答は横書きで1マス目から書くこと。

条件2：文章の分量は300字以内とすること。

条件3：数字や小数点，記号についても1字と数えること。

（例）| 4 | 2 | . | 5 | ％ |

# 2021 年 度

## 解 答 と 解 説

《2021年度の配点は解答欄に掲載してあります。》

## ＜適性検査A解答例＞ 《学校からの解答例の発表はありません。》

1 問1　イ　　問2　ウ　　問3　ア　　問4　エ
　問5　エ（→）ウ（→）ア（→）イ

2 問1　(1)　20000（cm³）　(2)　15000（cm³）　(3)　72.5（％）
　問2　(1)　（蹴上げの高さ）3（cm），（踏み面の長さ）4（cm）
　　　　(2)　2460（cm³）

3 問1　イ
　問2　イ
　問3　（B）ウ　　（C）ア
　問4　ウ
　問5　320（円）

4 問1　ウ
　問2　A　イ　　B　官公庁施設，教育文化施設，事務所建築物のしめる割合が高い

5 問1　ウ　　問2　A　大宮　　B　今出川　　C　ア
　問3　渋滞や災害，事故が起きても別の道から都市の中心部に行ける点。

○推定配点○
1　問1・2・3・4　各4点×4　　問5　完答4点
2　問1　各4点×3　　問2(1)　各4点×2　　(2)　5点
3　問1・2・4　各4点×3　　問3　各3点×2　　問5　6点
4　問1　4点　　問2　A　3点　　B　5点
5　問1　4点　　問2　各3点×3　　問3　6点　　　計100点

## ＜適性検査A解説＞

1 （英語：放送による問題）

問1　ポールさんとさくらさんの会話を聞く問題である。絵をあらかじめ見ると，2人がそれぞ
　　れ，好きな動物，または好きではない動物を思いうかべていることがわかる。会話文より，
　　ポールさんは，キリンとサルが好きで，さくらさんは，キリンとゾウは好きだがサルが好き
　　ではないことが聞き取れるため，あてはまる絵は，イとなる。
　　（放送文全訳）

ポール：どの動物が好きですか，さくら？

さくら：わたしは，キリンが好きです。

ポール：ぼくも！ぼくは，サルも好きです。あなたはどうですか？

さくら：わたしは，サルは好きではありません。しかし，ゾウは好きです。

問2　しゅんさんの夏の思い出に関する発表を聞く問題である。絵をあらかじめ見ると，それぞれしゅんさんがなにをしているのかがわかる。発表から，しゅんさんは大阪駅に行ったり，野球観戦をしたり，金閣寺を見たりしているが，自分で野球をしてはいないことがわかる。よって，あてはまらない絵は，ウである。

（放送文全訳）

しゅん：こんにちは，みなさん。ぼくはしゅんです。

　　　　あなたたちの夏休みはどうでしたか？

　　　　ぼくは関西に行きました。それはとてもすばらしかったです。

　　　　最初に，ぼくは京都に行き，金閣寺をみました。

　　　　次に，ぼくは大阪駅に行き，アイスクリームを食べました。

　　　　そして，ぼくは野球場に行き，野球の試合を観戦しました。

問3　エマさんとはるとさんの筆箱の中身に関する会話を聞く問題である。絵をあらかじめ見ると，筆箱になにが入っているのかがわかる。会話の内容から，筆箱の中にはペンが4本，えん筆が6本，定規が1本，消しゴムが2個入っており，ハサミは入っていないことが聞き取れる。よって答えは，アである。

（放送文全訳）

エマ　：わあ，あなたは大きな筆箱を持っていますね，はると。見てもいいですか？

はると：どうぞ，エマ。ぼくは4本のペンと6本のえん筆を持っています。

エマ　：なるほど。あなたは，ハサミを持っていますか？

はると：いいえ，持っていません。しかし，定規を持っています。

エマ　：消しゴムはいくつ持っていますか？

はると：2つ持っています。

問4　けいこさんのつくった料理に関する説明を聞き，料理に使われた材料と産地の組み合わせを選ぶ問題である。説明より，ぶた肉は栃木，キャベツは埼玉，玉ねぎは北海道，白米は秋田が産地であるため，答えはエである。

（放送文全訳）

けいこ：わたしは，日本産の食べ物を使って，お昼ご飯をつくりました。

　　　　これはしょうが焼きです。

　　　　ぶた肉は栃木県産です。

　　　　しょうがは高知県産です。

　　　　キャベツは埼玉県産です。

　　　　これはみそしるです。

　　　　玉ねぎは北海道産です。

　　　　そして，白米は秋田県産です。

問5　たろうさんの話を聞き，昨日おこったできごとを順番に並びかえる問題である。絵をあらかじめ見ると，イとエはどちらもサッカーをしているが，いっしょにしている相手がちがうため，気をつける。たろうさんは，できごとがおこった順番に話しているので，その通りに絵を並べかえると，答えはエ，ウ，ア，イの順である。

（放送文全訳）

たろう：ぼくは公園に行き，友だちとサッカーをしました。

次に，ぼくたちはかくれんぼをしました。

ぼくはお腹<sup>なか</sup>がすきました。

ぼくは家に帰り，お昼ご飯を食べました。

ご飯の後，ぼくは家で兄とサッカーをしました。

2 （算数：直方体の体積，水の体積）

**基本**

問1 (1) この水槽の内のりは縦25cm，横40cm，深さ20cmであるため，水で満たしたときの体積は，25×40×20＝20000(cm³)である。

(2) バケツを水で満たすのにかかった時間が1分15秒であるため，秒数になおすと，75秒かかったことになる。じゃ口からは，1秒間に0.2Lの水が出ているため，バケツの中の水の体積は，0.2×75＝15(L)となる。答えは，立方センチメートルで聞かれているため，1(L)＝1000(cm³)より，15000(cm³)。

(3) 水槽のガラスには，0.5cmの厚さがあることに注意する。床から水面までの高さが15cmであるから，水の深さは，ガラスの厚みを引いて15−0.5＝14.5(cm)。水槽の縦と横は変化しないため，中の水の量は深さに比例する。満たしたときの深さが20cmであることから，入れた水の量は，水槽を満たしたときの水の量の14.5÷20×100＝72.5(％)になる。

問2 (1) 花子さんの台の高さは，太郎さんの台の高さと等しいため，9cmである。これは蹴上<sup>けあ</sup>げ3段分と同じであることから，蹴上げの高さは，9÷3＝3(cm)となる。また，太郎さんの台を真横から見たときの形の面積は9×16÷2＝72(cm²)であり，これは花子さんの台を真横から見たときの形の面積と等しい。花子さんの台を横から見た形は

のように，同じ形の長方形6つに分けることができ，1つの長方形の面積は72÷6＝12(cm²)。この長方形の縦の長さは蹴上げの高さと等しく，3cmであることから，横の長さは12÷3＝4(cm)となり，これは踏み面<sup>ふ</sup>の長さと等しい。

(2) 水槽に残った水の体積は，水を，台を入れずに台の1段目の高さまで入れたときの体積から，水の中にある台の体積を引くことで求められる。水を，台を入れずに台の1段目の高さまで入れたときの体積は，25×40×3＝3000(cm³)。また，　　　より，台を真横から見た形の1段目の面積は長方形3つ分であり，全部で長方形は6つであるため，1段目の面積は全体の半分であることがわかる。よって，水の中にある台の体積は，台全体の体積の半分であるため，1080÷2＝540(cm³)となる。したがって，水槽に残った水の体積は3000−540＝2460(cm³)である。

3 （算数・理科：資料の読み取り，金属，密度）

問1 〈結果1〉から，硬貨<sup>こうか</sup>はそれぞれ重さや直径<sup>ちょっけい</sup>が異<sup>こと</sup>なるが，飛んだきょりはすべて20cm前後であり，ちがいがないことがわかる。つまり，硬貨の重さは飛んだきょりと関係がない。

問2 アルミニウムでつくられた硬貨である1円玉の飛んだきょりは，〈結果1〉では約20cmであったが〈結果2〉では5cmになっており，磁石<sup>じしゃく</sup>に影響<sup>えいきょう</sup>を強く受けたことがわかる。よって，ア

は正しくない。銅とニッケルでつくられた硬貨は50円玉と100円玉の2つであるが，どちらの飛んだきょりも，〈結果1〉〈結果2〉ともに20cm前後であることから，磁石による影響がほぼなかったことがわかる。よって，イは正しい。銅を含んでつくられた硬貨のうち，10円玉，50円玉・100円玉，5円玉の順に銅の割合が高い。〈結果2〉より，飛んだきょりは50円玉・100円玉，5円玉，10円玉の順に長いことがわかるので，銅の割合と飛んだきょりに関係はない。よって，ウは正しくない。5円玉と10円玉を比べたとき，どちらも〈結果1〉では飛んだきょりは20cm前後であったが，〈結果2〉では，15cm，10cmとなっており，10円玉の方が，変化が大きく，磁石の影響を強く受けたことがわかる。よって，エは正しくない。

問3　同じ重さの同じ金属であれば体積は等しいため，王かんがすべて金でできていれば，同じ重さの金のかたまりと体積は等しくなる。よって，あふれる水の体積も等しくなるので，Bにはウが入る。また，**資料3**より，1cm³あたりの重さを比べたとき，金と銀では金の方が重いため，同じ重さであれば，銀の方が体積が大きいことがわかる。したがって，王かんに銀が混ざっているとき，同じ重さの金のかたまりよりも体積が大きくなるため，あふれる水の体積も大きくなる。よってCにはアが入る。

問4　まず，王かんが金のみでつくられていたとして，重さを求める。金は1cm³あたり19.30gであるため，アは120×19.30＝2316(g)，イは200×19.30＝3860(g)，ウは80×19.30＝1544(g)，エは50×19.30＝965(g)。したがって，ア，エは問題と同じ重さであるので，金のみでつくった王かんであることがわかる。次に，残ったイ，ウについて，銀のみで作られていたとして，重さを求めると，イは200×10.49＝2098(g)，ウは80×10.49＝839.2(g)となる。イは問題と同じ重さであるので，銀のみでつくった王かんであることがわかる。したがって，答えの金と銀を混ぜてつくった王かんはウ。

問5　まず，1両が何文にあたるのかを求める。花子さんの言葉より，1両は4分。1分は4朱であるため，1両は4×4＝16(朱)。1朱は250文であるため，1両は16×250＝4000(文)。したがって，1両が8万円とすると，1文は80000÷4000＝20(円)。江戸時代のそば1ぱいは16文であるため，今の日本のお金では16×20＝320(円)となる。

4　（算数・理科・社会：グラフや資料の読み取り，気候，人口）

問1　ハイサーグラフを読み取り，ローマの気候を表すグラフを選ぶ問題。太郎さんのメモより，最も平均気温が高い月と，最も平均気温が低い月との気温差を確認する。さいたま市では，最も平均気温が高いのは8月で26.6℃，最も平均気温が低いのは1月で3.6℃であるため，気温差は23℃。ローマの方がさいたま市よりも気温差が小さいため，ローマの気温差は23℃以下のはずだが，イは明らかに気温差が23℃以上あるため，不適切。次に，ローマの11月の降水量は50mmから100mmの間である。よって，エは11月の降水量が100mmから150mmの間であるため，不適切。最後に，ローマの最も平均気温が高い月の降水量は，最も平均気温が低い月の降水量より少ない。よって，アは最も平均気温が高い8月の方が，最も平均気温が低い1月よりも降水量が多いため，不適切。したがって，残ったウが答えとなる。

問2　まずは，Bにあてはまる内容を考える。【太郎さんのまとめ】から，区内利用のグラフにどんな特ちょうがあれば，昼間人口が多いのかを考えればいいことがわかる。【太郎さんのまとめ】より，通勤・通学で他の地域へ移動していく人より，他の地域から移動する人が多いということは，その地域に通勤・通学先が多いということになる。グラフの項目の中で，通勤・通学先にあてはまるのは，官公庁施設・教育文化施設・事務所建築物の三つである。よって，全体に対してこれらの割合が高いという特ちょうがあれば，昼間人口は多くなる。したがっ

て，Bには「官公庁施設，教育文化施設，事務所建築物の割合が高い」(25字)があてはまる。また，【太郎さんのまとめ】より，**資料2**において，昼夜間人口比率が最も高い千代田区があてはまるのは，独立住宅と集合住宅のしめる割合が低く，官公庁施設，教育文化施設，事務所建築物の割合が高いイである。よって，Aの答えはイ。

5　(社会：表の読み取り，人口密度)

問1　表を正確に読み取る必要のある問題。インドネシア全体の面積と日本全体の面積を比べると，1910931km²と377974km²より，インドネシアの方が，面積が大きい。また，人口密度を比べると，インドネシアは267671000÷1910931＝140.07…(人)，日本は126443000÷377974＝334.52…(人)となり，日本の方が，人口密度が高い。したがって，アは適切。インドネシア全体における，スマトラ島の面積の割合は24.8％，カリマンタン(ボルネオ)島の面積の割合は28.3％であるため，二つを合わせると24.8＋28.3＝53.1(％)となり，全体の50％以上となる。したがって，イは適切。また，スマトラ島とカリマンタン(ボルネオ)島を比べると，面積の割合はカリマンタン(ボルネオ)島の方が高いが，人口の割合はスマトラ島の方が低い。よって，ウは不適切。インドネシアの主な4島の人口密度をそれぞれ求めると，スマトラ島は50000÷474000＝0.105…(人)，ジャワ島は137000÷132186＝1.036…(人)，カリマンタン(ボルネオ)島は13800÷540000＝0.025…(人)，スラウェシ島は17400÷190000＝0.915…(人)となる。人口密度が最も高いのはジャワ島であり，最も低いのはカリマンタン(ボルネオ)島であるので，エは適切。

問2　住所の示し方のきまり通りに，住所を表す問題。例にあげられている郵便局の住所を参考に，きまりを理解する。小学校の入口が面している通りは，大宮通であるため，Aにあてはまるのは，大宮。また，大宮通と交差する最も小学校に近い通りは今出川通であるため，Bにあてはまるのは，今出川。また，小学校の入口は大宮通と今出川通の交差点から，北側に存在している。よって，Cにあてはまるのはア。

問3　先生の作った図から，環状道路のよい点を見つける。環状道路がない図では，中心部に向かう道の一つが渋滞や災害，事故によってふさがれていて，都市の中心部までたどり着けなくなっていることがわかる。ここで，環状道路がある図をみると，中心部に向かう道のうち，一つがふさがれても，環状道路を通ることで中心部に向かう別の道に移動できることがわかる。よって，渋滞などが起こったときにも都市の中心部に向かうことができる点が，環状道路のよい点である。

★ワンポイントアドバイス★

検査時間は50分であるが，問題数が多い。資料を読んで答える問題が多いため，しっかりと資料を読み取り，理解することが大切である。また，計算が必要な問題も多いが，ミスのないよう落ち着いて計算しよう。

## ＜適性検査B解答例＞ 《学校からの解答例の発表はありません。》

1　問1　ウ（→）オ（→）カ（→）ア

　　問2　(1)　カ　　　(2)大阪府

　　問3　(1)　45（本）

　　　　　(2)

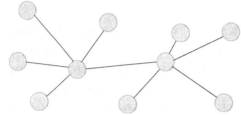

　　問4　6

2　問1　8（回）

　　問2　12221

　　問3　(1)　24個　　　(2)　123444321

　　問4　A　ア　　B　ア　　C　イ　　D　ア

　　問5　2回目のサイコロの出た目の数　2　　　3回目のサイコロの出た目の数　3

3　問1　ア

　　問2　エ

　　問3　やっていいことと悪いことや，両者のバランスの取り方

　　問4　気を回して様々な対策を取るようなこと

　　問5　ウ

○推定配点○

1　問1・問2(1)　各5点×2　　　問2(2)・問3(1)・問4　各6点×3　　　問3(2)　7点

2　問1・2・3(1)(2)・4・5　各6点×6

3　問1・2・5　各5点×3　　　問3・4　各7点×2　　　　計100点

## ＜適性検査B解説＞

1　（社会・算数：地図記号，資料の読み取り）

　問1　【太郎さんと花子さんの会話①】より，太郎さんは神戸駅を出発しているので，そこから経
　　　路を考える。また，地図中の地図記号を読み取り，6枚のカードに書かれている建物を確認
　　　する。すると，イに書かれている消防署の近くにある老人ホームは，下山手通の近くにある
　　　が，経路とは関係ないとわかる。よってイは不適切。同じくエは線路に沿って西へ向かった
　　　と書かれているが，経路で西に進んでいる部分はないため，エも不適切。よって，残りのア，
　　　ウ，オ，カを並べ替える。まず，地図中の兵庫労働局の近くに消防署の地図記号が書かれて
　　　いることを確認する。神戸駅を出発した後は，その消防署を通り過ぎ，右手にポートタワー
　　　を見ながら進むので，最初のカードはウ。経路より，左手に元町駅を見ながら進んだ後に，
　　　交番の地図記号が書かれた交差点を右に曲がっていることがわかるため，次のカードはオ。

さらに，交番を右に曲がった後，博物館の前を通り過ぎて交差点を左に曲がり，北に向かっていることがわかるため，次のカードはカ。最後に，右手に市役所を見ながらそのまま道なりに進んでいることがわかるため，最後のカードはア。つまり答えは，ウ→オ→カ→ア。

問2 (1) **資料2**の縦の目盛りは国際線の旅客数を，横の目盛りは国内線の旅客数を表している。よって，両方の数値を読み取り，足すことで国内線・国際線を合わせた旅客数を求めることが出来る。ABCそれぞれの国内線・国際線を合わせた旅客数を求めると，Aはおよそ40000人，Bはおよそ85000人，Cはおよそ30000人であることがわかる。**資料3**より，北海道，東京都，千葉県の空港を確認すると，北海道の新千歳空港が23634人，東京都の東京国際空港が85488人，千葉県の成田国際空港が41238人である。したがって，Aは千葉県，Bは東京都，Cは北海道である。

(2) (1)と同様に，**資料2**と**資料3**で国際線・国内線を合わせて旅客数を比べる。**資料2**では大阪府はおよそ45000人であるが，**資料2**の大阪府の関西国際空港が29312人であり，大きく違っていることがわかる。X空港と関西国際空港の人数を合わせると，29312＋16299＝45611（人）であり，**資料2**の大阪府の45000人とおよそ同じである。よって，X空港があると考えられるのは大阪府である。

問3 (1) 【先生が作った図②】を見ると，空港は全部で10個あることがわかる。そのうちのひとつから，他すべての空港に路線を結ぶと，路線は9本になる。また，それとは違う空港から，先の空港をのぞいて，他すべての空港に路線を結ぶと，路線は8本になる。同じように他の空港も路線を結んでいくと，路線は全部で9＋8＋7＋6＋5＋4＋3＋2＋1＝45（本）になる。したがって，答えは45本。

(2) どの空港から出発しても，2回以内の乗りかえで他のすべての空港に到着できるようにするには，2つのハブ空港が路線でつながっていればよい。このとき，【条件】に注意して，線を結ぶ。

問4 **資料5**をみて，2019年から2020年のそれぞれの月で，前年の同じ月と比べて宅配便取扱数がプラスかマイナスかを書いていくと，表のようになる。また，**資料6**のグラフは，100％以下のとき前年と比べてマイナス，100％以上のとき前年と比べてプラスということを表している。よって，表と**資料6**を比べて，グラフにあてはまる期間を見つけると，<u>あ</u>にあてはまるのは，6月であることがわかる。

|  | 2019年 | 2020年 |
|---|---|---|
| 1月 | + | + |
| 2月 | − | + |
| 3月 | + | + |
| 4月 | + | + |
| 5月 | − | + |
| 6月 | − | + |
| 7月 | + | + |
| 8月 | − | |
| 9月 | + | |
| 10月 | − | |
| 11月 | − | |
| 12月 | − | |

2 （算数：規則性，プログラム）

問1 【太郎さんとお父さんの会話①】より，動かし方と回数に関係はないことがわかっているので，実際に自分で書き出して考える。すると，例えば「黒白白黒黒白白黒」の順に動かせば，碁石を入れかえることができる。よって，答えは8回。

問2 問1より，5マスのとき，「黒白白黒黒白白黒」に動かしている。よって，黒1回，白2回，

黒2回，白2回，黒1回で入れかえることができるので，数字で表すと，「12221」となる。

問3　3マスのときの「111」，5マスのときの「12221」，7マスのときの「1233321」より，きまりを見つけだす。すると，真ん中にあたる数を，その数に1を足して3つ並べたものに変えることで，次のマスの数字の並びになることがわかる。よって，9マスのときは，「123444321」となる。よって，(2)の答えは「123444321」となる。また，入れかえた回数は，1+2+3+4+4+4+3+2+1＝24(回)。したがって，(1)の答えは24回。

問4　実際に，迷路にルートを書いて考える。このとき，スタートから直進して，最初に壁にぶつかったとき，右にしか曲がれないので，プログラムの1つ目は必ず「壁にぶつかると，90度右へ進む方向を変える」である。よって，Aの答えはア。また，次に壁にぶつかったときは，左右どちらも選ぶことが出来る。よって，ここからはすべてのパターンを試してみる。このとき，どのパターンがあるかは，図1のような図を書いて考えるとよい。ひとつひとつ試してみると，「右右左右」のとき，図2のようにゴールにたどり着くことが出来る。よって，プログラムの2つ目は「壁にぶつかると，90度右へ進む方向を変える」，プログラムの3つ目は「壁にぶつかると，90度左へ進む方向を変える」，プログラムの4つ目は「壁にぶつかると，90度右へ進む方向を変える」である。したがって，答えはBがア，Cがイ，Dがア。

(図1)　　　　　　　　　　　　　　　　　　　(図2)

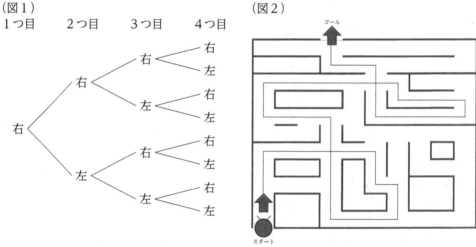

問5　【ゲームのルール】をまずよく理解し，【太郎さんたちの会話②】からお母さんが出した目の数を考える。太郎さんの1回目から3回目に出た目の数の合計を求める。太郎さんの最終得点は積み木を崩さなければお父さんよりも大きいことと，お父さんは一度も積み木を崩さなかった上に最終得点は10点であることから，太郎さんの出た目の数の合計は11以上である。また，太郎さんの4つ目の台詞から，太郎さんは2回目まではお父さんよりも点数が低いことがわかる。お父さんの2回目までの点数は7点であるため，太郎さんの2回目までの点数は6以下である。よって，2回目までの点数と3回目に出た目を足すと，11以上になる必要があるので，太郎さんの2回目までの点数は，6または5である。ここで，太郎さんの2回目に出た目の数は，1回目に出た数の目より1だけ大きい数字であることから，和が5または6で，差が1になる2つの数字の組み合わせを探す。あてはまるのは2と3の組み合わせであるため，太郎さんの1回目に出た目の数は2，2回目に出た目の数は3である。お母さんの3回目に出た目の数は，太郎さんの2回目に出た目の数と同じであるため，3である。また，太郎さんの2回目までの点数とお母さんの最終得点は同じであるため，お母さんの最終得点は5。お母さんは1回目で積み木を崩しているため，お母さんの2回目に出た目の数は

5－3＝2。したがって，答えは2回目のサイコロの出た目の数が2，3回目のサイコロの出た目の数が3。

**重要** ③ （国語：文章の読み取り）

問1　下線部①の「その言葉」は，「シンギュラリティ」のことを指している。また，言葉の一人歩きとは，元々の意図や意味と関係なしに，言葉が広がっていくことである。よって，シンギュラリティという言葉について，人々が正確に理解していない状況のことを表している。よって，アが最も適切である。イも同様のことを言っているが，「内容については話題にならなかった」とあり，シンギュラリティの内容についても注目されているので不適切。

問2　下線部②の「そのような」が指しているのは，直前の「AI（エーアイ）がこのまま進化して」～「存在になってしまう」の部分である。【花子さんのまとめ】は，その部分を言いかえたものであり，空らんAにあてはまる言葉は，「人間には理解が及ばないことを自分たちで判断するようになると」に対応する。人間には理解が及（およ）ばないことを判断しているということは，人間にはその判断をするまでの道すじがわからないということでもあるため，最も適切なのはエである。

問3　空らんBにあてはまるのは，AIは判断せず，人間は判断するということなので，あてはまる言葉を25字で探す。5段落の「人間であれば」～「判断できています」とあるため，ここからちょうどよく抜き出す。よって，答えは「やっていいことと悪いことや，両者のバランスの取り方」である。

問4　6段落にAI学者の考えが書かれているため，ここから，空らんCにあてはまる言葉を探す。「ロボットとしてある程度」～「と考えているわけですね」とあり，「気を回してさまざまな対策（たいさく）を取るようなところまではいけない」という部分がCにあてはまると考えられる。答えは，字数に合わせて文にあてはまるように工夫すること。

問5　この文章で述べられている内容にふさわしいものを選ぶ問題。アで「人間が自分の能力や知識を高める方法の検討（けんとう）が進められている」と書かれているが，そのようなことは本文には書かれていないため，アは不適切。イでは「判断のための知識をAIに与えることが，今後，人間の仕事になる」と書かれているが，そのようなことは本文には書かれていない。よって，イは不適切。ウでは，「人間の仕事はAIに奪われ，人はAIの命令に従（したが）うしかなくなる，と恐（おそ）れる人たちがいる」と書かれており，本文の3段落や7段落に実際にAIに職を奪われることを恐れている人たちがいることが書かれている。よって，ウは適切。エでは「日本の組織のあり方が見直されている」と書かれているが，本文の7段落では日本の組織の横の異動（いどう）についてのみ書かれており，見直されているわけではない。よって，エは不適切。

★ワンポイントアドバイス★

資料やグラフ，地図などを正しく読み取ることが重要であり，加えて地図記号の知識なども必要になってくる。また，規則が決まっている問題では，その規則をしっかりと理解してから，情報を整理して問題を解こう。文章を読む問題では，指示語やまとめた文が何を指しているのかを見つけることが大切だ。

## ＜適性検査Ｃ解答例＞ 《学校からの解答例の発表はありません。》

1 　これから，海外留学について発表します。資料１によると，日本の高校生の半分が海外留学に消極的です。それは，言葉の壁や外国での生活に対して不安を感じているからだということが資料２からわかります。しかし，海外留学は有意義なものです。例えば，資料３をみると，海外留学に行くことで，異文化を理解し受け入れられるようになったり，語学への勉強のやる気があがったりすることがわかります。では，海外留学するにあたって何か課題はあるのでしょうか。資料４より，留学先の現地の情報集めや，語学の習得に困ることがあるとわかりました。この課題に対して，わたしは友人と協力して勉強することや，情報を集めることで解決したいと思います。

2 　これから食品ロスについて発表します。資料１より，食品ロスを減らすことは，廃棄物処理にかかる費用を減らすことにつながり，経済的損失をおさえることができることがわかります。では，食品ロスはどこで発生しているのでしょうか。資料２より，日本の食品ロスの約46.4％が家庭から発生したものです。そして，資料３より，その食品ロスの原因には，身近なもので直接廃棄と食べ残しがあり，それらは必要以上に買いすぎてしまうことや必要以上に作りすぎてしまうことで起こることがわかりました。よって，わたしは，買い物に行く前に買い物リストを作ることや調理前にあらかじめ何人分作るかを計画しておくことで，食品ロスを減らしたいと思います。

3 　これからシェアサイクルについて発表します。資料１から，このサービスを実施している都市は毎年増えていることがわかります。資料２より，導入した理由で最も多かったのは，観光戦略を進めるためだということがわかりました。しかし，観光地におけるこのサービスには課題もあります。資料３より，特に利用が多い時期と少ない時期の差が激しいという課題が大きいことがわかります。わたしはこの課題の解決方法として，利用が多い時期は他の地域から自転車を借りて台数を増やすことや，利用が少ない時期は地元の学校の遠足に自転車を貸し出すことを提案します。シェアサイクルは便利なサービスなので，観光地でももっと広まってほしいと思います。

○推定配点○
1 　35点　　2 　35点　　3 　30点　　計100点

## ＜適性検査Ｃ解説＞

1 （国語：会話文・資料の読み取り，作文）
　問題文に書かれた条件は字数や書き方についてのみだが，会話文の中でだいたいの文章の構成について述べられているので，注意する必要がある。まず，最後の花子さんの会話文から，解答する発表内容の構成は以下のようになるとわかる。
　　① 　日本の高校生の海外留学の意向
　　② 　海外留学をすることで期待される効果
　　③ 　海外留学前の課題
　　④ 　③の解決方法

①は**資料1**と**資料2**を読み取って，どのような意向なのかとその理由までまとめる。②では，**資料3**を読み取って，どんな効果があるのかを述べ，海外留学がよいものだということを伝える。③では，**資料4**から海外留学の課題を2つ取り上げる。このとき，④でその解決方法について書かなくてはいけないため，書きやすいものを選ぶとよい。④で書く解決策は理にかなっていなければならない。また，発表原稿という形なので，文章は「です」や「ます」などで終わらせる。

**2** （国語：会話文・資料の読み取り，作文）

会話文の中で文章の構成が決められているので注意する。花子さんの最後の会話文から，発表の構成は次のようになるとわかる。
① 食品ロスを減らすことの効果
② 家庭での食品ロスの量が全体に対してどのくらいの割合か
③ 「直接廃棄」と「食べ残し」の「原因のもととなる行動や状態」
④ 食品ロスを減らすための取り組み

①は**資料1**に書かれていることから1つ書く。②では，まず**資料2**の円グラフから，全体に対する家庭での食品ロスの量の割合を求め，百分率で示す。家庭が284万トン，全体が284＋127＋64＋16＋121＝612（万トン）であるため，全体に対する家庭での食品ロスの量の割合は284÷612×100＝46.40…（％）である。③は**資料3**から，「直接廃棄」と「食べ残し」の項目について「原因のもととなる行動や状態」をそれぞれ1つずつ取り上げる。このとき，④でその対策を書かなくてはいけないため，書きやすいものを選ぶとよい。④では，具体的な取り組みを書く必要がある。

**重要** **3** （国語：会話文・資料の読み取り，作文）

会話文の中で文章の構成が決められているので注意する。花子さんの最後の会話文から，発表の構成は次のようになるとわかる。
① 全国でシェアサイクルのサービスを実施している都市の数の変化
② シェアサイクルのサービスをどのような目的で導入しようとしているか
③ 観光地におけるシェアサイクルのサービスの課題について
④ ③の改善策
⑤ シェアサイクルに対する花子さんの考え

①は**資料1**のグラフから傾向を読みとって書く。②は，**資料2**から，どんな目的が一番多いのかを書く。③は，**資料3**から最も多かった課題を書く。④は③の改善策を自分なりに考え，2つあげる必要がある。⑤は，花子さんがシェアサイクルをどう考えているか書く。会話文の中で花子さんは「自転車に乗ることはとても楽しいですし，シェアサイクルは便利なサービスなので，観光地でももっと広まってほしいです。」と述べているため，これを参考に書く。

**★ワンポイントアドバイス★**

すべての問題で，発表の構成が指定されているので，それにそって原稿をつくること。読みながら下線を引いたり，丸で囲ったりすると，指定を見逃さない。どの問題も発表原稿という形式なので，文末は「です」や「ます」などにする。また，字数制限にも気をつけよう。

大切なことはメモしておこうネ！

# 2020年度

★★★★★★★★★★★★★★★★★★★★★★★

# 入 試 問 題

2020年度

入試問題

# 2020年度

# さいたま市立大宮国際中等教育学校入試問題（第1次）

【適性検査Ａ】 （50分）

[1] 放送による問題

※問題は，問１～問５までの５問あります。

※英語はすべて２回ずつ読まれます。問題用紙にメモを取ってもかまいません。答えはすべて解答用紙に記入しなさい。

問１ Daiki（だいき）さんと店員の女性が話をしています。２人の話を聞いて，だいきさんが買うものに合う絵を次のア～エの中から１つ選び，記号で答えなさい。

ア
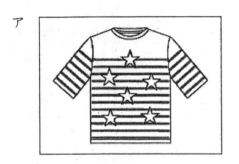

イ

ウ

エ
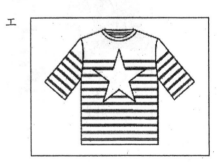

問２ Ted（テッド）さんと Yukina（ゆきな）さんが話をしています。２人の話を聞いて，内容に合う絵を次のア～エの中から１つ選び，記号で答えなさい。

ア

イ

ウ

エ

問3　Saki（さき）さんと Mike（マイク）さんが話をしています。2人の話を聞いて、内容に合う絵を次のア～エの中から1つ選び、記号で答えなさい。

ア

イ

ウ

エ

問4　次のページの地図上の ➤ のところで行われた道案内の対話を聞いて、それぞれの対話の目的地の場所を示しているものを**地図上のA～Eの中から1つずつ選び**、記号で答えなさい。対話は№1と№2の2つで、それぞれ別の人物によって、矢印の方向を向いて行われたものです。

地図

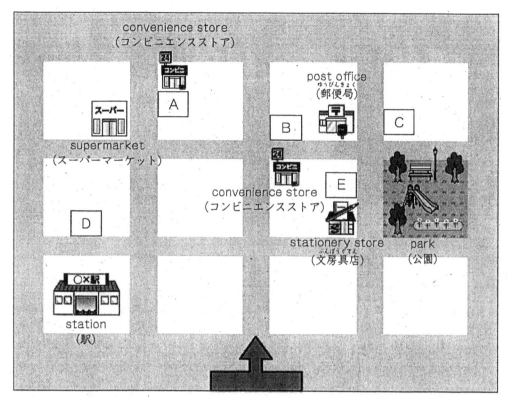

問5 グローバル・スタディ（英語）の授業で，ALT（外国語指導助手）が You（あなた）に Your friend（あなたの友達）について質問しています。**表**は，授業の前半であなたが友達4人に好きなものをたずねて作ったものです。あなたは4人のうちだれについて答えていますか。正しいものをア～エの中から1つ選び，記号で答えなさい。

表

| name<br>（名前） | food<br>（食べ物） | sport<br>（スポーツ） | animal<br>（動物） | subject<br>（教科） |
|---|---|---|---|---|
| Kana<br>（かな） | curry and rice<br>（カレーライス） | baseball<br>（野球） | cats<br>（ネコ） | math<br>（算数） |
| Aiko<br>（あいこ） | chocolate<br>（チョコレート） | tennis<br>（テニス） | cats<br>（ネコ） | English<br>（英語） |
| Shizuka<br>（しずか） | potato chips<br>（ポテトチップ） | tennis<br>（テニス） | dogs<br>（イヌ） | math<br>（算数） |
| Naomi<br>（なおみ） | chocolate<br>（チョコレート） | volleyball<br>（バレーボール） | cats<br>（ネコ） | English<br>（英語） |

ア Kana（かな）　　イ Aiko（あいこ）　　ウ Shizuka（しずか）　　エ Naomi（なおみ）

2 太郎さんと花子さんは修学旅行委員として，修学旅行の計画を先生といっしょに立てています。

次の問1〜問4に答えなさい。

太郎さんたちは，次の【条件】にしたがって「A神社，B寺，C城」の3つの見学地をどのような順番でまわるか，考えています。

【条件】
・計画の出発地点は駅とします。駅を出発する時刻は13時30分とします。
・駅から駅のバス停までは歩いて2分かかります。
・バスの出発時刻は，すべてのバス停で，毎時00分から等間隔になっています。例えば，20分間隔でバスが出ている場合，13時台だと，13時00分，13時20分，13時40分にバスが出ていることをさします。
・駅のバス停とA神社間，駅のバス停とB寺間，駅のバス停とC城間は，行きも帰りも6分間隔でバスが出ています。
・駅のバス停とA神社間はバスで28分，駅のバス停とB寺間はバスで18分，駅のバス停とC城間はバスで20分かかります。
・A神社とB寺間は，行きも帰りも10分間隔でバスが出ており，31分かかります。
・B寺とC城間は，行きも帰りも12分間隔でバスが出ており，32分かかります。
・C城とA神社間は，行きも帰りも15分間隔でバスが出ており，27分かかります。

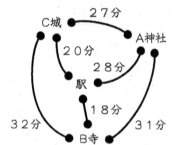

・それぞれの見学にかかる時間は以下のとおりとします。見学時間は必ず確保しなければなりません。なお，バス停と見学地の移動時間も見学にかかる時間に含むものとします。

　　A神社　50分間　　　　　B寺　30分間　　　　　C城　45分間
・A神社，B寺，C城とも，見学ができる時刻は18時00分までです。
・見学が終わった時刻が，ちょうどバスの出発時刻にあたる場合は次のバスに乗るものとします。
・一度乗った区間のバスには再び乗らないものとします。
・3つの見学地をまわったあと，駅にもどることとします。駅のバス停から駅までは歩いて2分かかります。

問1　太郎さんたちが「A神社，B寺，C城」のすべてをまわるまわり方は，全部で何とおりあるか答えなさい。

問2　太郎さんたちは，A神社を最後に見学して駅にもどる計画を立てました。このとき，最も早く駅に到着する時刻を答えなさい。

【太郎さんたちの会話】
先　　生：みなさんに男子の部屋割を考えてもらいたいと思います。6年生の男子は全部で31

人です。5人まで泊まることのできる部屋を9部屋使うことができます。

太郎さん：すべての部屋を5人部屋にしたら45人まで泊まれるのですね。

花子さん：9部屋すべてを使ってよいのですか。

先　　生：病気やけが人が出たときのために，予備の部屋を1部屋だけ取っておいてください。残りの部屋は，1部屋に泊まる人数の差ができるだけ少なくなるように使いましょう。

**問3**　先生の話のとおりに男子の部屋割を決めるとき，1部屋に泊まる人数が最も多い部屋は何人部屋か答えなさい。また，その部屋はいくつあるか答えなさい。

修学旅行が始まりました。見学を終え，旅館に着きました。旅館では夕食に湯豆腐（ゆどうふ）が出されました。

**【太郎さんと先生の会話】**

太郎さん：これは何ですか。

先　　生：これは紙のなべです。下にある燃料に火をつけて，紙のなべに入った水や豆腐をあたためます。この炎（ほのお）の温度は約1000℃になります。

太郎さん：紙のなべだと，燃えてしまいませんか。

先　　生：ものが燃え始める温度を発火点といいます。紙の発火点は約300℃なので，何も入っていない紙のなべにこの炎がつくと燃えてしまいます。

　　　　　しかし，この紙のなべの中には水が入っています。水と接している部分にこの炎を当てても，紙のなべの温度は　　　　　A　　　　　ので，燃えないのです。

太郎さん：そうなのですね。あ，紙のなべの底からぐつぐつと大きなあわが出てきました。早く食べたいですね。

紙のなべ

燃料

**問4**　【太郎さんと先生の会話】の　A　では，紙のなべが燃えない理由を説明しています。あてはまる内容を「ふっとう」と「発火点」という2つの言葉を使って，書きなさい。

3　花子さんは，校外学習でさいたま市青少年宇宙（うちゅう）科学館を訪れ（おとず）ました。

次の問1〜問5に答えなさい。

**【花子さんと科学館の職員の会話①】**

花子さん：この科学館には，プラネタリウムがあるのですね。

職　　員：星などの天体のようすを知るために，多くの人が利用していますよ。

花子さん：プラネタリウムを見る人の数は，増えているのですか。

職　　員：プラネタリウムの利用者数は，「一般（いっぱん）」と，みなさんのような「校外学習」にわけて記録しています。平成19年度の利用者数の合計は約42600人でした。また，平成

29年度の利用者数の合計は約60400人で，そのうち，「校外学習」での利用者がおよそ30%です。「校外学習」での利用者数はここ10年，それほど変わっていません。

**問1** 【花子さんと科学館の職員の会話①】から，プラネタリウムの「一般」の利用者数を表しているグラフと，「校外学習」の利用者数を表しているグラフを，次のア～エの中からそれぞれ1つずつ選び，記号で答えなさい。

ア

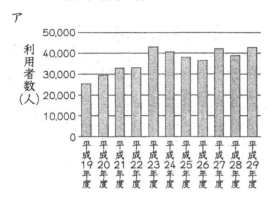

イ

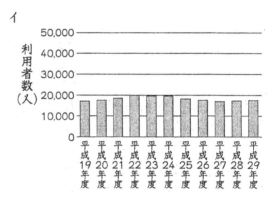

ウ

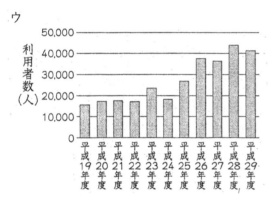

エ

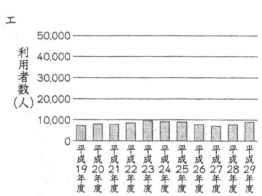

【花子さんと科学館の職員の会話②】

花子さん：とても大きなふりこですね。

職　　員：「フーコーのふりこ」といいます。ふりこの長さは7m，重さは6kgもあります。

花子さん：学校で作ったふりこは，はやくふれましたが，このふりこはとてもゆっくりふれるのですね。これだと1日にふれる回数は少ないのでしょうね。

職　　員：そうですね。「フーコーのふりこ」は，日本各地の科学館や博物館にあります。ふりこによって，1往復する時間はちがうので，1日にふれる回数が，このふりこより少ない

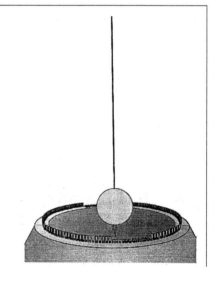

「フーコーのふりこ」もあるかもしれませんね。

花子さん：ふりこの1往復する時間は何に関係しているのですか。

職　　員：それでは一緒に考えてみましょう。

問2　花子さんは，ふりこの1往復する時間が，おもりの重さ，ふりこの長さ，ふりこのふれはば
のうち，何に関係しているかを，条件を整理して調べようと思い，以下のA〜Dの条件でふりこ
を作り，1往復の時間を調べる**実験**をしようとしました。次のア〜ウの中から<u>適切でないもの</u>を
1つ選び，記号で答えなさい。

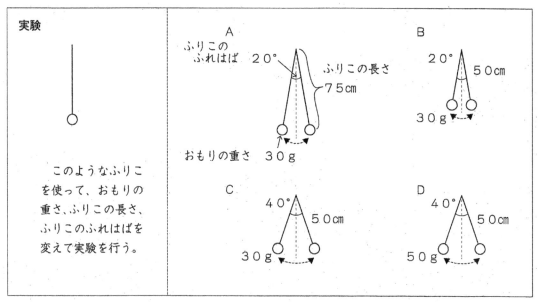

ア　ふりこの長さとふりこが1往復する時間の関係を調べるために，AとBを比べる。

イ　ふりこのふれはばとふりこが1往復する時間の関係を調べるために，BとDを比べる。

ウ　おもりの重さとふりこが1往復する時間の関係を調べるために，CとDを比べる。

【花子さんと科学館の職員の会話③】

花子さん：1往復にかかる時間が2秒のふりこを作りたいのですが，どのようなふりこを作れ
ばよいかわかりません。

職　　員：次のページの**資料**は，おもりの重さやふりこの長さの条件を変えて調べた記録で
す。これを参考にしてふりこを作ってみるのはどうでしょうか。これは10往復にか
かる時間の記録であることに注意してくださいね。

花子さん：わかりました。**資料**を参考に考えてみます。

問3　花子さんは，**資料**を参考にして，1往復にかかる時間が2秒に近いふりこを作ろうとしまし
た。次のうち，1往復にかかる時間が2秒に最も近いふりこはどれですか。次のア〜エの中から
1つ選び，記号で答えなさい。

ア　おもりの重さが80ｇ，ふりこの長さが50㎝のふりこ

イ　おもりの重さが40ｇ，ふりこの長さが110㎝のふりこ

　ウ　おもりの重さが50g，ふりこの長さが100cmのふりこ

　エ　おもりの重さが50g，ふりこの長さが120cmのふりこ

### 資料　ふりこが１０往復にかかる時間を調べた記録

| おもりの重さ（g） | ふりこの長さ（cm） | １０往復にかかる時間（秒） |
|---|---|---|
| 80 | 25 | 10 |
| 30 | 90 | 19 |
| 60 | 130 | 23 |
| 10 | 25 | 10 |
| 40 | 80 | 18 |
| 80 | 90 | 19 |
| 50 | 110 | 21 |
| 70 | 150 | 25 |

　花子さんは，いろいろなふりこを作りたいと思い，科学館の職員に相談しました。

【花子さんと科学館の職員の会話④】

花子さん：他にもふりこを作りたいので，いろいろなふりこを紹介してください。

職　　員：それでは，支点の真下にくぎを打っておもりを静かに離してみてください。

花子さん：途中で支点の位置が変わりましたね。

問４　花子さんは，図１のように支点の真下にくぎを打ち，A地点からおもりを静かに離したところ，おもりはA地点と同じ高さになるB地点でいったん止まり，A地点まで戻ってきました。A地点でおもりを静かに離した後，はじめてB地点に到達するまでの時間がちょうど１秒であったとき，支点からくぎまでの長さを求めなさい。その際，上の「資料　ふりこが10往復にかかる時間を調べた記録」を参考にしなさい。

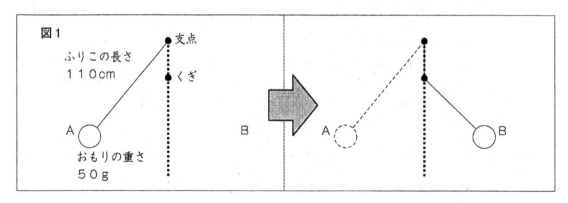

【花子さんと科学館の職員の会話⑤】

花子さん：わたしのおじいさんの家には，ふりこ時計があったと
　　　　　聞いたことがあります。

職　　員：ふりこ時計は，ふりこが1往復にかかる時間が変わら
　　　　　ないことを利用したものです。

花子さん：でも，おじいさんは，時計の針（はり）をときどき動かして，
　　　　　時刻を合わせていたそうです。

職　　員：それはふりこのおもりをつなぐ部分が金属でつくられ
　　　　　ているからです。その部分が金属で作られたふりこ
　　　　　時計は，エアコンなどのない部屋に置かれていた場
　　　　　合，夏は時計の針が遅（おく）れるのです。

花子さん：ふりこ時計の針が，夏になると遅れるのはふしぎですね。なぜそのようなことが起
　　　　　こるのでしょうか。

職　　員：夏は気温が高くなるので，　　　　A　　　　からです。

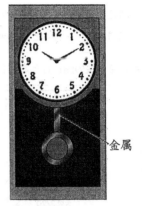

金属

問5　ふりこ時計の針は，夏になるとなぜ遅れてしまうのでしょうか。【花子さんと科学館の職員
　　の会話⑤】の　A　にあてはまる文を「金属」と「ふりこ」という2つの言葉を使って書きなさ
　　い。

---

4　太郎（たろう）さんと花子さんは，岩槻（いわつき）区にある岩槻城址公園（いわつきじょうししこうえん）の桜について話しています。

次の問1～問4に答えなさい。

【太郎さんと花子さんの会話】

花子さん：太郎さんは，岩槻城址公園に行ったことがありますか。

太郎さん：おととしの春に行きました。桜の名所といわれるだけあって，桜の花がきれいでし
　　　　　た。しかしその時は，まだ満開ではありませんでした。

花子さん：太郎さんは，おととしの春のいつごろ，岩槻城址公園に行ったのですか。

太郎さん：何月何日だったかまでは，思い出せません。

花子さん：おととしの桜の開花状況（かいかじょうきょう）を調べれば，その日がわかるかもしれません。わたしは毎
　　　　　年，桜まつりの時期に見に行っています。

太郎さん：わたしも今年は桜まつりの時期に行こうと思います。

問1　太郎さんはおととし（2018年）の桜の開花状況について調べ，次のページの資料1，資料2
　　を見つけました。資料1，資料2から，太郎さんがおととし桜を見に行ったのはいつだと考えら
　　れますか。次のア～エの中から最も適切なものを1つ選び，記号で答えなさい。

　ア　3月14日　　イ　3月23日　　ウ　3月31日　　エ　4月10日

**資料1　開花日と満開日の意味**

開花日・・・標本とする木で5～6輪以上の花が開いた状態となった最初の日のこと。

満開日・・・標本とする木で約80％以上のつぼみが開いた状態となった最初の日のこと。

**資料2　桜の開花日と満開日を示した日本地図**

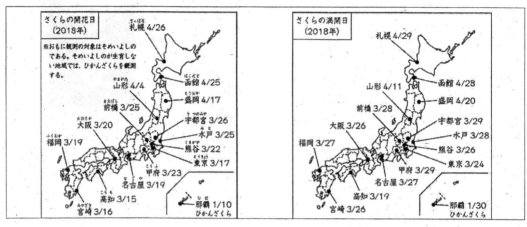

（気象庁ウェブサイトをもとに作成）

花子さんは，去年の桜まつりの会場に，たくさんの人がいたことを思い出しました。

**【花子さんと先生の会話】**

花子さん：わたしが岩槻城址公園の桜まつりに行ったとき，とても多くの人がいました。
　　　　　桜まつりには，他の地域から見に来ている人もいると思いますが，わたしはそれだ
　　　　　けではなく，岩槻区の人口が増えたから，多くの人が見に来たのだと思いました。
　　　　　実際に，ここ数年の岩槻区の人口は増えているのでしょうか。

先　　生：以前わたしが作成した**資料3**で，確かめてみましょう。生まれた人の数と※¹転入
　　　　　した人の数を合わせた数を「増加数」，亡くなった人の数と※²転出した人の数を合
　　　　　わせた数を「減少数」と呼ぶことにします。「増加数」の方が「減少数」よりも多
　　　　　い場合，人口は増加します。逆に「減少数」の方が「増加数」よりも多い場合，人
　　　　　口は減少します。平成29年の1年間では，「　A　」の方が「　B　」よりも多い
　　　　　ので，人口は　C　したということがわかります。このように確かめていくと，
　　　　　**資料3**の5年間のうち，人口は平成29年まで　D　年連続で　C　しているこ
　　　　　とがわかりますよ。

花子さん：そうなのですね。

※1　転入…その土地に他の土地から移り住むこと。

※2　転出…他の土地に住むため，今まで住んでいた土地を去ること。

問2 【花子さんと先生の会話】の A ， B ， C に入る言葉を，次のア～エの中からそれぞれ1つずつ選び，記号で答えなさい。また， D に入る数字を書きなさい。

ア 増加数　イ 減少数　ウ 増加　エ 減少

資料3　各年の1年間（1／1～12／31）の岩槻区の人口の変化

| | 生まれた人の数（人） | 亡くなった人の数（人） | 転入した人の数（人） | 転出した人の数（人） |
|---|---|---|---|---|
| 平成25年 | 687 | 1056 | 3585 | 3883 |
| 平成26年 | 627 | 1011 | 3906 | 3826 |
| 平成27年 | 684 | 1137 | 4298 | 3805 |
| 平成28年 | 666 | 1121 | 4671 | 3691 |
| 平成29年 | 656 | 1201 | 4570 | 3891 |

（平成26年～平成30年　さいたま市「さいたま市統計書」をもとに作成）

---

太郎さんは家で，桜まつりに持っていくお弁当の献立について，お母さんと話をしています。

---

**【太郎さんとお母さんの会話】**

太郎さん：お母さん，桜まつりの日のお弁当はハンバーグがいいなぁ。

お母さん：いいわよ。でも栄養のバランスも考えて作らないといけないね。

太郎さん：そうだね。栄養バランスのよい食事をとることは，重要なことだよね。

お母さん：例えば，ごはんには，他の食品よりも炭水化物が多く含まれているのよ。

太郎さん：それは聞いたことがあるよ。

お母さん：肉には，たんぱく質や脂質が多く含まれていて，鶏肉，牛肉，豚肉の中で鶏肉が一番脂質が少ないのよ。

太郎さん：そうなんだ。野菜はどうなの。

お母さん：野菜には，ごはんと同じように炭水化物が他の食べ物よりも多く含まれていて，水分が多いのが特徴よ。タマネギにはピーマンよりカルシウムが多く含まれているわ。

太郎さん：ぼくの好きな卵には，カルシウムがどのくらい含まれているのかなぁ。

お母さん：卵には，今話した7つの食品の中で一番カルシウムが多く含まれているわ。

太郎さん：おもしろくなってきたから，今話した7つの食品について調べてみようかな。

お母さん：それはよいことね。食品成分表というものがあるから，調べてみるといろいろなことがわかるはずよ。そうだ，桜まつりのお弁当は，栄養のバランスを考えて親子丼にするのはどうかしら。

太郎さん：それはいいね。ぼくもしっかり調べて，食品についての表を作ってみるよ。

問3　太郎さんはごはん，鶏肉，牛肉，豚肉，タマネギ，ピーマン，卵の７つの食品について調べ，
【太郎さんが作った食品100ｇ中に含まれる食品成分表】を作りました。鶏肉，卵，タマネギを
表しているものを，【太郎さんが作った食品100ｇ中に含まれる食品成分表】のＥ～Ｊの中からそ
れぞれ１つずつ選び，記号で答えなさい。

【太郎さんが作った食品１００ｇ中に含まれる食品成分表】

| 食品＼食品成分等 | 水分（ｇ） | 炭水化物（ｇ） | たんぱく質（ｇ） | 脂質（ｇ） | カルシウム（mg） |
|---|---|---|---|---|---|
| ごはん | 60.0 | 36.1 | 3.5 | 0.3 | 3 |
| Ｅ | 76.1 | 0.3 | 12.3 | 10.3 | 51 |
| Ｆ | 38.4 | 0.1 | 11.0 | 50.0 | 4 |
| Ｇ | 89.7 | 8.8 | 1.0 | 0.1 | 21 |
| Ｈ | 72.6 | 0.1 | 21.3 | 5.9 | 4 |
| Ｉ | 49.4 | 0.1 | 14.4 | 35.4 | 3 |
| Ｊ | 93.4 | 5.1 | 0.9 | 0.2 | 11 |

（文部科学省「日本食品標準成分表」をもとに作成）

---

　　太郎さんは，桜まつりで見た美しい桜を思い出して，図工の授業で，桜の花を題材とした※ほ
　り進み木版画をつくりました。

※ほり進み木版画…ほりと刷りをくり返しながら表現する木版画。

問4　【太郎さんがほり進み木版画を制作したときのメモ】のとおりに，太郎さんは作品を完成させ
ました。【太郎さんがほり進み木版画を制作したときのメモ】にある　Ｋ ， Ｍ ， Ｏ にあて
はまる版木と　Ｌ ， Ｎ ， Ｐ にあてはまる刷り紙を，次のページのア～カの中からそれぞ
れ１つずつ選び，記号で答えなさい。なお，インクの色は薄い黄色，濃い桃色，黒色の順に暗く
なります。

---

【太郎さんがほり進み木版画を制作したときのメモ】

① 白く残したいところをほり，薄い黄色のインクをつけて白い版画用紙に刷った。

　　⇒①の後，水で洗った版木は　Ｋ で，刷り紙は　Ｌ であった。

② 薄い黄色を残したいところをさらにほり，濃い桃色のインクをつけて①と同じ刷り紙に
刷った。

　　⇒②の後，水で洗った版木は　Ｍ で，刷り紙は　Ｎ であった。

③ 濃い桃色を残したいところをさらにほり，黒色のインクをつけて②と同じ刷り紙に刷っ
た。

　　⇒③の後，水で洗った版木は　Ｏ で，刷り紙は　Ｐ であった。

・刷ったインクの色の発色がよくなるように，明るい色から暗い色の順で制作を進めた。

・刷るときには，前に刷ったものとずれないようにした。

・刷った後の版木は，インクを完全に落とすため水で洗った後，かわかしてから次の作業を
行った。

---

ア

イ

ウ

エ

オ

カ

5 　花子さんは社会の授業で，さいたま市の姉妹都市について調べることになりました。

次の問1～問2に答えなさい。

　花子さんは，さいたま市の姉妹都市がある北半球の国と日本について調べていると，次の
ページの資料1を見つけました。

問1　資料1から読み取れることとして適切でないものを，次のア～エの中から1つ選び，記号で
　答えなさい。
　ア　1992年と2016年を比べると，5か国の中で，輸出額の増加の割合（わりあい）が最も高いのは中国で，最も

低いのは日本であり，同じアジア州の国でも差がみられた。

**イ** アメリカ合衆国は，1992年と2016年のどちらの年も輸入額が輸出額を上回り，中国はどちら
の年も輸出額が輸入額を上回った。

**ウ** 2016年の北アメリカ州の3か国の国内総生産の合計額は，1992年の北アメリカ州の3か国の
国内総生産の合計額の約3倍に増加した。

**エ** アジア州の2か国の外国人旅行客数の合計は，1992年は北アメリカ州の3か国の外国人旅行
客数の合計を下回ったが，2016年は上回った。

**資料1　日本とさいたま市の姉妹都市がある北半球の国を比較した統計**

| | | ※1 国内総生産（億ドル） | | 輸出額（億ドル） | | 輸入額（億ドル） | | ※2 外国人旅行客数（万人） | |
|---|---|---|---|---|---|---|---|---|---|
| | | 1992年 | 2016年 | 1992年 | 2016年 | 1992年 | 2016年 | 1992年 | 2016年 |
| アジア州 | 日本 | 36,625 | 49,474 | 3,399 | 6,449 | 2,333 | 6,070 | 210 | 2,404 |
| | 中国 | 4,356 | 112,183 | 849 | 21,345 | 806 | 15,895 | 1,651 | 5,927 |
| 北アメリカ州 | アメリカ合衆国 | 60,202 | 186,245 | 4,482 | 14,538 | 5,539 | 22,502 | 4,465 | 7,561 |
| | カナダ | 5,695 | 15,298 | 1,344 | 3,894 | 1,293 | 4,044 | 1,474 | 1,982 |
| | メキシコ | 3,293 | 10,769 | 275 | 3,739 | 481 | 3,871 | 1,727 | 3,508 |

（総務省　1995年版、2018年版、2019年版「世界の統計」をもとに作成）

※1　国内総生産…国内で一年間に生産された商品やサービスの価値の合計金額。

※2　外国人旅行客数…外国人入国者のうち，収入を得ることを目的としない，滞在期間が一年をこえない
　　　旅行者の数。

---

花子さんは，南半球の姉妹都市であるハミルトン市出身のトム先生にインタビューをしました。

---

**【花子さんとトム先生の会話】**

花子さん：トム先生は，なぜさいたま市に来ようと思ったのですか。

トム先生：日本のことが好きだからです。しかも，さいたま市はハミルトン市と姉妹都市でも
　　　　　あるので，さいたま市に来たのです。

花子さん：ハミルトン市が姉妹都市であることは聞いたことがありますが，詳しくは知りませ
　　　　　ん。ハミルトン市はどのようなところなのですか。

トム先生：ハミルトン市は，ニュージーランドでも有数の酪農地帯です。博物館や大学もある
　　　　　大きな都市で，湖もあってとても美しいところです。

花子さん：わたしも訪れてみたいです。ハミルトン市の気候にはどのような特徴がありますか。

トム先生：次のページの**資料2**を見てください。ハミルトン市は南半球にあるので，さいたま
　　　　　市とは季節が逆になります。また，ハミルトン市では，年間をとおして各月の降水

量に大きな変化はなく，最も多い月の降水量は，最も少ない月の降水量の2倍以下です。とても過ごしやすい場所ですよ。

問2 【花子さんとトム先生の会話】をもとに，ハミルトン市の気温と降水量のグラフを，下のア〜エの中から1つ選び，記号で答えなさい。

資料2 さいたま市の6つの姉妹都市の場所を表した地図

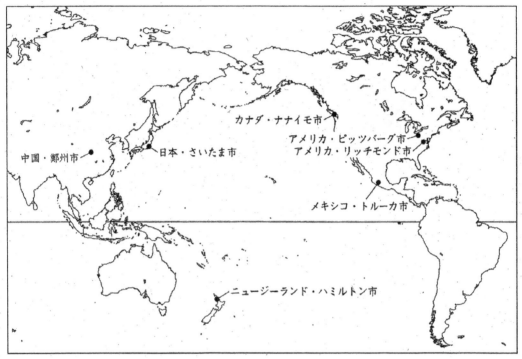

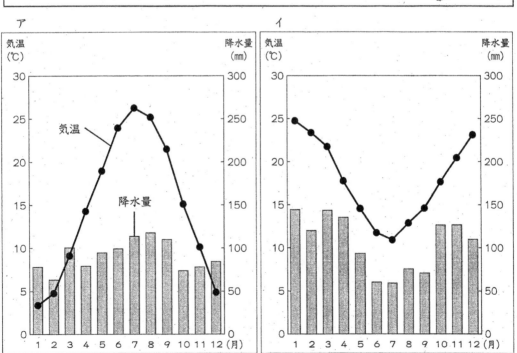

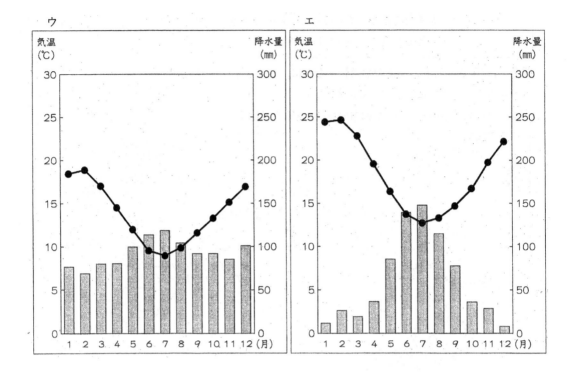

【適性検査Ｂ】 （40分）

---

1　　総合的な学習の時間に，太郎さんと花子さんのグループは，日本の産業について調べることになりました。

次の問１～問５に答えなさい。

太郎さんが，日本の産業について調べていると，世界の産業別人口の割合に関する**資料１**を見つけました。

**資料１　世界の産業別人口の割合（％）**

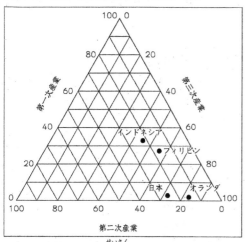

**【先生のつくった図】**

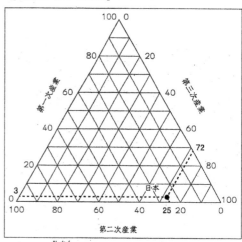

（独立行政法人労働政策研究・研修機構「データブック国際労働比較２０１８」をもとに作成）

---

**【太郎さんたちの会話①】**

太郎さん：おもしろい形の図を見つけました。**資料１**を見てください。

先　　生：この図は，産業別人口の割合を国ごとに表しているものです。第一次産業は農業，林業，漁業，第二次産業は製造業，工業，建設業，第三次産業はそれら以外の商業やサービス業などを表しています。

花子さん：なるほど。おもしろい図なのですが，読み方がよくわかりません。どのように読めばよいのでしょうか。

先　　生：日本について，抜き出して説明します。**【先生のつくった図】**を見てください。三角形のそれぞれの辺に書いてある目盛りを読みます。たとえば，日本で働いている人口のうち，第一次産業の割合は約３％，第二次産業の割合は約25％，第三次産業の割合は約72％となります。

太郎さん：日本は，第一次産業で働く人口の割合がもっとも低いですね。

先　　生：そうですね。**資料１**では他に，オランダ，フィリピン，インドネシアの３か国の産業別人口の割合が示されています。**資料１**からどのようなことが読み取れるでしょうか。

問1　【太郎さんたちの会話①】を読み，前のページの**資料1**から読み取れることとして**適切でない**
**もの**を，次のア～エの中から1つ選び，記号で答えなさい。

ア　インドネシアの第一次産業の人口の割合はオランダ，フィリピンの割合よりも高い。

イ　フィリピンの第二次産業の人口の割合は20%以下である。

ウ　オランダの産業別人口の割合でもっとも高いのは第三次産業である。

エ　オランダ，フィリピン，インドネシアの3か国とも，第一次産業の人口の割合が産業別人口
の割合のなかでもっとも低い。

---

**【太郎さんたちの会話②】**

先　　生：**資料1**を使って問題を作ってみました。みなさんのグループで考えてみてください。

花子さん：はい。どのような問題ですか。

先　　生：次の**【条件】**から，中国を示す点が**資料1**のどの三角形に入るのかを考えてください。

太郎さん：どうやって答えればよいですか。

先　　生：中国を示す点が入る三角形を，1つだけ塗りつぶしてください。

太郎さん：わかりました。頑張ってやってみます。

---

**【条件】**

・中国の第一次産業で働く人口の割合は，10%以上30%以下である。

・中国の第二次産業で働く人口の割合と日本の第二次産業で働く人口の割合の差は，4%以内
である。

・中国の第三次産業で働く人口の割合は，約44%である。

問2　**【条件】**をもとに，中国を示す点がどの三角形に
入るか**【例】**にならって解答用紙の図の中の三角形
を1つだけ塗りつぶしなさい。

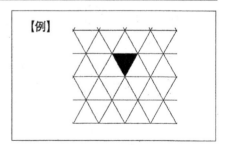

【例】

---

**【太郎さんたちの会話③】**

太郎さん：日本では，第一次産業で働いている人の割合は少ないですね。第一次産業を活性化
することはできないのでしょうか。

花子さん：第一次産業の活性化について調べたところあとの**資料2**を見つけました。

太郎さん：「6次産業化」とは何ですか。

先　　生：第一次産業で働いている人たちが，生産したものを加工し，販売までを行うことです。

太郎さん：加工とは，何でしょうか。

先　　生：加工とは，原料や素材に手を加え，もとのものに価値をつけることをいいます。

花子さん：「6次産業化」には，どのようなよい点があるのでしょうか。

先　　生：第一次産業で働く人の収入が増えたり，仕事の幅が広がったりすることで，第一次産業全体の活性化につながると考えられます。

太郎さん：「6次産業化」について，農業，林業，漁業の中から1つ具体的な例をあげるとしたらどのようなものがあるのでしょうか。

花子さん：例えば，　　　　A　　　　ということでしょうか。

先　　生：そのとおりです。生産，加工，販売までの流れが具体的に説明されていて，とてもよい例ですね。

問3　【太郎さんたちの会話③】にある空らん　A　にあてはまる内容を具体的に書きなさい。

**資料2　「6次産業化」についての説明**

　「6次産業化」とは，農林漁業者が生産・加工・販売のすべてを行うことです。生産部門の第一次産業，加工部門の第二次産業，販売部門の第三次産業の，1，2，3をかけ算して6になることから，6次産業化といわれています。

（政府広報オンライン「暮らしに役立つ情報」をもとに作成）

　次に，太郎さんと花子さんのグループは，日本の林業や森林についてくわしく調べることにしました。

**【太郎さんたちの会話④】**

太郎さん：日本には，どれくらい森林があるのでしょうか。

先　　生：日本の国土面積の約66％は森林です。次のページの**資料3**を見てください。日本の森林面積はここ数十年，ほぼ変わっていないことがわかりますね。

花子さん：では，林業に※従事する人の数はどうでしょうか。

先　　生：林業従事者数を表した次のページの**資料4**，21ページの**資料5**があるので，見てみましょう。

花子さん：林業従事者数は，昭和55年から平成27年まで減少していますね。

先　　生：**資料4**にある折れ線グラフの　B　は，35歳未満の従事者の割合を表し，折れ線グラフの　C　は65歳以上の従事者の割合を表しています。

太郎さん：どうしてそのことがわかるのですか。

先　　生：**資料5**の数値を用いて計算すればわかりますよ。

太郎さん：なるほど。林業従事者数は減少していますが，35歳未満の林業従事者の割合は平成2年に比べ，平成27年は増えていますね。

先　　生：そのとおりです。では，次に世界の森林の問題点についても考えてみましょう。

花子さん：世界には開発による森林伐採などが進み，授業で学習した森林のはたらきが発揮さ

　　　れなくなってしまう国もあると聞いたことがあります。日本だけでなく，世界の森
　　　林についても考えていきたいと思います。

太郎さん：森林を守るために，割り箸の代わりに「マイ箸」を持参し，使用している人を見た
　　　ことがあります。わたしも，森林を守るためにできることから始めたいと思いま
　　　す。

　　※従事…仕事にたずさわること。

**問4** 【太郎さんたちの会話④】にある空らん　B　，　C　には**資料4**の中の**ア**，**イ**のどちらのグ
　　　ラフがあてはまるか，記号で答えなさい。

**資料3　日本の森林面積の変化**

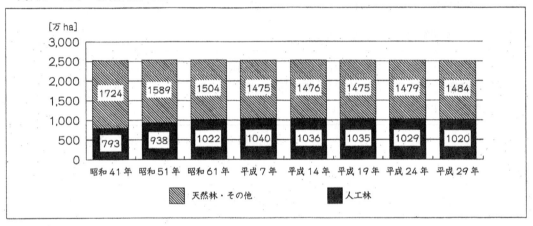

**資料4　林業従事者数の変化を表したグラフ**

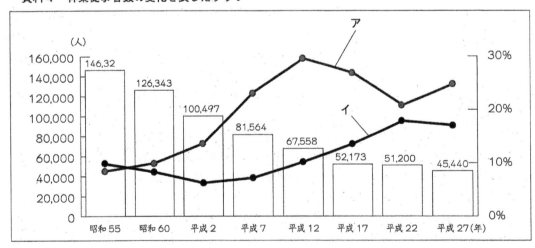

資料5　林業従事者数の変化を表した統計

| | 昭和55年 | 昭和60年 | 平成2年 | 平成7年 | 平成12年 | 平成17年 | 平成22年 | 平成27年 |
|---|---|---|---|---|---|---|---|---|
| 林業従事者の人数 | 146,321 | 126,343 | 100,497 | 81,564 | 67,558 | 52,173 | 51,200 | 45,440 |
| 林業従事者のうち35歳未満の人数 | 14,397 | 10,548 | 6,339 | 5,892 | 6,913 | 7,119 | 9,170 | 7,770 |
| 林業従事者のうち65歳以上の人数 | 12,419 | 12,638 | 13,777 | 18,936 | 20,024 | 14,026 | 10,680 | 11,270 |

（資料3、資料4、資料5は林野庁のウェブサイトをもとに作成）

　　【太郎さんたちの会話④】の下線部「森林のはたらきが発揮されなくなってしまう」ことについて，花子さんは，森林のはたらきが発揮されなくなると，どのような問題が起こると考えられるかを調べ，次の【花子さんがまとめたメモ】にまとめました。

問5　【花子さんがまとめたメモ】にある空らん　D　，　E　にあてはまる内容を書きなさい。

【花子さんがまとめたメモ】

　○森林のはたらきが発揮されなくなったことで起こると考えられる問題
　　・森林は「緑のダム」とも呼ばれており，森林伐採が進むと　　　D　　　ので，洪水が起こると考えられる。
　　・森林伐採が進むと，森林が二酸化炭素を吸収したり，たくわえたりすることができなくなってしまうので，　E　という環境問題が起こると考えられる。

2　太郎さんは，おじいさんの誕生日におじいさんの家を訪ね，様々な話をしました。

次の問1～問5に答えなさい。

【太郎さんとおじいさんの会話①】

太郎さん：おじいさん，お誕生日おめでとう。

おじいさん：ありがとう。この前，還暦を過ぎたと思ったが，時間がたつのは早いな。

太郎さん：還暦って何？

おじいさん：干支って聞いたことあるかな？

太郎さん：あるよ。年賀状に印刷されている動物だよね。12種類あって，12年でひと回りするんだよね。今年，2020年は，「ね」のねずみ年だよ。

おじいさん：よく知っているね。でも，それは十二支で，実は他に十干というものがあって，それを合わせた十干十二支のことを干支というんだよ。

太郎さん：えっ，そうなの？　十干って何？

おじいさん：木，火，土，金，水の5つに対して，それぞれ「陽」と「陰」の意味を持つ「え」と「と」を組み合わせたものが十干と呼ばれるものなんだよ。例えば，「木」と

　　　　　　　　「え」を組み合わせたものは、「きのえ」と呼んで，漢字では「甲<sup>きのえ</sup>」と書くんだよ。では，「水」と「と」を組み合わせると何になるかわかるかな。

太 郎 さん：「みずのと」かな。そうすると，木，火，土，金，水の5つに対して2種類ずつあるから組み合わせは10種類だね。

おじいさん：そうだよ。十干は，10種類あるから10年でひと回りするんだよ。
　　　　　　十干と十二支の順番を書くとそれぞれこうだよ（**資料1，資料2**）。十干のあとに十二支をつけて表すので，2020年は「かのえね」の年だよ。2019年は「つちのとい」，2021年は「かのとうし」だ。では，2024年の十干十二支は何になるかな。

太 郎 さん：「きのえたつ」かな。

おじいさん：そのとおり。では，太郎が生まれた年の十干十二支は何になるかな。

太 郎 さん：ぼくは，2007年のいのしし年生まれだから，十干十二支だと「　A　い」の年だね。

おじいさん：よくわかったね。十干十二支は，10個の十干と12個の十二支が順に合わさるから組み合わせがずれていくんだよ。そして，60年たつと同じ十干十二支がめぐってくるんだ。だから60歳になる年のことをひとめぐりという意味の「還」を使って還暦というんだよ。なぜ十干十二支は60年でひとめぐりするかわかるかな。

太 郎 さん：60は10と12の　B　だからじゃないかな。

おじいさん：そう，よくわかったね。じゃあ，わたしの生まれ年の十干十二支は何の年だったかな。

太 郎 さん：①おじいさんの生まれた年は，「かのとう」の年だね。

おじいさん：そのとおり。太郎はこういうのが得意なんだな。

太 郎 さん：おじいさんが100歳になったら，ぼくが盛大<sup>せいだい</sup>なパーティを考えるね。

**資料1　おじいさんが書いた十干の順**

| 読み | きのえ | きのと | ひのえ | ひのと | つちのえ | つちのと | かのえ | かのと | みずのえ | みずのと |
|---|---|---|---|---|---|---|---|---|---|---|
| 漢字 | 甲 | 乙 | 丙 | 丁 | 戊 | 己 | 庚 | 辛 | 壬 | 癸 |

（注）　「き」が木、「ひ」が火、「つち」が土、「か」が金、「みず」が水を表します。

**資料2　おじいさんが書いた十二支の順**

| 読み | ね | うし | とら | う | たつ | み | うま | ひつじ | さる | とり | いぬ | い |
|---|---|---|---|---|---|---|---|---|---|---|---|---|
| 漢字 | 子 | 丑 | 寅 | 卯 | 辰 | 巳 | 午 | 未 | 申 | 酉 | 戌 | 亥 |

問1　【太郎さんとおじいさんの会話①】にある空らん　A　にあてはまる十干をひらがなで書きなさい。

問2　【太郎さんとおじいさんの会話①】にある空らん　B　にあてはまる言葉を漢字5字で書きなさい。

問3　【太郎さんとおじいさんの会話①】にある下線部①をもとに，おじいさんの年齢<sup>ねんれい</sup>を答えなさい。

太郎さんは，十二支に興味を持ち調べてみました。

【太郎さんが十二支について調べてわかったこと】

十二支は，方位の表し方にも使われていたことがわかった。

方位は，北から時計回りに子から亥まで十二支の順に，均等に配置されている。南と西の中間を南西というように，「丑（うし）」と「寅（とら）」の中間の方位を「丑寅（うしとら）」という。

また，太陽が午の方角である真南にくるのを「正午（しょうご）」といい，その前が「午前」，あとが「午後（よ）」と呼ばれ，現在も使われていることがわかった。

問4　【太郎さんが十二支について調べてわかったこと】の内容から，「辰巳（たつみ）」の方位を，次のア～クの中から1つ選び，記号で答えなさい。

ア　東　　イ　西　　ウ　南　　エ　北　　オ　北東　　カ　南東　　キ　北西　　ク　南西

太郎さんは，学校のレクリエーションで行う「算数クイズ」について，おじいさんに相談をしました。

【太郎さんとおじいさんの会話②】

太郎さん：ぼくが今考えているのは，「立方体を積み上げた形」を作るのに，全部で何個の立方体が使われているかを答えてもらうクイズなんだ。まずは「立方体を積み上げた形」を真上から見た図を見せて考えてもらおうと思っているよ。

おじいさん：「立方体を積み上げた形」を真上から見た図だけでは，何個の立方体が使われているかはわからないね。

太郎さん：うん。だから，ヒントとしてAから見た図とBから見た図を見せて，この3つの図をもとに答えを考えてもらおうと思うんだ。

おじいさん：それはとてもおもしろいね。みんなも喜ぶと思うよ。

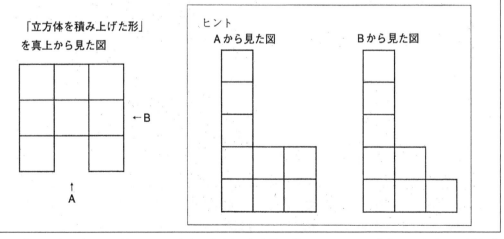

問5　「立方体を積み上げた形」は，全部で何個の立方体が使われていると考えられますか。最も少ない場合の数と，最も多い場合の数をそれぞれ答えなさい。

3　　花子さんは，授業の予習として日本の世界自然遺産について調べていたとき，日本の森について書かれた本を図書館で見つけ，読んでみることにしました。

次の文章は，内山節著「森にかよう道——知床から屋久島まで」（新潮社）の一部です。これを読んで，問1～問6に答えなさい。

①森の時間はゆっくりと流れている。自然に芽生えた木が一人前の表情をみせる頃には，ほぼ三百年の月日が流れ，成長のはやい植林地の杉や檜でも二百年を経てようやく壮年の風貌を整える。※1屋久杉とくらべれば，はかないものでしかない本州の杉も，その一生を終える頃には千年の歳月が過ぎているのである。

長い時間スケールによって保障された時空だけが，森の※2林相を安定させる。こんな森のなかでは，老木が倒れ，新しい世代の木が次の森を担う，そんな変わらない自然の物語がゆっくりと，ゆっくりと回転している。

だが森はときには気ぜわしく変化をみせる。それは森の安定を崩す出来事にみまわれたときだ。台風は時々森をなぎ倒し，津波は森を一瞬にして枯死させる。山火事，山の崩落，伐採や道路開削のような人間によって加えられる変化。そのとき森は新しい安定を求めてさまよい，忙しく動きはじめる。山の樹々が枯れ，倒れ，森の樹種転換がすすむ。

(1)　それにしても，森とは何とやさしいものだろうと思うことがある。なぜなら森は，いつでも与えられた条件を受け入れてくれるのだから。崩落した山の斜面に芽生えてくる樹々，鬱陶しいほどに植えられた植林地の森でも，火山灰の舞い降りる森でも，森はその条件下で精一杯森であろうとする。

(2)　ゆっくりと時を刻む森の時間の奥には，そんな②森の精神が流れている。すべてを受け入れながら歩む森の時空がここにはある。

そしてその森は，そのときどきに表情を変えて私を迎えた。寂しそうな森，怒っているような森，さわやかな表情をした森も，不機嫌そうな森も，その力を誇示するような森もあった。ときに森はのんびりと葉をひろげ，ときに深い眠りにおちていた。

(3)　私たちの近代社会は，こんな森の営みの時空と人間の営みの時空の間に※3矛盾を生じさせた。自然の時空と人間の時空が，人間たちの暮らしをとおして，あるいはその地域の風土のなかで※4共振する時代に終止符が打たれた。人間たちは自然を資源，それも多くの場合は経済的資源としてとらえるようになって，めまぐるしく変わる自分たちの時間の尺度の世界に自然を追い込みはじめる。森の時空は無視され，※5刹那的な時間感覚で森をみるようになる。こうして森の時空の破壊がはじまり，不機嫌な表情の森がひろがりはじめた。

(4)　永遠に変わることのない価値を保存することはできなくなって，その時代とともに変わる価値に私たちは追いかけられるようになった。

だが，いま私たちは③このことへの反撃を開始している。自然保護という言葉の奥には，めまぐるしく変わりつづける社会のなかで，永遠という時空を失った人間たちが，その回復をめざそうとする無意識の意識が働いている，私にはそんな気がしてならない。自然の時空をこわすことのない新しい自然と人間の関係をつくりだす，そんな模索が様々な人々のなかではじまっている。

（一部省略や，ふりがなをつけるなどの変更があります。）

※1 屋久杉…鹿児島県屋久島に自生する杉。二千年を超える巨木もみられる。

※2 林相…木の種類や生え方などによる、森林の様子・形態。 ※3 矛盾…くいちがい。

※4 共振…互いに影響を与え合うこと。 ※5 刹那的…時間がきわめて短いさま。

問1 二重下線部「老木」とありますが、これと同じ構成の熟語を、次のア～カの中から2つ選び、記号で答えなさい。

ア 勝敗 イ 形成 ウ 曲線 エ 因果 オ 不安 カ 高山

問2 下線部①「森の時間」とありますが、ここでいう「森の時間」とはどのような時間か、次のア～エの中から最も適切なものを1つ選び、記号で答えなさい。

ア 二百年を経てようやく森の林相が安定するほどの、美しい時間。

イ 森の安定を崩す出来事にみまわれると、忙しく動きはじめる時間。

ウ 老木が倒れると次の新しい木が自然と芽生える、めまぐるしい時間。

エ 数百年から千年という長い単位で世代交代が進む、ゆるやかな時間。

問3 下線部②「森の精神」とありますが、それはどのようなものか、次の空らん A にあてはまる内容を、本文中の言葉を使って、30字以上40字以内で書きなさい。

| A | 精神。 |
| --- | --- |

問4 本文中の □ の部分には、どのような表現の工夫が用いられていますか。次のア～エの中から最も適切なものを1つ選び、記号で答えなさい。

ア 名詞で終わる表現 イ 音や様子を表す表現 ウ 人にたとえた表現 エ 色の表現

問5 下線部③「このこと」とありますが、これはどのようなことをさしているかを花子さんは【花子さんのまとめ】のようにまとめました。空らん B にあてはまる内容を、本文中の言葉を使って20字以内で書きなさい。

【花子さんのまとめ】
　かつては自然の時空と人間の時空は共振していたが、 B なった結果、自分たちの時間の尺度の世界に自然を追い込み、森の時空は破壊され、同時に人間も時代とともに変わる価値に追いかけられるようになったということ。

問6 次の一文は本文中の（1）～（4）のどこに入りますか。次のア～エの中から1つ選び、記号で答えなさい。

　だがそのとき人間たちも、また永遠という名の時空を失ったのである。

ア （1） イ （2） ウ （3） エ （4）

大切なことはメモしておこうネ！

## 2020年度

# さいたま市立大宮国際中等教育学校入試問題（第2次）

【適性検査C】 （45分）

1　太郎さんは，「ボランティア活動」について総合的な学習の時間で発表することになり，準備をしています。

以下の会話文を読んで，問いに答えなさい。

> 先　　生：太郎さんは，何について発表するのですか。
>
> 太郎さん：わたしは，ボランティア活動について発表したいと思います。
>
> 先　　生：なぜ，そのテーマを選んだのですか。
>
> 太郎さん：はい。2020年の東京オリンピック・パラリンピックでのボランティア活動には，8万人の募集に対して約20万人の応募があったそうです。また，わたしは兄と一緒にスポーツイベントのボランティア活動に参加したことがあり，よい経験ができたので，ボランティア活動に興味をもちました。
>
> 先　　生：太郎さんは，どのようなよい経験ができたのですか。
>
> 太郎さん：わたしは，ボランティア活動をとおして，さまざまな世代の人と接し，異なる考え方にふれることができました。また，人に喜んでもらえたことで，やりがいを感じられました。このように，ボランティア活動にはよさがあることをみんなに伝えたいです。
>
> 先　　生：それはよいですね。
>
> 太郎さん：しかし，わたしが参加したボランティア活動には，それほど多くの人々が参加していたわけではありませんでした。そこで，調べてみたところ，**資料1**，**資料2**，**資料3**を見つけました。**資料1**から，ボランティア活動に参加しなかった人の中には，参加に対する意識の違いがあるということがわかります。また，**資料2**と**資料3**から，それらの理由は様々あるのだということがわかります。
>
> 先　　生：なるほど。発表はどのように進めていきますか。
>
> 太郎さん：まず最初に，ボランティア活動のよさについて述べます。次に，**資料1**から「参加しようと思ったのに参加しなかった」または「参加しようと思わなかった」のどちらかの項目を選び，選んだ項目に関連する資料を，**資料2**，**資料3**から1つ決めて，その中から理由を2つあげます。最後に，どうすればそれらを解決できるかを考えて述べたいと思います。
>
> 先　　生：すばらしい発表になりそうですね。

（資料1，2，3は次のページにあります。）

資料1　直近1年間にボランティア活動に参加しなかった人の参加に対する意識

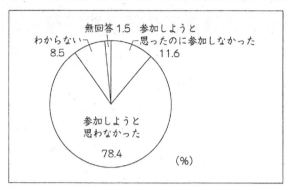

資料2　ボランティア活動に参加しようと思ったのに参加しなかった理由（上位10項目）

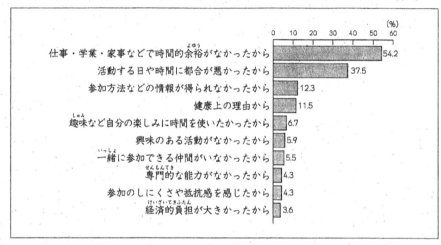

（複数回答）

資料3　ボランティア活動に参加しようと思わなかった理由（上位10項目）

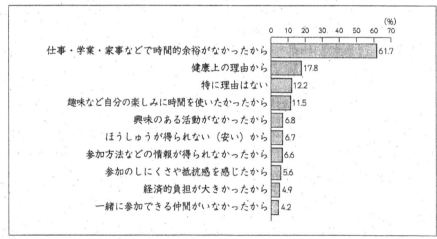

（複数回答）

資料1〜資料3（東京都生活文化局　平成31年「都民等のボランティア活動等に関する実態調査【概要】」をもとに作成）

**問** あなたが太郎さんなら，どのように発表しますか。次の条件に従って発表原稿を作りなさい。

条件1：解答は横書きで1マス目から書くこと。

条件2：文章の分量は，300字以内とすること。

条件3：数字や小数点，記号についても1字と数えること。

（例）| 4 | 2 | . | 5 | % |

---

2 　花子さんは，「電子書籍」について総合的な学習の時間で発表することになり，準備をしています。

以下の会話文を読んで，問いに答えなさい。

---

先　　生：花子さんは，何について発表をしようと考えているのですか。

花子さん：はい。電子書籍について発表したいと思います。わたしは時々，父からタブレットを借りて，電子書籍を読んでいます。

太郎さん：電子書籍って何ですか。

花子さん：電子書籍とは，コンピュータやスマートフォン，タブレットなどの画面で読める本のことです。さいたま市では，図書館利用者カードを持っていれば，家にいても，図書館から電子書籍を借りることができます。

太郎さん：それならわたしも今度，借りてみたいです。

花子さん：わたしは，ほとんどの人が太郎さんのように図書館で電子書籍を借りたくなると思っていました。そこで，どれくらいの人が電子書籍を借りたいと思っているかを調べたところ，**資料1**を見つけたのですが，図書館等で電子書籍が借りられるようになるとよいと思っている子どもは，半分にも満たないことがわかりました。

先　　生：あまり多くはないですね。

花子さん：はい。しかし，**資料2**を見てください。この資料は，電子書籍を読んだことがある子どもを対象にした調査です。調査対象が変わると，それぞれの項目の割合に変化が見られます。このことについても発表に入れたいと思います。

太郎さん：電子書籍には，どのような便利な点があるのですか。

花子さん：**資料3**を見てください。電子書籍を読んだことがある子どもの電子書籍に対する考えがあげられています。

先　　生：なるほど。花子さんはどのように発表しようと考えていますか。

花子さん：はい。まず最初に，**資料1**と**資料2**を比べて，わかることを述べます。次に，**資料3**から，電子書籍の便利な点をあげます。最後に，電子書籍をどのように活用したらよいかについて，自分の考えを述べたいと思います。

先　　生：発表を楽しみにしています。

（**資料1，2，3**は次のページにあります。）

**資料1　図書館等で電子書籍を借りられるようになるとよいと思う割合**

（子ども全体対象）

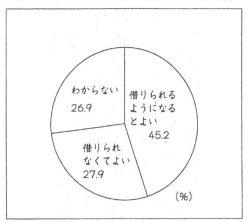

（%）

**資料2　図書館等で電子書籍を借りられるようになるとよいと思う割合**

（電子書籍を読んだことがある子ども対象）

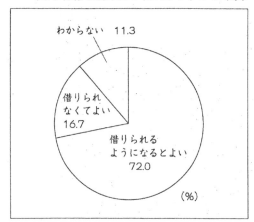

（%）

**資料3　電子書籍を読んだことがある子どもの電子書籍に対する考え**

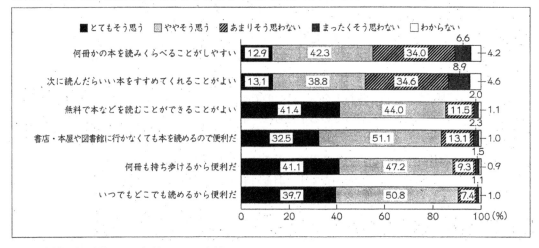

（注）電子書籍には，無料のものと有料のものがあります。

**資料1～資料3**　（文部科学省委託調査「平成30年度　子供の読書活動の推進等に関する調査研究　報告書」をもとに作成）

問　あなたが花子さんなら，どのように発表しますか。次の条件に従って発表原稿を作りなさい。

条件1：解答は横書きで1マス目から書くこと。

条件2：文章の分量は，300字以内とすること。

条件3：数字や小数点，記号についても1字と数えること。

（例）| 4 | 2 | . | 5 | % |

3　太郎さんと花子さんのグループは，ポスター発表会で，「※SNSやメールを使ったコミュニケーションで気を付けること」について発表することになり，準備をしています。

以下の会話文を読んで，問いに答えなさい。

> 先　　生：今度のポスター発表会ではどのような発表をするのですか。
>
> 太郎さん：まずは，現状を示すことが大切だと思います。若い人たちが友達とコミュニケーションをとるときに，どのくらいの人がSNSやメールを使っているのか，資料を使って示そうと思います。
>
> 花子さん：まず，次のページの**資料1**からわかる，コミュニケーションにおける文字でのやり取りの現状を示します。また，**資料2**からわかる，どのようなコミュニケーションの手段が誤解やトラブルを招きやすいかを伝えようと思います。
>
> 太郎さん：わたしの兄はSNSでのやり取りで困ったことがあったと話していました。「これはおもしろいですよね」と相手に同意を求めるつもりで，「これおもしろくない」と送信したら，「これはおもしろくない」と，自分の意図と正反対に相手に伝わったことがあったそうです。SNSではなく通話でのやり取りだったら，問いかけるときには語尾を上げるので，誤解されなかったと思います。
>
> 花子さん：わたしの姉もメールでのやり取りで，相手に「もう大丈夫だよ」という意味で，「もういいよ」とメールを送ったら，「おこっているの？」と誤解されたことがあったそうです。全くおこっていなかったのでおどろいたと言っていました。声でのやり取りだと感情が伝わりやすいけれど，文字だと伝わりにくいのですね。
>
> 太郎さん：そう考えると，わたしたちは友達と直接会って話したり，電話で話したりするときには，言葉以外の部分で伝えていることが多いのですね。
>
> 花子さん：そうですね。SNSやメールで誤解やトラブルが起こる理由と，今の話し合いの中で出た，気を付けるべきことについても発表に取り入れます。
>
> 太郎さん：今後，わたしたちがSNSやメールを使用する機会もあると思うので，発表の最後に，SNSやメールを使用する際に気を付けることを呼びかけたいと思います。
>
> 先　　生：よい発表になりそうですね。

※SNS…ソーシャル・ネットワーキング・サービスのこと。メールと同様に，インターネット上で意見や考えをやり取りすることができるサービス。

問　あなたが太郎さんと花子さんのグループの一員なら，どのように発表しますか。次の条件に従って発表原稿を作りなさい。

条件1：解答は横書きで1マス目から書くこと。

条件2：文章の分量は，300字以内とすること。

条件3：数字や小数点，記号についても1字と数えること。　　（例）| 4 | 2 | . | 5 | % |

**資料1　友達と、どのような方法を用いてやり取りをするか（16～19歳）**

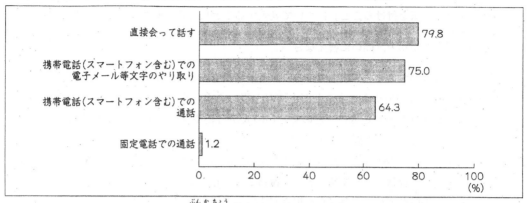

（文化庁「平成27年度　国語に関する世論調査」をもとに作成）

**資料2　誤解やトラブルを招きやすいと感じる手段・方法（16～19歳）上位3項目**

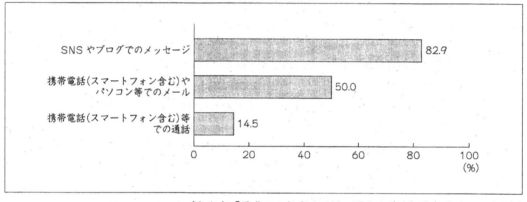

（文化庁「平成28年度　国語に関する世論調査」をもとに作成）

第1次

## 2020 年度

# 解　答　と　解　説

《2020年度の配点は解答欄に掲載してあります。》

## ＜適性検査Ａ解答例＞ 《学校からの解答例の発表はありません。》

1　問1　エ　　問2　ア　　問3　イ　　問4　No.1　A　　No.2　E
　　問5　イ

2　問1　6通り　　問2　17(時)48(分)　　問3　5(人部屋)，3(つ)
　　問4　中の水がふっとうする100℃のままで発火点をこえない

3　問1　一般　ア　　校外学習　イ　　問2　イ　　問3　ウ　　問4　20(cm)
　　問5　金属が温められてぼう張することでふりこの長さが長くなり，往復にかかる時間が
　　　　のびる

4　問1　イ
　　問2　A　ア　　B　イ　　C　ウ　　D　3
　　問3　鶏肉　H　　卵　E　　タマネギ　G
　　問4　K　オ　　L　ア　　M　エ　　N　イ　　O　ウ　　P　カ

5　問1　エ　　問2　ウ

○推定配点○
1　問1・2・3・5　各3点×4　　問4　各3点×2
2　問1・2　各5点×2　　問3　各3点×2　　問4　6点
3　問1　各3点×2　　問2・3　各3点×2　　問4　4点　　問5　6点
4　問1　2点　　問2　各2点×4　　問3　各2点×3　　問4　各2点×6
5　問1・2　各5点×2　　　　　　　　　　　　　　計100点

## ＜適性検査Ａ解説＞

1　（英語：放送による問題）

問1　だいきさんと店員の女性の話を聞く問題である。絵をあらかじめ見ると，それぞれ服にえがかれた星の大きさと模様に特ちょうがあるとわかる。だいきさんの言葉から大きい星でしま模様の服を選んだことがわかるので，答えはエとなる。

（放送文全訳）

店員：このTシャツはいかがですか。

だいき：うーん，ぼくはハートは好きではないです。ぼくは星が好きです。また，しま模様も
　　　　好きです。

店員：わかりました。このTシャツはいかがですか。

だいき：わあ，よいです。ぼくはこのしまもように大きな星のTシャツが好きです。これをください。

問2　テッドさんとゆきなさんのスポーツに関する会話を聞く問題である。絵をあらかじめ見ると，それぞれの絵で人がスポーツをしていたり観戦したりしていることがわかる。会話の内容からテッドさんはバスケットボールが好きで自分もプレーするということ，ゆきなさんはテニスの観戦が好きで，たっ球をしているということが聞き取れる。イはゆきなさんはテニスをしないため，ウはテッドさんがたっ球をするとは言っていないため，エはゆきなさんは卓球をしているとは言っているがたっ球の観戦については何も言っていないため，それぞれ不正解である。これより答えはアである。

（放送文全訳）

テッド：やあ，ゆきな。あなたは何のスポーツが好きですか。ぼくはバスケットボールが好きで自分でもプレーします。

ゆきな：やあ，テッド。わたしは弟がテニスをしているのでテニスが好きです。

テッド：あなたはテニスをするのですか。

ゆきな：いいえ，わたしはテレビでテニスの試合を見るけれど自分でプレーはしません。わたしは卓球をします。

問3　さきさんとマイクさんの旅行に関する会話を聞く問題である。絵をあらかじめ見ると2人が自分の行動を思いうかべていることがわかる。会話の内容から，さきさんは長野に行ってハイキングをしてみたいということ，マイクさんは青森に行ってねぶた祭を見たいということと去年長野に行ってそばを食べたということが聞き取れる。アはさきさんがねぶた祭を見ているため，ウはさきさんがそばを食べているため，エはマイクさんがハイキングをしているため，それぞれ不正解とわかる。よって答えはイである。

（放送文全訳）

さき：やあ，マイク。あなたの夏の予定は何ですか。

マイク：やあ，さき。ぼくはねぶた祭を見たいので青森に行きたいです。

さき：それはいいですね。わたしは山が好きなので長野に行きたいです。そしてハイキングをしたいです。

マイク：本当ですか。ぼくは去年長野に行ってそばを食べました。

問4　2つの会話を聞き，男性が行きたい場所を地図から選ぶ問題である。何ブロック先まで直進するのか，左右どちらに曲がるのか，どの建物の近くに行きたい場所があるのかを注意して聞きとる。

　　No.1の女性の話す言葉をよく聞く。これよりまず2ブロック分直進して左折，そして1ブロック分直進し右折したところにある建物が正解とわかる。よって答えはAである。

　　No.2も同様に女性の道案内をよく聞く。すると図書館は文房具店の横にあるということがわかる。これより答えはEである。

（放送文全訳）

No.1

男性：すみません。交番はどこですか。

女性：まず2ブロック分直進してください。そして左折してください。次に1ブロック分直進してください。最後に右折してください。交番はコンビニエンスストアの近くにあります。

No.2

男性：図書館に行きたいです。どこにありますか。

女性：まず1ブロック分直進してください。そして右折してください。次に1ブロック分直進してください。最後に左折してください。図書館は文房具店の横にあります。

問5　ALTの質問とあなたの答えを聞き、あなたがどの友達について答えているのか表を見ながら答える問題である。会話からあなたの友達はネコと英語とチョコレートとテニスが好きなことがわかる。表を見るとこれらを満たしてるのはあいこさんだけなので、答えはイである。

（放送文全訳）

ALT：あなたの友達は犬が好きですか。

あなた：いいえ、ちがいます。かのじょはネコが好きです。

ALT：あなたの友達は算数が好きですか。

あなた：いいえ、ちがいます。かのじょは英語が好きです。

ALT：あなたの友達はチョコレートが好きですか。

あなた：はい、そうです。かのじょはチョコレートが好きです。

ALT：あなたの友達はテニスをしますか。

あなた：はい、します。かのじょはテニスをするのが好きです。

② （算数，理科：組み合わせ，時間の計算，熱）

問1　3か所すべてをまわるまわり方は「A神社→B寺→C城」，「A神社→C城→B寺」，「B寺→A神社→C城」，「B寺→C城→A神社」，「C城→A神社→B寺」，「C城→B寺→A神社」の6つである。よって答えは6通りとなる。

問2　それぞれのバスが何時に出発するのかを先に求めると以下の通りである。

A神社とB寺間：毎時00分，10分，20分，30分，40分，50分

B寺とC城間：毎時00分，12分，24分，36分，48分

C城とA神社間：毎時00分，15分，30分，45分

上記以外：毎時00分，6分，12分，18分，24分，30分，36分，42分，48分，54分

そして，A神社を最後に見学するまわり方は「B寺→C城→A神社」と「C城→B寺→A神社」である。まず「B寺→C城→A神社」とまわった時，最も早く駅に到着するのは何時か考える。条件を読みながら時間の計算をすると以下の図のようになる。（なお，図内の「発」は出発時間，「着」は到着時間，「終」は終了時間のことを表している。）

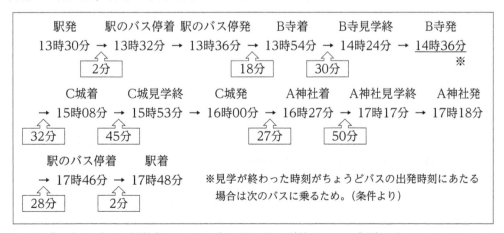

次に「C城→B寺→A神社」と回った時，最も早く到着するのは何時か考える。1つ目のま

わり方と同様に，時間の計算をすると以下の図のようになる。

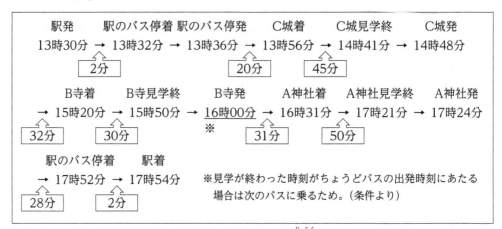

以上より，2つのまわり方でより早く駅に到着する時刻は17時48分なのでこれが答えである。

問3 【太郎さんたちの会話】より，部屋は予備1部屋を除いた8つを使えること，1部屋に最大で5人まで泊まれることがわかる。5人部屋を作ろうとすると31÷5=6…1となり，何部屋か他の人数の部屋ができる。先生は「1部屋に泊まる人数の差ができるだけ少なくなるように使いましょう」といっているので，5人部屋のほかに4部屋を作った場合を考える。5人部屋の数，5人部屋に泊まる人の総数，残りの人数を表にすると以下の通りである。

| 5人部屋の数 | 1 | 2 | 3 | 4 | 5 | 6 |
|---|---|---|---|---|---|---|
| 5人部屋に泊まる人の総数 | 5 | 10 | 15 | 20 | 25 | 30 |
| 残りの人数 | 26 | 21 | 16 | 11 | 6 | 1 |

この表より，5人部屋の数が3つのとき「残りの人数」が4でわり切れることがわかり，4人部屋を4つ作ればよいということがいえる。2つの部屋数を足すと7つで8つ以下なので条件を満たしている。これより，答えは5人部屋で3つである。

4人部屋の数を7つ，3人部屋の数を1つでも条件を満たす。

問4 水は100℃でふっとうするとそれ以上温度が上がらないことに注目する。

3 (算数，理科：資料の読み取り，割合，ふりこ)

問1 会話の内容にあったグラフを選ぶ問題である。まず「校外学習」の利用者数を表しているグラフについて考える。会話の内容から平成29年度の「校外学習」での利用者数は，総利用者数約60400人の30％で約18120人とわかる。さらに，ここ10年の数は変わっていないという記述もあるので答えはイである。次に「一般」の利用者数を表しているグラフについて考える。「校外学習」での利用者数は約18120人からあまり変わっていないこと，利用者数の合計は平成19年度が約42600人，平成29年度が約60400人ということに注目する。それぞれの年度の利用者数から「校外学習」での利用者数を引くと「一般」の利用者数になる。これより「一般」の利用者数は，平成19年度は約42600－約18120＝約24480（人），平成29年度は約60400－約18120＝約42280（人）だとわかる。これに当てはまるグラフを選ぶと答えはアである。

問2 比べている条件以外はすべて同じ条件でなければならない。イで比べたい条件は「ふりこの

「ふれはば」だが，BとDはふれはばだけでなく，おもりの重さも異なっている。よって，実験と
して適切でないので答えはイである。

問3　資料を見ると，往復にかかる時間はおもりの重さではなく，ふりこの長さと関係している
ことがわかる。例えばおもりの重さが30ｇ，ふりこの長さが90cmのふりこと，おもりの重さ
が80ｇ，ふりこの長さが90cmのふりこが10往復にかかる時間は同じである。また，資料より
ふりこの長さが長いほど，10往復にかかる時間も長いといえる。これを用いて， 1往復にかか
る時間が2秒のふりこ，つまり10往復にかかる時間が20秒のふりこに近いものを資料から探す
と，とふりこの長さが90cmのふりこは10往復に19秒，110cmのふりこは10往復に21秒かか
るとわかる。これより10往復にかかる時間が20秒に最も近いふりこの長さは，90cmと110cm
の間だといえる。よって，答えはウである。

問4　おもりがAから支点の真下に来るまでと，支点の真下からBに来るまでにわけて考える。ま
ずAから支点の真下に来るまでのふりこの長さは110cmである。問3でも述べたように，往復
にかかる時間はふりこの長さに関係するので，資料からふりこの長さが110cmのときの記録を
探す。すると，10往復にかかる時間は21秒であるとわかる。これを用いてAから支点の真下に
来るまでにかかる時間を求めると， 21÷10÷4＝0.525（秒）となる。次に支点の真下からBに来
るまでについて考える。問題文よりA地点からB地点までにかかる時間は1秒なので，支点の
真下からBまでにかかる時間は1－0.525＝0.475（秒）とわかる。この数字を10往復にかかる時
間になおすと， 0.475×4×10＝19（秒）となる。この時のふりこの長さは90cmと資料からわか
る。求める値は支点からくぎの長さなので， 110－90＝20より答えは20cmである。

問5　金属は温められるとぼう張することに注目する。ふりこのおもりをつなぐ部分は金属なの
で，夏になり温められるとぼう張する。これによってふりこの長さがのび，往復にかかる時間
ものびてしまうのである。

4 （社会，図工：資料の読み取り，版画）
問1　資料2にある岩槻区のあるさいたま市に一番近い地名は熊谷市である。熊谷市のさくらの開
花日は3/22，満開日は3/26である。会話文から，太郎さんが公園に行ったときさくらはさいて
いたが満開ではなかったので，見に行ったのは3/22から3/26までの間だとわかる。この条件を
満たすのはイだけなので，これを答えとする。

問2　まず，平成29年の「増加数」は656＋4570＝5226（人），「減少数」は1201＋3891＝5092（人）
ということが資料3からわかる。「増加数」の方が「減少数」よりも多いので，Aはア，Bはイ，
Cはウが答えである。次に，平成29年と同様に平成25年から平成28年の「増加数」と「減少数」
を出すと以下のとおりである。
・平成25年：「増加数」4272人　「減少数」4939人
・平成26年：「増加数」4533人　「減少数」4837人
・平成27年：「増加数」4982人　「減少数」4942人
・平成28年：「増加数」5337人　「減少数」4812人
　この中で「増加数」が「減少数」を上回り人口が増加しているといえるのは，平成27年と平
成28年である。平成27年から平成29年は 3年間なので，Dは 3が答えとなる。

問3　まず，肉について考える。お母さんの言葉から肉はたんぱく質や脂質を多く含んでいるとわ
かる。【食品成分表】の中でこれにあてはまるものはFとHとIである。また，鶏肉，牛肉，豚肉
の中で鶏肉が一番脂質が少ないとも述べているので，Hが鶏肉とわかる。次に野菜について考
える。お母さんの言葉によると，野菜には炭水化物が多く含まれているので，【食品成分表】の

GとJが野菜だとわかる。さらにタマネギはピーマンよりカルシウムが多く含まれているのでタマネギはGだとわかる。最後に、お母さんの言葉より卵は7つの食品の中で一番カルシウムが多く含まれているとわかるので、【食品成分表】の中のEだといえる。

問4　まず、ア～カの6つは絵がらの左右から「ア、イ、カ」と「ウ、エ、オ」の2グループに分けられる。紙に刷られた絵がらは版木と版木にほられた絵がらは左右が反対になるので、2つのグループのどちらかが版木でもう片方（かたほう）が刷り紙だといえる。次にカに注目する。カを見るとインクの色が3色使われていることに気付く。版木には1色ずつインクをつけるので、カは刷り紙だといえる。さらに、3色が刷り紙にうつるのは③の工程を終えた時だけなので、Pはカだとわかる。これによりアとイも刷り紙だとわかり、さらにインクは明るい色からつけたことが【メモ】からわかるのでLはア、Nはイだといえる。最後に「ウ、エ、オ」について考える。「ア、イ、カ」が刷り紙だったので「ウ、エ、オ」は版木である。ほりを進めていくほど白い部分は増えていくので、オ→エ→ウの順番にほられたことがわかる。よって、Kはオ、Mはエ、Oはウが答えである。

5　（社会：国，気候）

問1　日本と中国の外国人旅行者数を合計すると、1992年は210＋1651＝1861（万人）、2016年は2404＋5927＝8331（万人）となる。そして、アメリカ合衆国（がっしゅうこく）・カナダ・メキシコの外国人旅行者数を合計すると、1992年は4465＋1474＋1727＝7666（万人）、2016年は7561＋1982＋3508＝13051（万人）となる。これを比べると、どちらの年も北アメリカ州の3か国の外国人旅行者数の合計の方がアジア州の2か国の外国人旅行者数の合計を上回っている。これより、適切でないものはエである。

問2　【花子さんとトム先生の会話】から、ハミルトン市の気候の特ちょうを読み取る。まず、気温について考える。2人の会話より、ハミルトン市はさいたま市と季節が逆だとわかるので6～8月の気温が低く、12～3月の気温が高いグラフを選ぶ。これよりハミルトン市のグラフはイ、ウ、エのどれかだとわかる。次に降水量について考える。会話から、ハミルトン市の降水量（こうすいりょう）は年間を通してあまり変わらず、一番多い月の降水量は一番少ない月の降水量の2倍以下だとわかる。これを満たすグラフはウだけなので、答えはウである。

★ワンポイントアドバイス★

検査時間は50分であるが大問の数は5個あり、問題数は多い。全体を通してよく読むことである程度忘れてしまっても解けるようになっている。知識量で早く解くこともできるが落ち着いて資料に目を通そう。

## ＜適性検査Ｂ解答例＞《学校からの解答例の発表はありません。》

1  問1　エ

問2

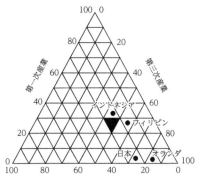

問3　A　漁業でつかまえた魚をすり身に加工してから地元ではん売する

問4　B　イ　　　C　ア

問5　D　土にしみこんだ雨水を吸いあげる木がなくなり，雨が降った時に川に流れこむ
　　　水の量が増える

　　　E　地球温暖化

2  問1　A　ひのと　　　問2　B　最小公倍数　　　問3　69歳　　　問4　カ

問5　最も少ない場合　14(個)　　　最も多い場合　16(個)

3  問1　ウ，カ　　　問2　エ

問3　生息する環境から与えられた条件をいつでも受け入れ，その下で精一杯森であろう
　　　とする

問4　ウ　　　問5　人間たちが自然を資源としてとらえるように

問6　エ

○推定配点○

1  問1　4点　　　問2・5E　各5点×2　　　問3・5D　各7点×2　　　問4B・C　各4点×2

2  問1・2・3・4　各5点×4　　　問5　各6点×2

3  問1　各3点×2　　　問2・4・6　各4点×3　　　問3・5　各7点×2　　　計100点

## ＜適性検査Ｂ解説＞

1  （社会，算数：産業，資料の読み取り，割合）

問1　インドネシア，フィリピン，オランダの産業別人口の割合（わりあい）を資料１から読み取る。【先生の
つくった図】のようにピラミッドの外周へ向かって線をのばしていくと比かくしやすい。各国の
産業別人口の割合は以下のとおりである。

・インドネシア：第一次産業 約32％　第二次産業 約22％　第三次産業 約46％

・フィリピン：第一次産業 約28％　第二次産業 約18％　第三次産業 約54％

・オランダ：第一次産業 約2％　第二次産業 約16％　第三次産業 約82％

したがって，インドネシアとフィリピンは第二次産業の人口の割合が産業別人口の割合のな

かでもっとも低いことがわかるので，答えはエとなる。

問2　【条件】から中国の産業別人口の割合を求める。第三次産業で働く人口の割合は約44％なので，第二次産業，第一次産業の割合の合計は約54％である。また，日本と中国の第二次産業で働く人口の割合の差は4％以内とある。【太郎さんたちの会話①】より日本の第二次産業で働く人口の割合は約25％とわかるので，中国の第二次産業で働く人口の割合は約21～29％だといえる。これより，中国の第一次産業で働く人口の割合は最も少なくて54－29＝25より約25％，最も多くて54－21＝33より約33％とわかる。しかし，【条件】より中国の第一次産業で働く人口の割合は約30％以下なので，約25～30％となる。これらを満たすように三角形をぬると解答例のようになる。

問3　先生の言葉から，Aでは農業，林業，漁業の中から1つ具体的な例を挙げられていること，生産，加工，販売までの流れが説明されていることがわかる。漁業以外を選んだ場合の解答例は以下の通りである。

　　　　○農業の場合

　　　　　育てたイチゴをジャムに加工してパン屋さんにはん売する

　　　　○林業の場合

　　　　　ばっ採した木をいすに加工して家具屋にはん売する

問4　資料5から35歳未満の従事者と65歳以上の従事者の割合を求める。例えば平成27年の統計を見ると，35歳未満の従事者の割合は7770÷45440×100＝約17（％），65歳以上の従事者の割合は11270÷45440×100＝約25（％）となる。したがって，Bはイ，Cはアが答えとなる。

問5　D　森林には，木が雨水を吸い上げることで，川の急激な増水を防ぐはたらきがある。しかし，伐採によって木がなくなると，雨水が一気に川へ流れ込むので洪水になってしまう。

　　　　E　二酸化炭素の増加が原因の環境問題を書けばよい。したがって，地球温暖化が答えとなる。

2　（算数，理科：規則性，方位，立体）

問1　2007年は2020年の13年前であることに注目する。【太郎さんとおじいさんの会話①】より2020年の十干は「かのえ」だとわかるので，その13個前の十干を資料1から探す。これより答えは「ひのと」となる。

問2　同じ十干がめぐってくるのは10年後，20年後，30年後と「10の倍数」年後である。同様に同じ十二支がめぐってくるのは「12の倍数」年後だといえる。そして十干の周期と十二支の周期が合う時は，10の倍数と12の倍数が一致するときなので，答えは最小公倍数となる。

問3　直近の「かのとう」が何年なのか考える。会話は2020年のものなので，2020年の「かのえね」を基準に考えると，9年前の2011年が「かのとう」だったことがわかる。しかし，おじいさんは還暦を過ぎているので60歳以上である。十干十二支は60年で一周するので2011年のさらに60年前におじいさんは生まれたといえる。9＋60＝69より今おじいさんは69歳である。

（図1）

問4　【太郎さんが十二支について調べてわかったこと】から，北が「子」で南が「午」とわかる。さらに，東と西は「子」と「午」の間の十二支なので，東は「卯」で西は「酉」である。これらをもとに図をかくと（図1）のようになる。「辰巳」は「辰」と「巳」の間のことを指すの

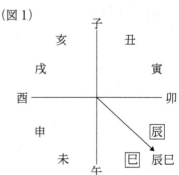

で，答えはカの南東となる。

問5 「立方体を積み上げた形」を真上から見た図の各正方形を（図2）
のようにC〜Jまで割りふる。まず，ヒントの**A**から見た図より，
C，F，Ⅰのどれかは立方体が5個積み上げられているとわかる。
さらに，ヒントの**B**から見た図より，5段なのはⅠかJのみなので，
Ⅰには5個立方体が使われているといえる。次に，**B**から見た図よ
り，C，D，Eは全て1個しか立方体が積み上げられていないとわ
かる。さらに，**A**から見た図より，DとGのどちらかは2個の立方体が使われているといえる。
しかし，先述したようにDの立方体は1個なので，2個の立方体が使われているのはGだとわ
かる。ここで，C，D，E，G，Ⅰに使われている立方体の合計を求めると，1＋1＋1＋2＋
5＝10(個)といえる。

（図2）

| C | D | E |
|---|---|---|
| F | G | H |
| I |   | J |

次に，HとJについて考える。2つのヒントより，H，Jのどちらか，もしくは両方に2つ
の立方体が使われていることがわかる。しかし，ヒントだけでは数を確定できないので，Hと
Jの個数の組み合わせを考えると，「Hが2個，Jが2個」，「Hが1個，Jが2個」，「Hが2個，
Jが1個」の3つになる。最後に，Fについて考える。FはヒントのBから見た図より1個か
2個の立方体が使われているとわかるが，数は確定できない。これより，立方体の数が最も少
ない場合は「HとJの合計が3個，Fが1個」の時，最も多い場合は「HとJの合計が4個，
Fが2個」の時であるとわかる。

したがって，答えは，立方体が最も少ない場合の数が10＋3＋1＝14(個)，最も多い場合の数
が10＋4＋2＝16(個)となる。

**重要** ③ （国語：文章の読み取り）

問1 「老木」は「老」が「木」を修しょくしている。同じように，前の漢字が後ろの漢字を修し
ょくしている熟語をア〜オから選べばよい。アとエは反対の意味の漢字を重ねた熟語，イは同
じ意味の漢字を重ねた熟語，オは前の漢字が後ろの漢字を打ち消している熟語なので，それぞ
れ不正解である。したがって，答えはウとカとなる。

問2 第一段落に「森の時間はゆっくりと流れている」とあり，木は数百年かけて成長し，千年が
じゅ命だと書かれている。さらに，第二段落では「新しい世代の木が次の森を担う，そんな変
わらない自然の物語がゆっくりと，ゆっくりと回転している」とある。したがって，答えはこ
の内容に沿っているエとなる。

問3 下線部の直前に「そんな」という言葉があるので，答えとなる部分は下線部よりも前にある
ことがわかる。下線部の一つ前の段落に「条件を受け入れてくれる」「精一杯森であろうとする」
とあるので，この段落をまとめて答えとする。字数制限があるので，具体例を挙げているとこ
ろを別の言葉に置きかえたり，必要ない部分をけずったりしてうまくまとめるとよい。

問4 どのような表現を使っているかを読み解く問題。アは名詞で終わる表現がないので不正解，
イは音を表す表現がないので不正解，エは色の表現がないので不正解。指定の部分には「表情」
や「寂しそうな」などの表現が使われていることから，森を人間にたとえていることがわかる。
したがって，答えはウとなる。

問5 「この」が何を指しているのかさかのぼって探す。探す手がかりとなるのが空らんBの前後
の文章である。これと似た内容を文章中から探すと，下線部の2つ前の段落に「自然の時空と
人間の時空が(中略)共振する時代に終止符が打たれた」や「自分たちの時間の尺度の世界に自
然を追い込み」という部分がある。したがって，この2つの間にある部分をまとめて答えとす

ればよい。

問6 「人間たちも」や「時空」という言葉に注目する。文章にそう入する一文は，人間たちも時空を失ったという内容であり，接続詞は「だが」なので，この一文の前では人間以外の何かが時空を失ったことが書かれていると推察できる。第七段落は森の時空の破壊について述べられているので，この一文はそのすぐ後に入れるのがふさわしい。したがって，答えはエの（4）となる。

─ ★ワンポイントアドバイス★ ─

社会の問題では資料のグラフを正しく読み取ることが重要。算数の問題では，ふく雑で長い文章を読んだ上で計算しなければならないので，すこし大変だったと思う。落ち着いてしっかり文章の意味を理解しよう。理科の問題は，図をかきながら考えてほしい。国語は筆者の言いたいことをきちんと理解できるようにしよう。

第2次

## 2020 年度

## 解 答 と 解 説

《2020年度の配点は解答欄に掲載してあります。》

## ＜適性検査Ｃ解答例＞ 《学校からの解答例の発表はありません。》

1 　これから，ボランティア活動について発表します。わたしはボランティア活動に参加した
ことがあります。さまざまな世代の人の異なる考え方にふれることができ，また人に喜ん
でもらえたことに対しやりがいを感じました。しかし，その時の参加者は多くはありませ
んでした。調べてみると，資料１にあるようにボランティア活動に参加しようと思ったの
に参加しなかった人がいるとわかりました。その主な理由として，時間的余裕がなかった
ことや都合が悪かったことが資料２から挙げられます。短い時間でも参加できる体制を整
えたり，活動日時を早めに知らせたりすることで，より多くの人がボランティア活動に参
加できるようになるのではないでしょうか。

2 　これから，電子書籍について発表します。資料１によると，図書館で電子書籍を借りられ
ることを望む子どもは全体の半分以下でした。一方で，資料２を見ると，電子書籍を読ん
だことのある子どもを対象として行った調査では70％以上の人が電子書籍を借りられるこ
とに対し肯定的だとわかります。ここから，電子書籍を読んだことのない人が，その便利
さを理解していないことがいえます。資料３からわかるように，電子書籍は何冊も持ち歩
ける点や，時間や場所を選ばず読める点が便利です。発表のために複数の本を使って資料
を作る時などに，電子書籍を活用すると良いと思います。

3 　これから，ＳＮＳやメールを使ったコミュニケーションについて発表します。資料１からわ
かるように，若い人たちの中で文字でのやり取りで友達とコミュニケーションを取っている
人は75.0％でした。また，資料２より，通話に比べてＳＮＳやメールの方が誤解やトラブ
ルを招きやすいことがわかります。声でのやり取りでは語尾など言葉以外の部分で自分の感
情を伝える一方で，文字のやり取りでは感情や話し手の意図が伝わりきらないことがその原
因です。ＳＮＳやメールを使ったコミュニケーションをするときは，相手の立場に立って送
る文章を読み返し，誤解されるおそれのある表現を避けるように気をつけましょう。

○推定配点○

1 　35点　　2 　35点　　3 　30点　　　　　　　計100点

## ＜適性検査Ｃ解説＞

1 　（国語：会話文・資料の読み取り，作文）

　　問題文に書かれた条件は字数や書き方についてのみだが，会話文の中でだいたいの文章の構成
について述べられているので，注意する必要がある。まず、最後の太郎さんの会話文から，解答
する発表内容の構成は以下のようになるとわかる。

　　① 　ボランティア活動のよさについて
　　② 　以下のＡかＢのどちらかを選ぶ
　　　　Ａ 　「参加しようと思ったのに参加しなかった」理由２つ(資料２を用いる)
　　　　Ｂ 　「参加しようと思わなかった」理由２つ(資料３を用いる)

③ ②で書いた「理由」の解決策

①は太郎さんの3つ目の会話文を参考にする。②ではそれぞれ資料から「理由」を2つ選びまとめる。③で解決策を書きやすい「理由」を選ぶとよい。③では解決策が理にかなっていなければならない。また，発表原稿という形なので，文章は「です」や「ます」などで終わらせる。

2 （国語：会話文・資料の読み取り，作文）

会話文の中で文章の構成が決められているので注意する。花子さんの最後の会話文から，発表の構成は次のようになるとわかる。

① **資料1と資料2を比べてわかること**
② **資料3からわかる電子書籍の便利な点**
③ **電子書籍の活用方法**

①は花子さんの3つ目と4つ目の会話文を参考にする。花子さんの3つ目の会話文では，**資料1**についてである。ここでは，「図書館等で電子書籍が借りられるようになるとよいと思っている子どもは，半分にも満たない」と述べているので活用する。花子さんの4つ目の会話文では，**資料2**で調査対象が変わったことで見られる各項目の割合の変化について発表に入れると述べられている。これらより，①では**資料1**で半分以下だった借りられるようになるとよいと思っている子どもの割合が，**資料2**では70％以上になっていることと，そこからわかることを述べるとよいとわかる。②は**資料3**の各項目の中で「とてもそう思う」と「ややそう思う」の割合が高いものを選んで述べる。③は②で書いた電子書籍の便利な点をもとに活用方法を考えると書きやすい。

重要▶ 3 （国語：会話文・資料の読み取り，作文）

太郎さんの最初と最後の会話文，花子さんの最初と最後の会話文に，発表原稿の構成が述べられている。これを整理すると，次のようになる。

① **資料1からわかる，若い人たちのコミュニケーションにおける文字でのやり取りの現状**
② **資料2からわかる，誤解やトラブルを招きやすいコミュニケーションの手段**
③ **SNSやメールで誤解やトラブルが起こる理由**
④ **SNSやメールでのコミュニケーションで気をつけるべきこと**

①は**資料1**の「携帯電話（スマートフォン含む）での電子メール等文字のやり取り」の項目について書けばよい。②は**資料2**の「SNSやブログでのメッセージ」と「携帯電話（スマートフォン含む）やパソコン等でのメール」の項目を用いる。③は太郎さんの2つ目と3つ目の会話文と花子さんの2つ目の会話文を参考にする。主に実際にあったトラブルや誤解の具体例について述べているので，うまく要約するとよい。④は③をもとにSNSやメールを使ったコミュニケーションでの注意点を具体的に書く。

★ワンポイントアドバイス★

会話文中に出てきた指定を見逃さないように，読みながら下線を引いたり，丸で囲ったりする習慣をつけておこう。どの問題も発表原稿というかたちなので，文末に「です」や「ます」などにする。また，字数制限にも気をつけよう。

# 2019年度

★★★★★★★★★★★★★★★★★★★★★★★

# 入 試 問 題

## 2019年度

# さいたま市立大宮国際中等教育学校入試問題（第1次）

**【適性検査A】**　（50分）

1　放送による問題

※問題は，**問1**～**問5**までの5問あります。

※英語はすべて2回ずつ読まれます。問題用紙にメモを取ってもかまいません。答えはすべて解答用紙に記入しなさい。

**問1**　Nancy（ナンシー）さんとKenta（けんた）くんが話をしています。2人の話を聞いて，話の内容を表している絵を，次のア～エの中から1つ選びなさい。

**問2**　Emi（えみ）さんとMike（マイク）くんが話をしています。2人の話を聞いて，話の内容を表している絵を，次のア～エの中から1つ選びなさい。

ウ 　　エ

問3　ひろしくんのクラスでは，外国人との交流会で，自分たちが作った料理を食べてもらうことになりました。グループA，B，Cの代表者である，Hiroshi（ひろし）くん，Naomi（なおみ）さん，Daiki（だいき）くんが，献立について先生と話をしています。代表者3人と先生の話を聞いて，話の内容に合うように，**表の①〜③に入るものの組み合わせで正しいもの**を，次のア〜エの中から1つ選びなさい。

| Group（グループ） | Menu（献立） | Ingredient（材料） | Number（数） |
|---|---|---|---|
| A　代表者<br>Hiroshi（ひろし） | Yasaiitame（野菜いため） | Cabbage（キャベツ） | 2 |
| | | ① | 4 |
| | | Onion（タマネギ） | 3 |
| B　代表者<br>Naomi（なおみ） | Tamagoyaki（たまご焼き） | Egg（たまご） | ② |
| C　代表者<br>Daiki（だいき） | Misoshiru（みそ汁） | Tofu（とうふ） | 5 |
| | | Negi（ネギ） | ③ |

ア　① Potato（ジャガイモ）　　②11　　③3
イ　① Carrot（ニンジン）　　②10　　③2
ウ　① Potato（ジャガイモ）　　②10　　③2
エ　① Carrot（ニンジン）　　②10　　③3

問4　あなたのクラスの「グローバル・スタディ」（英語）の授業で，ALT（外国語指導助手）の先生に，Miki（みき）さん，Kana（かな）さん，Hiromi（ひろみ）さん，Ayami（あやみ）さんの4人が英語で自己紹介することになりました。4人の自己紹介を聞いて，Kana（かな）さんの自己紹介を，放送されるNo.1〜No.4の中から1つ選びなさい。

答え：Kana（かな）さんの自己紹介は，No.（　　　　　）です。

| Name<br>（名前） | Age<br>（年れい） | Sport<br>（好きなスポーツ） | Favorite<br>（好きなこと・もの） | Number of Pets<br>（ペットの数） |
|---|---|---|---|---|
| Miki<br>（みき） | 12 | Volleyball<br>（バレーボール） | Video games<br>（テレビゲーム） | 2 |
| Kana<br>（かな） | 12 | Tennis<br>（テニス） | Dancing<br>（ダンス） | 2 |
| Hiromi<br>（ひろみ） | 12 | Basketball<br>（バスケットボール） | Dancing<br>（ダンス） | 1 |
| Ayami<br>（あやみ） | 12 | Tennis<br>（テニス） | Sweets<br>（スイーツ） | 2 |

問5　あなたは「グローバル・スタディ」（英語）の授業で，「夏休みの思い出」について3枚の写真を見せながらスピーチをします。次のア～ウの絵を，スピーチの内容に合うように並べ替えなさい。

ア　　　　　　　　　　　　イ　　　　　　　　　　　　ウ

（放送台本）

　これから，英語による問題を始めます。

　英語による問題は，問題用紙の1ページから3ページまであります。

　問題は，問1から問5までの5問あります。英語は，すべて2回ずつ読まれます。問題用紙にメモを取ってもかまいません。答えはすべて解答用紙に記入してください。

　はじめに，問1を行います。

　問1では，ナンシーさんとけんたくんが，話をしています。2人の話を聞いて，話の内容にあう絵を，問題用紙にあるア～エの中から，1つ選びなさい。

　それでは始めます。

問1の1回目を放送します。

Nancy ： Hi, Kenta.　Where do you want to go in summer?

Kenta ： Hi, Nancy.　I want to go to Okinawa.

Nancy ： What do you want to do there?

Kenta ： I want to go to the beach because I like swimming.

問１の２回目を放送します。

（繰り返し）


次に，問２を行います。

問２では，えみさんとマイクくんが，話をしています，２人の話を聞いて，話の内容にあう絵を，問題用紙にあるア～エの中から，１つ選びなさい。

それでは始めます。

問２の１回目を放送します。

Emi　：What season do you like, Mike?

Mike：I like winter because I like snowboarding. How about you, Emi?

Emi　：I like spring because I like sakura.

問２の２回目を放送します。

（繰り返し）


次に，問３を行います。

ひろしくんのクラスでは，外国人との交流会で，自分たちが作った料理を食べてもらうことになりました。グループＡ，Ｂ，Ｃの代表者である，ひろしくん，なおみさん，だいきくんが，献立(こんだて)について先生と話をしています。代表者３人と先生の話を聞いて，話の内容に合うように，表の①～③に入るものの組み合わせで正しいものを，問題用紙にあるア～エから１つ選びなさい。

それでは始めます。

問３の１回目を放送します。

Teacher：What do you want to make, Hiroshi?

Hiroshi：We want to make Yasaiitame. We want two cabbages, four carrots and three onions.

Teacher：Great.　How about you, Naomi?

Naomi　：We want to make Tamagoyaki.　Tamagoyaki is popular.　We want ten eggs.

Teacher：I like Tamagoyaki, too.　How about you, Daiki?

Daiki　：We want to make Misoshiru.　We want five Tofu and two Negi.

問３の２回目を放送します。

（繰り返し）


次に問４を行います。

あなたのクラスのグローバル・スタディの授業で，ALT の先生に，みきさん，かなさん，ひろみさん，あやみさんの４人が，英語で自己紹介(しょうかい)することになりました。４人の自己紹介を聞いて，かなさんの自己紹介を，放送されるNo. 1～No. 4の中から１つ選びなさい。

それでは始めます。

問４の１回目を放送します。

No. 1：I'm twelve.　I like video games.　I play volleyball.　I have two dogs.

No. 2：I'm twelve.　I have a cat.　I like dancing.

No. 3：I'm twelve.　I play tennis.　I have a dog and a cat.

No. 4：I'm twelve.　I play tennis.　I like sweets.　I have two cats.

問4の2回目を放送します。

（繰り返し）

　最後に問5を行います。

　あなたは，グローバル・スタディの授業で，「夏休みの思い出」について3枚の写真を見せながらスピーチをします。問題用紙にあるア〜ウの絵を，スピーチの内容に合うように並べかえなさい。

　それでは始めます。

問5の1回目を放送します。

　Look at these pictures.　I went to Oomiya Koen Taiikukan with my friends. We played badminton there.　After that, we had lunch there.　It was fun.

問5の2回目を放送します。

（繰り返し）

これで，英語による問題を終わりにします。

2　　総合的な学習の時間に「この町の特徴を調べよう」という調べ学習を行いました。太郎さんの班と花子さんの班は，資料1（次のページ）のA地点，B地点，C地点の町の特徴を調べました。

　次の問1〜問5に答えなさい。なお，花子さんの班の各地点での調べ学習の時間は15分間とします。また，2つの班の移動の速さはそれぞれ一定とし，移動と調べ学習のみに時間を使うものとします。

　　太郎さんの班と花子さんの班は，資料2（次のページ）のような行程表を作り，太郎さんの班は，学校から時計回りにA地点，B地点，C地点の順に歩いて回って学校へもどるルート，花子さんの班は，太郎さんの班とは逆に学校からC地点，B地点，A地点の順に歩いて回って学校へもどるルートで調べ学習を行いました。

問1　花子さんの班が，A地点から学校まで移動した速さは，分速何mになりますか。数字で書きなさい。

問2　学校に帰る途中で，花子さんの班の行程表が水たまりに落ち，よごれて見えなくなってしまいました。花子さんの班の行程表に書かれていた学校出発の時刻は何時何分ですか。

問3　太郎さんの班と花子さんの班は，調べ学習の途中ですれ違いました。2つの班がすれちがった時刻は何時何分ですか。

資料1　2つの班のルート

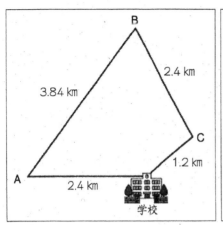

資料2　2つの班の行程表

| 太郎さんの班の行程表 | | 花子さんの班の行程表 | |
|---|---|---|---|
| 学校出発 | 9：20 | 学校出発 | |
| A地点到着 | 9：50 | C地点到着 | |
| A地点出発 | 10：00 | C地点出発 | |
| B地点到着 | 10：48 | B地点到着 | |
| B地点出発 | 10：58 | B地点出発 | |
| C地点到着 | 11：28 | A地点到着 | 1 |
| C地点出発 | 11：38 | A地点出発 | 11：04 |
| 学校到着 | 11：53 | 学校到着 | 11：44 |

問4　太郎さんは，B地点で地層を見つけ，スケッチしました。太郎さんがスケッチした資料3には，貝類の化石を含む砂の層があり，昔この地域は海だったことがわかりました。なぜ貝類の化石を含む地層が地上で見られたのか，理由を書きなさい。

資料3　太郎さんのスケッチ

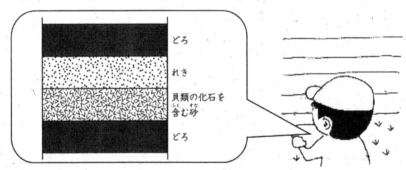

問5　花子さんの班は，A地点にある町役場で資料4をもらい，職員の方と次のような会話をしました。（　　）にあてはまる適切な数字を書きなさい。

【花子さんと職員の方との会話】
職　　員：この町の土地は田，畑，住宅地，池や沼，山林，原野，その他の7つに分けて考えることができます。
花子さん：田んぼや畑が多くあって，農業がさかんなのですね。
職　　員：そうですね。特に田んぼが多いのが，この町の特徴とも言えますね。
花子さん：この町の（　　　　）％が田んぼですものね。

資料4　町の利用別土地面積（k㎡）

| 田 | 畑 | 住宅地 | 池や沼 | 山林 | 原野 | その他 | 総計 |
|---|---|---|---|---|---|---|---|
| 17.2 | 10.4 | 3.2 | 0.1 | 0.2 | 0.3 | 8.6 | 40.0 |

3
> 花子さんは，夏休みの自由研究で地域の産業について調べることにしました。そして，花子さんは，おじさんが住んでいる富山県について調べることにし，おじさんの家を訪れました。

次の問1～問4に答えなさい。

【花子さんとおじさんの会話】

花子さん：富山県は，チューリップで有名ですね。

おじさん：そうですね。富山県では，チューリップの球根や切り花などを生産しています。

花子さん：富山県では，どのくらい生産しているのですか。

おじさん：富山県で生産しているのは主に球根で，全国の約52％を占めています。

花子さん：切り花の生産もさかんなのですか。

おじさん：球根の生産ほどさかんではありません。でも，全国の約2％を生産しています。切り花の生産は新潟県がさかんで，全国の約33％を生産しています。そういえば，確か埼玉県もさかんですよね。

花子さん：はい。埼玉県は全国第2位で，全国の約24％を生産しています。でも，埼玉県では，球根の生産はほとんど行われていません。

おじさん：そうですね。球根は，富山県と新潟県で全国の約98％を生産しています。

問1　花子さんは，話の内容から県別のチューリップの球根と切り花の生産量の割合を円グラフにまとめました。花子さんが作成したグラフとして正しいものはどれですか。次のア～エの中から1つ選び，記号で答えなさい。

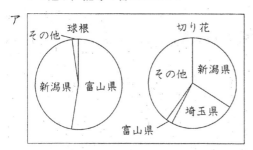

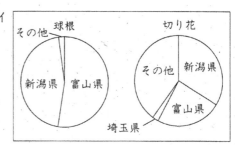

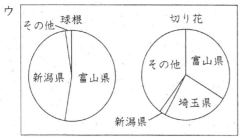

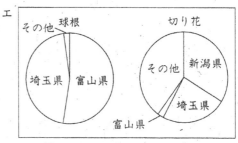

（農林水産省「作物統計調査」をもとに作成）

問2　おじさんは，チューリップの球根を育てるのに，「花を摘む」作業があることを教えてくれました。「花を摘む」作業は，次のページの**資料1**の空らん　ア　～　エ　のどの部分に入ります

か。記号で答えなさい。

**資料1　チューリップの球根生産の1年**

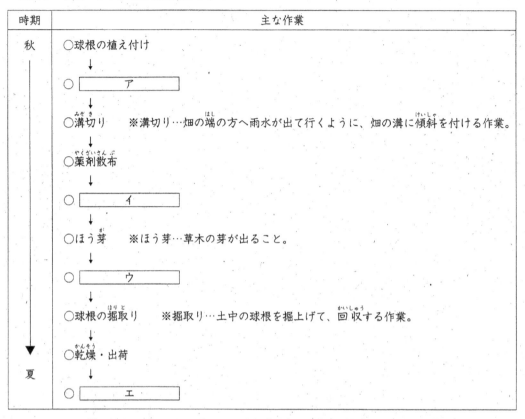

| 時期 | 主な作業 |
|---|---|

（「とやまのチューリップホームページ（富山県農林水産部農産食品課）」をもとに作成）

問3　花子さんは，チューリップの球根生産において，花を摘む作業があることを不思議に思い，**資料2**（次のページ）のような4つの状態を考えました。4つの状態の中で一番大きく球根が成長するのはどれですか。**資料2**のア～エの中から1つ選び，記号で答えなさい。また，そのように考えた理由を書きなさい。なお，球根の元々の大きさは，4つとも同じとします。

問4　花子さんは，作業を見て「チューリップ」の歌を思い出し，**資料3**（次のページ）のように楽譜を書き始めました。**資料3**の□の部分の音符はどれですか。次のア～カの中から1つ選び，記号で答えなさい。

資料2　花子さんが考えた4つの状態

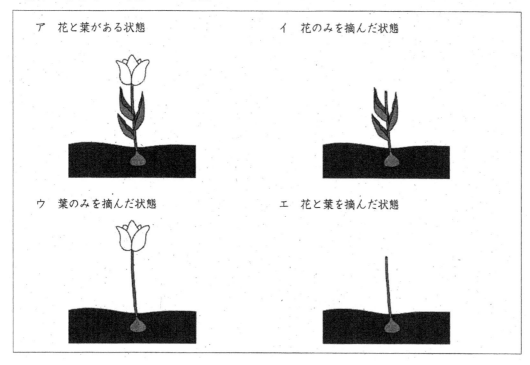

ア　花と葉がある状態

イ　花のみを摘んだ状態

ウ　葉のみを摘んだ状態

エ　花と葉を摘んだ状態

資料3　花子さんが書いた楽譜

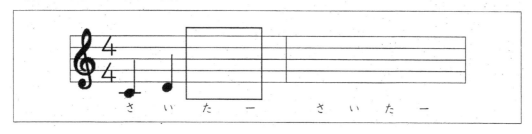

さ　い　た　ー　　さ　い　た　ー

---

4　太郎さんは，さいたま市にある※埼玉スタジアムが，日本と韓国で開催されたサッカーの2002FIFAワールドカップの会場だったことを知り，調べることにしました。

※さいたま市にあるサッカー専用スタジアム。正式名称は「埼玉スタジアム2002」。

次の問1〜問4に答えなさい。

問1　2002FIFAワールドカップは，日本では10か所で開催されました。次のページの資料1のA〜Jは，開催された場所がある道府県を表しており，資料2（11ページ）は，A〜Jの道府県のいずれかに関する資料です。資料2はどの道府県のものですか。資料1のA〜Jの記号で答えなさい。

資料1　２００２FIFA ワールドカップが開催された道府県

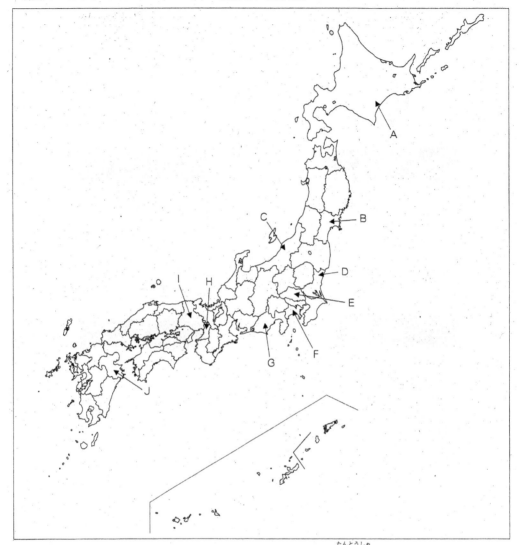

問2　太郎さんは，埼玉スタジアムに行き，そこで働いている担当者の方にインタビューをすることにしました。各駅（停留所）からの所要時間を次のページの**資料3**とすると，太郎さんの家の近くの大宮駅から埼玉スタジアムの最寄り駅である浦和美園駅まで一番早く到着する行き方はどれですか。次のア～エの中から1つ選び，記号で答えなさい。また，その行き方でかかる時間は何分ですか。

　なお，乗り換え時間（違う種類の電車や，電車からバスに乗り換える時間）はすべて5分とし，電車やバスが駅や停留所で停車している時間は考えないものとします。

ア　大宮駅→（京浜東北線）→浦和駅→（バス）→浦和美園駅

イ　大宮駅→（埼京線）→武蔵浦和駅→（武蔵野線）→東川口駅→（埼玉高速鉄道）→浦和美園駅

ウ　大宮駅→（京浜東北線）→南浦和駅→（武蔵野線）→東川口駅→（埼玉高速鉄道）→浦和美園駅

エ　大宮駅→（京浜東北線）→南浦和駅→（武蔵野線）→東浦和駅→（バス）→浦和美園駅

**資料2　A～Jの道府県のいずれかに関する資料**

**1　気候の特徴**

　平野に広がる都市では、雪は降りますが、あまり積もりません。山間部などは雪が3～4メートルも積もることがあります。

**2　道府県庁がある都市の雨温図**

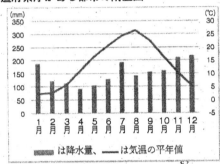

■ は降水量、— は気温の平年値

**3　山間部の雨温図**

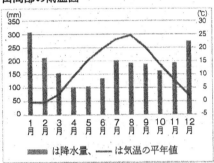

■ は降水量、— は気温の平年値

（2及び3は気象庁「過去の気象データ検索」をもとに作成）

**4　農産物の特徴**

　コメの収穫量は全国第1位で、平成29年度の収穫量は611,700トンで、全国の約8％となっています。

（農林水産省「作物統計」をもとに作成）

**資料3　各駅（停留所）からの所要時間**

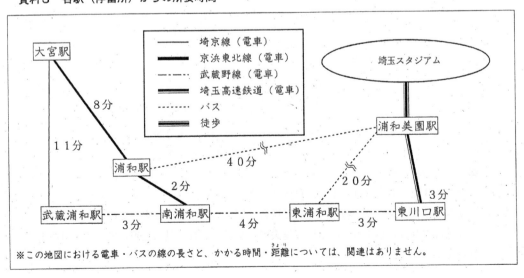

※この地図における電車・バスの線の長さと、かかる時間・距離については、関連はありません。

問3　インタビューに答えてくれた担当者の方は，埼玉スタジアムが環境（かんきょう）にやさしい「エコスタジアム」づくりを進めていることと，その取組の1つとして，資料4について教えてくれました。太郎さんは，資料4の取組から，「エコスタジアム」と言われる理由について考えてみました。【太郎さんの考えた理由】にある空らん　A　，　B　にあてはまる言葉を　A　は5字以内，　B　は3字以内で書きなさい。

**資料4　埼玉スタジアムでの取組の1例**

> 埼玉スタジアムでは，1試合において平均約15,000個の紙コップが使用されます。埼玉スタジアムで使用された紙コップは，15個あたりトイレットペーパー1つになり，年間で約16,000個のトイレットペーパーに生まれ変わります。

（公益財団法人埼玉県公園緑地協会「埼玉スタジアム2002」をもとに作成）

**【太郎さんの考えた理由】**

・紙コップをトイレットペーパーに　　　A　　　することで，　　　B　　　を減らすことができるから。

・生まれ変わったトイレットペーパーを使用することで，新たなものを購入（こうにゅう）する必要がなくなり，費用が軽減されるから。

---

> 太郎さんは，ワールドカップについて調べてみました。

問4　太郎さんは，資料5のとおりワールドカップのグループリーグの順位決定方式についてまとめました。理解を深めるため，太郎さんは架空（かくう）の試合結果を想定してみることにしました。次のページの資料6のA国が，グループリーグを勝ち抜（ぬ）いて決勝トーナメントに進むためには，C国との試合の結果がどのようになればよいですか。次のア～オの中からあてはまる結果を**すべて**選び，記号で答えなさい。

ア　A国　0－2　C国　　　　イ　A国　1－2　C国　　　　ウ　A国　1－1　C国

エ　A国　2－1　C国　　　　オ　A国　2－0　C国

**資料5　太郎さんのまとめ**

> (1)　ワールドカップでは，はじめにグループリーグが行われます。グループリーグでは，4チームを1グループとして，グループ内の4チームで総当たり戦（グループ内のほかのチームと1試合ずつ対戦する）を行います。試合結果により勝ち点がチームに与（あた）えられ，勝ち点の多い上位2チームが決勝トーナメントに進出します。
>
> ●勝ち点の与えられ方
>
> 　勝ち＝3点，引き分け＝1点，負け＝0点
>
> (2)　総当たり戦が終わり，勝ち点が同じ場合は，3試合でとったすべての得点（総得点）から3試合でとられたすべての得点（総失点）を引いた数（得失点差）で，多い方が上位となります。

●得失点差の計算の仕方の例
　　総得点が5点，総失点が3点とすると，得失点差は＋2点

資料6　A国のグループリーグ　　対戦表
　　　　の対戦結果　　　　　　　※対戦表は、考える際に使ってもかまいません。

| A国　1－2　B国 |
| C国　1－0　D国 |
| A国　3－1　D国 |
| B国　3－2　C国 |
| B国　3－1　D国 |
| A国　 －　 C国 |

|  | A国 | B国 | C国 | D国 | 勝ち点 | 得失点差 |
|---|---|---|---|---|---|---|
| A国 |  |  |  |  |  |  |
| B国 |  |  |  |  |  |  |
| C国 |  |  |  |  |  |  |
| D国 |  |  |  |  |  |  |

5
　　　　お姉さんがブラジルに留学している花子さんは，ブラジルに関心を持ち，総合的な学習
　　の時間で，ブラジルについて調べることになりました。

次の問1〜問2に答えなさい。

【花子さんとお姉さんの国際電話での会話】

花子さん：昨日の夜9時，テレビでブラジルからの生中継（なまちゅうけい）の放送があったけど，ブラジルは夜
　　　　　じゃなかったね。

お姉さん：そうね。ブラジルは日本のほぼ真裏（まうら）にある国だから，わたしの住んでいるところ
　　　　　は，日本と比べて時間が12時間遅（おそ）いの。

花子さん：そうなんだ。今度，授業でブラジルについて調べることになったの。その時にわか
　　　　　らなこいことがあったら，いろいろ教えてほしいの。

お姉さん：いいわよ。でも，この時間には電話をしないで。いつもは寝（ね）ている時間だから。

花子さん：それなら，いつだったら電話をしていいのかな。迷惑（めいわく）にならない時間に電話をする
　　　　　から。

お姉さん：そうね。ブラジルの時間で言うと，だいたい午後11時に寝て，午前6時に起きてい
　　　　　るわ。だけど，午前7時30分から，午後4時までは学校に行っているから，家には
　　　　　いないの。気をつけてね。

問1　【花子さんとお姉さんの国際電話での会話】から，花子さんがお姉さんに電話をかけた時間は
日本時間の何時何分だったと考えられますか。最も適切なものを，次のア〜エの中から1つ選
び，記号で答えなさい。

ア　午前6時30分

イ　午前10時30分

ウ　午後4時30分

エ　午後9時30分

> 花子さんは，ブラジルに関する資料を集め，発表用資料を作成しました。

問2　【花子さんが集めた資料】の資料1～資料4（次のページ）を参考に，【花子さんが作成した発表用資料】にある空らん　A　～　C　にあてはまる内容で正しいものを，次のア～カの中からそれぞれ1つずつ選び，記号で答えなさい。

ア　アフリカ大陸の南半球側に位置している。

イ　南アメリカ大陸の約半分を占めている。

ウ　さいたま市に住む南アメリカ地域の国籍の人は，アジア地域の国籍の人に次いで2番目に多い。

エ　南アメリカ地域の国籍の人の約7割にあたる。

オ　ブラジルの輸入・輸出ともに自動車があるが，輸出の金額の方が高い。

カ　ブラジルの輸出では，大豆の輸出額がいちばん高く，200億ドルを超えている。

---

【花子さんが作成した発表用資料】

## ブラジルとはこんな国！

1　位置と面積
・地球儀でみると日本のほぼ真裏にある。面積は約8,510,000km²で，　A

　（ブラジルがある大陸の面積は約17,800,000km²）

2　日本人との関係
・日本から初めて移民船が到着したのは、1908年である。

・戦前・戦後あわせて約25万人もの日本人がブラジルに移住した。

・今では6世も誕生する、約160万人が属する世界最大の日系社会が築かれている。

3　さいたま市との関係
・さいたま市には多くのブラジル人が住んでおり、　B

4　農産物
・砂糖・コーヒー・鶏肉の輸出額は世界一。

・日本も多くの農作物を輸入している。

5　貿易（2016年）
・　C

・貿易収支は黒字だった。

【花子さんが集めた資料】

資料1　世界地図

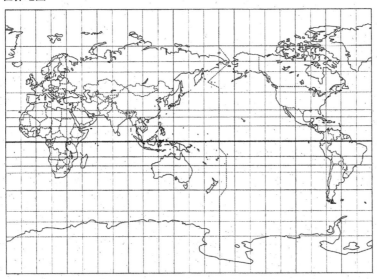

資料2　さいたま市の外国人住民数（地域別）

| | 総数 | アジア | 北アメリカ | 南アメリカ | アフリカ | ヨーロッパ | オセアニア | その他 |
|---|---|---|---|---|---|---|---|---|
| 人数 | 19,433 | 17,702 | 466 | 462 | 157 | 522 | 100 | 24 |

（さいたま市「さいたま市統計書（平成28年版）」をもとに作成）

資料3　さいたま市の外国人住民数（上位9国・地域）

| 順位 | 国・地域 | 人数 | 順位 | 国・地域 | 人数 | 順位 | 国・地域 | 人数 |
|---|---|---|---|---|---|---|---|---|
| 1 | 中国 | 8,247 | 4 | ベトナム | 1,545 | 7 | タイ | 347 |
| 2 | 韓国又は朝鮮 | 3,417 | 5 | 台湾 | 364 | 8 | ブラジル | 321 |
| 3 | フィリピン | 1,943 | 6 | アメリカ | 348 | 9 | パキスタン | 276 |

（さいたま市「さいたま市統計書（平成28年版）」をもとに作成）

資料4　ブラジルの貿易（2016年）

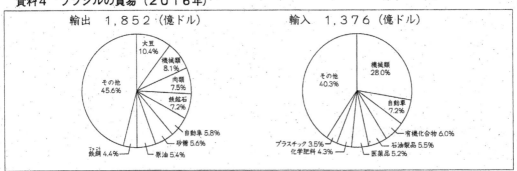

（公益財団法人矢野恒太記念会「世界国勢図会　2018／19」をもとに作成）

【適性検査Ｂ】　（40分）

1　　太郎さんは，総合的な学習の時間に，税金について調べることにしました。

次の問1～問5に答えなさい。字数の指定がある場合は，数字や小数点も1字と数えること。

（例）　| 4 | 2 | . | 5 |

【先生と太郎さんの会話】

太郎さん：わたしは，さいたま市の歳入と歳出，つまり，いくらお金が入って，いくら使った
　　　　　かの資料を集めました。

先　　生：太郎さん，この資料には，さいたま市の歳入と歳出のすべてが示されていないと思
　　　　　いますが。

太郎さん：はい。市の会計には，大きく分けて，一般会計，特別会計，企業会計がありますが，
　　　　　そのうち，一般会計のみを示したものです。

先　　生：資料1（次のページ）を見ると，自主財源と依存財源という表記がありますが，ど
　　　　　のような意味か調べていますか。

太郎さん：はい。自主財源とは，市が自ら集めるお金のことで，依存財源とは，国や県からも
　　　　　らうお金のことです。

先　　生：よく調べていますね。

太郎さん：自主財源で最も多いのは　　Ａ　　で，依存財源で最も多いのは，　　Ｂ
　　　　　です。

先　　生：そうですね。こちらの資料2（次のページ）からは，どんなことがわかりますか。

太郎さん：民生費が　　Ｃ　　で，　　Ｄ　　です。なお，民生費は　　Ｅ　　などに使
　　　　　われていて，さいたま市の平成28年度の人口を127万人としたとき，市民一人あたり
　　　　　約　　Ｆ　　円だということもわかります。

問1　【先生と太郎さんの会話】にある空らん　Ａ　，　Ｂ　に入る言葉を，次のア～カの中から1
つ選び，記号で答えなさい。

ア　市税　　　　　　　　　　　イ　諸収入

ウ　使用料・手数料など　　　　エ　国庫支出金

オ　市債　　　　　　　　　　　カ　県支出金など

問2　【先生と太郎さんの会話】にある空らん　Ｃ　，　Ｄ　，　Ｅ　に入る内容を10字以上20字以内
で書きなさい。なお，　Ｃ　は，歳出総額における民生費の全体的な特徴について，　Ｄ　は，
「パーセント」という言葉を使って書きなさい。また，　Ｅ　は，資料2にある言葉を使って書き
なさい。

問3　【先生と太郎さんの会話】にある空らん　Ｆ　に入る数字を，上から3けたのがい数で書きな
さい。

資料1　平成28年度　さいたま市歳入（一般会計）の内訳

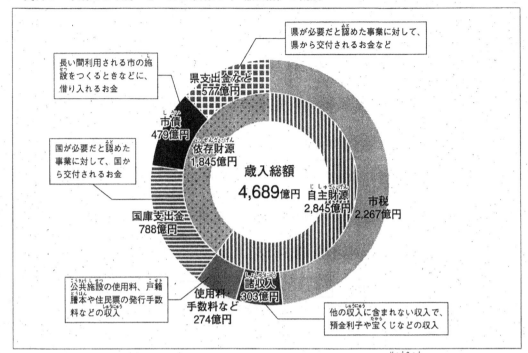

長い間利用される市の施設をつくるときなどに、借り入れるお金

県が必要だと認めた事業に対して、県から交付されるお金など

県支出金など
577億円

市債
479億円

依存財源
1,845億円

国が必要だと認めた事業に対して、国から交付されるお金

国庫支出金
788億円

歳入総額
4,689億円

自主財源
2,845億円

市税
2,267億円

公共施設の使用料、戸籍謄本や住民票の発行手数料などの収入

使用料
手数料など
274億円

諸収入
303億円

他の収入に含まれない収入で、預金利子や宝くじなどの収入

（さいたま市「平成28年度さいたま知っ得予算〜さいたま市の予算と財政状況〜」をもとに作成）

資料2　平成28年度　さいたま市歳出（一般会計）の内訳

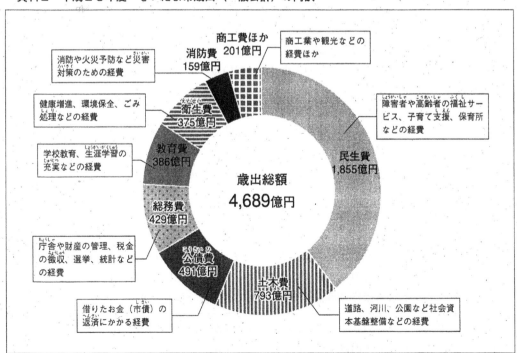

消防や火災予防など災害対策のための経費

商工業や観光などの経費ほか

商工費ほか 201億円

消防費
159億円

健康増進、環境保全、ごみ処理などの経費

衛生費
375億円

障害者や高齢者の福祉サービス、子育て支援、保育所などの経費

学校教育、生涯学習の充実などの経費

教育費
386億円

民生費
1,855億円

総務費
429億円

歳出総額
4,689億円

庁舎や財産の管理、税金の徴収、選挙、統計などの経費

公債費
491億円

土木費
793億円

借りたお金（市債）の返済にかかる経費

道路、河川、公園など社会資本基盤整備などの経費

（さいたま市「平成28年度さいたま知っ得予算〜さいたま市の予算と財政状況〜」をもとに作成）

太郎さんは，国の税金についても興味を持ち，税務署の方に話を聞いて，まとめてみました。

【太郎さんのまとめ】

1　税務署の方の話を聞いてわかったこと

　年金や医療などの社会保障・福祉や，教育や警察，消防などの公共サービスは，わたしたちの暮らしには欠かせないものですが，これらの費用はわたしたちの税金によって支えられています。

2　もしも税金がなかった場合に考えられること

①救急車を呼んで，病院に運んでもらうのに，お金がかかる。

②交番でおまわりさんに道をたずねたら，道を教えてもらうのに，お金がかかる。

③家から出るどんなゴミでも，ゴミ処理場に持って行ってもらうのに，お金がかかる。

（財務省「財務省キッズコーナー　ファイナンスらんど」をもとに作成）

3　わたしの考え

　税金が使われていなかったら，⬚⬚⬚⬚⬚⬚⬚G⬚⬚⬚⬚⬚⬚⬚　ので，みんなが豊かで安心して暮らしていくのに，税金はとても大切なものだと思います。

問4　【太郎さんのまとめ】にある空らん　G　にあてはまる内容を，「費用」，「サービス」という言葉を使って，15字以上25字以内で書きなさい。

太郎さんは，税金についておじさんと話をしています。

【太郎さんとおじさんの会話】

おじさん：わたしたちが，税金をどのように払っているのかを知っていますか。

太郎さん：よくわかりません。

おじさん：実は，太郎も普段から税金を払っているのですよ。

太郎さん：そういえば，わたしたちが買い物をする時には消費税がかかりますね。

おじさん：そのとおりです。

太郎さん：お店で買い物をすると，消費税を含まない「税抜きの価格」で表示されていることもあります。

おじさん：そうですね。その場合は，計算が大変です。ちなみに，今月，お小遣いはいくらもらいましたか。

太郎さん：今月は特別に3,000円もらいました。でも，昨日300円使ってしまいました。

おじさん：それでは，今月のお小遣いの残金を使って買い物をした場合，1回の会計で最大いくらの税抜き価格の商品を買うことができるのでしょうか。

問5　太郎さんは，いくらの商品を買うことができますか。ただし，消費税は8％（1円未満切り捨て）とし，商品には必ず消費税がかかるものとします。

2　　ある町内会で，夏祭りを行いました。

【ある町内会での出来事】と【夏祭りでの出来事】の文章を読んで，次の問1～問2に答えなさい。ただし，商品の価格については消費税を含むものとします。

【ある町内会での出来事】

　鈴木さんは，町を元気づけようと夏祭りを計画し，夏祭りの会長として活動することになりました。そこで，夏祭りを行うにあたり，お金が必要だと考え，夏祭りの重要性を町に住んでいる人たちに伝え，賛成してくれた人たちから1人当たり1,250円もらうこととし，80人分のお金が集まりました。

　鈴木さんは，集めたお金を夏祭りの運営費とし，焼きそばを配る担当者と，水風船などの子ども遊びの担当者に，それぞれ15,000円ずつ支給することにしました。なお，焼きそばを配る担当者は，焼きそばの材料費に10,000円，器や箸などの必要経費として5,000円を使うことに決めました。また，放送担当者に放送費（音楽を流すための機材などを用意する費用）として20,000円，ステージ担当者に夏祭りの最後に行うビンゴ大会の景品費として10,000円を支給し，残りは何かあった時のために　　A　　円を予備費として取っておくことにしました。

　夏祭りの2か月前，副会長の佐藤さんは，夏祭りをもっと地域のみんなにアピールしたほうがいいと，「8月26日　夏祭りを公園で開催します！」という看板をつくって掲示しました。この看板の製作費は1枚当たり17,000円で，　　B　　枚を製作し，予備費から支出しました。

　夏祭りの1か月半前，子ども遊びの担当者は，必要な金額を計算したところ，12,000円で足りることがわかり，残りの3,000円を鈴木さんに返金することにしました。その話を聞いた鈴木さんは，楽しみにしている子どものために，残りの3,000円も使うようにお願いをし，お金は受け取りませんでした。

　夏祭りの1か月前，放送担当者は，盆踊りの音を流すためのスピーカーを設置することにし，鈴木さんに1台3,000円のスピーカーを　　C　　台購入するため，予備費から支出するようにお願いをしました。このスピーカーの購入費を全額予備費から出すと，予算が9,000円不足することになるので，鈴木さんは困ってしまいました。

　しかし，その後，放送担当者が確認すると，スピーカーの購入費は，元々支給されていた放送費に含まれていたことが分かりました。鈴木さんは，このスピーカーの購入費を予備費から出す必要がないことがわかったので，安心しました。

　それぞれの担当者は，最終的に，支給された予算をちょうど使い切りました。また，最終的に予備費は　　D　　円余りました。鈴木さんは余った予備費を来年の夏祭りで使うことにしました。

問1　【ある町内会での出来事】にある空らん　A　，　B　，　C　，　D　にあてはまる数字を書きなさい。

【夏祭りでの出来事】

　夏祭りに参加した花子さんが、空を見上げると、きれいな満月が見えました。花子さんは、一緒にいたお姉さんから「月は太陽のように自分で光を出しているのではなく、太陽の光を反射して光って見える」ということを聞きました。また、月の満ち欠けのサイクルは約1か月であることや半月には名前があることについても教えてもらいました。

　お姉さんの話を聞いた花子さんは、月について調べてみたいと思いました。

**問2**　後日、花子さんは**資料1〜資料3**（次のページの）を見つけました。「下げんの月」となる月の位置は**資料1**の①〜⑧のどこになりますか。最も適切なものを1つ選び、番号で答えなさい。

　また、夏祭りから約何日後に「下げんの月」を見ることができますか。最も適切なものを、次のア〜エの中から1つ選び、記号で答え、なぜそのように考えたかを説明しなさい。

　ア　約3日後　　イ　約8日後　　ウ　約15日後　　エ　約23日後

**資料1　地球・太陽・月の位置関係**

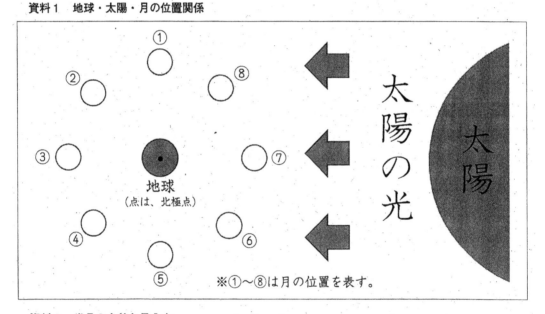

**資料2　半月の名前と見え方**

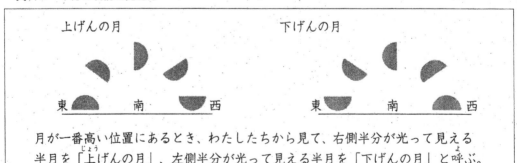

月が一番高い位置にあるとき、わたしたちから見て、右側半分が光って見える半月を「上げんの月」、左側半分が光って見える半月を「下げんの月」と呼ぶ。

資料3　月の満ち欠けのサイクル

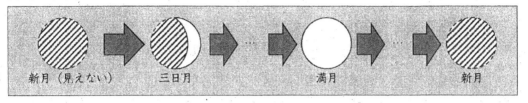

新月（見えない）　　三日月　…　満月　…　新月

3 　花子さんは，図書館で食べ物のおいしさに関する本を見つけ，興味を持ったので，読んでみることにしました。

次の文章は，栗原堅三著の「うま味って何だろう」（岩波ジュニア新書）という本の中で「おいしさの要素」について書かれた部分です。これを読んで，次の問1～問5に答えなさい。

あるとき北海道で，イカ釣りに出かけました。釣りたてのイカは体が透明で美しいものです。さっそく，釣りたてのイカを食べてみると，コリコリしてまことにおいしい。あまりにおいしいので友人におすそわけしたら，「味がぜんぜんなくて，おいしくない」と言われました。

たしかに，新鮮なイカにはイノシン酸（カツオブシのうま味成分として発見された）がないので，味はほどんどありませんが，寝かしておけばイノシン酸がつくられるので味が出てきます。コリコリしたイカの触感を楽しみたいなら，味は犠牲にして，しめたてのイカを選ぶしかありません。

ソバやうどんのおいしさの基本は，舌ざわり，喉ごしの感触といった触感にあります。稲庭うどん，讃岐うどん，きしめんが，日本の三大うどんと言われています。それぞれ独特なおいしさがありますが，個人的には，稲庭うどんが好きです。練る，※1ないまぜる，延ばす，干すなどの工程のなかで，独特のつるつるした舌ざわりと，こしのある歯ごたえをかもしだしているからです。日本各地で，独特の触感を出すためのたゆみない工夫がなされ，地域に根づいた特徴あるうどんが生まれたのです。日本には，①おいしいものをつくるためにひたむきに努力する，すばらしい食文化があるものだと※2感服しています。

動物は，ふつう常温のものを食べています。ところが，ヒトは冷めた料理はおいしくないというように，常温の料理を好みません。むしろ，熱くした料理や，冷たくした料理を好みます。ヒトは，辛い味，強烈なにおい，熱い，冷たいなど，あらゆる手段を使って，食欲を刺激する工夫をしてきたのです。こうした言い方は，ヒトと動物のちがいを強調したものですが，べつの言い方をすれば，②これが人の食文化をつくってきたのです。

アメリカやイギリスでは，タコは「悪魔の魚」とよばれていて，タコがきらいな人が多いようです。ところが，アメリカの友人に，「タコでもイカでも大好きだ」と公言している人がいました。いろいろな奇異な食べものをあげてみたところ，いずれも〇Kだというので，最後に「ナマコはどうだ」と言ってみました。すると，「え！　ナマコを食べるのか」と降参してしまいました。私は※3かさにかかって「ナマコの内臓はものすごい珍味だ」と言って，とどめを刺しました。

食材を見ると，その食材のイメージが浮かんできます。タコやナマコは，アメリカ人やイギリス人にとっては※4グロテスクで気持ち悪いという印象が強く，食べる気がしないのでしょう。日本にはイナゴやハチの子を好んで食べる人がいる一方，気持ち悪いという人も多くいます。食べものの好ききらいには，その食べもののイメージが大きく③寄与しているのです。

香りのところでも触れましたが，目隠しをして食べると，その食べものを言い当てられない場合が多いのです。何を食べているか不安で，目隠しをするとだいたいおいしく感じられません。

食事をするときはふつう，出された料理がどういうものかを判断してから食べています。正確に素材がわからなくても，魚なのか，肉なのか，野菜なのかを判断してから食べています。過去にその素材か類似の素材の料理を食べているので，④過去の記憶に照らして食べる心の準備をしているのです。

動物ははじめて食べるものに対して，ひじょうに警戒します。これを新奇恐怖と言います。山本隆氏によると，※5ラットにリンゴジュースを与えると，最初は二ミリリットルぐらいしか飲みませんが，その後，水を与えたあとで，ふたたびリンゴジュースを与えると，五ミリリットルぐらい飲むようになります。これをくりかえすと，ラットは好んでリンゴジュースを飲むようになります。ラットは，リンゴジュースが安全でおいしい飲みものであることを学習したのです。

人の場合も，その食べものが安全でおいしいというイメージが脳にできあがってから，よく食べるようになります。　　　　　　　　　（一部省略や，ふりがなをつけるなどの変更があります。）

※1　ないまぜる…いろいろなものを混ぜ合わせる。

※2　感服…心の底からもっともだと感じること。

※3　かさにかかって…勢いにのった態度で。

※4　グロテスク…不気味。異様。

※5　ラット…ねずみ。

問1　下線部①「おいしいものをつくるためにひたむきに努力する」とありますが，ここではどのような点を言っているのか，花子さんは考えてみました。次のア～エの中から最も適切なものを，1つ選び，記号で答えなさい。

ア　すばらしい食文化を生み出すために日本各地で激しく競い合っている点。

イ　人によってうどんの舌ざわりや喉ごしの感触が変わり，好みが分かれる点。

ウ　地域ごとに特徴のあるうどんを作り出すために，工夫をおこたらない点。

エ　三大うどんと呼ばれるもの以外にも，日本にはおいしいうどんがある点。

問2　下線部②「これが人の食文化をつくってきた」とありますが，「これ」とはどういうことかを花子さんはまとめてみました。次の空らん　Ａ　にあてはまる内容を，本文中から20字以上30字以内で書きぬきなさい。

> 動物と違ってヒトは，　　Ａ　　ということ。

問3　下線部③「寄与している」について，花子さんは辞書で調べてみました。この言葉は，ここではどのような意味として使われていますか。その説明として最も適切なものを，次のア～エの中から1つ選び，記号で答えなさい。

ア　えいきょうをあたえているという意味。

イ　役に立っているという意味。

ウ　受け取って自分のものにするという意味。

エ　おくりあたえるという意味。

問4　下線部④「過去の記憶に照らして食べる心の準備をしている」とありますが，どういうことか，花子さんは考えてみました。【花子さんの考え】にある，次の空らん　Ｂ　にあてはまる内

容を，本文中から20字以内で書きぬきなさい。

【花子さんの考え】

　これまでの経験から，[　　　　　B　　　　　]から食べるということ。

問5　花子さんはノートに，本文の中で，筆者が述べていることをまとめてみました。しかし，花子さんが，ノートをもう一度みてみると，誤解<sup>ごかい</sup>をしている部分があることに気づきました。次のア〜エの中から**誤解をしているもの**を1つ選び，記号で答えなさい。

ア　イカは，寝かしておけば味が出てくるが，新鮮なイカには味はほとんどない。

イ　はじめて食べるものに対して，動物はとても警戒するが，人は心の準備をすることができるので，ためらわずに食べることができる。

ウ　人は，目隠しをして食べると，何を食べているか不安で，だいたいおいしく感じられない。

エ　安全でおいしいというイメージが脳内にできあがっていないものを食べる場合は，動物であっても人であっても警戒心をもつ。

大切なことはメモしておこうネ！

# 2019年度

# さいたま市立大宮国際中等教育学校入試問題（第2次）

【適性検査Ｃ】　（45分）

1 | 　太郎<ruby>太郎<rt>たろう</rt></ruby>さんは，総合的な学習の時間で，「外国からやってくる観光客にも優<ruby>優<rt>やさ</rt></ruby>しい街づくり」について発表する準備をしています。

以下の会話を読んで，問いに答えなさい。　　　　　　　（資料２，資料３は次のページにあります。）

先　　生：太郎さんは，どのような発表をしようと考えているのですか。

太郎さん：日本には外国からたくさんの観光客がやってきますが，その方たちに，気持ち良く日本での生活を送ってもらうために，どのようなことができるのかを考えて発表したいと思っています。

先　　生：それでは，まずは，外国からいらした観光客がどのようなことに困<ruby>困<rt>こま</rt></ruby>っているか，実態を知る必要がありますね。

太郎さん：先生，この**資料１**を見てください。これはある調査で外国の方が旅行中に困ったことについて回答した結果のうち，割合<ruby>割合<rt>わりあい</rt></ruby>が高かったものを抜<ruby>抜<rt>ぬ</rt></ruby>き出したものです。この**資料１**から分かることを述べたいと思います。

先　　生：すばらしいですね。すでに実態を把握<ruby>把握<rt>はあく</rt></ruby>しているのですね。そのあと，どのように話を続けますか。

太郎さん：**資料１**から「無料公衆無線<ruby>無料公衆無線<rt>むりょうこうしゅうむせん</rt></ruby>ＬＡＮ環境<ruby>環境<rt>かんきょう</rt></ruby>」をのぞいた項目<ruby>項目<rt>こうもく</rt></ruby>について，どのような場所でそのようなことが起こるのかを明確にし，外国の方たちがもっと気持ち良く観光できるための改善点<ruby>改善点<rt>かいぜんてん</rt></ruby>をいくつか述べたいと思います。

先　　生：場所に関する資料はあるのですか。

太郎さん：はい。**資料２**，**資料３**を用意しました。およそ7,000人の外国からの旅行者に対し，困った場所についてたずねた結果です。

先　　生：資料はたくさんそろっていますね。では，良い発表を期待しています。

資料１　旅行中困ったこと（複数回答）

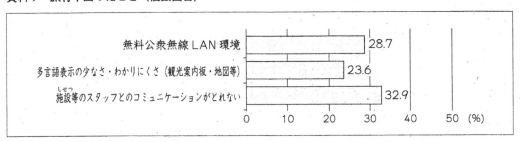

（観光庁<ruby>観光庁<rt>かんこうちょう</rt></ruby>『「訪日<ruby>訪日<rt>ほうにち</rt></ruby>外国人旅行者の国内における受入環境<ruby>環境<rt>かんきょう</rt></ruby>整備<ruby>整備<rt>せいび</rt></ruby>に関するアンケート』結果」をもとに作成）

**資料2　多言語表示で特に困った場所**
　　　　　　　　　　　　　　（複数回答）

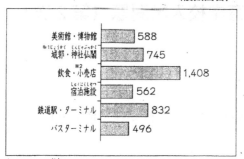

**資料3　施設スタッフとのコミュニケーション**
　　　　　　　　で特に困った場所（複数回答）

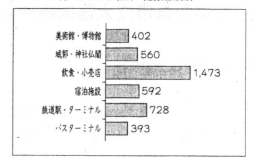

（**資料2**及び**資料3**は観光庁「『訪日外国人旅行者の国内における受入環境整備に関するアンケート』結果」をもとに作成）

　※1　城郭…城のこと。

　※2　小売店…客に直接品物を売る店。スーパーマーケット，薬局，書店など。

問　太郎さんは，先生の助言に従って，発表しようとしています。あなたが太郎さんなら，どのように発表しますか。次の条件に従って書きなさい。

条件1：解答は横書きで1マス目から書くこと。

条件2：文章の分量は，200字以内とすること。

条件3：数字や小数点，記号についても1字と数えること。

（例）| 4 | 2 | . | 5 | % |

---

2　　花子さんは，総合的な学習の時間で，「日本食・食文化の海外普及」について発表する準備をしています。

以下の会話を読んで，**問い**に答えなさい。

先　　生：花子さんは，何について調べているのですか。

花子さん：わたしは，日本食に興味があり，もっと多くの海外の人に日本食のすばらしさを知ってもらいたいと思っているので，日本食・食文化を海外に普及させるためにどのようなことができるのかを調べています。

先　　生：**資料1**（次のページ）はどのような資料ですか。

花子さん：**資料1**は，2009年と比べた2020年の日本をのぞいた世界の食市場の規模を予測したものです。

先　　生：食市場の規模とは，どのようなことですか。

花子さん：簡単に言うと，食に関する取引で，どの程度のお金の動きがあるかを表したものです。

先　　生：よく調べていますね。では，この資料を使って，どのような発表をしますか。

花子さん：はじめに，**資料1**から全体的な特徴を述べた後，特にアジアでの市場規模の拡大に着目し，アジアでの食市場は2009年と比べ2020年はおよそ何倍になると予測されているかなど具体的な数を用いて説明するつもりです。

先　　生：なるほど。何倍かを整数で表せない場合は，上から2けた程度のがい数で表すのが

よいかもしれませんね。**資料２**はどのような資料ですか。

花子さん：これは，日本食・食文化を海外へ普及させるために，農林水産省が行っている取組を示したものです。**資料１**のような状況（じょうきょう）は，日本食・食文化を普及させるチャンスだととらえ，具体的にできることを，**資料２**を参考に述べたいと思います。

先　　生：これをすべて説明するのですか。

花子さん：すべて説明すると内容が多すぎるので，この中から２つの取組を選び，具体的にどのようなことができるのか発表したいと思います。

先　　生：すばらしいですね。世界の食市場の現状と，日本食を海外に普及させるための具体的な取組についてしっかり伝わるように，がんばって準備をしてください。

**資料１　世界の食市場規模**

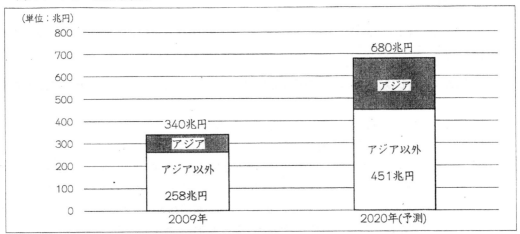

（農林水産省「日本食・食文化の海外普及について」（平成２６年９月）をもとに作成）

**資料２　日本食・食文化の普及の取組について**

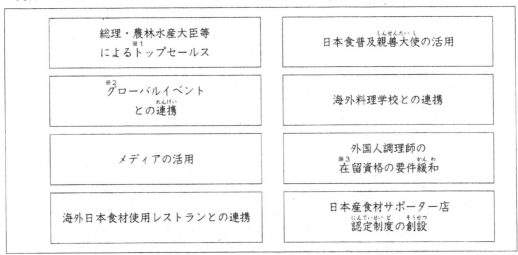

（農林水産省「日本食・食文化の海外普及について」（平成２８年１１月）をもとに作成）

※１　トップセールス…国の代表などが，自国の産物などを他の国などへ自ら売り込むこと。

※2　グローバルイベント…世界的な催しもの。

※3　在留資格…外国人が日本に滞在することについて法で定められた資格。資格ごとに日本で行っていい活動が定められている。

問　花子さんは，先生の助言に従って，発表しようとしています。あなたが花子さんなら，どのように発表しますか。次の条件に従って書きなさい。

条件１：解答は横書きで１マス目から書くこと。

条件２：文章の分量は，300字以内とすること。

条件３：数字や小数点，記号についても１字と数えること。

（例）| 4 | 2 | . | 5 | 倍 |

3

次郎さんは，総合的な学習の時間で，「外国語を学習するということ」について発表する準備をしています。

以下の会話を読んで，問いに答えなさい。　　　　（資料１，資料２は次のページにあります。）

太郎さん：次郎さんは，何について発表するのですか。

次郎さん：わたしは，英語などの外国語を学習することが，どうして大切なのかを発表したいと考えています。

太郎さん：なぜ，そのようなテーマを選んだのですか。

次郎さん：近年，情報機器の発達にともない，日本語を話すとすぐに英語などの外国語に翻訳して音声を発する，いわゆる翻訳機が登場しています。この翻訳機の精度は，年々高まっており，将来，英語を勉強する必要がなくなると考える人も出てきています。わたしは，このような機器が発達しても，英語などの外国語を学習することには意義があることだと思い，そのことを伝えたいと考えています。

太郎さん：どのように伝える計画ですか。

次郎さん：まず，資料１の回答の割合が10％以上の項目の中から１つ選び，なぜ，その回答の割合が高いのかについて，わたしの考えを述べたいと思います。次に資料２からわかる全体的な特徴について説明したのち，説明したような世の中になっても困らないために，今，何をすることが大切なのかを述べたいと思います。世界には英語以外のことばがたくさんありますが，今回は，現在わたしたちが学習している英語を中心に話を展開したいと考えています。

太郎さん：翻訳機については，何も言わないのですか。

次郎さん：翻訳機は，便利な面もたくさんあると思います。翻訳機の利点について述べつつ，だからと言って外国語を学習しなくていい理由にはならないことを述べたいと思います。

太郎さん：すばらしい発表になりそうですね。わたしもがんばります。

問　あなたが次郎さんなら，どのように発表しますか。次の条件に従って書きなさい。

条件１：解答は横書きで１マス目から書くこと。

条件２：文章の分量は，300字以内とすること。

条件３：数字や小数点，記号についても１字と数えること。

（例）| 4 | 2 | . | 5 | ％ |

資料1　「小学校の時、英語の授業で楽しいと思うことはどのようなことでしたか」との質問に対する中学生の回答（複数回答）の割合

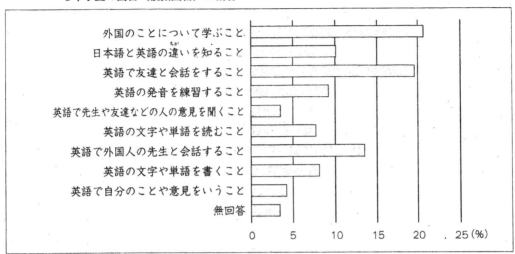

（文部科学省「平成28年度英語教育改善のための英語力調査事業（中学生）報告書」をもとに作成）

資料2　「あなたが大人になったとき、社会ではどれくらい英語を使う必要がある世の中になっていると思いますか。」との質問に対する中学生の回答の割合

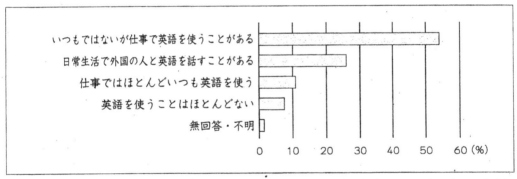

（ベネッセ教育総合研究所「中高生の英語学習に関する実態調査2014」をもとに作成）

大切なことはメモしておこうネ！

第1次

## 2019 年度

## 解 答 と 解 説

《2019年度の配点は解答欄に掲載してあります。》

### ＜適性検査Ａ解答例＞《学校からの解答例の発表はありません。》

1　問1　ア　　問2　エ　　問3　イ
　　問4　(Kana(かな)さんの自己紹介は，No.)3(です。)　　問5　ウ(→)ア(→)イ

2　問1　(分速)60(m)　　問2　8(時)15(分)　　問3　10(時)21(分)
　　問4　昔海の中にあった地層が地震などによりおし上げれられたから。　　問5　43(%)

3　問1　ア　　問2　ウ　　問3　イ
　　(理由)　球根にたくわえた養分は花を咲かせるために用いられるので，花は摘んだほうが
　　　　　　よいが，葉は日光を受けて養分をつくるので残したほうがよいから。
　　問4　エ

4　問1　C　　問2　(ルート)　ウ　　(かかる時間)　30(分)
　　問3　(A)　リサイクル　　(B)　ゴミ　　問4　ウ　エ　オ

5　問1　ウ　　問2　(A)　イ　　(B)　エ　　(C)　オ

○推定配点○
1　各4点×5　　2　問1・2・3・5　各5点×4　　問4　6点
3　問1・2・4　各3点×3　　問3　(記号)3点　(理由)6点
4　問1　4点　　問2(ルート)3点　(かかる時間)4点　　問3A・B　各4点×2
　　問4　5点(完答)
5　問1　3点　　問2A・B・C　各3点×3　　　　　　　　計100点

### ＜適性検査Ａ解説＞

1　(英語：放送による問題)
　問1　ナンシーさんとけんたくんの会話を聞く問題である。絵をあらかじめ見ると地名と行動がち
　　がうことがわかる。けんたくんのことばから，泳ぎに沖縄に行きたいということがわかるので，
　　答えはアとなる。
　　(放送文全訳)
　　Nancy：こんにちは，けんた。あなたは夏にはどこに行きたいですか。
　　Kenta：こんにちは，ナンシー。僕は沖縄に行きたいです。
　　Nancy：あなたはそこで何をしたいのですか。
　　Kenta：僕は浜辺に行きたいです，なぜなら僕は泳ぐのが好きだからです。

問2　えみさんとマイクくんの会話を聞く問題である。絵をあらかじめ見るとえみさんとマイクくんはそれぞれ意見があることがわかる。マイクくんのことばから，マイクくんはスノーボードが好き，えみさんのことばからえみさんは桜が好きだということがわかるので，答えはエとなる。

（放送文全訳）

Emi：どの季節が好きですか，マイク。

Mike：僕は冬が好きです，なぜなら僕はスノーボードが好きだからです。あなたはどうですか，えみ。

Emi：私は春が好きです，なぜなら私は桜が好きだからです。

問3　ひろしくん，なおみさん，だいきくん，先生の会話を聞いて，会話の内容に合うよう表を完成させる問題である。

　　　表により知りたい内容は，①ひろしくんのグループが作る野菜いための材料，②なおみさんのグループが作るたまご焼きに必要なたまごの数，③だいきくんのグループが作るみそ汁に必要なネギの数だとわかる。

　　　ひろしさんのことばの「four carrots」，なおみさんのことばの「ten egg」，だいきくんのことばの「two Negi」を聞き取ることができれば，答えはイとわかる。

（放送文全訳）

Teacher：あなたたちは何を作りたいですか？ひろし。

Hiroshi：私たちは野菜いためを作りたいです。私たちは2玉のキャベツ，4本のニンジンと3玉のタマネギが欲しいです。

Teacher：素晴らしい。あなたたちはどうですか？なおみ。

Naomi：私たちはたまご焼きを作りたいです。たまご焼きはとても人気があります。私たちは10個のたまごが欲しいです。

Teacher：私もたまご焼きが好きです。あなたたちはどうですか？だいき。

Daiki：私たちはみそ汁を作りたいです。私たちは5丁のとうふと2本のネギが欲しいです。

問4　表を参考に読まれる4つの自己紹介文からかなさんの自己紹介文を選ぶ問題である。

　　　No.1から，ビデオゲームが好きなのはみきさんだけなので，No.1はみきさんの自己紹介文である。

　　　No.2から，ペットの数が1匹なのはひろみなので，No.2はひろみの自己紹介文である。

　　　No.3から，テニスをしていてペットの数が2匹なのはかなさんとあやみさんのどちらにもあてはまるので，この説明だけではどちらかわからない。

　　　No.4から，スイーツが好きなのはあやみさんだけなので，No.4はあやみさんの自己紹介文である。

　　　よって，No.3はかなさんの自己紹介文であるとわかる。

（放送文全訳）

　　No.1：私は12歳です。私はビデオゲームが好きです。私はバレーボールが好きです。私は2匹の犬を飼っています。

　　No.2：私は12歳です。私は猫を1匹飼っています。私はダンスが好きです。

　　No.3：私は12歳です。私はテニスをします。私は犬を1匹と猫を1匹飼っています。

　　No.4：私は12歳です。私はテニスをします。私はスイーツが好きです。私は猫を2匹飼っています。

問5　スピーチの内容に合うように絵を並びかえる問題である。

スピーチから順序は①体育館に行く，②バドミントンをする，③ご飯を食べるなので，そのとおりに並び替えると答えはウ→ア→イとなる。

（放送文全訳）

これらの写真を見てください。私は大宮公園体育館に友達と行きました。私たちはそこでバドミントンをしました。その後私たちはそこでお昼ご飯を食べました。それは楽しかったです。

2 （算数，理科：速さ，地層）

問1　**資料2**の行程表から，花子さんの班がA地点を出発した時刻は11：04，学校に到着した時刻は11：44とわかる。これから，花子さんの班は40分かけて2.4kmの道を歩いたことになる。2.4kmは2400mなので，2400÷40＝60より，分速60mとなる。

問2　問1より花子さんの班の移動の速さは分速60mである。また各地点での調べ学習にかかる時間は15分である。調べ学習を行う場所はA，B，Cの3地点なので調べ学習にかかる時間は，15×3＝45（分）となる。また，学校から各地点を回るのに移動するきょりは，1.2＋2.4＋3.84＋2.4＝9.84（km）より，9840mである。花子さんの班がこのきょりを移動するのにかかる時間は，9840÷60＝164（分）なので，花子さんの班が学校を出てから帰ってくるまでにかかった時間は，45＋164＝209（分）より3時間29分である。学校到着時間は11：44なので，学校出発の時刻はその3時間29分前の8時15分となる。

問3　まず太郎さんの班の移動の速さを求める。太郎さんの班は学校出発後30分でA地点についているので，2400÷30＝80より，分速80mである。

次に，どの地点の間ですれ違っているかを調べるために花子さんの班がそれぞれの地点にいつ着いたかを求める。まず，C地点には学校出発から，1200÷60＝20（分後）に着くので8：35に着くとわかる。また8：50にC地点を出発しB地点には，2400÷60＝40（分後）に着くので9：30に着くとわかる。A地点を出発した時刻が11：04なのでA地点に到着した時刻は15分前の10：49である。2つの班の行程表を並べると次のようになる。

| 太郎さんの班の行程表 | | 花子さんの班の行程表 | |
|---|---|---|---|
| 学校出発 | 9：20 | 学校出発 | 8：15 |
| A地点到着 | 9：50 | C地点到着 | 8：35 |
| A地点出発 | 10：00 | C地点出発 | 8：50 |
| B地点到着 | 10：48 | B地点到着 | 9：30 |
| B地点出発 | 10：58 | B地点出発 | 9：45 |
| C地点到着 | 11：28 | A地点到着 | 10：49 |
| C地点出発 | 11：38 | A地点出発 | 11：04 |
| 学校到着 | 11：53 | 学校到着 | 11：44 |

表を見ると太郎さんの班がA地点を出発しB地点に向かいはじめた10：00に花子さんの班はB地点からA地点に向かって移動していることがわかる。ここで10：00に花子さんの班がどこにいるかを求める。花子さんの班はB地点を出発して15分経っているので，B地点から，60×15＝900（m）はなれたところにいる。

10：00の時点でのA－B間の位置関係は次のようになる。

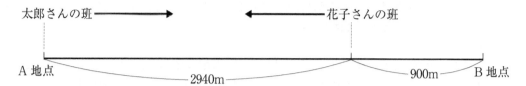

太郎さんの班と花子さんの班はこの2940mの間ですれ違うことになる。すれ違うまでにかかる時間は2つの班が合わせて2940mを移動するのにかかる時間に等しい。つまり太郎さんの班は分速80mで花子さんの班は分速60mであるから2つの班は1分間に80＋60＝140(m)ずつ距離が縮まることになる。よって，すれ違うまでの時間は，2940÷140＝21(分)より，太郎さんが10：00にA地点を出発してから21分後に2つの班はすれ違うとわかる。したがって，答えは10時21分となる。

**基本**
問4　地下で大きな力がはたらくと，地震などが発生し，大地が変化する。
問5　町の利用別土地面積の総計は40.0km²であるのに対し田の面積は17.2km²である。よって，この町の田んぼの割合は，17.2÷40.0＝0.43より，43%となる。

3　(理科，音楽：資料の分析，チューリップの球根生産，音符)
問1　会話の内容にあったグラフを選ぶ問題である。会話文から次のことが読み取れる。
　・富山県では球根を全国の約52%生産している。
　・富山県では切り花を全国の約2%生産している。
　・新潟県では切り花を全国の約33%生産している。
　・埼玉県では切り花を全国の約24%生産している。
　・埼玉県では球根の生産はほとんど行われていない。
　・球根は富山県と新潟県で全国の約98%を生産している。
　これらの情報とア～エのグラフを比べて正しいものを選ぶ。
　アは，これらの情報をすべて満たしているので正しい。イは，切り花の生産のグラフの富山県と埼玉県が逆なのであやまり。ウは，新潟県は球根の生産が盛んであるが，切り花のグラフにおいて新潟県と富山県が逆なのであやまり。エは，球根は富山県と新潟県が全国の約98%を生産しているのであやまり。埼玉県の部分には新潟県が入るはずである。
問2　それぞれの空らんの前後から，どのような状態か考える。ア，イは，花はまださいていない。ウは，ほう芽を終え次に球根の堀取りがあることから花を摘むのはここである。エは，すでに球根は育ち終わり出荷されている。
問3　花と葉がある場合とない場合でそれぞれ何が変わるか考える。花を咲かせるのには多くの養分が必要なので，球根にたくわえた養分を使ってしまうから花はないほうがよい。しかし，葉は，日光を受けて養分をつくり出す(光合成という)ので球根をより大きく成長させるので残しておいたほうがよい。
問4　音楽の基礎知識を問う問題である。問われている部分は1小節を4拍とすると2拍分にあたる音符なので二分音符を選べばよい。アは，四分音符で，1拍分にあたる。イは，八分音符で，0.5拍分にあたる。ウは，十六分音符で，0.25拍分にあたる。エは，二分音符で，2拍分にあたる。オは，付点四分音符で，1.5拍分にあたる。カは，全音符で，1小節分，4拍分にあたる。よって，答えはエである。

4 （社会，算数：資料の読み取り，時間の計算，環境問題，総当たり表）

問1 **資料2**より特徴を読み取ると次のことがわかる。

- ・雪が降る地域。山間部では積雪も見られるが，都市部ではあまり積もらない。
- ・冬の降水量が多い。
- ・コメの収穫量が全国第1位

これらの特徴があてはまるのは，Cの新潟県である。

問2 乗り換えがいちばん少ない方法は，大宮駅→浦和駅→浦和美園駅で，8＋5＋40＝53（分）。ほかの方法はすべて南浦和駅を通る。大宮駅から南浦和駅までは，武蔵浦和駅経由が，11＋5＋3＝19（分），浦和駅経由が8＋2＝10（分）で，浦和駅経由のほうが早い。東浦和駅から浦和美園駅まで行く方法は2つあり，時間を比べると東川口駅経由のほうが早いことがわかる。大宮駅→浦和駅→南浦和駅→東浦和駅→東川口駅→浦和美園駅の時間を求めると，10＋5＋4＋3＋5＋3＝30（分）となり，この方法がいちばん早いことがわかる。

問3 環境に優しい運動として有名なのが3R（リデュース・リユース・リサイクル）である。

　　　リデュース：無駄なゴミの量を減らすこと。

　　　リユース：一度使ったものをゴミにせず再び使うこと。

　　　リサイクル：使い終わったものを資源に戻して新しい製品をつくること。

　　Aに入る言葉は紙コップをトイレットペーパーにすることを表す言葉なのでリサイクルがあてはまる。3Rはゴミを減らす運動なので，Bにはゴミがあてはまる。

問4 対戦表を用いて考えよう。まず対戦表にグループリーグの結果をまとめる。

| | A | B | C | D | 勝ち点 | 得失点差 |
|---|---|---|---|---|---|---|
| A | | ●（−1） | | ○（＋2） | 3＋□ | 1＋△ |
| B | ○（＋1） | | ○（＋1） | ○（＋2） | 9 | 4 |
| C | | ●（−1） | | ○（＋1） | 3＋□ | 0＋△ |
| D | ●（−2） | ●（−2） | ●（−1） | | 0 | −5 |

　　対戦表を見ると勝ち点によりB国が決勝トーナメントに進むこととD国が敗退することが確定している。現状A国とC国の勝ち点は同じなので勝ち負けがあればその通りに順位が定まるが，得失点差がついているのでA国は引き分け以上で決勝トーナメントに進むことができるとわかる。よって，答えはウ，エ，オとなる。

5 （社会：時差，ブラジル）

問1 最初のお姉さんの発言によってブラジルは日本より時間が12時間遅いことがわかる。また2つ目のお姉さんの発言により花子さんがお姉さんに電話をかけた時間はいつもなら寝ている時間だとわかる。お姉さんは午後11時（23時）には寝て午前6時には起きているといっているので，花子さんが電話をかけた時間は，23−12＝11（時），24＋6−12＝18（時）より11時から18時の間であるとわかる。選択しの中でこの時間帯なのはウだけである。

問2 A 位置と面積に関する空らんである。ブラジルがある大陸の面積とブラジルの面積が書いてあるので計算すると，8510000÷17800000＝0.478…より，ブラジルの面積は約半分を占めているとわかる。ブラジルは南アメリカ大陸の国なので答えはイとなる。

　　B さいたま市との関係に関する空らんである。**資料2**を見るとウの「さいたま市に住む南アメリカ地域の国籍の人は，アジア地域の国籍の人に次いで2番目に多い」という記述はまちがいだとわかる。2番目に多いのはヨーロッパである。エの記述は**資料3**と矛盾がないので，答え

はエとなる。

　C　貿易に関する空らんである。カの記述から大豆の輸出額に関して計算すると大豆の輸出の割合は約10%なので200億ドルを超さないことがわかる。**資料4**より，自動車の輸出の金額は約107億円，輸入の金額は約99億円なので，オは正しい。

**★ワンポイントアドバイス★**

検査時間は50分であるが大問の数は5個あり，問題数は多い。全体を通してよく読むことである程度忘れてしまっても解けるようになっている。知識量で早く解くこともできるが落ち着いて資料に目を通すのが大切。また算数の計算では単位や小数点の位置などを間違えないよう気をつけて解こう。

## ＜適性検査Ｂ解答例＞ 《学校からの解答例の発表はありません。》

1　問1　Ａ　ア　　Ｂ　エ

　　問2　Ｃ　歳出全体の約3分の1

　　　　　Ｄ　歳出総額の約39.6パーセントをしめる経費

　　　　　Ｅ　福祉サービスや子育て支援，保育所などの経費

　　問3　146000(円)　　問4　生活に必要なサービスを受けるのに費用がかかる

　　問5　2500(円)

2　問1　Ａ　40000　　Ｂ　2　　Ｃ　5　　Ｄ　6000

　　問2　下げんの月の位置　⑤

　　　　　何日後に下げん月が見えるか　イ

　　　　　説明　満月が③の位置で見え，約1か月で月の満ち欠けのサイクルが回り，その大

　　　　　　　　体4分の1で⑤に移るので，30日の約4分の1で8日となる。

3　問1　ウ　　問2　あらゆる手段を使って，食欲を刺激する工夫をしてきた

　　問3　ア　　問4　出された料理がどういうものかを判断して　　問5　イ

○推定配点○

1　問1Ａ・Ｂ　各3点×2　　問2Ｃ・Ｄ・Ｅ　各6点×3　　問3・4・5　各7点×3

2　問1Ａ・Ｂ・Ｃ・Ｄ　各5点×4　　問2(記号)各3点×2　(説明) 7点

3　問1・3・5　各4点×3　　問2・4　各5点×2　　　　　　　　計100点

## ＜適性検査Ｂ解説＞

1　(社会，算数：税金，消費税の計算)

　問1　Ａ　**資料1**から，自主財源は市税(2267億円)，諸収入(303億円)，使用料・手数料など(274億円)からなっていることがわかる。このうち最も多いのはアの市税である。

　　　　Ｂ　**資料1**から，依存財源は国庫支出金(788億円)，市債(479億円)，県支出金など(577億

円)からなっていることがわかる。このうち最も多いのはエの国庫支出金である。

問2　C　**資料2**から，民生費が歳出総額のおよそ3分の1をしめていることがわかる。

　　　D　歳出総額(4689億円)における民生費(1855億円)の割合は，1855÷4689＝39.56…より，約39.6％である。

　　　E　**資料2**から，民生費は障害者や高齢者の福祉サービス，子育て支援，保育所などの経費として使われていることがわかる。

問3　1855(億)÷127(万)＝146062.9…より，上から3けたのがい数なので，146000円となる。

問4　「もしも税金がなかった場合に考えられること」のらんを見て考える。税金が使われていないと，救急車を呼んだり，交番でおまわりさんに道を教えてもらったり，ゴミをゴミ処理場に持って行ってもらったりなどの生活に必要なサービスが，自分で費用を払わないと受けられなくなってしまうということを，「費用」，「サービス」という言葉を使って簡単にまとめればよい。

問5　太郎さんは昨日300円を使ってしまったので，残っているお小遣いは2700円である。商品の値段を□円とすると，消費税を含めた商品の値段は，□×(1+0.08)＝□×1.08(円)となる。よって，□×1.08が2700以下になる□の値を求めると，□＝2700÷1.08＝2500となる。したがって，1回の会計で買える最大の税抜き価格は2500円である。

---

2　(算数，理科：金額，月の満ち欠け)

問1　A　集まったお金は全部で，1250×80＝100000(円)。ここから，焼きそばを配る担当者，水風船などの子ども遊びの担当者にそれぞれ15000円，放送担当者に20000円，ステージ担当者に10000円を支給した。残った金額は，100000－(15000×2＋20000＋10000)＝40000(円)となる。

　　　B，C　40000÷17000＝2.35…より，2枚の看板まで制作できる。看板を1枚製作した場合と2枚製作した場合について考える。1枚制作した場合は，残りの予備費は，40000－17000＝23000(円)。スピーカーの購入に9000円不足していたことから，スピーカーの購入費用は23000＋9000＝32000(円)。スピーカー1台の値段は3000円だから，32000を3000で割ると購入したい台数がわかるが，32000÷3000は割り切れない。したがって，制作した看板の枚数は1枚ではないことがわかる。制作した看板が2枚のとき，残りの予備費は40000－17000×2＝6000(円)。スピーカーの購入費用は6000＋9000＝15000(円)より，購入したい台数は15000÷3000＝5(台)とわかる。

　　　D　スピーカーの購入費を予備費から支出する必要がなくなり，またそれぞれの担当者は支給された予算を使い切ったので，最終的に残った予備費は6000円である。

問2　月が③の位置にあるとき，月全体が太陽の光を反射するので満月が見える。⑤の位置にあるとき，月の左側半分が光を反射して「下げんの月」が見える。**資料3**より，新月から満月になるまで，月は右側からだんだんと満ちていくことが分かる。よって左側半分が光って見える下げんの月は満月が欠けて新月になるまでの間で見えると考えられる。つまり月は**資料1**の中で反時計回りに動いている。**資料1**より，③から⑤までは月のサイクル全体の約4分の1なので，30日の約4分の1で8日と算出した。

---

**重要**　3　(国語：文章の読み取り)

問1　下線部の直前に「日本各地で，独特の触感を出すためのたゆみない工夫がなされ，地域に根づいた特徴あるうどんが生まれたのです。」という文章があるので，答えはウ。アは，「日本各地で激しく競い合っている」という点がまちがい。イ，エはおいしいものをつくるためのひた

むきな努力と関係がないのでまちがい。

問2　常温のものを食べる動物とちがって、ヒトは、料理を熱くしたり冷たくしたり辛くしたり強烈なにおいをつけたりして工夫してきた。このように「あらゆる手段を使って、食欲を刺激する工夫をしてきた」ことが、人の食文化をつくってきた。

問3　「寄与」には、「人や社会の役に立つ」という意味と「ものごとにえいきょうをあたえる」という意味の両方がある。文章の話の流れから、アの「えいきょうをあたえているという意味」が正解である。

問4　ヒトは、自分が何を食べているかわからないと不安になるので、過去の経験から出された料理がどういうものかを判断してから食べている。

問5　はじめて食べるものに対して、人は心の準備をすることができるので、ためらわずに食べることができるという内容は、本文中には書かれていない。よって、誤解をしているのはイである。

★ワンポイントアドバイス★

社会の問題では資料のグラフを正しく読み取ることが重要。算数の問題では、ふく雑で長い文章を読んだ上で計算しなければならないので、すこし大変だったと思う。落ち着いてしっかり文章の意味を理解しよう。理科の月の満ち欠けの問題は、3つある資料の全部を活用して考えてほしい。国語は筆者の言いたいことをきちんと理解できるようにしよう。

第2次

## 2019 年 度

# 解 答 と 解 説

《2019年度の配点は解答欄に掲載してあります。》

## ＜適性検査Ｃ解答例＞《学校からの解答例の発表はありません。》

1　資料1を見ると，日本に来る外国人観光客は，施設等での会話，次に無料公衆無線LAN環境，観光案内板や地図等における多言語表示の少なさ・わかりにくさに困っていることが分かります。そして資料2と資料3より，特に多言語表示と会話の問題が目立つのは飲食・小売店であることから，外国の方が気持ち良く観光するためには，飲食・小売店にわかりやすい多言語表示や外国語を話せるスタッフを増やすべきだと考えます。

2　資料1は，日本をのぞいた世界で日本食に関する取引でどの程度お金の動きがあるか，2009年と比べた2020年の予想を示したものです。これによると，2020年には，日本食の市場規模は世界で2倍に拡大し，特にアジアでの食市場は約2.8倍になると予測されています。この機会に日本食・食文化を海外に普及させるためには，まず世界の国々のテレビや雑誌などのメディアを活用して，現地の人々に日本食への興味を持ってもらうことが大切です。次に，その国で日本食についてのグローバルイベントを開催し，現地の人々が実際に日本食を目にしたり味わったりできる場をつくることで，日本食の良さが海外で広まっていくと考えます。

3　英語の授業で楽しいと思うこととして回答の割合が高い項目の1つに，英語で友達と会話をすることがあります。実際に自分で英語を使うことで，新しい表現を知ったり，友達と言葉を交わす楽しさを実感できたりするからだと考えられます。資料2を見ると，ほとんどの人が，将来社会の中で英語を使うことになると考えていることがわかります。将来困らないために，今から英語を使う練習をしておくことが大切です。確かに，翻訳機は自分の言葉の意味を誰にでも伝えられたり，その場で使えたりといった利点があります。しかし，言葉の意味以上のコミュニケーションをとるには，やはり外国語を自分で使えるように学習することが必要だと思います。

○推定配点○

1　30点　　2　35点　　3　35点　　　　　　計100点

## ＜適性検査Ｃ解説＞

1　（国語：会話文・資料の読み取り，作文）

　条件には，字数や書き方についてのみだが，会話文の中でだいたいの文章の構成について述べられているので，注意する必要がある。まず，太郎さんの最初の会話文を見ると，発表で伝えたいことは，外国からの観光客に気持ち良く日本での生活を送ってもらうためにできることである。次の太郎さんの会話文をみると，「この資料1からわかることを述べたいと思います。」とあるので，資料1から読み取れることを説明する必要がある。その後の会話文で，「そのあと，どのように話を続けますか。」という先生の問に対して，どのような場所で起こるのかを明確にして，改善点をいくつか述べると太郎さんは答えている。これらの会話から，解答する発表内容の構成は以下のようになる。

① **資料1**からわかること
② 困ったことが起こる場所(**資料2**と**資料3**からわかること)
③ 外国からの観光客に気持ち良く過ごしてもらうための改善点
200字以内の指定があるので，それぞれの要素を簡潔に述べる必要がある。

**資料1**からは，旅行中の困ったこととして，施設等のスタッフとのコミュニケーションがとれないことが1番割合が高く，ついで無料公衆無線LAN環境，多言語表示の少なさ，わかりにくさが高いことがわかる。また，**資料2**，**資料3**からは，どちらも飲食・小売店が困った場所として最も多くあげられていることがわかる。

**重要** ② (国語，社会：会話文・資料の読み取り，作文，食文化)

会話文の中で文章の構成が決められているので注意する。花子さんの最初の会話文から，発表で伝えたいことは「日本食・食文化を海外に普及させるためにどのようなことができるのか」である。発表の構成は次のようになる。
① **資料1**からわかる全体的な特徴
② **資料1**のアジアの食市場の拡大予測の具体的な数を用いた説明
③ **資料2**から選んだ2つの取組についての具体的な紹介

発表用の文章であるので，**資料1**がどのような資料であるかがわかりやすいように，説明を考えるとよい。また，アジアの食市場の具体的な数については，「上から2けた程度のがい数で表す」という先生の助言も見逃さないようにする。300字以内と字数は余裕があるので，③は具体的に説明しやすい取組を選ぶとよい。

**資料1**の全体的な特徴としては，2009年の340兆円から2020年の680兆円へと食市場規模が約2倍になると予測されていることがあげられる。また，アジアの食市場については，まず2009年，2020年ぞれぞれのアジアの食市場規模を求めると，2009年は340兆－258兆＝82兆(円)，2020年は680兆－451兆＝229兆(円)となる。

よって，229兆÷82兆＝2.79…なので，市場規模は約2.8倍拡大すると予測されていることがわかる。

③ (国語：会話文・資料の読み取り，作文)

会話文で言われている文章の構成を整理すると，次のようになる。
テーマ：英語を学習することがどうして大切なのか。
① **資料1**から10%以上の項目を1つ選ぶ。
② その回答の割合が高い理由
③ **資料2**からわかる全体的な特徴
④ 将来困らないために今何をすることが大切か
⑤ 翻訳機の利点と，外国語の学習の必要性

会話文のなかで，今回は英語を中心に話を展開すると言っているので，英語以外の外国語に話がそれないように注意する。300字と字数が限られているなかで，書くべき内容が多いので，字数のバランスに気をつけることが必要である。

**資料2**からわかる全体的な特徴として，約90%の人が社会で英語を使う必要があると思っていることが挙げられる。

★ワンポイントアドバイス★

会話文中に出てきた指定を見逃さないように，読みながら下線を引いたり，丸で
囲ったりする習慣をつけておこう。他の種類の問でも，自分が注意すべきところ
には印をつけるようにしよう。

大切なことはメモしておこうネ！

データ対応

収録から外れてしまった年度の
解答解説・解答用紙を弊社ホームページで公開しております。
巻頭ページ＜収録内容＞下方のＱＲコードからアクセス可。

※都合によりホームページでの公開ができない問題については，
　次ページ以降に収録しております。

（サンプル問題）

# さいたま市立大宮国際中等教育学校入試問題

【適性検査Ａ】 （50分）（予定）

1　放送を聞いて答える問題を出題します。そのうち数題をサンプル問題として示します。

（例１）　Mike（マイク）と Tomoko（ともこ）が話をしています。２人の話を聞いて，その内容に最もあう絵を，下のア～エの中から１つ選び，記号で答えなさい。

※イラストは著作権を踏まえて変更する予定です。

＜放送文＞
Mike　　：Where do you want to go ?
Tomoko：I want to go to the park because I want to play volleyball.
Mike　　：Oh, you like volleyball.

（例２）　グローバル・スタディ（ＧＳ）の授業で，Tomoko（ともこ）さん，Taro（たろう）くん，Emiko（えみこ）さん，Jiro（じろう）くんの４人が，「夏に行きたい場所について」のアンケート結果を見て，先生と話をしています。

　４人と先生の話を聞いて，話の内容に合うように，次のページの表のア～エにあてはまる言葉

（日本語），または数字を答えなさい。

＜表＞

| Presenter<br>（発表者） | City<br>（都市） | Number<br>（人数） | Reasons （理由） | |
|---|---|---|---|---|
| | | | Place （場所） | Food （食べ物） |
| （例）<br>Tomoko<br>（ともこ） | Tokyo<br>（東京） | 7 | Tokyo Sky Tree<br>（東京スカイツリー） | Monjayaki<br>（もんじゃ焼き） |
| Taro<br>（たろう） | Nikko<br>（日光） | 4 | ア | Soba<br>（そば） |
| Emiko<br>（えみこ） | イ | 5 | Osaka castle<br>（大阪城） | ウ |
| Jiro<br>（じろう） | Atami<br>（熱海） | エ | Onsen<br>（温泉） | Manju<br>（まんじゅう） |

＜放送文＞

Teacher ： Tomoko, where do you want to go in summer?

Tomoko ： I want to go to Tokyo. In our class, seven boys and girls want to see the Tokyo Sky Tree. They want to eat Monjayaki.

Teacher ： I see. How about you, Taro?

Taro ： I want to go to Nikko. In our class, some boys and girls want to go to Nikko. Nikko Toshogu is very nice. They want to eat soba.

Teacher ： Nikko is nice. I want to go to Nikko, too. How about you, Emiko?

Emiko ： I want to go to Osaka. In our class, five boys want to go to Osaka. They want to go to Osaka castle and they want to eat takoyaki, not okonomiyaki.

Teacher ： Oh, I went to Osaka. How about you, Jiro?

Jiro ： I want to go to Atami. In our class, two boys and five girls want to go to Atami. Atami is famous for Onsen, and they can eat manju.

（例3）　あなたは目的地までの行き方がわからず駅前で困っている外国の方に，道案内をしています。後から流れる英文A〜Cを聞いて，下の地図に合うように正しく道案内している英文を1つ選び，記号で答えなさい。

地図

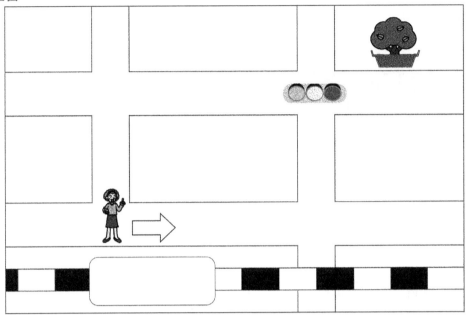

<放送文>
Foreigner : I want to go to the bonsai garden. Can you help me?

英文　A : You are here. Go straight one block. Turn left at the corner. Turn right at the traffic light. You can see the bonsai garden on the left.

英文　B : You are here. Go straight two blocks. Turn left at the corner. Turn left at the traffic light. You can see the bonsai garden on the left.

英文　C : You are here. Go straight one block. Turn right at the corner. Turn right at the traffic light. You can see the bonsai garden on the left.

2～5 小学校で身に付けた基礎的・基本的な知識を活用する力を見る問いが出題されます。それぞれの大問において，いくつかの小問が出題されます。そのうち数題をサンプル問題として示します。　　　　　　　　　　　　　　　※問題数，形式等はあくまで目安です。当日は変更する場合があります。

（例４）　中等１年生の次郎くんは，パソコンを使って，校外学習の班別学習計画表を作成しました。

次郎くんが作成した班別行動計画表

## 班別行動計画表

### 1　班員（５名）

| 班長 | ○○○○○ | | ○○○○○ |
|---|---|---|---|
| 副班長 | ○○○○○ | 班員 | ○○○○○ |
| | | | ○○○○○ |

### 2　行動計画

| 時　　刻 | 行　　　　　程 | 備　　考 |
|---|---|---|
| 9:00 | 駅出発 | |
| 【移動】 | （バスで移動） | 見学料：１人あたり |
| 9:20 着 | 三橋寺 | Ａ　　円 |
| 10:00 発 | | |
| 【移動】 | （バスで移動） | 入館料：１人あたり |
| 10:20 着 | みはし博物館 | ６５０円 |
| 11:20 発 | | |
| 【移動】 | （徒歩で移動） | 見学料：無料 |
| 11:30 着 | 稲荷塚工場 | |
| | 昼食（稲荷塚工場内のレストラン） | |
| 12:45 発 | | |
| 【移動】 | （徒歩で移動） | |
| 13:00 着 | 駅到着 | |

### 3　予算

＊三橋寺の見学料とみはし博物館の入館料のほか，交通費として，バスの運賃が１人あたり１回180円，昼食代として１人あたり1,000円が必要です。

＊班全員の合計金額は11,550円になります。

### 4　その他

＊三橋寺，稲荷塚工場でのしゃしん撮影は，決められた場所で行います。

＊見学先や周りの人々に迷惑がかからないように注意します。

問1　班別行動計画表にある　A　にあてはまる数字を書きなさい。

問2　次郎くんが，作成した班別行動計画表を見直したところ，下線部の「しゃしん」が漢字に変換されていませんでした。そこで，下の図のキーボード（例）で，ローマ字入力をして漢字に正しく変換しました。このときに入力したローマ字を書きなさい。ローマ字は，大文字，小文字のどちらかで書きなさい。

図　キーボード（例）

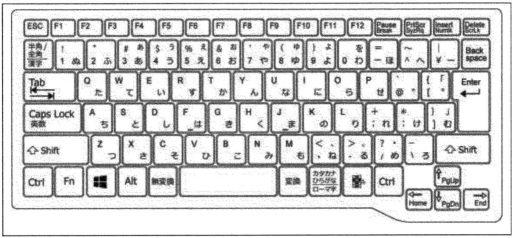

問3　次郎くんが，完成した校外学習計画表を班員に配ったところ，漢字の誤りが1か所あると言われました。次郎くんが作成した班別行動計画表の中から，漢字の誤りを見つけ，下の（例）のように，正しく書き直しなさい。

（例）　　引卒　　⟶　　引率

（例5）　次郎くんのクラスでは，7月20日（土）に行われる学年ドッジボール大会にむけて，練習や応援の準備に取り組むことになりました。

問1　次郎くんのクラスでは，応援グッズとしてメガホンを製作することになり，扇形の型紙を用意することになりました。図のような型紙を作り，面積を1978.2cm²としたいと考えています。そのためには，Aの角度を何度にすればよいですか。数字で答えなさい。

図　メガホンの型紙

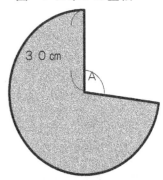

30cm

問2　下校の時刻になると，さいたま市防災行政無線の定時放送として，ある曲が放送されました。その曲を，次のページのア～エの中から1つ選び，記号で答えなさい。

資料　さいたま市の防災行政無線（定時放送）の内容

| 時期 | 3月～5月 | 6月～8月 | 9月～11月 | 12月～2月 |
|------|----------|----------|-----------|-----------|
| 内容 | 春の小川 | うみ | 夕焼けこやけ | ふるさと |

　　　ア　「春の小川」

　　　イ　「うみ」

　　　ウ　「夕焼けこやけ」　　　それぞれの楽譜を掲載

　　　エ　「ふるさと」

（例6）　2020年に開催される東京オリンピック・パラリンピック競技大会に関連して，次郎くんは，
これまで開催された夏季オリンピック・パラリンピック大会の開催地を調べて，資料1のように
地図に位置を★で記し，また，開催地の分布についてわかったことを，考え1のようにまとめま
した。

**資料1　夏季オリンピック・パラリンピック競技大会開催地（予定地を含む）**

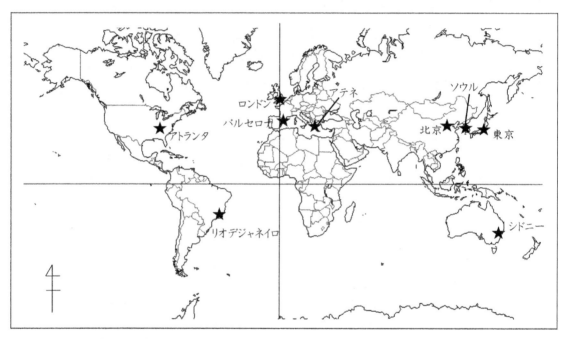

※資料1にある★は，開催地を示します。

※オリンピック・パラリンピック大会が同時期，同地で開催されるようになった，1988年のソウル大会から，2020
年に開催予定の東京大会までを掲載しています。

　　考え1　開催地の分布についてわかったこと

　　┌─────────────────────────────────────────────────┐
　　│　①　世界にある6つの大陸のうち，大会が開催されていない大陸が2つある。　│
　　│　②　開催地の分布には，かたよりがある。　　　　　　　　　　　　　　　　│
　　└─────────────────────────────────────────────────┘

　問1　考え1について，答えなさい。

　　　②について，資料1を，「赤道」と0度の経線である「標準子午線」で4つのエリアに区切
　　り，★で示した開催地の分布がもっとも多いエリアを調べてみました。次郎くんは，調べた結
　　果から，もっとも多いエリアを次のように説明しました。　A　と　B　にあてはまる語句を
　　書きなさい。

> 資料1にある夏季オリンピック・パラリンピック大会開催地の分布は，□A□より北
> で，標準子午線より□B□のエリアに多く分布している。

（例7）　以下の次郎くん，花子さん，先生の会話をもとに，問いに答えなさい。

> 先　　生：今日は，これまで勉強したことを生かして，かん電池で動く自動車を作ってみま
> 　　　　　しょう。これから自動車の本体，モーター，かん電池2つ，導線4本をわたしま
> 　　　　　す。これらを自由に使って，かん電池で動く自動車を作ってください。みなさん
> 　　　　　にわたすものはみんな同じものですので，この後順番に取りに来てください。
> 次郎くん：先生，せっかくなので，スピードが速い自動車を作ってみたいです。
> 花子さん：私は，動きが長持ちする自動車を作ってみたいです。
> 先　　生：それぞれ，かん電池のつなぎ方で，特徴のある自動車ができますね。

問1　次郎くんは，下の図1のように，自動車の本体にモーターとかん電池を並べ，スピードが
　　より速い自動車を作ることにしました。導線をどのようにつなげば，より速い自動車となるで
　　しょうか。下の図1の絵に書きなさい。ただし，自由に使用できる導線は4本までとし，モー
　　ターについている導線は含めません。また長さは自由とします。

**図1　太郎くんが作った自動車（上からみた図）**

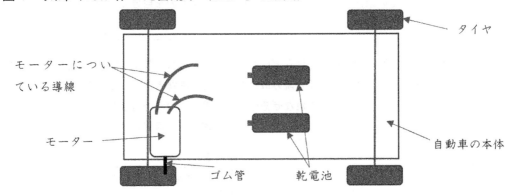

【適性検査Ｂ】（40分）（予定）

1 ～ 3　発展的な課題に取り組み，自分の知識を活用して考え，課題を解決する力や，自然現象な
どを科学的に理解し，合理的に説明する力及び数理的な事象を分析する力をみます。それぞれの大
問において，いくつかの小問が出題されます。そのうち数題をサンプル問題として示します。

　　※問題数，形式等はあくまで目安です。当日は変更する場合があります。

（例１）　太郎くんと花子さんは，家庭科の時間に，自分たちの食について，先生と話をしています。
　　　　次の資料を参考に，以下の問いに答えなさい。

> 太郎くん：昨日，母にたのまれて，となり町のスーパーまでにんじんを買いに行きました。
> 　　　　　１袋３本入りで270円でした。近所のスーパーだと，１袋３本入りで200円なので
> 　　　　　すが……。
> 先　　生：どうして遠くにあるとなり町のスーパーまで行ったのですか。
> 太郎くん：はい。お母さんは，多少金額が高くても，無農薬のものがほしいと言っていまし
> 　　　　　た。ぼくは安いほうがいいと思うのですが。
> 花子さん：私の母は，１袋100円ぐらいの輸入品を買っています。最近は海外からの輸入品
> 　　　　　も多くなっています。
> 先　　生：同じにんじんでも，いろいろな条件のもとで生産されています。私たち消費者
> 　　　　　は，その条件をふまえて，よりよいと考えたものを自分で判断して手に入れてい
> 　　　　　るんですね。

　問１　太郎くんは，野菜の価格や産地などについて興味を持ち，野菜に関する資料１～４を集め
　　　ました。太郎くんが集めた資料から読み取れる，私たち消費者にとってのよい点と課題点を１
　　　つずつ挙げなさい。また，それぞれなぜそのように考えたのかを書きなさい。

　　　　　　　　　　　　　　　　　　　　　　　（資料３，資料４は次のページにあります。）

資料１

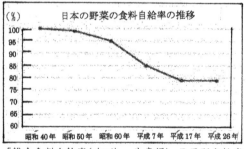

「総合食料自給率（カロリー・生産額），品目別自給率
等」（農林水産省）をもとに作成

資料２

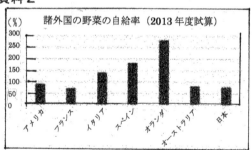

「諸外国・地域の食料自給率等について」（農林水産
省）をもとに作成

資料3

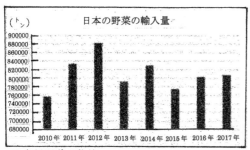

※生鮮野菜の数値
「財務省貿易統計」(農林水産省)をもとに作成

資料4

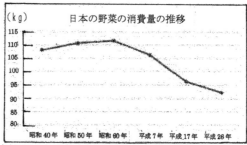

※国民1人・1年あたりの供給純食料の数値
「食料需給表」(農林水産省)をもとに作成

(例2) 以下の花子さんと太郎くんの会話を読み，それぞれの問いに答えなさい。

> 花子さん：お母さんが「最近はガソリン代が高い」って言っていたわ。
>
> 太郎くん：ガソリン代って毎日変化しているよね。
>
> 花子さん：私も，母に言われて，どのくらい高くなっているか調べたの。資料1を見て。これは，この地域のガソリン1ℓあたりの販売価格の平均を月ごとに表したものなの。でも，この表では実際どのくらいガソリン代が高くなったかよくわからないわ。
>
> 太郎くん：では，比べてみよう。
>
> 花子さん：どうやって比べるの？
>
> 太郎くん：ぼくの家では1月20ℓほど給油しているみたいなんだ。資料1の値段で毎月20ℓのガソリンを購入したと仮定すると，平成28年と比較して平成29年では，1か月あたりどのくらい多くお金を払ったことになるのか計算してみるのはどうかな。
>
> 花子さん：どうやって計算するの？毎月のガソリン1ℓあたりの販売価格にそれぞれ20をかけて，その年の合計を求めたのち，それを12でわった数を比較するの？それは大変だわ。
>
> 太郎くん：もっと簡単に計算できる方法があるよ。

資料1【ある地域のガソリン1ℓ当たりの販売価格】(単位：円)

| | | 1月 | 2月 | 3月 | 4月 | 5月 | 6月 | 7月 | 8月 | 9月 | 10月 | 11月 | 12月 |
|---|---|---|---|---|---|---|---|---|---|---|---|---|---|
| 平成28年 | 2016年 | 114 | 111 | 109 | 115 | 117 | 122 | 120 | 118 | 120 | 120 | 124 | 126 |
| 平成29年 | 2017年 | 128 | 127 | 132 | 132 | 131 | 130 | 130 | 130 | 130 | 133 | 138 | 139 |

「小売物価統計調査」(総務省統計局)をもとに作成

問1 花子さんがしようとしている計算よりも簡単にできる方法とは，どんなものですか。具体的に説明しなさい。

> 太郎くん：最近，電気自動車を多くみかけるね。日本での普通乗用車（小型車含む）の保有台数は，およそ39,000,000台だけど，電気自動車ってどのくらい売れているのか

> な。
>
> 花子さん：**資料2**を見て，これは，日本での電気自動車の保有台数なの。2015年と比べて2016年は，電気自動車の数が激増しているよ。
>
> 太郎くん：ちょっと待って。この表からだけでは，激増とは言えないんじゃないかな。
>
> 花子さん：どうして？どう見たって，激増しているじゃないの。

**資料2　日本での電気自動車の保有台数（台）**

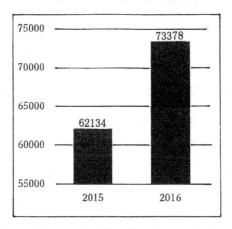

問2　太郎くんは,「激増」とは言えない理由を論理的に述べようとしています。あなたが太郎くんなら，どのように答えますか。

【適性検査Ｃ】 （45分）（予定）

1 ～ 3 文章や資料から課題の意図を読み取り，自分の考えをまとまった文章で表現する力をみます。サンプル問題として以下の問題を提示します。

※問題数，形式等はあくまで目安です。当日は変更する場合があります。

（例１） 太郎くんは，総合的な学習の時間で発表する準備をしています。以下の会話文を読んで，問いに答えなさい。

> 先　　　生：太郎くんはどんな資料を集めたのですか。
>
> 太郎くん：はい。私は留学に興味があり，まず，私と同じように留学したいと考えている人がどのくらいいるのかについてわかる資料を集めました。
>
> 先　　　生：なるほど，留学に興味がある人とそうでない人の割合がよくわかりますね。他にはどんな資料を集めたのですか。
>
> 太郎くん：留学したくないと考える人は，どのような理由で留学したいと思わないのか，その理由を明らかにしたいと考え，資料２を用意しました。
>
> 先　　　生：なるほど。そうすると，どのような発表を計画していますか。
>
> 太郎くん：はい，最初に私が留学したいと思っていることの理由を述べた後，資料１及び資料２について説明します。その後，資料に基づいて，留学したい人が増えるためには，どのようなことを行えばいいのか述べたいと思います。
>
> 先　　　生：いい発表になりそうですね。がんばってください。

資料１　「いつか外国へ留学したいと思うか」

| | 留学したい | 留学したいと思わない | 計 |
|---|---|---|---|
| 全体 | ４０％ | ６０％ | １００％ |
| 公立 | ３６％ | ６４％ | １００％ |
| 私立 | ５０％ | ５０％ | １００％ |
| 国立 | ６１％ | ３９％ | １００％ |

資料２　「留学したいと思わない理由」

| | 言葉の壁 | 経済的に厳しい | 留学方法、外国での生活、勉強、友達関係の不安 | 魅力を感じない | 留学に関する情報不足 |
|---|---|---|---|---|---|
| 全体 | ５０％ | ３５％ | ３３％ | ３２％ | １６％ |
| 公立 | ５２％ | ３５％ | ３３％ | ３２％ | １７％ |
| 私立 | ４６％ | ３３％ | ３２％ | ３３％ | １４％ |
| 国立 | ４１％ | ２５％ | ３３％ | ３３％ | １２％ |

「平成２７年度高等学校等における国際交流等の状況について」（文部科学省）をもとに作成

問　数日後，太郎くんは，資料をもとに発表をしようとしています。あなたが太郎くんなら，どのような発表をしますか。以下の指示に従って書きなさい。

条件１：解答は横書きで１マス目から書くこと。

条件２：文章の分量は，300字以内とすること。

条件３：数字や小数点，記号についても１字と数えること。

【集団活動】 （30分）（予定）

　集団活動では，小学校のグローバル・スタディで身に付けた，コミュニケーションをするために必要な力をみます。ここでは，集団活動の流れを例示します。

　※あくまで例示です。使用する英文や流れは，当日と異なります。

テーマ：私たちの好きな世界の料理

| 活動手順 | 内容例 |
|---|---|
| Warm Up<br>（ウォームアップ） | ○友達同士自己紹介をする<br>　A さん：Hello. I'm ○○.<br>　B さん：Hello, I'm ○○.<br>　A さん：Nice to meet you.<br>　B さん：Nice to meet you, too. |
| Introduction<br>（導入） | ○世界の料理で何が好きかの尋ね方を確認する。（A先生とB先生の会話を聞く）<br>　A 先生：I like Chinese food. I like 餃子 because I like にんにく. How about you?<br>　B 先生：Me, too. I like 餃子. / I like Japanese food. |
| Activities<br>（慣れ親しむ活動） | ○小グループになり、お互いの考えを伝えあう。<br>　A さん：I like Italian food. I like pizza because I like cheese. How about you?<br>　B さん：Me, too. I like pizza.<br>　C さん：I like Japanese food. I like 肉じゃが because it's healthy.<br>○グループの意見をまとめる。<br>　We like Italian food. We like pizza because we like cheese. |
| Communication<br>Activity<br>（コミュニケーション活動） | ○ほかのグループの友達全員から、自分たちの選んだ料理が好きかどうかの情報を集める。<br>　A さん：Hello, I like Italian food. I like pizza because I like cheese. How about you?<br>　D さん：Me, too. I like pizza. / I like Japanese food.<br>　A さん：Than you, Bye.<br>　D さん：Bye.<br>○得た情報をメモしておく。 |
| Preparation<br>（発表準備） | ○最初のグループに戻り、発表の準備をする。<br>　※どのくらいの人数が、自分たちの選んだ料理が好きかをまとめる。 |
| Presentation<br>（発表） | ○発表の仕方を確認する。（A先生とB先生の発表を聞く）<br>○グループごとに発表をする。<br>　全　員：Hello, We are group 1.<br>　A さん：We like Italian food.<br>　B さん：We like pizza and spaghetti.<br>　C さん：Six students like pizza.<br>　全　員：Thank you. |

大切なことはメモしておこうネ！

# 解答用紙集

○月×日 △曜日　天気(合格日和)

◆ご利用のみなさまへ
＊解答用紙の公表を行っていない学校につきましては、弊社の責任に
　おいて、解答用紙を制作いたしました。
＊編集上の理由により一部縮小掲載した解答用紙がございます。
＊編集上の理由により一部実物と異なる形式の解答用紙がございます。

人間の最も偉大な力とは、その一番の弱点を克服したところから
生まれてくるものである。──カール・ヒルティ──

東京学参株式会社

※ 118%に拡大していただくと，解答欄は実物大になります。

## 1

| 問1 | | 問2 | |
| --- | --- | --- | --- |

| 問3 | Jake さん　… | Saki さん　… |
| --- | --- | --- |

| 問4 | |
| --- | --- |

| 問5 | ① | →② | →③ | →④ |
| --- | --- | --- | --- | --- |

## 2

| 問1 | お店 | 問2 | 通り |
| --- | --- | --- | --- |

| 問3 | 選んだお店　…お店 | 選んだお菓子　… |
| --- | --- | --- |
| | 合計金額　…　　　　　　円 | |

| 問4 | (%) |
| --- | --- |

| 問5 | 正直者は　… |
| --- | --- |
| | 誰の後ろから脱出できるか　… |

**3**

| 問1 | |
|---|---|

| 問2 | (1) | X　　　　　　（g） |
| | | 説明 |
| | (2) | |

| 問3 | |
|---|---|

**4**

| 問1 | | 問2 | (1) | | (2) | 人 |
|---|---|---|---|---|---|---|

| 問3 | | 問4 | |
|---|---|---|---|

**5**

| 問1 | | 問2 | |
|---|---|---|---|

| 問3 | | 問4 | |
|---|---|---|---|

※ 109%に拡大していただくと，解答欄は実物大になります。

## 1

問1 ｜

問2 ｜

問3
| A | | B | |
| C | | | |

問4
| D | |
| E | （一週間の）　　　　　　　　　　　　　　10 |
| | （ため）　　　　　20 |
| F | |
| G | 10 |
| | （ため）　　　　20 |

## 2

問1 ｜

問2 ｜

問3 ｜　　　　　　　　　Ｈｚ

問4 約　　　　　　　倍

問5 　　　　　　　（ｇ）

3

問1

| | | | | | | |
|---|---|---|---|---|---|---|
| A | | | | | | 5 |
| B | | | | | | 5 |
| C | | | | | | 5 |
| D | | | | | | 5 |

問2

| |
|---|

問3

| | | | |
|---|---|---|---|
| (1) | E | | |
| | F | | |
| | G | | |
| (2) | H | | |

問4

| |
|---|

問5

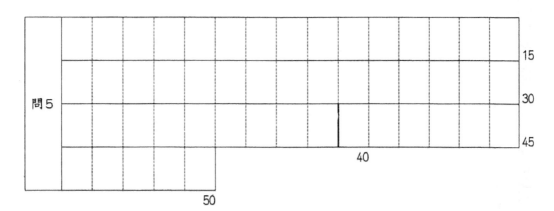

※ 111%に拡大していただくと、解答欄は実物大になります。

1

100

200

300

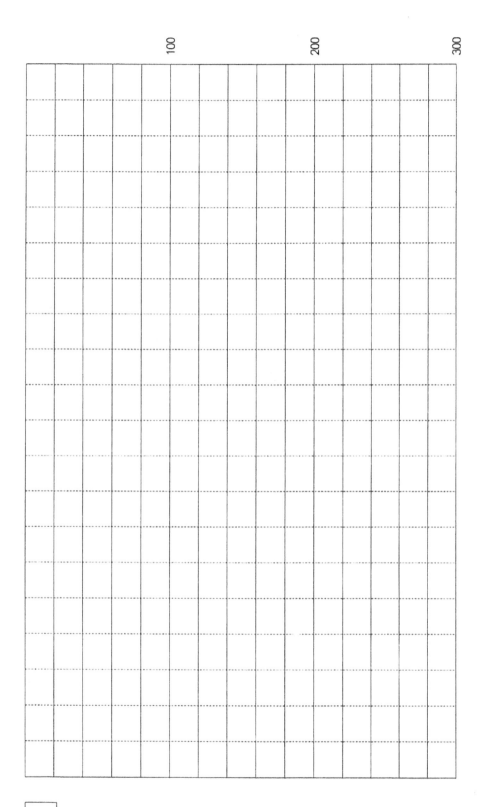

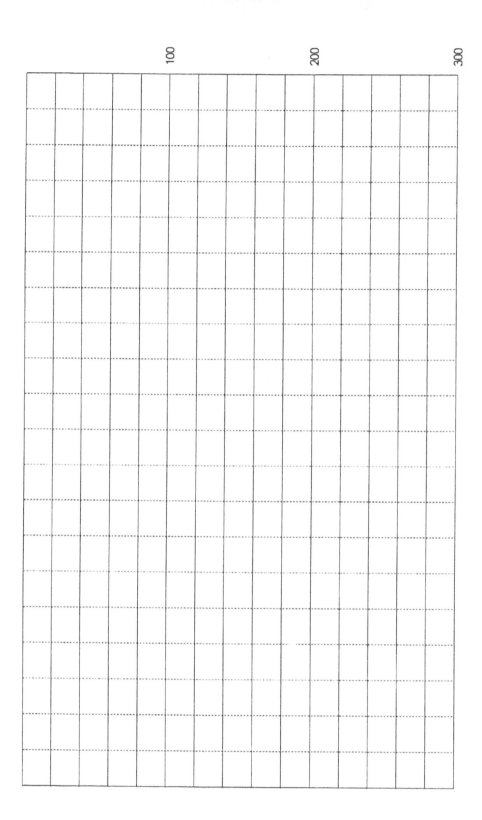

3

さいたま市立大宮国際中等教育学校(第1次)　2023年度　◇適性検査A◇

※ 116%に拡大していただくと，解答欄は実物大になります。

1

| | | | | | | | |
|---|---|---|---|---|---|---|---|
| 問1 | | 問2 | | | | | |
| 問3 | | 問4 | | | | | |
| 問5 | ① | | ② | | ③ | | ④ |

2

| | | | | | | |
|---|---|---|---|---|---|---|
| 問1 | A | | B | | C | |
| 問2 | D | | E | | F | |
| 問3 | (1) | 1gあたり　円 | (2) | 1gあたり　円 | | |
| 問4 | 4個入りのトマトを　箱、9個入りのトマトを　箱 | | | | | |

3

| | | | | |
|---|---|---|---|---|
| 問1 | A | ある ・ ない | B | ある ・ ない |
| 問2 | | | | |
| 問3 | D | | E | |

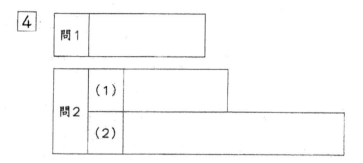

4

問1

問2
(1)
(2)

5

問1

問2
| 1950年 … | 2000年 … |
|---|---|
| 2050年 … | 2100年 … |

問3

問4

15

※116%に拡大していただくと，解答欄は実物大になります。

**1**

問1

問2

問3
A ｜ ｜ ｜ ｜ 　4
B

問4

**2**

問1　　　　　個　　問2　　　　　kg

問3

問4　　　　　回

3

問1

15
30
45

50　　　　　　　55

問2　　　　　→　　　　　　→　　　　　→

問3

15

問4　Y　　　　　　Z

問5

※118％に拡大していただくと、解答欄は実物大になります。

1

100

200

300

100  200  300

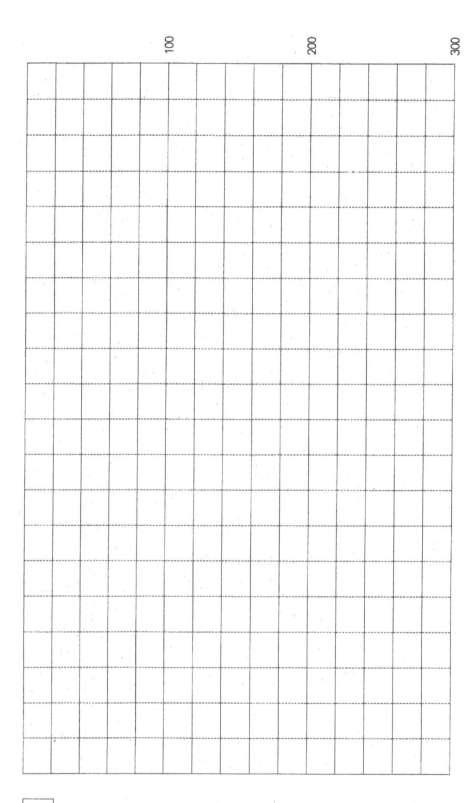

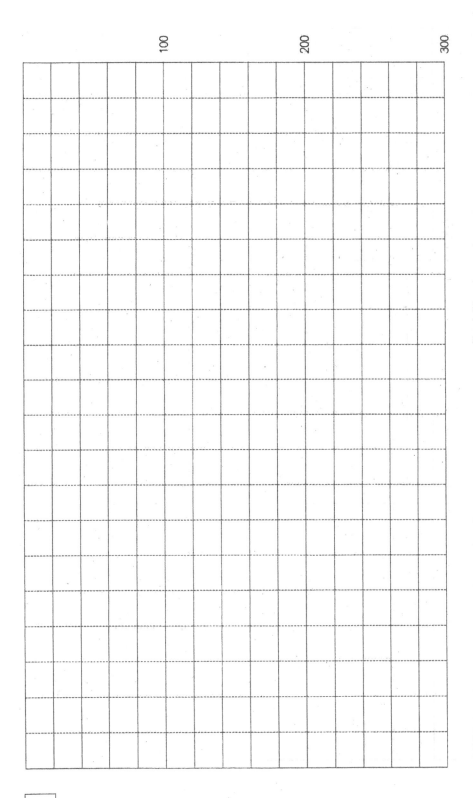

※この解答用紙は学校からの発表がないため,東京学参が制作いたしました。

**1**

| 問1 | | 問2 | | 問3 | |
|---|---|---|---|---|---|

| 問4 | ① | | ② | | ③ | | 問5 | |
|---|---|---|---|---|---|---|---|---|

**2**

| 問1 | 倍 |
|---|---|

| 問2 | (1) | | (2) | |
|---|---|---|---|---|

| 問3 | ターゲットカード | |
|---|---|---|
| | <証明> | |

3

| 問1 | | 問2 | g | 問3 | |
|---|---|---|---|---|---|

| 問4 | |
|---|---|

4

| 問1 | 太郎さん | | お父さん | | お母さん | |
|---|---|---|---|---|---|---|

| 問2 | 正しいもの | | D | % | 問3 | |
|---|---|---|---|---|---|---|

5

| 問1 | |
|---|---|

| 問2 | A | 倍 | B | % | C | |
|---|---|---|---|---|---|---|

| 問3 | (1) | | (2) | |
|---|---|---|---|---|

さいたま市立大宮国際中等教育学校(第1次)　2022年度　◇適性検査B◇

※この解答用紙は学校からの発表がないため, 東京学参が制作いたしました。

1

| 問1 | → → |
|---|---|

| 問2 | (1) | | (2) | |
|---|---|---|---|---|
| | (3) | | | |

30

| 問3 | |
|---|---|

2

| 問1 | 時 分 |
|---|---|

| 問2 | 太郎さん | 段目 | 花子さん | 段目 |
|---|---|---|---|---|

| 問3 | | | 太郎さん | 花子さん |
|---|---|---|---|---|
| | (1) | 1回目 | | |
| | | 2回目 | | |
| | | 3回目 | | |
| | (2) | 段目 | | |

| 問4 | 段目 |
|---|---|

**3**

| 問1 | |
|------|--|

| 問2 | A | | | | | | | | | | 10 |
|------|---|--|--|--|--|--|--|--|--|--|----|
| | B | | | | | | | | | | | | 13 |
| | C | | | | | | | | | 10 |
| | D | | | | | | | | | | | | | 15 |

| 問3 | |
|------|--|

| 問4 | |
|------|--|

1

100

200

300

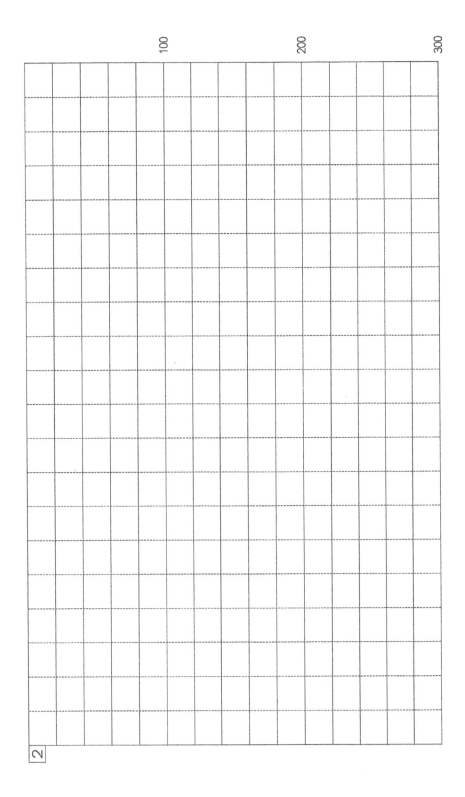

2

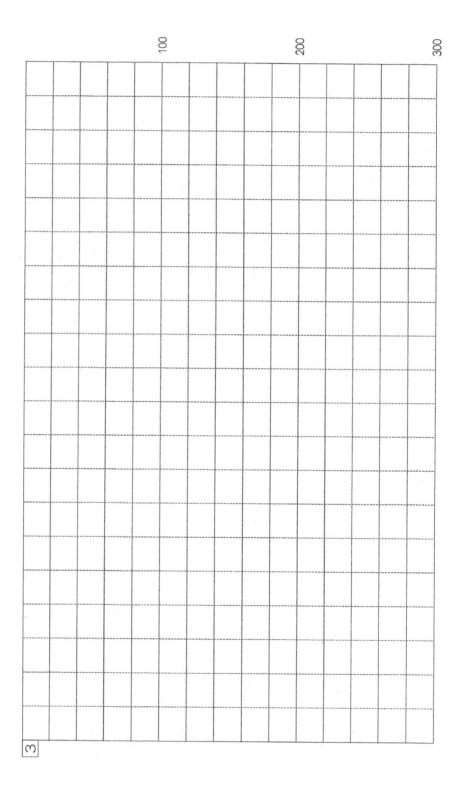

100 200 300

3

さいたま市立大宮国際中等教育学校(第1次)　2021年度　◇適性検査A◇

※ 116%に拡大していただくと，解答欄は実物大になります。

1

| | |
|---|---|
| 問1 | |
| 問2 | |
| 問3 | |
| 問4 | |
| 問5 | →　→　→ |

2

| | | | | |
|---|---|---|---|---|
| 問1 | (1) | cm³ | (2) | cm³ |
| | (3) | % | | |
| 問2 | (1) | 蹴上げの高さ　cm，踏み面の長さ　cm | | |
| | (2) | cm³ | | |

3

| | | | | |
|---|---|---|---|---|
| 問1 | | | | |
| 問2 | | | | |
| 問3 | B | | C | |
| 問4 | | | | |
| 問5 | 円 | | | |

4

問1 ☐

問2 A ☐

B ☐

5

問1 ☐

問2 A ☐ B ☐ C ☐

問3

15

30

※116%に拡大していただくと，解答欄は実物大になります。

1

| 問1 | → | → | → |

| 問2 | (1) | |
| | (2) | |

| 問3 | (1) | 本 |
| | (2) | 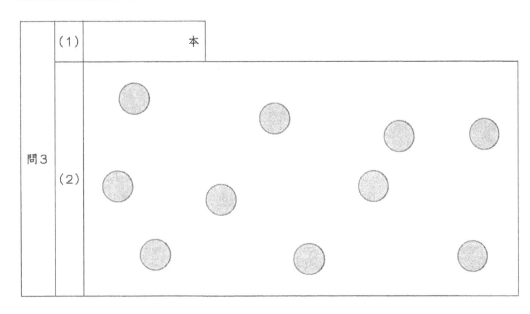 |

| 問4 | |

**2**

| 問1 | 回 | 問2 | |
|---|---|---|---|

| 問3 | (1) | 回 |
|---|---|---|
| | (2) | |

| 問4 | A | | B | | C | | D | |
|---|---|---|---|---|---|---|---|---|

| 問5 | 2回目のサイコロの出た目の数　　　　　、3回目のサイコロの出た目の数 |
|---|---|

**3**

| 問1 | | 問2 | |
|---|---|---|---|

問3

15

25

問4

15

20

| 問5 | |
|---|---|

※118%に拡大していただくと、解答欄は実物大になります。

1

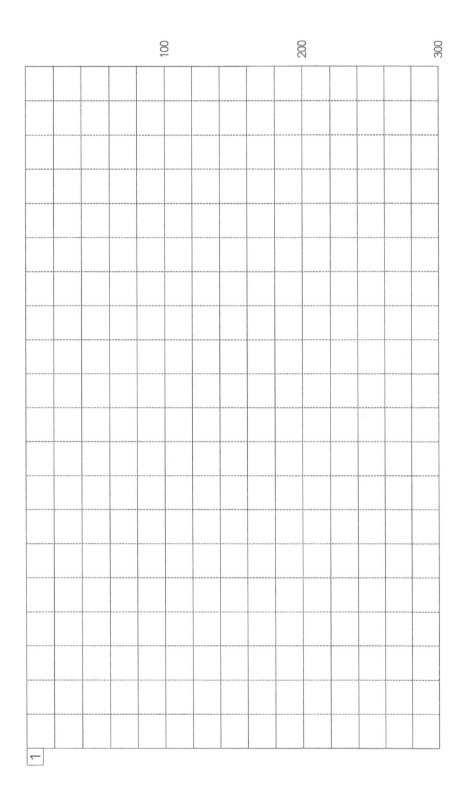

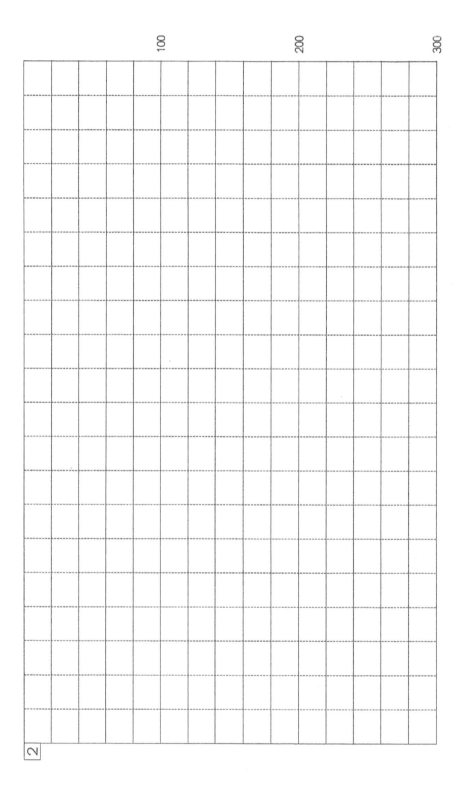

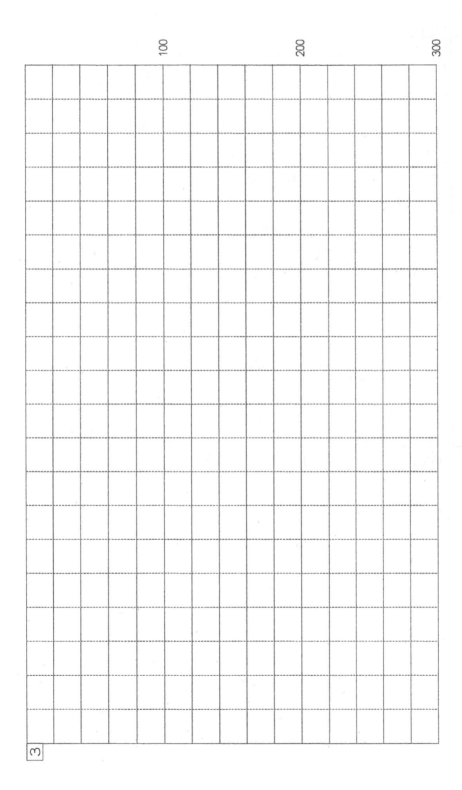

100

200

300

3

※118%に拡大していただくと，解答欄は実物大になります。

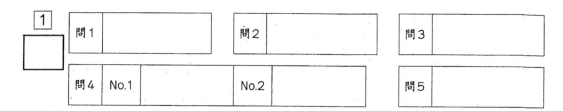

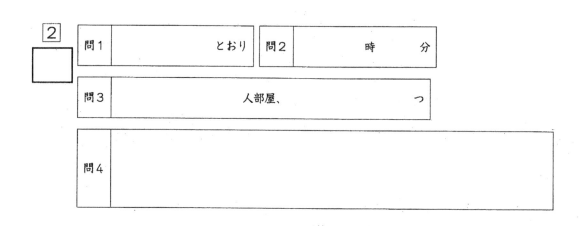

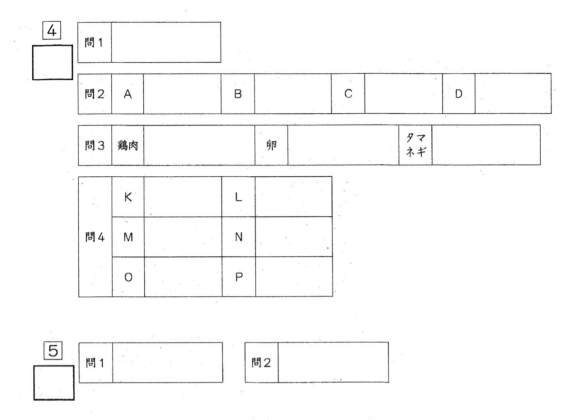

4

問1 [                    ]

問2 A [          ] B [          ] C [          ] D [          ]

問3 鶏肉 [          ] 卵 [          ] タマネギ [          ]

問4
| | K | | L | |
|---|---|---|---|---|
| | M | | N | |
| | O | | P | |

5

問1 [          ] 問2 [          ]

※ 120%に拡大していただくと，解答欄は実物大になります。

1

問1

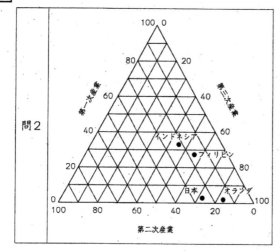

問2

問3　A

問4　B

C

問5　D

E

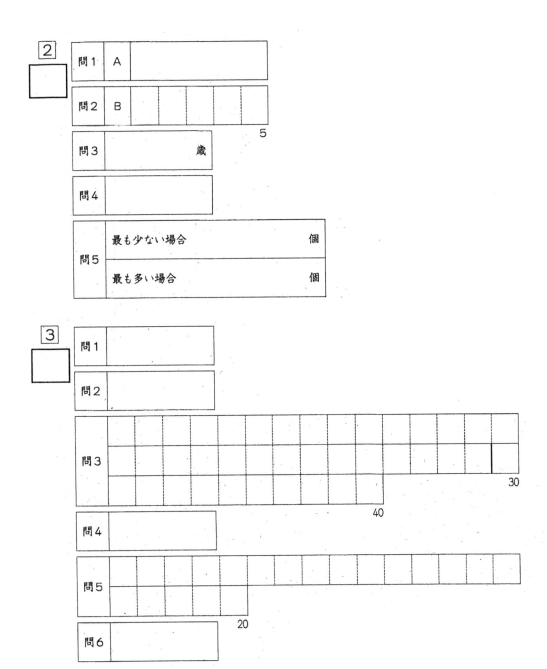

さいたま市立大宮国際中等教育学校（第2次）　2020年度　◇適性検査Ｃ◇

※118％に拡大していただくと、解答欄は実物大になります。

1

（原稿用紙：300字。100・200・300の目盛りあり）

2

100

200

300

3

100

200

300

さいたま市立大宮国際中等教育学校　2019年度

# ◇適性検査A◇
# （第1次）

※この解答用紙は107%に拡大していただくと，実物大になります。

1

| | |
|---|---|
| 問1 | |
| 問2 | |
| 問3 | |
| 問4 | Kana（かな）さんの自己紹介は、No.　　　　です。 |
| 問5 | → → |

2

| | |
|---|---|
| 問1 | 分速　　　m |
| 問2 | 時　　分 |
| 問3 | 時　　分 |
| 問4 | |
| 問5 | % |

**3**

| 問1 | |
|---|---|
| 問2 | |

| 問3 | 記号 | |
|---|---|---|
| | 理由 | |

| 問4 | |
|---|---|

**4**

| 問1 | |
|---|---|

| 問2 | ルート | | かかる時間 | 分 |
|---|---|---|---|---|

| 問3 | A | | B | |
|---|---|---|---|---|

| 問4 | |
|---|---|

**5**

| 問1 | |
|---|---|

| 問2 | A | | B | | C | |
|---|---|---|---|---|---|---|

100

※この解答用紙は111％に拡大していただくと，実物大になります。

1

問1 | A | | B | |

問2

C

10

20

D

10

20

E

10

20

問3 | | 円

問4

15

20    25

問5 | | 円

## 2

問1 

| A | | B | | C | | D | |
|---|---|---|---|---|---|---|---|

問2

| | 下げんの月の位置 | |
|---|---|---|
| | 何日後に下げんの月が見えるか | |
| | 説明 | |

## 3

問1 

問2 

10

20 30

問3 

10 15

問4 

20

問5 

100

※この解答用紙は107％に拡大していただくと、実物大になります。

1

100

200

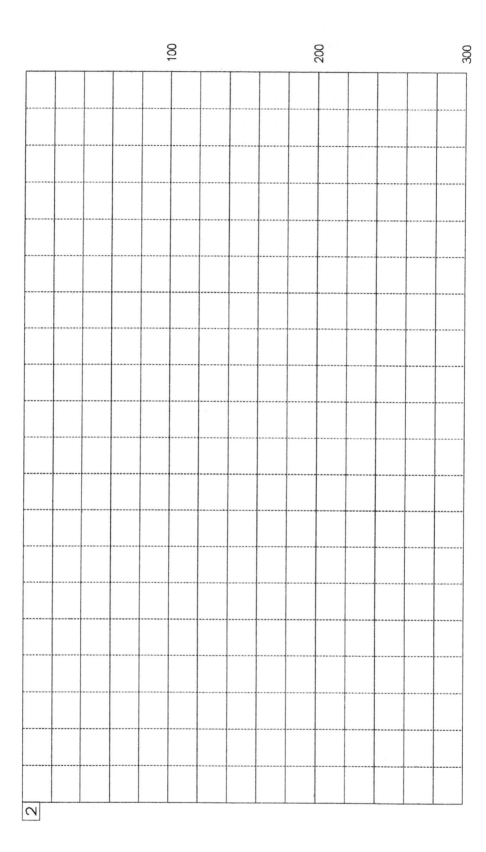

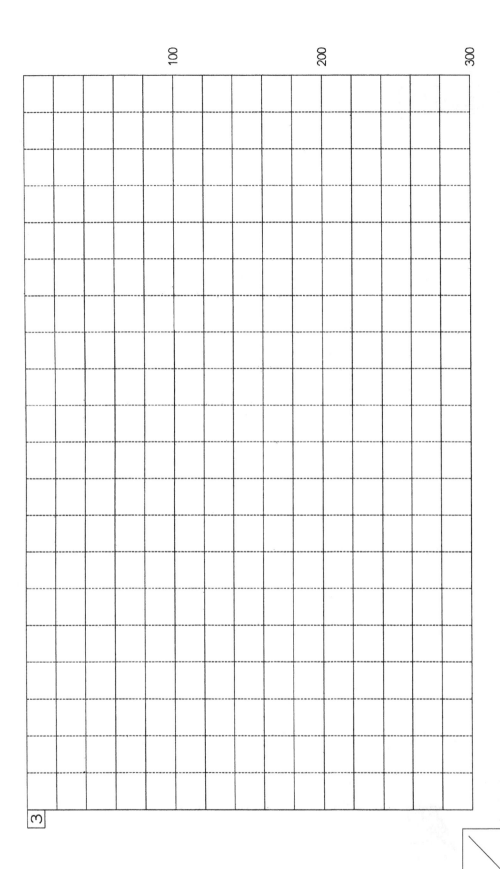

100 200 300

3

100

大切なことはメモしておこうネ！

## MEMO

大切なことはメモしておこうネ！

大切なことはメモしておこうネ！

# MEMO

大切なことはメモしておこうネ！

# MEMO

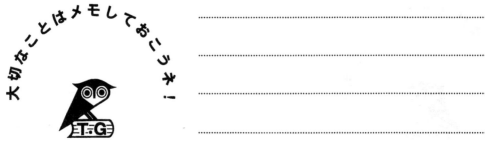

# 公立中高一貫校適性検査対策シリーズ

## 攻略！ 公立中高一貫校適性検査対策問題集

### 総合編 ※年度版商品

- 実際の出題から良問を精選
- 思考の道筋に重点をおいた詳しい解説（一部動画つき）
- 基礎を学ぶ6つのステップで作文を攻略
- 仕上げテストで実力を確認
- ※毎年春に最新年度版を発行

## 公立中高一貫校適性検査対策問題集

### 資料問題編

- 公立中高一貫校適性検査必須の出題形式「資料を使って解く問題」を完全攻略
- 実際の出題から良問を精選し、10パターンに分類
- 例題で考え方・解法を身につけ、豊富な練習問題で実戦力を養う
- 複合問題にも対応できる力を養う

定価：1,320円（本体1,200円＋税10%）／ ISBN：978-4-8080-8600-8　C6037

## 公立中高一貫校適性検査対策問題集

### 数と図形編

- 公立中高一貫校適性検査対策に欠かせない数や図形に関する問題を徹底練習
- 実際の出題から良問を精選、10パターンに分類
- 例題で考え方・解法を身につけ、豊富な練習問題で実戦力を養う
- 他教科を含む複合問題にも対応できる力を養う

定価：1,320円（本体1,200円＋税10%）／ ISBN：978-4-8080-4656-9　C6037

## 公立中高一貫校適性検査対策問題集

### 生活と科学編

- 理科分野に関する問題を徹底トレーニング！！
- 実際の問題から、多く出題される生活と科学に関する問題を選び、13パターンに分類
- 例題で考え方・解法を身につけ、豊富な練習問題で実戦力を養う
- 理科の基礎知識を確認し、適性検査の問題形式に慣れることができる

定価：1,320円（本体1,200円＋税10%）／ ISBN：978-4-8141-1249-4　C6037

## 公立中高一貫校適性検査対策問題集

### 作文問題（書きかた編）

- 出題者、作問者が求めている作文とは！？　採点者目線での書きかたを指導
- 作文の書きかたをまず知り、文章を書くのに慣れるためのトレーニングをする
- 問題文の読み解きかたを身につけ、実際に書く際の手順をマスター
- 保護者の方向けに「サポートのポイント」つき

定価：1,320円（本体1,200円＋税10%）／ ISBN：978-4-8141-2078-9　C6037

## 公立中高一貫校適性検査対策問題集

### 作文問題（トレーニング編）

- 公立中高一貫校適性検査に頻出の「文章を読んで書く作文」攻略に向けた問題集
- 6つのテーマ、56の良問…バラエティー豊かな題材と手応えのある問題量で力をつける
- 大問1題あたり小問3～4問。チャレンジしやすい問題構成
- 解答欄、解答例ともに実戦的な仕様

定価：1,320円（本体1,200円＋税10%）／ ISBN：978-4-8141-2079-6　C6037

# 東京学参の
# 高校別入試過去問題シリーズ

*出版校は一部変更することがあります。一覧にない学校はお問い合わせください。

★はリスニング音声データのダウンロード付き。

## 高校入試特訓問題集シリーズ

- 英語長文難関攻略33選（改訂版）
- 英語長文テーマ別難関攻略30選
- 英文法難関攻略20選
- 英語難関徹底攻略33選
- 古文完全攻略63選（改訂版）
- 国語融合問題完全攻略30選
- 国語長文難関徹底攻略30選
- 国語知識問題完全攻略13選
- 数学の図形と関数・グラフの融合問題完全攻略272選
- 数学難関徹底攻略700選
- 数学の難問80選
- 数学　思考力―規則性とデータの分析と活用―

## 公立高校入試対策問題集シリーズ

- 目標得点別・公立入試の数学（基礎編）
- 実戦問題演習・公立入試の数学（実力錬成編）
- 実戦問題演習・公立入試の英語（基礎編・実力錬成編）
- 形式別演習・公立入試の国語
- 実戦問題演習・公立入試の理科
- 実戦問題演習・公立入試の社会

## 都道府県別 公立高校入試過去問シリーズ

- 全国47都道府県別に出版
- 最近数年間の検査問題収録
- リスニングテスト音声対応

中学別入試過去問題シリーズ

# さいたま市立大宮国際中等教育学校　2025年度
ISBN978-4-8141-3134-1

[発行所] 東京学参株式会社
　　　　〒153-0043　東京都目黒区東山2-6-4

書籍の内容についてのお問い合わせは右のQRコードから　⇒

※書籍の内容についてのお電話でのお問い合わせ、本書の内容を超えたご質問には対応
　できませんのでご了承ください。

2024年6月28日　初版